우리를 위한

성경 헬라어 교본

우리를 위한

성경 헬라어 교본

2019년 5월 27일 초판 1쇄 인쇄
2019년 5월 27일 초판 1쇄 발행

지은이 | 김주한
교　정 | 이종만 · 조세헌
펴낸이 | 박영호
펴낸곳 | 도서출판 솔로몬

주소 | 서울시 동작구 사당로 170
전화 | 599-1482
팩스 | 592-2104
직영서점 | 596-5225

등록일 | 1990년 7월 31일
등록번호 | 제 16-24호
E-mail | solcp1990@gmail.com

ISBN 978-89-8255-578-7 03230

헬라어 문법의 표준

우리를 위한
성경 헬라어 교본

원활한 성경 해석과 주석을 위해서는 도움 장치 이상의 실력을 갖추는 것이 필수이다. 일반적으로 도움 장치들은 형태론에 초점이 맞춰져 있다. 그러나 헬라어 본문은 언어의 구조 속에서 의미를 만들어내기에 구문론 및 그 이상의 언어 및 문학적 소양을 쌓아야 한다.

김주한

A BIBLICAL GREEK GRAMMAR FOR US

차례

머리말

성경 헬라어를 공부의 가장 중요한 이유는 신약 성경이 헬라어로 기록되었기 때문이다. 훌륭한 번역본들과 참고 자료(도서와 성경 소프트웨어)가 많이 있기에 성경 헬라어를 배우는 일이 불필요한 에너지를 소모하는 것으로 여겨지기도 한다. 그럼에도 성경 헬라어를 공부해야하는 이유는 진리의 말씀인 신약 성경이 헬라어로 기록되었기 때문이다. 진리를 대함에 있어 오직 진실함과 성실함으로 나아감이 합당한 자세이다.

어떻게 나아갈 것인가? 간단하다. 헬라어가 어색하지 않도록 자주 읽어보고 써보는 것이다. 그 과정 중에 자연스럽게 암기되고 언어적 감각이 생길 것이다. 이러한 이유 때문에 필자는 본서에서 가능한 한 헬라어 변화형(곡용표와 활용표)과 그에 대한 충분한 설명 모두를 제공하려고 노력했다. 그 결과 책의 분량이 조금 늘어났지만 학습자들은 본서를 한 권을 반복적으로 읽고 써보는 것만으로도 신약 성경 헬라어 전체를 "우리"의 것으로 만들 수 있게 될 것이다.

이 책이 출판될 수 있도록 물심양면으로 지원해 주신 솔로몬 출판사 박영호 사장님 이하 모든 직원들께 감사드린다. 또한 헬라어가 많이 포함되어 실수가 있을 법한 표기들을 바로 잡아준 이종만 목사와 조세헌 목사에게도 감사드린다. 특별히, 총신대 대학원에서 신약 성경 번역사로 박사 논문을 작성 중인 이종만 목사(지도교수: 박형대)는 총신대 신학대학원에서 다년간 헬라어를 강의한 성경 헬라어 전문가로 본서가 더욱 정확한 정보를 제공하도록 기여했다. 본서에 포함된 아쉬운 점들이나 실수들은 저자의 부주의함 때문임을 미리 밝히며 새로운 판을 찍을 때 개정할 것을 약속드린다.

필자는 다년간 목회자들과 목회자 후보생들에게 헬라어를 강의하면서 한 가지 깨달은 점이 있다. 즉, 공부한 자는 잘 알고 공부하지 않은 자는 모른다는 것이다. 또한 헬라어는 성적이 아니라 열정과 애착 그리고 반복 학습이 실력을 이룬다는 것도 알게 되었다. 본서를 접하는 모든 독자들이 헬라어에 대한 두려움보다 사랑하는 마음이 커지길 바라며, 사랑하는 이와 항상 함께하듯 본서를 옆에 두고 신약 성경을 펼쳐보길 바란다.

서론: 헬라어 약사(略史)와 신약 성경 헬라어의 이해[1]

1. 서론

① 구약 및 신약 성경의 기록을 위해 히브리어, 아람어 및 헬라어가 사용(히브리어와 아람어는 셈어, 헬라어는 인도-유럽어)되었다.

② 신약 성경 연구를 위해 헬라어 지식이 요구된다. 그러나 헬라어를 단순히 암기하는 것이 아닌 언어적 이해가 필수적이다. 특별히, 헬라어의 역사 및 신약 성경 헬라어의 직접적인 배경이 되는 꼬이네 헬라어에 대한 지식 습득이 요구된다.

2. 헬라어 역사: 통일성과 다양성

① 유구한 역사(통일성) 및 시대에 따른 다양한 언어적 특성(다양성)을 가지고 있다.

② 헬라인의 조상: 기원전 2000년 어간에 현재의 그리스 본토와 그리스 섬들 및 소아시아 지역으로 이동하여 그곳에 이미 정착했다. 그들은 인종적으로는 헬라인(Ἕλληνες), 국가는 헬라스(ἡ Ἑλλάς), 언어는 헬라어(ἡ Ἑλληνικὴ γλῶσσα)를 사용했다. 그러나 이러한 호칭들은 후대에 붙여진 것이다. 호메로스(Homer)의 작품들(『일리아스』와 『오뒷세이아』)에서 이 용어들은 아킬레오스(Achilles)가 왕이었던 동남 테쌀리에 있는 작은 부족에게만 적용되었다. 그 당시에는 헬라인을 가리켜 "아카이오이"(Ἀχαιοί), "아르게이오이"(Ἀργεῖοι) 혹은 "다나오

이"(Δαναοί)라고 불렀다.

③ 월레이스(D. B. Wallace)는 3,000년의 헬라어 역사의 다섯 단계로 구분했다:[2]

ⓐ 헬라인의 출현부터 주전 1000년까지: 호메로스 이전의 헬라어 시대.

ⓑ 주전 1000년부터 330년까지: 방언 및 고전 헬라어 시대.

ⓒ 주전 330년부터 주후 330년까지: 꼬이네 헬라어 시대.

ⓓ 주후 330년부터 1453년까지: 비잔틴 헬라어 시대.

ⓔ 주후 1453년부터 현재까지: 현대 헬라어 시대.

④ 거의 3,000년이라는 기간 동안 기록 매체로서의 사용된 헬라어는 환경에 따라 그 발전 양상이 변화하기도 했다. 그러나 헬라어가 역사상 단절된 적이 없었던 것처럼 각 시대의 헬라어가 "헬라어"가 아니었던 적도 없었다.

3. 신약 성경에 사용된 헬라어

3.1. 신약 성경 헬라어의 정체성 연구사[3]

① 주후 17세기 중엽 신약 성경에 대한 셈어의 영향에 대한 중요한 연구가 시작된 이래로 지속되었다.

② 순수한 꼬이네 헬라어로부터 셈어의 영향을 심히 받은 번역 헬라어라는 양극단 사이 어느 지점에 놓인다는 견해가 주장되었다.

③ 시대를 거치며 다양한 견해들이 제시되었다:

ⓐ 파피루스의 발견과 일상 헬라어: 다이스만(A. Deissmann)과 모울튼(J. H. Moulton).

ⓑ 아람어 학파: 토레이(C. C. Torrey), 블랙(M Black), 피츠마이어(J. A. Fitzmyer), 달만(G. Dalman), 세겔(M. H. Segal).

ⓒ 유대인 헬라어 방언 이론: 게만(H. S. Gehman)과 터너(N. Turner).

ⓓ 소쉬르적 이해: 실바(M. Silva).

④ 웰레이스는 신약 성경의 헬라어의 성격 구분을 다음의 3가지로 구분했다:[4]

ⓐ 셈어적/통속적/일상적 꼬이네 헬라어: 계, 막, 요, 요일 · 이 · 삼, 벧후.

ⓑ 대화체의 꼬이네 헬라어: 바울서신 대부분, 마.

ⓒ 문학적 꼬이네 헬라어: 히, 눅, 행, 약, 딤전, 딤후, 딛, 벧전, 유.

3.2. 신약 성경 헬라어의 언어적 특징

① 포터(S. E. Porter)는 제시한 신약 헬라어의 꼬이네 헬라어의 특성을 다음과 같이 제시한다:[5]

ⓐ 발음의 규칙화 현상.

ⓑ 모음의 감소.

ⓒ 명사와 형용사 및 동사의 어형변화가 규칙화되고 단순화.

ⓓ 어말 ν.

ⓔ 몇몇 전치사의 용법의 확대.

ⓕ 일부 불변화사의 소멸.

ⓖ -μι 동사가 -ω 동사로 일괄 변형.

ⓗ 사실상 희구법의 소멸.

ⓘ 이미 제한적으로 사용되던 쌍수의 소멸.

ⓙ 중요성에 있어서 중간태의 감소 혹은 종종 수동태로 대체.

ⓚ 가정법을 이끄는 ἵνα가 부정사를 대체하기 시작.

ⓛ 대격의 역할의 확대로 인한 여격의 기능의 위기.

ⓜ ἄν의 용법의 증가.

ⓝ 다양한 문맥에서 용장어법의 빈번한 증가.

② 이 외에 추가적으로 다음 특징들이 등장한다:

ⓞ 특정 철자법이 꼬이네 헬라어에서 변경.

ⓟ 병렬 문장의 증가.

ⓠ 어휘의 의미의 변화.

4. 결론

신약 성경 헬라어는 다음의 특징이 있다: 언어적으로는 꼬이네 헬라어에 속하고, 문체적으로 셈어 및 다른 언어의 영향을 받았으며, 인종적으로는 주로 유대인들에 의해 사용된 일상 언어와 문학 언어 중간쯤에 위치한 헬라어이다.

심화학습

1. 신학에 있어 헬라어의 효용범위

영역	내용
신약	① 공관 복음 문제 ② 신약에서의 구약 사용 ③ 역사적 예수 및 예수의 언어 ④ 본문의 특성 이해 및 주해
구약	①『70인 역』 연구
배경학	① 사본학/원문복원학 ② 주변문헌 연구(헬라 및 유대저자, 파피루스)
해석학	① 언어적 접근(헬라어의 언어적 특징 고려) ② 문학적 접근(헬라 문학과 관련된 연구)
교회사/조직신학	① 속사도 교부(『클레멘스1서』, 이그나티우스의 편지들 등) ② 헬라교부 문헌(주후 2세기 변증가들과 그 이후) ③『불가타』 연구(히브리어-헬라어 저본 비교 연구)
목회(실천)	① 본문에 대한 정확한 이해(설교/이단논박) ② 평신도 훈련

선교	① 신학교 사역 ② 성경번역
취미/상식	① 서양 철학 ② 역사 ③ 문학과 언어

2. 성경 헬라어 공부 단계

성경 연구에 좋은 컴퓨터 프로그램이 제공되고 있지만, 원활한 성경 해석과 주석을 위해서는 도움 장치 이상의 실력을 갖추는 것이 필수이다. 일반적으로 도움 장치들은 형태론에 초점이 맞춰져 있다. 그러나 헬라어 본문은 언어의 구조 속에서 의미를 만들어내기에 구문론 및 그 이상의 언어 및 문학적 소양을 쌓아야 한다. 이를 위해 꾸준한 학업이 필요하다. 기초 헬라어 과정 이후에 중급 헬라어 문법 뿐 아니라 꾸준히 헬라어 성경을 필사하면서 사전과 문법서만을 가지고 분해하고 번역하는 훈련을 쌓아야 한다.

ⓐ 형태론과 직역 중심의 번역 연습: 입문

ⓑ 헬라어 구문론과 해석: 문법

ⓒ 본문의 의미론/화용론과 주석: 문학

제1과

읽기와 쓰기: 알파벳, 악센트 및 문장부호

1.1. 읽기와 쓰기: 한국형 에라스무스식 발음법

알파벳설명
QR코드읽기

소문자	이름	음가	분류	대문자	숫자	다른발음
α	알파	아/아:	모음	A	1	아/아:
β	베:따	ㅂ		B	2	ㅂ
γ	감마	ㄱ	자음	Γ	3	ㄱ
δ	델따	ㄷ		Δ	4	ㄷ
ϵ	엡(-)실론	에	모음	E	5	에
ζ	제:따	ㅈ	자음	Z	7	ㅈ/ㄷㅈ
η	에:따	에:	모음	H	8	에:/에이
θ	테따	ㅌ	자음	Θ	9	ㅅ/ㄷ
ι	이오:따	이/이:	모음	I	10	이/이:
κ	깝빠	ㄲ		K	20	ㅋ
λ	람(브)다	ㄹ/ㄹㄹ		Λ	30	ㄹ/ㄹㄹ
μ	뮈	ㅁ	자음	M	40	ㅁ
ν	뉘	ㄴ		N	50	ㄴ
ξ	크시	ㅋ+ㅅ		Ξ	60	ㅋ+ㅅ
ο	오-미끄론	오	모음	O	70	오
π	삐	ㅃ		Π	80	ㅍ
ρ	로:	ㄹ(초성)		P	100	ㄹ(첫소리)
σ ς	시그마	ㅅ	자음	Σ	200	ㅅ
τ	따우	ㄸ		T	300	ㅌ
υ	윕(-)실론	위/위:	모음	Y	400	위/위:
φ	피	ㅍ		Φ	500	ㅍ
χ	키	ㅋ	자음	X	600	ㅋ
ψ	프시	ㅍ+ㅅ		Ψ	700	ㅍ+ㅅ
ω	오:-메가	오:	모음	Ω	800	오/오우

1.1.1. 헬라어 발음법의 종류와 한국어와 비교

1.1.1.1. 발음법 종류

헬라어 발음법 전통은 크게 세 가지다:

① 에라스무스식(독일, 이탈리아 등): 각 나라 발음 체계에 조화하여 사용.

② 서구식(미국 등): 영어권 발음 체계에 조화하여 사용.

③ 현대 그리스어식(그리스 등): 오늘날 그리스에서 사용.

①과 ②의 특징은 자국의 언어에 맞게 발음을 구성한 것이다. ③은 헬라어의 역사적 발전에 따른다. 본 교재에서는 (교육적 차원에서) 발음 전통 중 철자와 발음이 대체적으로 일치하며 동시에 한국어 발음 체계와 유사한 ①번 발음을 사용한다.

1.1.1.2. 한국어 자음·모음과 비교

① 자음표

구분			양순음		치조음		경구개음		연구개음		후두음	
비공명음	파열음	예사소리	ㅂ	β	ㄷ	δ			ㄱ	γ		
		된소리	ㅃ	π	ㄸ	τ			ㄲ	κ		
		거센소리	ㅍ	φ	ㅌ	θ			ㅋ	χ		
	파찰음	예사소리					ㅈ	ζ(?)				
		된소리					ㅉ					
		거센소리					ㅊ					
	마찰음	예사소리			ㅅ	σ/ς					ㅎ	ʽ (?)
		된소리			ㅆ							
공명음	비음		ㅁ	μ	ㄴ	ν			ㅇ	γ+γ		
	유음				ㄹ	λ						

② 모음표

구분	전설모음				후설모음			
	평순모음		원순모음		평순모음		원순모음	
고모음	ㅣ	ι	ㅟ	υ/υι	ㅡ		ㅜ	ου
중모음	ㅔ	ϵ/η	ㅚ	(οι)	ㅓ		ㅗ	ο/ω
저모음	ㅐ	(αι)			ㅏ	α		

1.1.2. 알파벳 노래와 따라 쓰기(소문자)

1.1.2.1. 노래

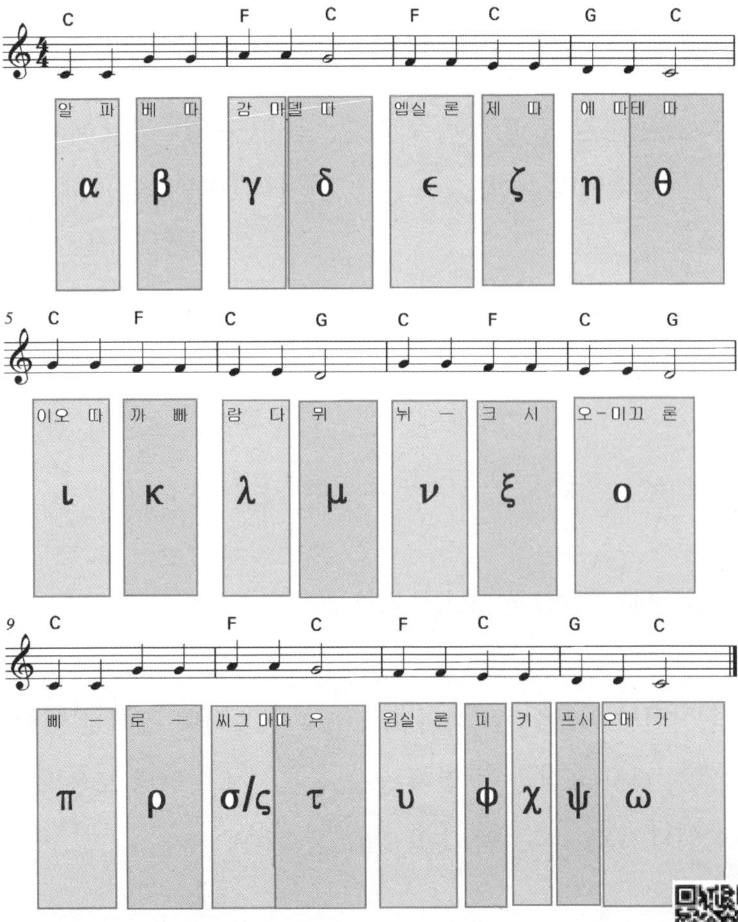

헬라어알파벳송
QR코드읽기

1.1.2.2. 쓰기

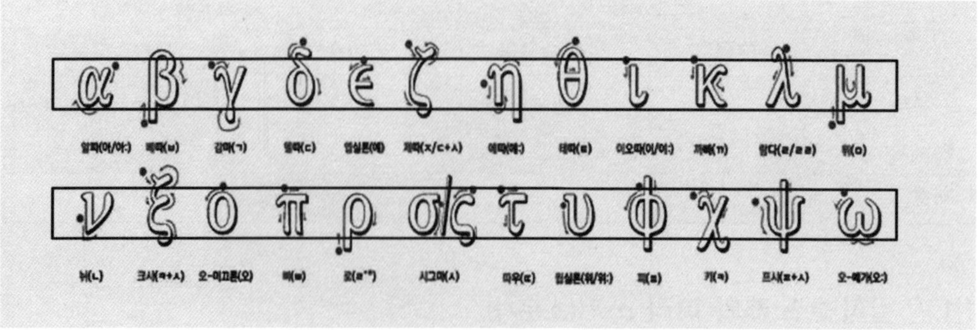

1.1.3. 알파벳의 특징

(1) 헬라어의 "ㅎ" 발음법

헬라어에는 "ㅎ"에 해당하는 철자가 없기에 대용 표식을 사용한다. "ㅎ" 발음은 어휘의 첫 자가 모음일 경우, 맨 앞의 모음에만 붙을 수 있다, "ㅎ"소리를 낼 때에는 ' 표식을 해당 모음위에 붙이며, 그 표식을 "강기식"(강한 숨소리)이라고 부른다.

예) ἁ [하], ἑ [헤], ἱ [히], ὁ [호], ὑ [휘].

그러나 모음의 원-소리를 낼 경우에는 "강기식"과 구분된 표식인 '를 붙이고, 이를 "약기식"(약한 숨소리)이라고 부른다.

예) ἀ [아], ἐ [에], ἰ [이], ὀ [오], ὐ [위].

"강기식"이 한 어휘의 시작이 두 개의 모음으로 시작하며 동시에 이중모음(아래 참조)을 이룰 경우, 기식 표식은 두 번째 모음에 표시하고 해당 모음의 첫 소리에 "ㅎ" 발음을 붙인다("약기식"의 경우도 표기 방법은 동일하다).

예) αἱ [**하**이], εἱ [**헤**이]. 그러나 약기식도 동일하다. αἰ [**아**이], εἰ [**에**이].

(2) "시그마" 철자(σ/ς)의 선택

"시그마"는 맨 처음 혹은 중간에 나오는 σ형태(어두/어중형)로, 맨 마지막에 나오면 ς로 쓴다(어말형):

예) σώσεις

(3) 일부 알파벳의 소실:

① Ϝ (파우/디감마[이중감마]): 순서상 ϵ 뒤. "w" 발음으로 사용. 기원전 200년/ 보이오티아 방언에서 사용.

② ϙ (꼽빠): 순서상 π 뒤.

③ ϡ (삼삐): 순서상 ω 뒤.

1.1.4. 자음과 모음

(1) 자음

자음이란 입술, 혀 및 입의 특정부위가 맞닿거나 부딪쳐 소리가 나는 음들을 자음이라고 한다. 헬라어 자음은 17개로 β, γ, δ, ζ, θ, κ, λ, μ, ν, ξ, π, ρ, σ(ς), τ, φ, χ, ψ가 있다.

(2) 모음

모음이란 특정 부위가 닿지 않은 상태에서 입 모양과 공기의 흐름으로만 나는 소리들을 모음이라고 한다. 헬라어 모음 철자는 7개로 α, ϵ, ι, ο, υ, η, ω가 있다. 이들 중, 장(長)모음이 있고 단(短)모음이 있는데, 철자로 구별되는 장단모음이 있는 반면(예. ϵ와 η, ο와 ω) 정황에 따라 구별해야 하는 장단모음이 있다(예. α, ι, υ).

(3) 이중 모음

장모음로 분류할 수 있는 또 하나의 모음 종류가 있다. 이는 모음과 모음이 만나 형성된 이중 모음들이다. 거의 대부분의 이중 모음들은 철자 그대로 읽어주면 된다.

예) αἰ [아이], ϵἰ [에이] 등.

그러나 예외도 있으니 주의하라.

예) ϵὐ ("유:"), οὐ ("우:"), υἰ ("위:"), ᾀ ("아:"), ᾐ ("에:"), ᾠ ("오:")

이중 모음은, 위에서 언급된 예외적 소리들을 제외하고 거의 대부분의 경우 두 개의 소리로 들리지만, 모음의 개수를 셀 때는 한 개의 모음으로 처리한다.

(4) 이중 모음의 형성

모음이 두 개가 한꺼번에 온다고 무조건 이중모음이 되는 것은 아니다. 즉, 하나의 모음으로 개수되는 이중 모음과 두 개로 개수되는 모음 두 개가 구분이 된다. 따라서 발음을 잘하기 위해서는 어떤 경우에 이중 모음이 형성되는지를 알 필요가 있다.

첫째, 헬라어에서 모음은 총 7개이다. 이 중, 비교적 입에 힘을 주지 않고 지속적으로 소리를 낼 수 있는 모음들이 있는데(예. α, ϵ, ο, η, ω), 이것들을 개모음(즉, 열린 모음)이라 한다) 반면, 개모음과 달리 입에 힘을 주고 소리를 내어 지속적으로 소리내기 어려운 모음들이 있는데(예. υ, ι), 이것들을 폐모음(즉, 닫힌 모음)이라 한다.

둘째, 이중 모음은 위에서 언급한 개모음과 폐모음의 적절한 조합으로 형성된다.

따라서 다음의 조합에 대해 주의해야 한다:

ⓐ 개모음과 개모음: 이 경우 모음들끼리는 단축되어(단축법칙 참조) 모음이 하나 혹은 두 개로 표현된다.

예) α+ϵ=α, ϵ+α=η.
[예외적인 형태] ϵ+ϵ=ϵι, ϵ+ο=ου, ο+ϵ=ου, ο+ο=ου)

ⓑ 개모음과 폐모음: 열린 모음에서 시작하여 닫힌 모음으로 끝나는 것은 자연스러우며, 이 경우 철자들을 함께 나열하면 된다.

예) α+υ=αυ, ϵ+ι=ϵι.

다만, 장모음들(α, η, ω)와 ι가 만나면 ι를 장모음 아래에 쓴다.

예) [이오타 하기(下記)법] ᾳ, ῃ, ῳ. (단, αι도 등장하는데 이 때 α는 단모음이다)

ⓒ 폐모음과 폐모음: 폐모음은 ι와 υ인데, ι는 평순 모음(입술을 평평하게 해서 내는 소리), υ는 원순모음(입을 둥글게 해서 내는 소리)이다. 자연스러운 이치는 둥근 입술이 평평해 지는 것인데, 따라서 υι라는 이중 모음이 형성이 가능하다. 반면, ιυ는 불가능하다(즉, ιυ는 두 개의 모음이다).

1.1.5. 알파벳 숫자 표기

(1) 헬라어 철자가 숫자로 사용될 경우에는 옆에 ʹ표시를 붙여준다.

예) 1 = αʹ, 2 = βʹ 등

(2) 소실된 철자: 수사를 보면 숫자가 빠진 부분이 있는데 이는 철자가 소실되었기 때문이다.

예) 6 = ϝ′, 90 = ϙ′, 900 = ϡ′

(3) 1,000 이상의 큰 숫자는 알파벳에 ͵를 붙임으로 표시한다.

예) 1000 = ͵α, 10,000 = ͵ι, 100,000 = ͵ρ 등

1.2. 헬라어 읽기법

1.2.1. 음절 나누기

(1) 헬라어를 한글로 읽으면 앞에서부터 소리를 내지만, 헬라어의 음절은 뒤로부터 따진다. 음절은 "자음-모음-자음"(예. 갑), "자음-모음"(예. 가) "모음-자음"(예. 압) 및 "모음"(예. 아)로 구성되는데, 헬라어 역시 그렇다. 다만, 그 음절을 뒤로부터 앞으로(즉, 오른쪽에서 왼쪽 방향으로) 따져 음절을 나눠 발음한다. 단, 헬라어 자음이 단독으로 오는 경우 "으"로 소리 낸다.

(2) 이중 자음이나 자음이 연속해서 나오는 경우 상황이 허락하면 각각의 철자는 앞뒤에 붙여 발음하면 된다. 단, 둘째 자음이 유음이나 비음일 경우 뒷모음에 붙여 한 번에 발음한다.

1.2.2. 주의해야 할 발음들

(1) ρ와 λ의 구분: 이 두 철자는 한글로는 모두 "ㄹ"로 표기된다:

① ρ은 강한 기식소리("ㅎ")와 함께 나는 소리이므로 받침으로는 사용되지 않는다. 기식은 철자가 단어가 맨 처음에 등장할 때만 표시한다.

예) ῥῆμα("레마")

② λ의 경우 처음, 중간, 마지막에서 사용될 수 있으며, 받침으로도 사용될 수 있다. 또한 λ가 하나만 등장할지라도 단어에 따라 앞 음절의 받침과 뒷음절의 첫소리로 중복되어 사용될 수 있다.

예) καλός("깔로스")

(2) 이중 자음 ξ와 ψ의 형성.

① ξ는 "크시"로서 "ㅋ"소리와 "ㅅ"소리가 합쳐진 소리다.

② ψ는 "프시"로서 "ㅍ"소리와 "ㅅ"소리가 합쳐진 소리다.

한편, 여기서 등장하는 첫소리 "ㅋ"와 "ㅍ"는 단지 그 소리를 가리키는 것이 아니고, 소리가 나는 장소(언어학적으로 조음점)를 가리킨다. 다시 말해, "ㅋ"는 입천장과 목구멍 사이에서 나는 소리들을 대표하며(즉, 구개음: "ㄱ," "ㄲ," "ㅋ"), "ㅍ"는 입술 두 개가 붙었다 떨어지면서 나는 소리들을 대표한다(즉, 양순음: "ㅂ," "ㅃ," "ㅍ"). 그러므로 "크시"는 구개음("ㄱ," "ㄲ," "ㅋ")과 "시그마"(σ/ς)가, "프시"는 양순음("ㅂ," "ㅃ," "ㅍ")과 "시그마"(σ/ς)가 합쳐진 소리이다.

(3) 철자 γ뒤에 γ 혹은 구개음(예. κ ["ㄲ"], χ ["ㅋ"])이 등장하면 앞 철자 γ는 "응"으로 발음하고 뒤 철자는 그 음가대로 발음한다.

예) ἄγγελος "앙겔로스," Σφίγξ "스핑크스," σπλάγχνον "스쁠랑크논."

(4) 연속된 두 모음 발음법:

① 모음의 경우 대부분 철자 그대로 읽어주기만 하면 된다.

② 예외: ϵὐ("유:"), οὐ("우:"), υἰ("위:"), ᾀ("아:"), ᾐ("에:"), ᾠ("오:"). 이중 모음 부분 참조.

1.3. 악센트

1.3.1. 위치와 종류

(1) 앞서 언급했듯이 헬라어 단어의 음절은 단어의 끝부터 끊어 읽는다. 이렇게 음절을 만들고 음절의 숫자를 센다면 맨 끝음절부터 역으로 음절을 센다. 악센트는 모음을 중심으로 형성된 모음에 놓이게 되는데, 악센트는 그 종류에 따라 차이가 나지만 끝에서 세 번째 음절까지 밖에 찍을 수 없다. 즉, 맨 끝음절, 끝 앞 음절 및 끝에서 두 번째 음절까지만 악센트가 놓일 수 있다.

(2) 헬라어의 악센트는 세 가지 종류, 즉 ⓐ 에큐트(ʹ), ⓑ 써컴플렉스(˜), ⓒ 그레이브(`)가 있다. 그리고 각 악센트는 그것이 사용될 수 있는 상황이 제한된다:

구분	③	②	①
예	끝에서 두 번째 음절(안티페널트)	끝 앞 음절(페널트)	맨 끝음절(울티마)
에큐트(ʹ)	ʹ	ʹ	ʹ
써컴플렉스(˜)	안됨	˜	˜
그레이브(`)	안됨	안됨	`

첫째, 에큐트 악센트(ʹ)는 맨 끝음절(울티마)부터 끝에서 두 번째 음절(안티페널트)

에 자유롭게 사용될 수 있으며, 악센트가 놓이는 모음이 장모음이건 단모음이건 상관없다.

둘째, 써컴플렉스 악센트(῀)는 맨 끝음절(울티마)과 끝 앞 음절(페널트)에서만 사용되며, 악센트가 놓이는 모음은 항상 장모음이어야 한다.

셋째, 그레이브 악센트(`)는 맨 끝음절(울티마)에서만 사용되는데, 이는 특별한 상황 가운데서만 등장하는 현상적 악센트다. 즉, 맨 끝음절(울티마)에 에큐트 악센트(´)를 가진 단어 바로 뒤에 단어가 연이어 나올 때, 앞선 단어의 에큐트 악센트(´)가 그레이브 악센트(`)로 바뀌게 된다. 이 때 뒷단어의 악센트는 전혀 영향을 받지 않는다. 그러나 이런 규칙에 예외들이 있다. ① 뒤에 나오는 단어가 후접어(악센트가 없는 단어)일 경우 앞선 단어의 맨 끝음절(울티마)의 에큐트 악센트(´)는 그레이브(`)로 바뀌지 않는다. ② 의문대명사(τίς, τί)의 에큐트 악센트(´)는 어떤 상황에 놓이든 그레이브(`)로 바뀌지 않는다.

1.3.2. 악센트의 숫자

(1) 일반적으로 한 단어에 악센트는 위에서 언급한 세 가지 악센트들(에큐트, 써컴플렉스, 그레이브) 중 하나가 온다.

(2) 그러나 종종 성경이나 다른 헬라 문헌들을 읽다보면 한 단어에 악센트가 두 개가 오는 경우가 있다. 이 현상은 한 단어 뒤에 후접어(악센트가 없는 단어)가 따라올 경우 악센트가 앞선 단어에 추가되기 때문인데, 이 때 일반적으로 앞선 단어에는 끝에서 두 번째 음절(안티페널트)에 에큐트 악센트(´)가 있는 경우이며 후접어(악센트가 없는 단어) 때문에 앞선 단어의 맨 끝음절(울티마)에 에큐트 악센트(´)가 추가된 경우이다. 단, 앞서 설명했듯이 후접어 앞의 맨 끝음절(울티마) 에큐트 악센트(´)는 그레이브 악센트(`)로 바뀌지 않는다.

1.3.2. 악센트 법칙

(1) 헬라어 단어는 몇몇 예외들(예. 후접어, 몇몇 전치사나 부정대명사 등)을 제외하고, 보통 한 개의 악센트를 갖는다. 악센트 위치 규칙은 동사와 비-동사(명사, 형용사 등)에 따라 크게 대분된다.

(2) 동사의 악센트 위치

동사의 경우 악센트의 위치가 상황에 따라 변경되는데, 맨 끝음절(울티마)이 장모음이 아닐 경우 최대한 앞쪽으로 악센트가 위치한다. 따라서 맨 끝음절(울티마)이 단모음일 경우, 끝에서 두 번째 음절(안티페널트)에 악센트가 위치하며, 항상 에큐트 악센트(′)가 사용된다. 그러나 맨 끝음절(울티마)이 장모음일 경우 악센트는 끝 앞 음절(페널트)에 에큐트 악센트(′) 놓인다.

다만, 동사가 단축 동사일 경우에는 종종 예외적인 현상이 나타나는데, 단축 동사에 단음절 어미가 붙어 음절이 형성될 경우 맨 끝음절(울티마)에 써컴플렉스 악센트(ˆ)가 오는 경우가 있다.

한편, 단축 동사에 두 개의 음절로 이뤄진 어미가 올 경우, 단축동사의 어간 모음과 어미의 첫 번째 모음이 단축되는데, 이때에도 그 단축된 두 번째 음절(페널트)에 주로 써컴플렉스 악센트(ˆ)가 온다. 다만, 세 음절 이상이 되는 어미가 올 경우는 단축 동사의 특성에 크게 구애받지 않게 됨으로 앞선 사항들을 고려할 필요가 없다.

(3) 비-동사의 악센트 위치

동사가 아닌 명사, 관사, 형용사, 부사 등은 그 단어 자체에 고유한 악센트가 존재하며, 일반적으로 그 악센트의 위치는 바뀌지 않는다. 다만, 악센트가 끝에서 두 번째 음절(안티페널트)에 있는데 끝음절(울티마)가 장모음으로 길어졌을 경우, 악센트가 한 칸 뒤로(즉, 끝 앞 음절[페널트]) 당겨지는 현상이 나타난다.

이런 일반적 현상 외에, 여성, 복수, 속격 형태의 경우 항상 그 어미 위에 악센트를 갖는 특이한 현상도 나타난다. 추가적으로 기억할 것은, 몇몇 단어들은 그 자체에 악센트를 갖지 않는 경우가 있는데 그 경우 악센트에 대해서 신경 쓸 필요가 없다.

1.4. 문장부호

헬라어의 문장부호는 네 가지다:

① 마침표: .
② 쉼표: ,
③ 중간 쉼표: ·
④ 의문부호: ;

문장 부호는 후대에 첨가된 것이다. 그러나 오랜 전통을 통해 사용되어왔다는 점에서 해석적 가치가 있다고 평가할 수 있다.

1.5. 읽기 연습

1.5.1. 마태복음 1:1–8

1 Βίβλος γενέσεως Ἰησοῦ Χριστοῦ υἱοῦ Δαυὶδ υἱοῦ Ἀβραάμ.
비블로스 게네세오스 이에수 크리스뚜 휘우 다위드 휘우 아브라암.

2 Ἀβραὰμ ἐγέννησεν τὸν Ἰσαάκ, Ἰσαὰκ δὲ ἐγέννησεν τὸν
아브라암 에겐네센 똔 이사악, 이사악 데 에겐네센 똔

Ἰακώβ, Ἰακὼβ δὲ ἐγέννησεν τὸν Ἰούδαν καὶ τοὺς ἀδελφοὺς αὐτοῦ,
이아꼽, 이아꼽 데 에겐네센 똔 이우단 까이 뚜스 아델푸스 아우뚜,

3 Ἰούδας δὲ ἐγέννησεν τὸν Φάρες καὶ τὸν Ζάρα ἐκ τῆς Θαμάρ,
이우다스 데 에겐네센 똔 파레스 까이 똔 자라 에끄 떼스 타마르,

Φάρες δὲ ἐγέννησεν τὸν Ἑσρώμ, Ἑσρὼμ δὲ ἐγέννησεν τὸν Ἀράμ,
파레스 데 에겐네센 똔 헤스롬, 헤스롬 데 에겐네센 똔 아람,

4 Ἀρὰμ δὲ ἐγέννησεν τὸν Ἀμιναδάβ, Ἀμιναδὰβ δὲ ἐγέννησεν
아람 데 에겐네센 똔 아미나답, 아미나답 데 에겐네센

τὸν Ναασσών, Ναασσὼν δὲ ἐγέννησεν τὸν Σαλμών,
똔 나앗손, 나앗손 데 에겐네센 똔 살몬,

5 Σαλμὼν δὲ ἐγέννησεν τὸν Βόες ἐκ τῆς Ῥαχάβ, Βόες δὲ
살몬 데 에겐네센 똔 보에스 에끄 떼스 라캅, 보에스 데

ἐγέννησεν τὸν Ἰωβὴδ ἐκ τῆς Ῥούθ, Ἰωβὴδ δὲ ἐγέννησεν τὸν Ἰεσσαί,
에겐네센 똔 이오벳 에끄 떼스 룻, 이오벳 데 에겐네센 똔 이엣사이,

6 Ἰεσσαὶ δὲ ἐγέννησεν τὸν Δαυὶδ τὸν βασιλέα. Δαυὶδ δὲ
이에사이 데 에겐네센 똔 다위드 똔 바실레아. 다위드 데

ἐγέννησεν τὸν Σολομῶνα ἐκ τῆς τοῦ Οὐρίου,
에겐네센 똔 솔로모나 에끄 떼스 뚜 우리우,

7 Σολομὼν δὲ ἐγέννησεν τὸν Ῥοβοάμ, Ῥοβοὰμ δὲ ἐγέννησεν τὸν
솔로몬 데 에겐네센 똔 로보암, 로보암 데 에겐네센 똔

Ἀβιά, Ἀβιὰ δὲ ἐγέννησεν τὸν Ἀσάφ,
아비아, 아비아 데 에겐네센 똔 아삽,

8 Ἀσὰφ δὲ ἐγέννησεν τὸν Ἰωσαφάτ, Ἰωσαφὰτ δὲ ἐγέννησεν τὸν
아삽 데 에겐네센 똔 이오사팟, 이오사팟 데 에겐네센 똔

Ἰωράμ, Ἰωρὰμ δὲ ἐγέννησεν τὸν Ὀζίαν.
이오람, 이오람 데 에겐네센 똔 오지안.

1.5.2. 빌립보서 1:3–6

3 Εὐχαριστῶ τῷ θεῷ μου ἐπὶ πάσῃ τῇ μνείᾳ ὑμῶν 4 πάντοτε ἐν
πάσῃ δεήσει μου ὑπὲρ πάντων ὑμῶν, μετὰ χαρᾶς τὴν δέησιν
ποιούμενος, 5 ἐπὶ τῇ κοινωνίᾳ ὑμῶν εἰς τὸ εὐαγγέλιον ἀπὸ τῆς
πρώτης ἡμέρας ἄχρι τοῦ νῦν, 6 πεποιθὼς αὐτὸ τοῦτο, ὅτι ὁ
ἐναρξάμενος ἐν ὑμῖν ἔργον ἀγαθὸν ἐπιτελέσει ἄχρι ἡμέρας
Χριστοῦ Ἰησοῦ·

제2과
명사의 체계와 격(Case)의 용법
제1곡용 명사(-η/α형 명사)
Εἰμί, 동사("이다")의 현재 직설법

2.1. 헬라어 명사의 체계 및 형태와 용법

2.1.1. 헬라어 명사의 체계

헬라어 명사는 곡용(declension) 명사이다. 즉, 명사 자체에서 어미(ending)라고 불리는 맨 끝부분이 변경되어 명사의 종류와 용법 등을 표현된다. 명사는 아래의 3개의 곡용들 중 하나에 속한다:

1곡용			2곡용[6]		3곡용[7]
η형	α형	α/η혼합형	ος형	ον형	
φωνή, ῆς	ἐκκλησία, ας	δόξα, ης	κύριος, ου	παιδίον, ου	ἄρχων, οντος
(목)소리	교회	영광	주인, 주님	어린이	통치자

물론, 위에 언급된 곡용 명사 외에 규칙을 따르지 않은 비곡용 명사(indeclinable noun. 예. Δαυίδ)나 곡용이 불완전하거나 일관되지 않은 불규칙 명사(irregular noun 예. γυνή γυναίκος)가 있다.

2.1.2. 곡용 요소와 용법

명사의 각 곡용은 성(性, gender), 수(數, number), 격(格, case)에 따라 어미가 변화하고 변화된 어미에 따라 다양한 기능을 표현한다.

2.1.2.1. 성

남성(masculine), **여성**(feminine), **중성**(neutral)

(1) 한국어는 단어의 형태를 보고 단어의 성을 구분하기는 힘든 반면(예. "아빠," "엄마," "감자" 모두 "ㅏ"로 끝남), 헬라어의 경우 일반적으로 단어 형태를 보고 명사의 성을 예상할 수 있다.

(2) 성은 각 지역에 따라 "자연 성"과 "문화 성"이 있다.

["자연 성"] 타고난 성에 따른 것이다. 모든 언어에서 거의 동일하다(예. 아빠, 엄마).

["문화 성"] 헬라인들의 문화/관습에 의한 성이다. 언어 사용권마다 차이가 난다(예. 해, 달).

2.1.2.2. 수

단수(singular), **복수**(plural)

거의 예외 없이 어미의 변화 형태에 따라 결정된다. 단, 번역시 한국어의 표현과 잘 비교해야 한다.[8]

2.1.2.3. 격

주격(主格/nominative), **속격**(屬格/genitive[=소유격]), **여격**(與格/dative[=수여격]), **대격**(對格/accusative[=목적격]), **호격**(呼格/vocative)

(1) 격(格)은 체언(體言), 즉 명사, 형용사, 대명사 등에 붙어 해당 단어의 쓰임(즉, 주어, 목적어 따위)을 나타내주는 표현이다.

(2) 격의 형태는 각 곡용(1-3곡용)마다 그리고 격(주격-호격)마다 다르다. 다만, 일부 형태가 일치하는 경우도 있다(예. 대다수의 주격과 호격). 3개의 곡용의 격변화는

각각 다르기 때문에 개별적으로 외워야 한다. 그러나 다른 곡용에서 그 형태가 차이가 나더라도 각 격의 기능과 해석은 동일하다(제1곡용의 변화의 예는 아래 2.2.를 참조하라):

형태	기초 기능	해석	
		단수	복수
주격(주)	주어 표시	~은/는, ~이, ~가	~들은, ~들이
속격(속)	소유 관계 표시	~의	~들의
여격(여)	받는 사람 표시	~에게; ~위해	~들에게; ~위해
대격(대)	목적어 표시	~을/를	~들을
호격(호)	부름	~야!	~들아!

2.2. 제1곡용

2.2.1. 제1곡용 여성 명사

구분		φωνή, ῆς (여) 소리	기본 어미		적용			
					파생형 1 (ε, ι, ρ 로 끝나는 명사)		파생형 1 (혼합변화)	
					ἐκκλησία, ας **(여) 교회**		δόξα, ης **(여) 영광**	
단수	주	φων ή	η	소리 가	ἐκκλησία	교회가	δόξα	영광이
	속	φων ῆς	ης	소리 의	ἐκκλησίας	교회의	δόξης	영광의
	여	φων ῇ	ῃ	소리 에게/위해	ἐκκλησίᾳ	교회에게	δόξῃ	영광을 위해
	대	φων ήν	ην	소리 를	ἐκκλησίαν	교회를	δόξαν	영광을
복수	주	φων αί	αι	소리 들이	ἐκκλησίαι	교회들이	δόξαι	영광들이
	속	φων ῶν	ων	소리 들의	ἐκκλησιῶν	교회들의	δοξῶν	영광들의
	여	φων αῖς	αις	소리 들에게/위해	ἐκκλησίαις	교회들에게	δόξαις	영광들을 위해
	대	φων άς	ας	소리 들을	ἐκκλησίας	교회들을	δόξας	영광들을

(1) 헬라어 명사는 어간(stem)과 어미(ending)로 구성된다:[9]

① 어간: 일반적으로 형태가 바뀌지 않고 뜻을 담고 있는 부분. 예) φων-

② 어미: 경우에 따라 형태가 바뀌며, 기능/쓰임새를 표현. 예) -η

따라서 해석할 때 단어의 뜻은 어간을 보고 확인하고 해석은 어미를 보고 결정한다.

(2) 제1곡용 명사 φωνή/ἐκκλησία/δόξα의 기본형은 여성, 단수, 주격 형태로, 기본형에는 일반형, 파생형 등이 있다. 기본형이란 한 어휘가 변화되었을 때 그 어휘의 뜻을 찾기 위한 형태이다(흔히, "사전형").

(3) 1변화 명사들은 대부분 여성 명사이다. 그러나 남성 명사도 있다(2.2.2. 참조).

심화학습

2.2.2. 제1곡용 남성 명사

구분		προφήτης, ου (남) 선지자	기본 어미		적용			
					νεανίας, ου (남) 청년		'Ιωάννης, ου (남) 요한	
단수	주	προφήτ ης	ης	선지자 **가**	νεανίας	청년이	'Ιωάννης	요한이
	속	προφήτ ου	ου	선지자 **의**	νεανίου	청년의	'Ιωάννου	요한의
	여	προφήτ ῃ	ῃ	선지자 **에게/위해**	νεανίᾳ	청년에게	'Ιωάννῃ	요한에게
	대	προφήτ ην	ην	선지자 **를**	νεανίαν	청년을	'Ιωάννην	요한을
복수	주	προφήτ αι	αι	선지자 **들이**	νεανίαι	청년들이		
	속	προφητ ῶν	ων	선지자 **들의**	νεανιῶν	청년들의		
	여	προφήτ αις	αις	선지자 **들에게/위해**	νεανίαις	청년들에게		
	대	προφήτ ας	ας	선지자 **들을**	νεανίας	청년들을		

(1) 제1곡용 남성명사는 단수 주격(ης/ας) 및 속격(ου)을 제외한 모든 형태가 제1곡용 여성명사와 동일하다. 따라서 개별 어휘를 암기해야한다.

(2) 제1곡용 남성명사의 단수, 주격형이 ης/ας를 취함으로 제1곡용 여성명사의 단수, 속격 어미와 동일하게 되어, 속격형에서는 제2곡용의 단수, 속격어미 ου를 빌려왔다(4.1.1 참조).

(3) 이 유형에 속하는 대표적인 명사로 μαθητής οῦ (남)(제자)가 있다.

2.2.3. 분해하기

구분	분해				해석
	기본형(뜻)	성	수	격	
φωνῶν	φωνή(소리)	여	복	속	소리들의
ἐκκλησίᾳ	ἐκκλησία(교회)	여	단	여	교회에게
δόξας	δόξα(영광)	여	복	대	영광들을
προφήτῃ	προφήτης(선지자)	남	단	여	선지자에게

(1) (명사의 경우) 기본형에서 변화된 형태를 곡용(declension)형이라고 하는데, 이때 해당 단어를 해석하기 위해 형태를 파악하는 작업을 분해 혹은 "파싱"(parsing)이라고 부른다.

(2) 1 곡용의 -η형과 -α형의 구분은 헬라어 철자법에 따른다. 즉, 단어의 어간이 -ϵ, -ι, -ρ로 끝나는 경우 어미가 -α가 되고(예. ἐκκλησία는 어간이 -ι로 끝난다), 그 외의 철자로 끝나면 어미가 -η가 된다(예. φωνή는 어간이 -ν로 끝난다). 따라서 비율상 -η로 끝나는 명사가 1변화의 기본 활용형이 된다. 단, 혼합형 명사 δόξα의 경우, 이 규칙을 따르지 않는다. 즉, 어간이 -ξ로 끝났음에도 불구하고, 어미가 (-η가 아니라) -α가 왔다. 그렇기에 변화형에서 -η 변화(단수 속격과 대격)와 -α 변화(단수 주격과 대격)가 함께 나타난다. 한편, 복수 형태는 모두 동일하다.

2.3. Εἰμί 동사(이다/있다)의 현재 직설법

(1) ϵἰμί(이다/있다)는 동사로서 주어를 서술해 주거나 규정하는데 사용된다(명사의 주격형과만 사용됨): "마리아는 여주인이다." 그러나 흥미로운 점은 한국어에서는 "이다"동사가 꼭 표현되어야 하는 것과 달리 헬라어에서는 계사가 생략이 가능하다

는 점이다. 그러므로 "마리아는 여주인이다."는 다음과 같이 헬라어로 표현된다:

예) 마리아는 여주인이다.

Μαρία κυρία(계사생략) 혹은 Μαρία ἐστὶν κυρία(계사포함).

(2) εἰμί 동사는 흔히 "계사"(copula)라고 불린다.

2.3.1. 현재(능동태)[10] 직설법

Εἰμί 이다/있다					
단수			복수		
1인칭	εἰμί	나는 ~이다	1인칭	ἐσμέν	우리는 ~이다
2인칭	εἶ	너는 ~이다	2인칭	ἐστέ	너희는 ~이다
3인칭	ἐστί(ν)	그/그녀/그것은 ~이다	3인칭	εἰσί(ν)	그들/그것들은 ~이다

(1) 헬라어 동사는 시(時, tense), 태(態, voice), 법(法, mood), 수(數, number), 인칭(人稱, person)에 따라 활용된다(아래 제3과 참조). 한편, 동사는 활용형에 따라 어미가 바뀐다는 점에 주의하고, 따라서 주어를 나타내는 어휘가 생략될 수 있다

(2) 형태에 있어서 3인칭 단수와 3인칭 복수에 "뉘"(ν)가 제시되는데, 이는 이후 등장하는 어휘와의 모음충돌을 피하기 위해 추가된 것이다. 이것을 "유동의 '뉘'"(movable ν)라고 부른다. 단, 이 규칙이 항상 지켜지는 것은 아니다.

(3) 동사 해석을 위해 명사의 경우처럼 분해를 해야 한다. 다만, 동사는 "시, 법, 태, 수, 인칭"을 고려해야 한다(자세한 사항은 제3과 참조). 우선, 기본형(현재, 능동태, 직설법, 단수, 1인칭과 동일)을 찾아 의미를 확인하고, 활용 상태를 보고 해석한다:

예) ἐσμέν.

[설명] εἰμί 동사(이다)의 현재, (능동태,) 직설법, 복수, 1인칭.

ἐσμέν은 기본형(εἰμί)이 현재, (능동태), 직설법, 복수, 1인칭으로 활용된 것이다. 특별히, 어미 -(ο)μεν는 주어가 "우리"라는 점을 드러내 준다. 한편, 어미 -(ο)μεν는 시간적으로는 현재, 주어와 동사의 관계로는 능동태, 말하는 분위기으로는 직설법을 나타내기에 "우리는 ~이다."로 해석한다.

(4) 한편, 1인칭과 2인칭 주어는 "나", "우리", "너", "너희"라는 인칭대명사(personal pronoun)만 표기되기에 인칭대명사를 배우기 전까지(제6과 참조) 표기되지 않는다. 반면, 3인칭의 경우는 "그, 그녀, 그것" 및 "그들, 그것들" 외에도 일반 어휘들(예. 선생님, 자동차)을 가지고 표현이 가능하기에 주어가 따로 등장할 수 있다. 이때 주어 명사는 단수, 주격형 혹은 복수, 주격형이며 동사는 주어 명사의 수에 따른다:

예) 단수의 예

ἐκκλησία ἐστί 혹은 ἐστὶν ἐκκλησία. "그것은 교회다."

[설명] ἐκκλησία가 단수, 주격형이므로 동사도 3인칭, 단수형(ἐστί[ν])이다.

예) 복수의 예

ἐκκλησίαι εἰσί 혹은 εἰσὶν ἐκκλησίαι. "그것들은 교회들이다."

[설명] ἐκκλησίαι가 복수, 주격형이므로, 동사도 3인칭, 복수형(εἰσί[ν])이다.

2.3.2. 분해하기

구분	분해						해석
	기본형(뜻)	시	(태)	법	수	인칭	
ἐστί(ν)	εἰμί(이다)	현	(능)	직	단	3	그/그녀/그것은 ~이다.
ἐστέ	εἰμί(이다)	현	(능)	직	복	2	너희는 ~이다.

2.4. 어휘

동사

εἰμί 이다; 있다, 존재하다

명사

ἀγάπη, ης (여) 사랑

ἁμαρτία, ας (여) 죄

δόξα, ης (여) 영광

ἐκκλησία, ας (여) 교회

κυρία, ας (여) 여주인; 큐리아(사람이름?)

Μαρία, ας (여) 마리아

φωνή, ῆς (여) 소리, 음성

ὥρα, ας (여) 시간, 때

심화학습

제1곡용 남성 명사

Ἰωάννης, ου (남) 요한

μαθητής, οῦ (남) 제자, 학생

νεανίας, ου (남) 청년, 젊은이

προφήτης, ου (남) 선지자

2.5. 기초 문장 연습

아래 헬라어 문장을 직역하시오.

1. Μαρία ἐστὶ κυρία.

2. Εἶ Μαρία.

3. Κυρίαι Μαρίας εἰσίν ἐκκλησίαι.

4. φωνή Μαρίας ἐστὶν ἀγάπῃ.

5. ἐσμὲν ἐκκλησίαις.

6. Ὥρα ἐκκλησιῶν ἐστὶν ἀγάπῃ.

7. Ἰωάννης ἐστὶν προφήτης.

8. νεανίαι εἰσίν;

9. ἐστὲ μαθηταὶ ἁμαρτίων;

제3과

헬라어 동사의 체계(ω 동사와 μι 동사)
ω 동사의 현재 능동태 직설법. 부정어 Οὐ

3.1. 헬라어 동사의 체계 및 형태와 용법

3.1.1. 헬라어 동사의 체계

헬라어 동사는 활용(conjugation) 동사이다. 즉, 동사 자체에서 일반적으로 어미(ending)라고 불리는 맨 끝부분이 변해 동사의 종류와 용법 등을 표현한다. 그리고 동사는 아래의 2개의 활용 중 하나에 속한다:

ω 동사		μι 동사		
λύω	πιστεύω	δίδωμι	τίθημι	ἵστημι
풀다	믿다	주다	놓다	세우다

헬라어 동사를 사용하기 위해서는 동사의 주요 어간들(즉, 활용형)을 알아야 하는데, 이를 위해 각각의 동사의 다음 여섯 가지 부분(어간과 형태)을 함께 암기해야 한다:

구분	현재	미래	부정과거	완료	완료수동	부정과거수동
ω 동사	λύω	λύσω	ἔλυσα	λέλυκα	λέλυμαι	ἐλύθην
μι 동사	δίδωμι	δώσω	ἔδωκα	δέδωκα	δέδομαι	ἐδόθην

위의 여섯 시제 외에도 미완료과거와 대과거 완료 시제가 있다. 어간은 각각 현재 어간(미완료의 경우)과 완료 어간(대과거 완료의 경우)을 사용해 따로 언급되지 않는다.

한편, 위에 언급된 규칙을 따르지 않은 동사들로는 다음의 것들이 있다:

(1) 불규칙 동사(irregular verb. 예. 제2과의 εἰμί 동사).

(2) 활용이 불완전한 결여 동사(defective verb, 제27과 참조).

(3) 태(態)의 형태와 뜻이 다른 디포넌트 동사/이태동사(deponent verb, 제7과 참조).

3.1.2. 활용 요소와 용법

헬라어 동사는 아래의 5가지 사항으로 구성되어 의미를 전달한다:

3.1.2.1. 시(時, tense): 시간 개념(절대적 시간 · 상대적 시간)

① 비-과거시제(제1시제): 현재(현), 미래(미), 완료(완).

② 과거시제(제2시제): 미완료과거(미완과), 부정과거(부과), 과거완료(과완).

3.1.2.2. 태(態, voice): 말의 모양(주어와 동사의 관계)

① 능동태(능): 주어가 동사 행위의 주체자.

② 수동태(수): 주어가 동사 행위의 대상자.

③ 중간태(중): 주어가 동사 행위의 주체자이면서 대상자.

3.1.2.3. 법(法, mood): 말의 분위기

① 직설법(직), 가정법(가), 희구법(희), 명령법(명).

② [참조] 동사 파생 품사: 분사(분. 동사적 형용사), 부정사(부. 동사적 명사).

3.1.2.4. 수(數, number): 주어의 숫자

① 단수(단), 복수(복).

② [참조] 쌍수(雙數). (성경헬라어에서는 소멸)

3.1.2.5. 인칭(人稱, person)

① 1인칭(1): 본인(남/여 상관없음).

② 2인칭(2): 대화 상대(인격체/비인격체 구분 없음).

③ 3인칭(2): 나와 너를 제외한 모든 인격체/비인격체.

위의 다섯 요소는 헬라어 동사를 분해하고 해석할 때 꼭 알아야 하는 사항이므로 잘 기억해 두어야 한다. 한편, 동사에서는 주어의 성(性, gender)을 따로 다루지 않는다.

3.2. ω 동사의 현재 능동태 직설법

3.2.1. 현재 능동태 직설법

구분		ω 활용 동사	기본 어미[11]		적용	
		λύω 풀다			πιστεύω 믿다	
단수	1	λύ ω	-ω	**나는** 푼다/풀고있다	πιστεύω	나는 믿는다
	2	λύ εις	-εις	**너는** 푼다/풀고있다	πιστεύεις	너는 믿는다
	3	λύ ει	-ει	**그/그녀/그것은** 푼다/풀고있다	πιστεύει	그/그녀/그것은 믿는다
복수	1	λύ ομεν	-ομεν	**우리는** 푼다/풀고있다	πιστεύομεν	우리는 믿는다
	2	λύ ετε	-ετε	**너희는** 푼다/풀고있다	πιστεύετε	너희는 믿는다
	3	λύ ουσι(ν)	-ουσι(ν)	**그들/그것들은** 푼다/풀고있다	πιστεύουσι(ν)	그들/그것들은 믿는다

(1) 다양한 동사들이 적용되더라도 ω 동사의 기본 어미 형태는 동일하다(-ω, -εις,

-ει, -ομεν, -ετε, -ουσι[ν]). 주의할 점은 한국어와 달리 헬라어는 주어의 수와 인칭에 따라 어미가 바뀌는데(한국어는 주어를 표시해 주어야 함), 이는 헬라어가 주어를 생략할 수 있기 때문이다:

예) 한국어와 헬라어의 동사형 비교

한국어	헬라어
"나는 푼다/풀고있다."	λύω 그러나 주어 가능 ἐγὼ[12] λύω
"너희는 푼다/풀고있다."	λύετε 혹은 ὑμεῖς[13] λύετε

(2) 위의 예들을 보면 한국어의 경우 주어가 단수 1인칭이든 복수 2인칭이든 동사가 "푼다/풀고 있다."로 바뀌지 않는다. 따라서 동사 자체로는 그 주어를 예상할 수 없어 주어를 꼭 표기해야 한다("나는", "너희는"). 반면, 헬라어의 경우 단수 1인칭일 경우 동사가 λύω로, 복수 2인칭일 경우 동사가 λύετε로 활용된다. 즉, 어미가 바뀌어서 그 주어가 무엇인지 예상할 수 있다. 따라서 주어의 생략이 가능한 것이다. 하지만 대명사 등으로 주어(ἐγώ, ὑμεῖς)를 표현할 수도 있다.

(3) 동사의 경우, 기본형에서 변화된 형태를 활용이라고 하는데 이때 해당 단어를 해석하기 위해 형태를 파악하는 작업을 분해 혹은 "파싱"(parsing)이라고 부른다(참고. 기본형은 현재, 능동태, 직설법, 단수, 1인칭형과 동일하다). 활용된 동사의 경우, 기본형을 찾아 단어의 뜻을 확인하고, 이후 후 각 동사를 시, 태, 법, 수 및 인칭(3.1.2의 사항을 고려)에 따라 분해하여 그 내용에 따라 해석하면 된다:

예) λύομεν

[설명] λύω 동사(풀다)의 현재, 능동태, 직설법, 복수, 1인칭.

복수 1인칭형은 기본형에서 복수 1인칭으로 곡용된 것이므로 기본형을 찾기 위해 어미 -ομεν을 떼고 그 자리에 -ω를 붙인다. 이후, 어미에 따라 주어를 "우리는"(복수 1인칭)로 제시하고, 동사 "풀다"를 시간으로는 현재, 주어와 동사의 관계로는 능동태, 말하는 분위기/방식으로는 직설법으로 해석하면 된다: "우리는 푼다/풀고 있다."

(4) 한편, 해석할 때 동사는 문장에서 주어, 목적어 등의 문장 성분과 함께 사용될 수 있기에 이 점을 고려해 번역한다.

예) λύομεν κυρίαν.

[설명] 명사 κυρίαν는 제1곡용 명사 κυρία(여주인)의 여성, 단수, 대격형이기에 "여주인을"을 의미하고, 동사 λύομεν의 목적어가 된다. 따라서 "우리는 여주인을 푼다/풀어주고 있다." 해석하면 된다.

3.2.2. 분해하기

구분	분해						해석
	기본형(뜻)	시	태	법	수	인칭	
λύει	λύω(풀다)	현	능	직	단	3	그/그녀/그것이 푼다.
λύετε	λύω(풀다)	현	능	직	복	2	너희가 푼다.
πιστεύομεν	πιστεύω(믿다)	현	능	직	복	1	우리가 믿는다.
πιστεύουσι(ν)	πιστεύω(믿다)	현	능	직	복	3	그들이 믿는다.

3.3. 부정어 Οὐ, οὐκ, οὐχ

(1) 문장이나 어휘를 부정할 때, οὐ를 사용한다. 그러나 부정어의 모양이 조금씩 차이가 나는데 이는 뒤에 따라 나오는 단어에 따라 각각 οὐ(일반) 혹은 οὐκ(약기식

모음 앞에서) 혹은 οὐχ(강기식 모음 앞에서)의 형태로 변화한다:[14]

예) 부정어의 여러 모양

[οὐ와 οὐκ] ἐστὶν οὐ φωνή. 그러나 φωνὴ οὐκ ἐστί. 그것은 소리가 아니다.

[οὐκ와 οὐχ] ἁμαρτία οὐκ ἐστί. 그러나 ἐστὶν οὐχ ἁμαρτία. 그것은 죄가 아니다.

(2) 헬라어 부정어가 놓이는 위치는 한국어(문장의 맨 끝)나 영어(문장의 앞부분)에서처럼 정해져 있지 않다. 부정하고 싶은 단어 앞에 부정어를 놓으면 된다. 그러나 혹자들은 부정어의 일반적인 위치는 문장 맨 앞이라고 말한다. 만약 그렇다면 그 위치를 이탈한 부정어의 위치는 보다 특별한 의미를 지닌다고 평가할 수 있다.

3.4. 어휘

동사

ἄγω 인도하다

ἀκούω 듣다 (+속격형 목적어)

διδάσκω 가르치다

εὑρίσκω 발견하다; 찾다

ἔχω 소유하다; 갖다

λέγω 말하다

λύω 풀다(사람); 파괴하다(사물)

πιστεύω 믿다 (+여격형 목적어)

부사

οὐ οὐκ οὐχ 아니

3.5. 기초 문장 연습

아래 헬라어 문장을 직역하시오.

1. Μαρία κυρίαν λύει.

2. διδάσκεις ἐκκλησίαν;

3. ἐκκλησίᾳ δόξης λέγω.

4. Οὐκ ἄγει Ἰωάννης Μαρίαν.

5. Ἔχετε κυρίας.

6. φωνῆς Μαρίας ἀκούει ἐκκλησία.

7. Οὐ πιστεύομεν ἁμαρτίᾳ.

8. μαθηταὶ ἐκκλησίας οὐ λύουσι. λύει ἁμαρτία.

9. Μαρία εὑρίσκει ὥραν ἀγάπης.

제4과

제2곡용 명사(–ος/ον형 명사). 관사 [심화학습] 의문문과 대답

4.1. 제2곡용 명사

제2곡용 명사는 다음의 2가지 형태를 가지고 있다:

–ος형			–ον형	
남성		여성(일부)	중성(전체)	
κύριος, ου	λόγος, ου	ὁδός, οῦ	παιδίον, ου	τέκνον, ου
주인	말씀	길	어린이	아이

4.1.1. 제2곡용 –ος형 명사

구분		κύριος, ου (남) 주인	기본 어미		적용(2곡용 여성) ὁδός, οῦ (여) 길	
단수	주	κύρι ος	ος	주인 **이**	ὁδός	길이
	속	κυρί ου	ου	주인 **의**	ὁδοῦ	길의
	여	κυρί ῳ	ῳ	주인 **에게/위해**	ὁδῷ	길을 위해
	대	κύρι ον	ον	주인 **을**	ὁδόν	길을
복수	주	κύρι οι	οι	주인 **들이**	ὁδοί	길들이
	속	κυρί ων	ων	주인 **들의**	ὁδῶν	길들의
	여	κυρί οις	οις	주인 **들에게/위해**	ὁδοῖς	길들을 위해
	대	κυρί ους	ους	주인 **들을**	ὁδοῦς	길들을

(1) 제2곡용 명사도 제1곡용 명사(2과)처럼 어간(stem)과 어미(ending)로 구성된다:

① 어간: 일반적으로 형태가 바뀌지 않고 뜻을 담고 있는 부분을 말한다.

예) κύρι-, παιδί-.

② 어미: 단수/복수와 격에 따라 형태가 바뀌며, 기능/쓰임새를 표현해 준다.

예) -ος, -ον.

한편 해석할 때는 단어의 기본형(사전형. 남성/중성, 단수, 주격형)을 통해 단어의 뜻을 확인하고 격어미 변화를 보고 해석을 결정한다.

(2) 어미가 -ος로 끝나는 제2곡용 명사는 거의 대다수가 남성 명사이다. 그러나 여성 명사도 있다(제2곡용 여성 명사):

예) ὁδός, οῦ 길, ἔρημος, ου 광야, βίβλος, ου 책.

따라서 -ος 명사를 외울 때 명사의 성에 주의할 필요가 있다. 단, -ος로 끝나는 제2곡용 명사의 변화는 위의 도표에 제시된 변화형과 동일하다.

4.1.2. 제2곡용 -ον형 명사

구분		παιδίον, ου (중) 어린이	기본 어미		적용	
					τέκνον, ου (중) 아이	
단수	주	παιδί ον	ον	어린이 **가**	τέκνον	아이가
	속	παιδί ου	ου	어린이 **의**	τέκνου	아이의
	여	παιδί ῳ	ῳ	어린이 **에게**	τέκνῳ	아이에게
	대	παιδί ον	ον	어린이 **를**	τέκνον	아이를
복수	주	παιδί α	α	어린이 **들이**	τέκνα	아이들이
	속	παιδί ων	ων	어린이 **들의**	τέκνων	아이들의
	여	παιδί οις	οις	어린이 **들에게**	τέκνοις	아이들에게
	대	παιδί α	α	어린이 **들을**	τέκνα	아이들을

(1) 어미가 -ον로 끝나는 제2곡용 명사는 전부 중성 명사이다.

(2) 제2곡용 중성 명사의 변화형의 특징 중 하나는 단수 및 복수 각각에서 주격과 대격 형태가 동일하다는 점이다. 따라서 해석을 위해서는 문맥을 고려해야 한다.

예 1) τέκνον ἔχει λόγον. 아이가 말씀을 가지고 있다. (주어)

예 2) ἔχω τέκνον. 나는 아이를 가지고 있다. (목적어)

[설명] 주어로 사용된 〈예 1〉의 τέκνον의 경우, 동사 ἔχει가 3인칭 단수형의 주어를 원하고 동시에 함께 등장한 명사 λόγον(기본형: λόγος)이 제2곡용, 남성, 단수, 대격형 외에는 다른 여지가 없기에 주어로 해석된다. 반면, 〈예 2〉의 경우 동사의 주어가 1인칭 단수이다(ἔχω). 따라서 명사 τέκνον는 형태상 주어와 목적어 모두로 해석될 수 있으나, 주어는 될 수 없으므로 대격형으로 분해하여 목적어로 해석된다.

(3) 한편, 중성 명사의 변화형은 -ος로 끝나는 명사와 유사한 변화형을 가지고 있다. 이는 이 명사들 모두가 어간모음을 o로 한 제2곡용 명사에 속하기 때문이다. 따라서 명사의 특정 형태를 보았을 때 그 명사의 기본형(사전형)을 찾아 남성인지 중성인지를 구분한 이후 각각의 곡용형에 따라 파악해야 한다(위의 〈예 1〉의 λόγον을 참조하라).

4.1.3. 분해하기

구분	분해				해석
	기본형(뜻)	성	수	격	
κύριοι	κύριος(주인)	남	복	주	주인들이
ὁδόν	ὁδός(길)	여	단	대	길을
παιδία	παιδίον(어린이)	중	복	주/대	어린이들이/을

4.2. 관사

관사(冠詞, article)는 명사와 같은 곡용류 앞에 놓여 뒤따르는 어휘를 특정한 방식으로 제한하는 어휘를 가리킨다. 관사라는 어휘에는 갓 혹은 볏 관(冠)이 사용되는데 이는 관사를 통해 무엇인가 구분을 한다는 의미를 내포한다. 한편, 한국어에는 관사 자체가 존재하지 않기에 관사를 가진 영어 등과 같은 언어를 번역할 때 일반적으로 "그"라는 지시어를 대용어로 사용하기도 한다. 헬라어의 경우 관사를 갖는다. 그러나 영어나 독일어 등과 달리 관사가 정관사와 부정관사로 구분되는 것이 아니라, 단순히 관사의 유무(有無)로 구별된다. 따라서 일반적으로 헬라어 관사를 정관사라고 부르지만 이는 정확한 표현은 아니다.

4.2.1. 관사의 형태

구분	단수			복수		
	남	여	중	남	여	중
주	ὁ	ἡ	τό	οἱ	αἱ	τά
속	τοῦ	τῆς	τοῦ	τῶν	τῶν	τῶν
여	τῷ	τῇ	τῷ	τοῖς	ταῖς	τοῖς
대	τόν	τήν	τό	τούς	τάς	τά

(1) 앞서 언급했듯이 헬라어는 관사를 가지고 있으며, 종종 정관사(定冠詞)라고 불리지만 부정관사(不定冠詞) 따위를 가지고 있지 않다는 점에서 그냥 관사라고 부르는 것이 적절하다.

(2) 관사의 형태는 이미 배운 제1곡용 및 제2곡용의 어미들과 유사하다. 주격 형태에 주로 강기식이 붙은 것과(중성 제외) 속격 이하에서 어미 앞에 "따우"(τ)가 붙은 것이 차이난다. 그러나 엄밀히 말하면 관사는 명사 곡용 어미의 변형이 아니라 지시대명사에서 파생된 형태이다(참조. 제10과). 따라서 관사도 지시적 용법도 지닌다.

(3) 관사의 가장 기본적인 쓰임은 함께 사용된 단어를 일정 방식으로 제한하거나 특성을 드러내 주는 것이다. 특별히, 어형과 관련하여 헬라어 관사는 함께 쓰인 단어의 성, 수, 격을 지시해주는 기능을 한다. 헬라어 곡용류(대표적으로 명사)의 경우, 앞서 배웠듯이(제2과 참조) 고유한 성, 수, 격을 가지고 있을 뿐만 아니라, 가끔씩 그 형태가 일치되어 혼란을 야기하는데 이 때 관사가 해당 단어의 정확한 정체성을 드러내 주는 기능을 한다. 결과적으로 관사와 명사는 성·수·격이 동일하게 되는데, 이를 일치(一致)라고 부른다(관사와 명사의 일치).

예) 관사와 명사의 일치

① ἡ ἀγάπη(**"그 사랑이"**): ἀγάπη가 제1곡용, 여성, 단수, 주격형이므로 동일한 성·수·격의 관사 ἡ가 사용되었다.

② ἡ δόξα(**"그 영광이"**): 비록 δόξα가 α로 끝났더라도 제1곡용 여성, 단수, 주격형이기에 동일한 성·수·격의 관사 ἡ가 사용되었다.

③ τὸν κύριον(**"그 주님을"**): κύριον이 제2곡용 남성, 단수, 대격형이기에 동일한 성·수·격의 관사 τόν이 사용되었다.

④ τὸ παιδίον λέγει(**"그 어린이가 말한다."**): παιδίον이 (문맥상) 제2곡용 중성, 단수, 주격형이기에 동일한 성·수·격의 관사 τό 사용. 이 때 명사 παιδίον의 어미는 ③의 κύριον와 동일한데 이 두 명사는 성과 곡용형태가 다르다. 이 사실을 관사를 통해 이를 확인(혹은 예상)할 수 있다.

⑤ ἡ ὁδός(**"그 길이"**): 비록 ὁδός가 ος로 끝나는 제2곡용 명사일지라도 이 명사는 제2곡용 여성명사에 속한다. 따라서 분해하면 제2곡용, 여성, 단수, 주격형이기에 동일한 성·수·격의 관사 ἡ가 사용되었다.

4.2.2. 분해하기

구분	분해				해석
	기본형(뜻)	성	수	격	
τούς	ὁ, ἡ, τό(그)	남	복	대	τοὺς υἱούς(그 아들들을)
τάς	ὁ, ἡ, τό(그)	여	복	대	τὰς ἐκκλησίας(그 교회들을)
τό	ὁ, ἡ, τό(그)	중	단	주/대	τὸ παιδίον(그 어린이가/를)

심화학습

4.3. 의문문과 대답

헬라어의 의문문은 한국어에서 사용되는 방식대로 질문하거나 의향을 묻거나 하는 행위에 사용된다. 그러나 한국어에서는 의문부호 "?"를 사용하는 대신, 헬라어에서는 의문부호 ";"가 사용되는 차이점도 있다. 게다가 의문문을 만드는 방식은 차이가 나며, 의문문의 종류에 따라 그 쓰임도 차이가 난다. 따라서 주의해서 살펴볼 필요가 있다.

4.3.1. 단순 의문문(…;)

헬라어 의문문은 특별한 어순 없이 문장 마지막에 의문 부호 ";"를 붙이기만 하면 된다. 이는 헬라어에서 가장 일반적으로 사용되는 의문문 방식이다.

예) 일반 의문문

질문: Ἔχεις τέκνον; 너는 아이를 가지고 있느냐?

질문: Τέκνον διδάσκετε; 너희는 아이를 가르치느냐?

(1) 위의 예문들에서 볼 수 있듯이, 헬라어에서 의문문을 만드는 가장 기본적인 방식은 문장을 서술하고 문장 마지막에 의문부호(";")를 붙이면 된다.

(2) 대답은 "네"(ναί) 혹은 "아니오"(οὐ)으로 하면 된다.

예) 질문과 대답

질문: Ἔχεις τέκνον; 너는 아이를 가지고 있느냐?

대답: Ναί, ἔχω. 네, 내가 가지고 있습니다.

혹은 Οὐ. 아니오 (가지고 있지 않습니다).

4.3.2. 긍정의 대답(οὐ…;)과 부정의 대답(μή…;)을 이끄는 의문문

헬라어에서는 종종 긍정의 대답과 부정의 대답을 기대하며 질문을 던질 수 있다. 이때 긍정의 대답을 이끄는 표시어는 부정어 οὐ와 동일한데 이를 구분하기 위한 방법으로는 ① 문맥, ② 문장 맨 앞에 놓였는가, ③ 의문부호와 함께 사용되었는지를 살펴보면 도움이 된다.

예) 긍정의 대답

질문: Οὐκ ἔστιν υἱὸς κυρίου; 그가 주인님의 아들이 아니냐? (기대: 그렇다).

대답: Ναί. 네 (그가 그렇습니다).

예) 부정의 대답

질문: Μὴ διδάσκετε ἐκκλησίαν; 너희는 교회를 가르친다는 말이냐? (기대: 아니다).

대답: Οὐ. 아니요 (우리가 가르치지 않습니다).

4.3.3. 선택적 대답(πότερον… ἤ…;)을 이끄는 의문문

선택적 대답을 이끄는 문장은 다양한 형식으로 나타나며, 이때 대답은 의문문에 포함된 두 질문들 중 하나에 따른다.

예) 선택적 의문문

질문: Πότερον διδάσκεις ἐκκλησίαν ἢ οὐ; 너는 교회를 가르치느냐 아니냐?

대답: διδάσκω ἐκκλησίαν. 나는 교회를 가르칩니다.

혹은 οὐ διδάσκω ἐκκλησίαν. 나는 교회를 가르치지 않습니다.

(1) 선택적 의문문의 주요 요소는 두 번째 질문 사항을 이끄는 ἤ이다. 이 접속사가 등장하면 비록 πότερον이 없더라도 일차적으로 선택적 의문문이 아닌지 주의

해야 한다.

(2) 선택적 의문문이기에 위의 예문들처럼 동사를 사용하여 "그런가, 아닌가."로 질문하지만, 때때로 명사나 형용사 등을 사용하여 "좋은가, 나쁜가." 혹은 "참인가, 거짓인가."와 같은 대비어로도 질문할 수 있다.

4.4. 어휘

명사

δοῦλος, ου, ὁ 종, 노예

κύριος, ου, ὁ 주인, 주

λόγος, ου, ὁ 말씀, 말

οἶκος, ου, ὁ 집

υἱός, οῦ, ὁ 아들

βίβλος, ου, ἡ 책

ἔρημος, ου, ἡ 광야

ὁδός, οῦ, ἡ 길, 도(道)

παιδίον, ου, τό 어린이

τέκνον, ου, τό 아이

심화학습

부사/불변화사

μή (부정의 대답을 이끄는 의문문)

ναί 네(긍정의 대답)

οὐ 아니(not); 아니요(부정의 대답); (긍정의 대답을 이끄는 의문문)

πότερον... ἤ...; ~인지 아니면 ~인지(선택적 대답을 이끄는 의문문)

4.5. 기초 문장 연습

아래 헬라어 문장을 직역하시오.

1. Διδάσκετε τοῖς τέκνοις τοῦ δούλου τὴν ὁδὸν τοῦ κυρίου;

2. ὁ κύριος ἄγει τὴν Μαρίαν.

3. ὁ δοῦλος λύει τὸν οἶκον τῆς κυρίας

4. Οὐκ ἔστιν ὁ υἱὸς τοῦ κυρίου;

5. οἱ μαθηταὶ τοῦ Ἰωάννου εἰσὶν δοῦλοι λόγου.

6. Τὰ τέκνα εὑρίσκουσι τὴν ὁδὸν τῆς ἐρήμου.

7. οἱ υἱοὶ λόγον κυρίου λέγουσιν τοῖς παιδίοις.

8. τὰ παιδία ἀκούουσι τῆς φωνῆς τῆς βίβλου.

9. Πότερον διδάσκεις τὴν ἐκκλησίαν ἢ οὔ;

제5과

제1-2곡용 형용사(-ος, -η/α, -ον)와 용법 [심화학습] 형용사의 비교급과 최상급

5.1. 형용사

5.1.1. 헬라어 형용사의 체계

헬라어의 형용사는 명사처럼 곡용을 한다. 즉, 형용사 자체에 어미라고 불리는 부분이 변경되어 형용사의 특성을 표현한다. 형용사는 기본적으로 1-3곡용들 중 하나에 속한다:

1곡용		2곡용				3곡용	
여성		남성		중성		남성	남/여성
η형	α형						
ἀγαθή	πονηρά	ἀγαθός	πονηρός	ἀγαθόν	πονηρόν	βραχύς	ἀληθής
선한	악한	선한	악한	선한	악한	작은	참된

그러나 위에 언급된 곡용 외에 규칙에서 벗어나는 형태를 보이는 형용사들도 존재한다: 예. μέγας μεγάλη μέγα(큰, 위대한), πολύς πολλή πολύ(많은).

5.1.2. 곡용 요소와 특징

(1) 형용사의 각 곡용은 성, 수, 격에 따라 어미가 변화한다. 성에는 남성, 여성, 중성이 존재하며, 수는 단수형과 복수형, 그리고 격은 주격, 속격, 여격, 대격형이 존재한다. 사실, 형용사의 이러한 형태적 특징은 앞서 배운 명사 곡용과 그 특성을 같이한다.

(2) 형용사는 명사와 공유하는 점이 있으나, 명사와 비교하여 다음의 특징들을 갖는다:

① 일반적으로 명사는 단독으로 사용되지만, 형용사는 주로 명사(류)와 함께 사용된다.
② 일반적으로 명사는 하나의 규정된 성(性)과 곡용형(1-3곡용중 하나)을 갖지만, 형용사는 다양한 성의 명사와 함께 사용되기에 하나의 형용사가 남성형, 여성형, 중성형을 가질 수 있다(가끔, 남성형=여성형, 중성형을 갖기도 한다). 다만, 형용사의 곡용형은 함께 사용되는 명사의 곡용형의 외형(外形)을 모방하지 않고 각 형용사가 가진 고유한 곡용형에 따라 사용된다(즉, 성·수·격을 일치시킨다는 것은 형태를 일치시킨다는 것을 말하지 않고 분해 내용을 일치시킨다는 것을 말한다).

5.1.3. 한국어 형용사(국어에서는 관형사와 형용사로 구분)와 헬라어 형용사

헬라어 형용사와 한국어 형용사는 쓰이는 방식에 있어 한 가지 중요한 차이를 보인다. 즉, 한국어 형용사는 곡용하지 않기에 관계된 명사 앞에 놓여 함께 사용되는 반면 헬라어 형용사는 관계된 명사와 성·수·격을 일치하여 함께 사용하기에 그 놓이는 위치(어순)가 다소 자유롭다.

예) 한국어 형용사와 헬라어 형용사 비교
"선한 남주인": ἀγαθὸς κύριος 혹은 κύριος ἀγαθός.
"선한 여주인": ἀγαθὴ κυρία 혹은 κυρία ἀγαθή.

위의 예들을 살펴보면 한국어는 "선한"이라는 형용사가 함께 사용된 명사("남/여주인")들 앞에 놓여 있는데, 이는 한국어의 명사가 성에 따라 그 형태가 변화하지 않을 뿐만 아니라, 형용사 역시 변화하지 않기에 형용사가 관계된 명사를 한정해 주는 것을 표현할 방법으로 형용사의 위치(어순)를 사용하고 있음을 보여준다.

반면, 헬라어의 경우 "남주인"(κύριος)과 "여주인"(κυρία)이라는 명사들 역시 성·수·격이 다르며(어형도 다름) 형용사 역시 남성, 여성, 중성형(참조. ἀγαθός, ἀγαθή, ἀγαθόν)에 따라 그 형태가 다르기에 관계된 명사를 한정해 줄 때 해당 명사와 성·수·격에 일치시켜서 관계를 드러내 줌으로 한국어와 달리 그 어순이 자유롭다는 것을 드러내 준다.

5.2. 제1-2곡용 형용사

5.2.1 제2-1-2곡용 형용사(남성-여성-중성 형용사)

구분		ἀγαθός, ή, όν 선한			πονηρός, ά, όν 악한		
		기본형 1			파생형(ϵ, ι, ρ 종결 어간)		
		남	여	중	남	여	중
단수	주	ἀγαθ ός	ἀγαθ ή	ἀγαθ όν	πονηρός	πονηρά	πονηρόν
	속	ἀγαθ οῦ	ἀγαθ ῆς	ἀγαθ οῦ	πονηροῦ	πονηρᾶς	πονηροῦ
	여	ἀγαθ ῷ	ἀγαθ ῇ	ἀγαθ ῷ	πονηρῷ	πονηρᾷ	πονηρῷ
	대	ἀγαθ όν	ἀγαθ ήν	ἀγαθ όν	πονηρόν	πονηράν	πονηρόν
복수	주	ἀγαθ οί	ἀγαθ αί	ἀγαθ ά	πονηροί	πονηραί	πονηρά
	속	ἀγαθ ῶν	ἀγαθ ῶν	ἀγαθ ῶν	πονηρῶν	πονηρῶν	πονηρῶν
	여	ἀγαθ οῖς	ἀγαθ αῖς	ἀγαθ οῖς	πονηροῖς	πονηραῖς	πονηροῖς
	대	ἀγαθ ούς	ἀγαθ άς	ἀγαθ ά	πονηρούς	πονηράς	πονηρά

(1) 형용사도 명사처럼 곡용하며 어간(stem)과 어미(ending)로 구성된다:

① 어간: 일반적으로 형태가 바뀌지 않고 뜻을 담고 있는 부분을 말한다.

예) ἀγαθ-, πονηρ-.

② 어미: 성과 수와 격에 따라 형태가 바뀌며, 기능/쓰임새를 표현해 준다.

예) -ος, -η/α, -ον.

해석할 때는 단어의 기본형(사전형. 남성/중성, 단수, 주격형)을 통해 단어의 뜻을 확인하고, 성·수·격을 결정하여 함께 사용되는 명사와의 관계를 고려하여 해석한다. 형용사의 용법에 대해서는 아래 5.3을 참조하라.

(2) 한 형용사는 남성, 여성, 중성 명사와 함께 쓰일 수 있고 그 때마다 성·수·격을 맞춰주게 되어 한 형용사가 함께 사용되는 명사에 따라 남성형, 여성형, 중성형으로 나타나는데, 도표를 만들어 암기 할 때는 "남성형-여성형-중성형"으로 배열하고 그것을 2-1-2 곡용이라고 부른다.

(3) 1-2곡용 명사에서 간혹 곡용의 형태와 성의 구분이 차이가 나는 것과 달리(예. 1곡용 남성 명사/2곡용 여성 명사)와 달리, 형용사는 곡용 형태와 성의 구분이 일치한다. 즉, 2곡용 -ος는 남성, 1곡용 -η/α는 여성, 2곡용 -ον은 중성이 된다. 형용사는 명사와 달리 고정된 성을 갖지 않기에 어미의 형태와 성의 불일치가 문제가 된다는 점에서 규칙성을 갖는 것으로 이해하면 될 듯하다.

(4) 위에서 언급하지 않은 2-1-2곡용 형용사 형태로 중성형이 -ο로 끝나는 형태가 있다. 예로, ἄλλος η ο ("다른, 또 하나의")가 그것이다. 이 형용사의 어미는 관사(제4과 참조)의 중성, 단수형, τό의 어미와 동일하다. 이는 2-1-2곡용에서 중성, 단수형이 ον과 ο으로 존재하기 때문이다. 그러나 이 두 가지 형태는 의미의 차이나 곡용의 차이를 야기하지 않는다. 다만, 분류의 차이를 보이는데 ον으로 끝나는 형용사의 어미는 명사형과 동일하기에 일명 "명사형 곡용"이라고 부르고, ο로 끝나는 형용사의 어미는 관사형과 동일하기에 일명 "관사형 곡용"이라고 부르기도 한다.

구분	ἄλλος, η, ο 다른, 또 하나의					
	단수			복수		
	남	여	중	남	여	중
주	ἄλλ ος	ἄλλ η	ἄλλ ο	ἄλλ οι	ἄλλ αι	ἄλλ α
속	ἄλλ ου	ἄλλ ης	ἄλλ ου	ἄλλ ων	ἄλλ ων	ἄλλ ων
여	ἄλλ ῳ	ἄλλ ῃ	ἄλλ ῳ	ἄλλ οις	ἄλλ αις	ἄλλ οις
대	ἄλλ ον	ἄλλ ην	ἄλλ ο	ἄλλ ους	ἄλλ ας	ἄλλ α

(5) 한편, 형용사에는 남성형과 여성형이 동일한 형태로 나타나는 형용사도 있다. 아래를 보라.

심화학습

5.2.2 제2-2곡용 형용사(남성/여성-중성 형용사)

구분		αἰώνιος, ον 영원한		적용 ἄπιστος, ον 믿음 없는	
		남 · 여	중	남 · 여	중
단수	주	αἰώνι ος	αἰώνι ον	ἄπιστος	ἄπιστον
	속	αἰωνί ου	αἰωνί ου	ἀπίστου	ἀπίστου
	여	αἰωνί ῳ	αἰωνί ῳ	ἀπίστῳ	ἀπίστῳ
	대	αἰώνι ον	αἰώνι ον	ἄπιστον	ἄπιστον
복수	주	αἰώνι οι	αἰώνι α	ἄπιστοι	ἄπιστα
	속	αἰωνί ων	αἰωνί ων	ἀπίστων	ἀπίστων
	여	αἰωνί οις	αἰωνί οις	ἀπίστοις	ἀπίστοις
	대	αἰωνί ους	αἰώνι α	ἀπίστους	ἄπιστα

(1) 위에서 제시되 두 형용사는 2-2 형용사 곡용이라고 부른다. 그 이유는 남성과

여성을 나타내는 형용사형이 동일하기에 그 형태가 2가지 밖에 없기 때문이다.

(2) 이런 종류의 형용사의 경우 (남성과 여성의) 형태적 구분이 어렵기 때문에 어휘를 습득하여 적용하는 것이 수월하다.

5.2.3. 분해하기

구분	분해				해석
	기본형(뜻)	성	수	격	
ἀγαθούς	ἀγαθός, ή, όν(선한)	남	복	대	선한 [남성명사복수형]
πονηρᾷ	πονηρός, ά, όν(악한)	여	단	여	악한 [여성명사단수형]
ἄλλα	ἄλλος, η, ο(다른)	중	복	주/대	다른 [중성명사복수형]
αἰώνιοι	αἰώνιος, ον(영원한)	남/여	복	주	영원한 [남 · 여명사복수형]

5.3. 형용사의 용법[15]

헬라어 형용사는 명사와 함께 사용될 때 세 가지 용법으로 사용된다: 한정적/관형적 용법, 서술적 용법, 독립적 용법. 이 용법들은 형용사와 성·수·격이 일치하는 명사(류)와 함께 사용되거나(한정적/서술적 용법) 혹은 형용사가 명사(류) 없이 단독적으로 사용될 경우(독립적 용법) 형용사가 해석되는 방법을 말한다.

5.3.1. 한정적/관형적 용법

(1) 형용사의 한정적/관형적 용법은 형용사가 성·수·격이 일치하는 명사를 한정하는 용법으로 구문상 아래와 같이 등장한다:[16]

구분		형식	내용
①	제1형	관-형-명	형용사가 강조.
②	제2형	관-명-관-형	명사와 형용사 모두 강조. 형용사가 약간 강조.
③	제3형	명-관-형	명사는 일반적, 형용사는 특별한 적용점.
[참조] 명사/형용사 모두에 관사가 없는 경우			
④	제2형	명-형	①과 유사.
⑤	제1형	형-명	②와 유사.

(2) 이 때 형용사는 성·수·격이 일치하는 명사와 함께 등장하며. 명사가 관사를 동반하고 있는 경우 형용사도 관사 뒤에 놓인다. 이러한 어순을 형용사가 한정적/관형적 위치에 놓였다고 말한다.

(3) 위의 ④와 ⑤에서 보듯이 명사에 관사가 동반되지 않을 경우가 있다. 이 경우에는 명사와 형용사의 용법(한정적/관형적인지 서술적인지)을 문맥에 따라 결정해야 한다:

구분		형식	번역
①	제1형	ὁ ἅγιος κύριος (λέγει).	그 거룩한 주님(이 말씀하신다).
②	제2형	ὁ κύριος ὁ ἅγιος (λέγει).	
③	제3형	κύριος ὁ ἅγιος (λέγει).	
[참조] 명사/형용사 모두에 관사가 없는 경우			
④	제2형	κύριος ἅγιος λέγει.	한 거룩한 주님(이 말씀하신다).
⑤	제1형	ἅγιος κύριος λέγει.	

5.3.2. 서술적 용법

(1) 형용사의 서술적 용법은 형용사가 성·수·격이 일치하는 명사를 서술해주거나 정의해 주는 용법으로 구문상 아래와 같이 등장한다:[17]

구분		형식	내용
①	제1형	형-관-명	형용사가 강조.
②	제2형	관-명-형	명사와 형용사 모두 강조. 명사에 약간 강조.
[참조] 명사/형용사 모두에 관사가 없는 경우			
③	제1형	형-명	①과 유사.
④	제2형	명-형	②와 유사.

(2) 이 때 형용사는 성·수·격이 일치하는 명사와 함께 등장하며 명사가 관사를 동반하나 형용사는 관사 밖에 놓인다. 이러한 어순을 형용사가 서술적 위치에 놓였다고 말한다.

(3) 위의 ③과 ④에서 보듯이 명사에 관사가 동반되지 않을 경우가 있다. 이 경우에는 명사와 형용사의 용법(한정적/관형적인지 서술적인지)을 문맥에 따라 결정해야 한다:

구분		형식	번역
①	제1형	ἅγιος ὁ κύριος (ἐστίν).	그 주님은 거룩하다.
②	제2형	ὁ κύριος ἅγιος (ἐστίν).	
[참조] 명사/형용사 모두에 관사가 없는 경우			
③	제1형	ἅγιος κύριος ἐστίν.	한 주님은 거룩하다.
④	제2형	κύριος ἅγιος ἐστίν.	

(4) 형용사의 서술적 용법의 가장 큰 특징은 명사와 형용사 모두 그리고 항상 주격 형태를 취한다는 점이다(한정적/관형적 용법 및 독립적 용법은 모든 격으로 등장한다). 왜냐하면 일반적으로 명사는 문장의 주어가 되고 동반되는 형용사는 서술적 주격으로 보어가 되기 때문이다. 따라서 ③과 ④에서 보듯이 명사에 관사가 동반되지 않을 경우, 주격형일 때만 서술적 용법으로 추측해 볼 수 있다.

5.3.3. 독립적 용법

(1) 형용사의 독립적 용법은 형용사가 성·수·격이 일치하는 명사 없이 단독으로 사용되는 용법으로 구문상 아래와 같이 등장한다:

구분		형식	내용
①	유관사	관-형	성·수·격을 근거해 문맥을 고려해 해석.
[참조] 명사/형용사 모두에 관사가 없는 경우			
②	무관사	형	성·수·격을 근거해 문맥을 고려해 해석.

(2) 한편, 형용사의 독립적 용법은 해석에 있어서 주의를 요구한다. 왜냐하면 한국어에는 형용사의 독립적 용법을 표현하기 어렵기 때문이다. 예를 들어, 형용사 "멋진"을 독립적으로 사용하려면, "멋진 자"(사람/남성 및 여성) 혹은 "멋진 것"(사물/중성)으로 표현해야 한다. 즉, "-자", "-것"이라는 의존 명사가 보충되어야만 의미가 형성 된다:

구분		형식	번역
①	유관사	ὁ ἀγαθός.	그 선한 자(혹은 남성 명사 대상).
[참조] 명사/형용사 모두에 관사가 없는 경우			
②	무관사	ἀγαθὸς λέγει.	(한) 선한 자(혹은 남성 명사 대상)가 말한다.

(3) 추가적으로, 영어의 경우 헬라어의 독립적 용법을 "관사+형용사" 구문으로 형태적으로 번역할 수 있는데, 이럴 경우 의미가 바뀔 수 있기에 주의해야 한다. 즉, ὁ ἀγαθός를 영어로 문자대로 번역하면 "the good"이 되는데 이 때 영어에서는 헬라어의 단수의 의미가 사라진다. 따라서 "the good one/man"으로 번역해야 한다.

(4) 한편, 문장에서 형용사가 단독으로 사용될 때 앞서 나온 명사를 염두에 두고 반복을 피하기 위해 생략한 경우가 등장한다. 이 때 현재 본문에서 생략된 명사를 보충해 해석하면 이해에 도움이 된다.

예) τὸ παιδίον ἐστὶν ἀγαθόν. καὶ τὸ ἀγαθὸν λέγει τῷ κυρίῳ.

그 어린이는 선하다. 그리고 그 선한 [어린이가] 주님께 말한다.

[설명] "어린이"(παιδίον)는 중성, 단수명사이다. 첫 번째 문장에서 형용사 ἀγαθόν는 성·수·격이 일치하는 명사 παιδίον을 서술해준다(서술적 용법). 그러나 두 번째 형용사 τὸ ἀγαθόν은 명사 없이 단독으로 사용된다(독립적 용법). 이 경우 형용사의 성이 중성, 단수형이기에 "그것"이라고 번역하는 것이 맞다(예. "그 선한 것"). 그러나 문맥상 앞선 명사 παιδίον이 생략된 것이기에 "어린이"라는 표현을 추가하는 것이 자연스럽다.

5.3.4. 정리: 용법을 파악 질문들

형용사의 용법을 파악하기 위해서는 다음의 질문들을 순서에 따라 던지면 파악이 수월하다:

<table>
<tr><td colspan="2">① 형용사를 찾아 성·수·격을 분해하고, 그 의미를 파악한다.</td></tr>
<tr><td colspan="2">② 형용사와 성·수·격이 일치하는 명사를 찾는다.</td></tr>
<tr><td>〈명사가 있는 경우〉</td><td>〈명사가 없는 경우〉</td></tr>
<tr><td>③ 명사가 관사를 동반한 경우</td><td rowspan="5">▸"독립적 용법"
(성·수·격을 고려해 해석하고, 문맥에 따라 번역)</td></tr>
<tr><td>▸형용사 앞에 관사 O: "한정적/관형적 용법"</td></tr>
<tr><td>▸형용사 앞에 관사 X: "서술적 용법"</td></tr>
<tr><td>④ 명사가 관사를 동반하지 않은 경우</td></tr>
<tr><td>▸문맥에 따라(단, 서술적 용법은 주격에서만)</td></tr>
</table>

5.3.5. 형용사의 부사적 용법

형용사가 부사화 되는 방식은 2가지가 있다:[18]

(1) 형용사의 중성, 단수, 대격 형태가 부사처럼 사용되는 경우가 있다.[19] 이 때 형용사는 관사 없이 쓰이기도 하고 관사와 함께 등장하기도 한다:

예) πρῶτος, η, ον (첫 번째의, 첫째의)

[부사화] πρῶτον 첫째로.

(2) 형용사의 중성, 복수, 속격 형태의 마지막 철자 "뉘"(ν)를 "시그마"(ς)로 변경하여 부사로 사용하기도 한다:

예) καλός, ή, όν (좋은)

[부사화] καλῶν (중.복.속) ▶ καλῶς 좋게

심화학습

5.4. 형용사의 비교급과 최상급

5.4.1. 비교급

5.4.1.1. 형태

형용사의 비교급 형태는 형용사 원급 형태에 비교급을 나타내는 어미를 붙여 만든다. 그 종류는 규칙형과 불규칙형 두 가지가 있다:

구분		어미	적용 형용사
①	규칙형	-τερος, α, ον	세 어미 2-1-2 곡용형
②	불규칙형	-(ι)ων, ον	두 어미 3-3 곡용형

헬라어 형용사의 대다수는 규칙형(①) 어미가 원급(原級) 어간에 붙어 비교급으로 변경된다:

구분	원급	비교급
①	πονηρός, ά, όν (악한)	πονηρότερος, α, ον (더 악한)
②	ἅγιος, α, ον (거룩한)	ἁγιώτερος, α, ον (더 거룩한)

그러나 일부 형용사는 비교급에서 어간이 변경되는 불규칙 형태를 취하며, 이 경우 불규칙형 비교급 어미(②)를 취한다. 한편, 대표적인 불규칙 형용사들로는 다음의 것들이 있다:

구분	원급	비교급
①	ἀγαθός, ή, όν (선한)	κρείττων, ον (우월한)
②	μικρός, ά, ό (작은)	ἐλάσσων, ον (더 작은)
③	κακός, ή, όν (나쁜)	χείρων, ον (더 나쁜)

5.4.1.2. 용법

(1) 규칙 형용사의 비교급은 원급처럼 성·수·격에 따라 2-1-2 곡용을 한다. 불규칙 형용사의 경우 3-3 곡용(제21과 참조)을 취한다.

(2) 비교급은 비교를 위해 사용되며 일반적으로 다음의 형식을 취한다:

예) “비교급+비교대상의 속격형” 혹은 “비교급+ἤ+비교대상”

κύριος ἐστὶν πονηρότερος κυρίας. 혹은 κύριος ἐστὶν πονηρότερος ἤ κυρία.

남주인이 여주인보다 악하다.

5.4.2. 최상급

5.4.2.1. 형태

형용사의 최상급 형태는 형용사 원급 형태에 최상급을 나타내는 어미를 붙여 만든다. 그 종류는 규칙형과 불규칙형 두 가지가 있다:

구분		어미	적용 형용사
①	규칙형	-τατος, η, ον	세 어미 2-1-2 곡용형
②	불규칙형	-ιστος, η, ον	세 어미 2-1-2 곡용형

헬라어 형용사의 대다수는 규칙형(①) 어미가 원급(原級) 어간에 붙어 최상급으로 변경된다.

구분	원급	원급	최상급
①	πονηρός, ά, όν(악한)	πονηρότερος, α, ον(더 악한)	πονηρότατος, η, ον(가장 악한)
②	ἅγιος, α, ον(거룩한)	ἁγιώτερος, α, ον(더 거룩한)	ἁγιώτατος, η, ον(가장 거룩한)

그러나 일부 형용사는 최상급에서 어간이 변경되는 불규칙 형태를 취하며, 이 경우 불규칙형 최상급 어미(②)를 취한다. 한편, 대표적인 불규칙 형용사들로는 다음의 것들이 있다:

구분	원급	원급	최상급
①	ἀγαθός, ή, όν (선한)	κρείττων, ον (우월한)	κράτιστος, η ,ον (가장 우월한)
②	μικρός, ά, ό (작은)	ἐλάσσων, ον (더 작은)	ἐλάχιστος, η, ον (가장 작은)
③	κακός, ή, όν (나쁜)	χείρων, ον (더 나쁜)	χείριστος, η, ον (최악의)

위의 예들에서 주의할 점은 최상급의 어간은 비교급의 어간을 공유하지만 어미에 있어서는 더 이상 3-3 곡용이 아닌 2-1-2 곡용으로 형성되어 있다는 점이다.

5.4.2.2. 용법

(1) 규칙형과 불규칙형 형용사의 최상급은 모두 성·수·격에 따라 2-1-2 곡용을 한다. 다만, 규칙형과 달리 불규형은 원급이 아닌 비교급의 어간을 사용한다.

(2) 최상급은 최상의 개념을 전달하기 위해 사용되며 종종 복수 속격 형태들과 함께 사용된 최상의 의미를 전달한다:

예) "최상급+비교대상의 속격형(복수)"

Μαρία ἐστὶν ἁγιωτάτη κυριῶν. 마리아는 여주인들 중에 가장 거룩하다.

5.4.3. 분해하기

구분	분해				해석
	기본형(뜻)	성	수	격	
πονηρότερον	πονηρός, ά, όν (악한)의 비교급	중/남	단	주/대	더 악한
κρείττων	ἀγαθός, ή, όν (선한)의 비교급	남/여	단	주	더 선한
ἁγιωτάτη	ἅγιος, α, ον (거룩한)의 최상급	여	단	주	가장 거룩한
χείριστον	κακός, ή, όν (나쁜)의 최상급	중	단	주/대	최악의

5.5. 어휘

동사

λαμβάνω 취하다, 갖다

명사

θεός, οῦ, ὁ 하나님; 신(神)

형용사

ἀγαθός, ή, όν 선한

ἅγιος, α, ον 거룩한

αἰώνιος, ον 영원한 (2어미 형용사)

ἄλλος, η, ο 다른, 또 하나의 (중성형 주의)

ἄπιστος, ον 믿음 없는 (2어미 형용사)

δίκαιος, α, ον 의로운; 옳은

κακός, ή, όν 나쁜

καλός, ή, όν 좋은

μικρός, ά όν 작은

νεκρός ά, όν 죽은

πονηρός, ά, όν 악한

πρῶτος, η, ον 첫 번째의, 첫째의

부사

πρῶτον 첫 번째로, 우선

접속사

δέ 그러나; 그리고 (문장의 맨 처음에 오지 못하는 후치사)

καί (접속사) 그리고; (부사) ~도 역시, 조차

5.6. 기초 문장 연습

아래 헬라어 문장을 직역하시오.

1. ἡ βίβλος τοῦ θεοῦ ἐστιν ἀγαθή· ἡ ἁμαρτία δὲ πονηρά.

2. ὁ κύριος θεὸς ἐστιν αἰώνιος και νεκροὶ εἰσιν οἱ πονηροὶ δοῦλοι.

3. ὁ θεὸς ὁ ἀγαθὸς οὐ λέγει τοῖς κακοῖς παιδίοις.

4. αἱ μικραὶ ἐκκλησίαι ἐστὲ καὶ ἀκούετε τῶν ἁγίων λόγων.

5. οἱ ἅγιοι λύουσι τοὺς πονηρούς· οἱ πονηροὶ δὲ λαμβάνουσιν τούς οἴκους.

6. τὸ κακὸν τέκνον ἄλλῳ υἱῷ ἄγει τὸν δοῦλον τῆς κυρίας.

7. οἱ νεκροὶ τὰς πονηρὰς ἁμαρτίας ἔχουσιν καὶ οὐκ πιστεύουσιν τῷ θεῷ οἱ ἄπιστοι.

8. τὴν πρώτην ἀγάπην διδάσκει τῷ παιδίῳ ἡ ἐκκλησία· οὐκ ἀκούει δὲ τῆς φωνῆς τῆς ἐκκλησίας.

9. οἱ ἀγαθοὶ πρῶτον τὸν οἶκον τοῦ λόγου εὑρίσκουσι, καὶ ἄγουσι τοὺς ἀπίστους.

제6과
인칭대명사와 재귀대명사 전치사. 합성동사

6.1. 인칭대명사와 재귀대명사

6.1.1. 정의와 쓰임

(1) 대명사(代名詞, pronoun)는 그 표현 그대로 명사(名詞)를 대신(代身)하는 품사이다. 즉, 동일한 문장 등에서 명사가 반복 될 때, 명사를 반복적으로 사용하기 보다는 그 명사를 대신하는 표현을 사용하곤 하는데, 이때 사용되는 그 표현이 대명사인 것이다. 아래의 예에서, "그것"이 "사과"를 대신하는 대명사이다.

예) 명사와 대명사

사과가 있다. ▶ 나는 그것을 좋아한다.

(2) 한국어의 경우, 명사 형태 자체가 단어의 성(性, gender)을 전달하는 기능이 없다. 따라서 단어가 지시하는 사항에 따라 해당 명사의 성을 결정한다. 그럼에도 불구하고, 대명사가 명사를 대신하여 사용될 때에는 분명하게 성이 구별하여 적용된다. 또한 한국어의 경우 명사가 수(數, number)의 개념을 (문맥에 따라) 개별적으로나 집합적으로 전달할 수 있기에, 종종 형태로는 수 구분이 되지 않는다. 그러나 대명사가 명사를 사용될 때에는 분명하게 수가 구별되어 적용된다.

예) 명사와 대명사의 일치

사과가 있다. ▶ 나는 그것을 좋아한다. (○)

[설명]

(성과 관련하여) 나는 그를 좋아한다. (X) - 사과는 중성이나 "그"는 남성.

(수와 관련하여) 나는 그것을 좋아한다. (○) 혹은 나는 그것들을 좋아한다. (○).

단, 국어에서는 단수형이 집합적 개념 전달 가능(사과=사과 한 박스 혹은 사과 한 개)

그러나 대명사의 격(格, case)은 꼭 지시하는 명사와 동일할 필요가 없다. 즉, 위의 예에서, "사과"는 주격인 반면, "그것"은 대격인데, 격이 다르다고 해서 이 문장이 틀렸다고 보는 이는 없다.

(3) 헬라어의 경우, 명사의 성·수·격이 분명하게 구분된다. 따라서 (문맥보다는) 해당 명사의 성·수를 정확히 분석하여 성·수가 일치하는 대명사를 사용해야 할 것이다.

(4) 헬라어 대명사의 용법을 한 문장으로 정리하면 다음과 같다:

"대명사를 사용할 때, 그 성과 수는 선행 명사의 성과 수와 일치시키고, 격은 선행 명사의 격과 상관없이 대명사가 속한 문장에 따라 자유롭게 격을 취한다."

6.1.2. 인칭대명사

6.1.2.1. 형태

구분		1인칭		2인칭		3인칭		
		남 · 여(· 중)				남성	여성	중성
단수	주	ἐγώ		σύ		αὐτός	αὐτή	αὐτό
	속	μου	ἐμοῦ	σου	σοῦ	αὐτοῦ	αὐτῆς	αὐτοῦ
	여	μοι	ἐμοί	σοι	σοί	αὐτῷ	αὐτῇ	αὐτῷ
	대	με	ἐμέ	σε	σέ	αὐτόν	αὐτήν	αὐτό
복수	주	ἡμεῖς		ὑμεῖς		αὐτοί	αὐταί	αὐτά
	속	ἡμῶν		ὑμῶν		αὐτῶν	αὐτῶν	αὐτῶν
	여	ἡμῖν		ὑμῖν		αὐτοῖς	αὐταῖς	αὐτοῖς
	대	ἡμᾶς		ὑμᾶς		αὐτούς	αὐτάς	αὐτά

(1) 인칭대명사의 형태는 이미 배운 제1-2 곡용의 어미와 유사한 경우도 있지만, 그렇지 않은 경우들이 등장한다. 이 생소한 형태들은 (기본적으로 인칭 대명사의 곡용이 독립적이기 때문이기도 하지만) 제21과와 제26과에서 배우게 될, 제3곡용의 어미를 일부 따르기 때문이다.

(2) 1인칭과 2인칭의 경우, 성의 구분이 없다. 그 이유는 직접 확인이 가능한 대상을 대신하기 때문이다. 반면, 3인칭은 남성형, 여성형 및 중성형이 따로 존재하는데, 이는 대명사가 대신하는 대상을 직접 확인할 수 없는 경우가 종종 발생하기 때문이다.

(3) 1인칭과 2인칭 단수형의 속격, 여격, 대격은 일반형(μου, μοι, με/σου, σοι, σε)과 강세형(ἐμοῦ, ἐμοί, ἐμέ/σοῦ, σοί, σέ)으로 이뤄져있다. 강세형은 의미가 강조되거나 전치사 뒤에서 관습적으로 사용된다. 형태는 악센트 혹은 1인칭의 경우 접두모음

ἐ-의 등장으로 구분한다.

6.1.2.2. 용법

(1) 대명사 용법

인칭대명사는 그것이 지시하는 대상의 인칭을 고려하여 명사를 대신해 사용되는 대명사라는 특징이 있다. "나", "너", "그, 그녀, 그것", "우리", "너희", "그들, 그것들"이 의미를 지닌다.

예) 명사와 대명사

Μαρία(여.단.주) διδάσκει λόγον. 마리아가 말씀을 가르친다.

▶ Ἐγὼ ἄγω αὐτήν(여.단.대). 나는 그녀를 인도한다.

(2) 강조 용법

헬라어 동사는 활용형에서 주어를 포함하고 있다. 따라서 (명사 주어가 등장하는 경우를 제외하고) 주어를 표현할 필요가 없다. 그러나 대명사 주어가 등장할 경우(특별히, 1-2 인칭), 주어가 강조된다.

예) Ἄγω Μαρίαν. 내가 마리아를 인도한다.

▶ Ἐγὼ ἄγω Μαρίαν. 내 자신이 마리아를 인도한다.

6.1.3. 재귀대명사

6.1.3.1. 형태

구분		1인칭		2인칭		3인칭		
		남	여	남	여	남	여	중
단수	주	없음						
	속	ἐμαυτοῦ	ἐμαυτῆς	σεαυτοῦ	σεαυτῆς	ἑαυτοῦ	ἑαυτῆς	ἑαυτοῦ
	여	ἐμαυτῷ	ἐμαυτῇ	σεαυτῷ	σεαυτῇ	ἑαυτῷ	ἑαυτῇ	ἑαυτῷ
	대	ἐμαυτόν	ἐμαυτήν	σεαυτόν	σεαυτήν	ἑαυτόν	ἑαυτήν	ἑαυτό
복수	주	없음						
	속	ἑαυτῶν	ἑαυτῶν	ἑαυτῶν	ἑαυτῶν	ἑαυτῶν	ἑαυτῶν	ἑαυτῶν
	여	ἑαυτοῖς	ἑαυταῖς	ἑαυτοῖς	ἑαυταῖς	ἑαυτοῖς	ἑαυταῖς	ἑαυτοῖς
	대	ἑαυτούς	ἑαυτάς	ἑαυτούς	ἑαυτάς	ἑαυτούς	ἑαυτάς	ἑαυτά

(1) 재귀대명사 1-2인칭 곡용은 3인칭 인칭대명사 곡용(αὐτοῦ 등)에 각각 ἐμ-(1인칭)과 σε-(2인칭)를, 3인칭의 경우 ἑ-를 덧붙였다. 다만, 복수형태가 모두 동일하다는 점에 대해서는 주의하라. 단, 재귀대명사에는 주격 형태가 존재하지 않는데 이는 행위자의 행위가 주어일 경우에는 다시 행위자에게 돌아올 수 없다는 사항 때문이다.

(2) 복수 형태의 경우, 1-3인칭 모두가 동일하기 때문에 문맥에 따라 해석해야 한다.

6.1.3.2. 용법

재귀대명사의 용법은 〈6.1〉에서 살펴본 대명사의 일반적 기능과 동일하다. 다만, 재귀대명사는 행위자의 동작의 결과가 그 행위자에게 직·간접적으로 되돌아오는 의미를 전달하는 특징을 지닌다. 유사한 형태가 많음으로 문맥을 고려해 성과 수를 고려해서 그 대상을 파악한 후 해석해야 한다. 일반적으로 "그 자신의" 라고 해석한다.

예) Μαρία διδάσκει ἑαυτήν. 마리아는 그녀 자신을 가르친다.

Παιδίον λέγει ἑαυτῷ. 어린이가 자신에게(혹은, 스스로에게) 말한다.

6.2. 전치사(前置詞, prepositions)

6.2.1. 정의

전치사(前置詞, preposition)는 명사 등의 앞에 놓여 해당 어휘와 문장의 다른 요소들(특별히, 동사)과의 관계를 나타내는 품사이다. 영어로 preposition으로 표현되는데 이는 "앞에"(pre-) "놓임"(position)을 의미하며, 한국어에서 문자적으로 앞 "전"(前) + 둘 "치"(置) + 말씀 "사"(詞)로 이 품사를 표현된 것이다. 그러나 한국어에서는 그 명칭과 쓰임법이 차이가 난다. 예를 보자:

예) 나는 학교에 간다.

위의 예문에서 전치사는 밑줄 친 어휘의 "~에"이다. 이 표현의 용법은 "학교"라는 명사와 다른 요소들(특별히 동사 "간다.")과의 관계를 보여준다. 그러나 한국어에서 이 표현은 "학교" 앞이 아니라 뒤에 놓였고 "학교"라는 명사에 붙여 사용되었다. 이런 의미에서 후접사(後接辭)라고 부르는 것이 합당하다. 그러나 용어의 혼란을 피하기 위해 용법을 나타내는 표현인 전치사를 사용한다.

6.2.2. 용법

(1) 헬라어에서는 영어의 표현 그대로 명사 등 앞에 놓여 일반적으로 동사 혹은 문장의 다른 요소들과의 관계를 설명해주는 기능을 표현하기에 이해하기가 쉽다. 다만, 헬라어 전치사는 뒤따르는 어휘의 특정한 격 형태를 갖는다는 점에서 용법의 어려움이 있다(특정 전치사 뒤에 명사 등이 취하는 특정한 격 형태를 전치격[前置格]이라고 부른다). 따라서 헬라어 전치사를 습득할 때 다음의 세 가지를 염두에 두어야 한다:

① 형태: 형태와 의미는 임의적이기에 모두 암기.

② 전치격: 한 전치사가 하나 이상의 격을 취하기도 함.

③ 의미: 한 전치사에 동반되는 어휘의 격에 따라 의미가 바뀜.

(2) 한편, 헬라어의 전치사구를 해석할 때 주의해야 한다. 그 이유는 다음의 예에서 볼 수 있다:

예) ἐν ἐκκλησίᾳ. 한 교회 안에

[설명] 위의 예에서 ① 전치사는 ἐν이다(형태). ② 그 의미는 "~안에"(장소)이다. 뒤따르는 명사 ἐκκλησίᾳ("교회")의 격이 여격 형태인 것으로 보아 ③ 전치사 ἐν은 여격 형태의 명사와 함께 사용된다고 판단할 수 있다. 이 때 여격 명사의 격 형태는 전치사와의 관계(즉, 연결 고리)를 보여줄 뿐 독립적인 의미를 갖지 않는다는 점에 주의해야 한다. 즉, 여격형이기 때문에 "교회에게/교회를 위해"로 해석하면 안된다. 전치사구에서의 명사는 명사의 의미(뜻)만 제공하고 해석은 전치사로 해석한다는 점에 유의해야 한다. 그러므로 위의 전치사구는 "교회 안에"로 해석된다.

(3) 모음으로 끝나는 전치사 뒤에 모음으로 시작하는 단어가 등장 할 때 전치사의

모음이 생략되고 생략부호(')를 표기한다(단, περί와 πρό는 예외). 단, 뒤따르는 단어가 강기식을 동반한 모음으로 시작할 때 전치사의 철자에 따라 거센소리화 된다:

예) 전치사 끝모음 생략 및 철자의 변화

ὑπὸ αὐτῶν (X) ▶ ὑπ' αὐτῶν (O) (모음생략 후 생략부호).

ὑπὸ ἡμῶν (X) ▶ ὑφ' ἡμῶν (O) (모음생략 후 강기식앞에서 거센소리화[φ])

(4) 전치사 ἐκ의 뒤에 모음으로 시작하는 어휘가 오면 그 형태가 ἐξ로 변경된다:[20]

예) ἐκ ἐκκλησίας (X) ▶ ἐξ ἐκκλησίας (O).

(5) 인칭대명사가 전치사와 함께 사용될 때 보통 1인칭 및 2인칭 단수의 경우 강세형(ἐμοῦ, ἐμοί, ἐμέ/σοῦ, σοί, σέ)이 사용된다(단, πρός는 일반형과 강세형 모두를 취한다):

예) ὑπό μου (X) ▶ ὑπ' ἐμοῦ (O). 그러나 πρός με (O) 및 πρὸς ἐμέ (O).

6.2.3. 전치사의 종류

6.2.3.1. 하나의 격과 사용되는 전치사

(1) 속격과 함께

전치사	전치격 명사	의미
ἀπό	속격	~로부터
ἐκ		~밖으로, ~로부터(기원)
ἐνώπιον		~앞에(공간)
πρό		~전에, ~앞에(시간/공간)

(2) 여격과 함께

전치사	전치격 명사	의미
ἐν	여격	~안에(장소), ~에(시간), ~로써(수단)
σύν		~와 함께

(3) 대격과 함께

전치사	전치격 명사	의미
εἰς	대격	~안으로(공간), ~를 위해(목적)

6.2.3.2. 두 개의 격(속격과 대격)과 사용되는 전치사

두 개의 격을 취하는 전치사는 격에 따라 의미가 바뀜으로 주의해야 한다.

전치사	전치격 명사	의미
διά	속격	~을 관통하여(공간), ~을 통하여(중재)
	대격	~때문에(이유)
κατά	속격	아래로(방향), 에 반대하여
	대격	~을 따라서(기준)
μετά	속격	~와 함께
	대격	~후에, ~뒤에(시간/순서)
περί	속격	~에 대하여, ~에 관하여
	대격	~주위에
ὑπέρ	속격	~을 위하여
	대격	~위에, ~을 넘어서
ὑπό	속격	~에 의해(행위자)
	대격	~아래(위치)

6.2.3.3. 세 개의 격(속격, 여격, 대격)과 함께 사용되는 전치사

세 개의 격을 취하는 전치사는 격에 따라 의미가 바뀜으로 주의해야 한다.

전치사	전치격 명사	의미
ἀνά	속격	~위에
	여격	~위에
	대격	~위로(동작), 전반에(시간), ~씩(배분)
ἐπί	속격	위에(장소); ~때(시간)
	여격	~곁에(장소), ~로 인해(감정의 원인)
	대격	~위에; ~에 대항하여
παρά	속격	~로부터(근원/원천)
	여격	~와 함께, ~옆에
	대격	~곁에, ~에 비해/대조적으로
πρός	속격	~을 위하여
	여격	~옆에
	대격	~에게로/향해

6.3. 합성동사

(1) 합성동사란 일반 동사 앞에 전치사 따위가 붙어 그 쓰임과 의미가 확장된 동사를 말한다.

예) 합성동사의 구조

일반형	합성동사
ἄγω(인도하다)	συνάγω(모으다)
βαίνω(가다)	ἀναβαίνω(올라가다) 및 καταβαίνω(내려가다)
βάλλω(던지다)	ἐκβάλλω(내던지다)

(2) 합성동사가 형성될 경우 동사가 모음으로 시작될 경우 전치사의 모음이 생략되는 경우가 있다. 한편, 몇몇의 경우 전치사의 끝 자음이 동사의 철자에 동화

되거나 탈락되는 경우도 있다. 따라서 이러한 철자 변화에 대해 지식이 있어야 하며 동시에 정확한 전치사 형태를 파악하는 것이 중요하다.

예) 합성동사에서의 전치사 모음의 변화

일반형	합성동사
ἄγω(인도하다)	ὑπάγω(출발하다): ο 모음 생략 [ὑπό + ἄγω]
ἀκούω(듣다)	ὑπακούω(복종하다) : ο 모음생략 [ὑπό + ἀκούω]
ἔχω(소유하다)	ἐπέχω(굳게 지키다): ι 모음생략 [ἐπί + ἔχω](주의)
βάλλω(던지다)	συμβάλλω(논의하다; 싸우다; 돕다): ν이 μ로 동화(양순음)

6.4. 어휘

동사

ἀναβαίνω 올라가다

βαίνω 가다

βάλλω 던지다

ἐκβάλλω 내던지다

ἐπέχω 굳게 지키다 (+여격형 목적어)

καταβαίνω 내려가다

(συμβάλλω 논의하다; 싸우다; 돕다 [제26과])

συνάγω 모으다

ὑπάγω 출발하다

ὑπακούω 복종하다, 순종하다 (+여격형 목적어)

인칭대명사와 재귀대명사

αὐτός, ή, ό 그, 그녀, 그것

ἑαυτοῦ, ῆς, οῦ 그/그녀 자신의, 그것 자체의(주격형이 없음)

ἐγώ 나

ἐμαυτοῦ, ῆς 나 자신의

ἡμεῖς 우리

σεαυτοῦ, ῆς 너 자신의

σύ 너

ὑμεῖς 너희

전치사(알파벳 순서)

ἀνά	(+속) ~ 위에
	(+여) ~ 위에
	(+대) ~ 위로(방향); 전반에(시간); ~ 씩(배분)
ἀπό	(+속) ~로부터
διά	(+속) ~을 관통하여(공간); ~을 통하여(중재)
	(+대) ~ 때문에(이유)
εἰς	(+대) ~안으로(공간); ~을 위해(목적)
ἐκ	(+속) ~밖으로; ~출신의(기원)
ἐν	(+여) ~안에(장소); ~에(시간); ~로써(수단)
ἐνώπιον	(+속) ~ 앞에
ἐπί	(+속) ~ 위에(장소); ~때(시간)
	(+여) ~ 곁에(장소); ~로 인해(감정의 원인)
	(+대) ~ 위에; ~에 대항하여

κατά	(+속) 아래로(방향); 반대하여
	(+대) ~을 따라서(기준)
μετά	(+속) ~와 함께
	(+대) ~ 후에(시간/순서)
παρά	(+속) ~로부터(근원/원천)
	(+여) ~와 함께, ~ 옆에
	(+대) ~ 곁에; ~에 비해/대조적으로
περί	(+속) ~에 대하여, ~에 관하여
	(+대) ~ 주위에
πρό	(+속) ~ 앞에(시간/공간)
πρός	(+속) ~을 위하여
	(+여) ~ 옆에
	(+대) ~에게로/향해
σύν	(+여) ~와 함께
ὑπέρ	(+속) ~를 위하여
	(+대) ~위에, ~을 넘어서
ὑπό	(+속) ~에 의해(행위자)
	(+대) ~ 아래(위치)

6.5. 기초 문장 연습

아래 헬라어 문장을 직역하시오.

1. ἐγώ εἰμι ὁ δοῦλος τοῦ θεοῦ· ὁ μαθητὴς τοῦ κυρίου εἶ σύ.

2. τὰ τέκνα ἡμῶν ἐστὲ ὑμεῖς καὶ ἡμεῖς οἱ υἱοὶ τοῦ θεοῦ ἐσμέν.

3. πιστεύουσιν ἑαυτοῖς· οἱ υἱοὶ δὲ τῷ λόγῳ τοῦ θεοῦ ὑπάκουσιν.

4. ὁ κύριος διδάσκει τὴν ἐκκλησίαν ἑαυτοῦ. ἡ ἐκκλησὶα δὲ οὐκ ἀκούει αὐτοῦ.

5. ἀναβαίνομεν μετὰ τοῦ κυρίου καὶ καταβαίνει ὁ δοῦλος σὺν τῷ παιδίῳ.

6. τὸν πονηρὸν δοῦλον ἐκβάλλει ὁ θεὸς ἐκ τῆς ἐκκλησίας.

7. ὁ θεὸς συνάγει τοὺς ἁγίους, καὶ βαίνουσιν εἰς τὸν οἶκον αὐτοῦ.

8. ἡ δικαία κυρία ἐπέχει τῷ λόγῳ τοῦ θεοῦ εἰς τὴν δόξαν αὐτοῦ.

9. βαίνουσιν ἀπὸ τὴς ἐκκλησίας πρὸς τὸν οἶκον, καὶ τὴν βίβλον τοῦ κυρίου οὐκ εὑρίσκουσι ἐν αὐτῷ.

제7과

ω 동사의 현재 중간태 및 수동태 직설법 동사 행위자(ὑπό+속격)와 수단의 여격 디포넌트(이태) 동사

7.1. ω 동사의 현재 중간태 직설법

(1) 중간태(middle voice)는 한국어에는 존재하지 않는 동사 형태이다. 물론 그 개념을 표현할 수는 있다. 따라서 이러한 언어적 차이를 고려하면서 그 형태와 해석에 익숙해 져야 한다.

(2) 현재 시제에서 중간태 형은 수동태 형과 어형이 동일하기에 일반적으로 함께 형태를 암기하나 그 의미에는 확연한 차이가 있기에 이 둘을 구분하는 것이 중요하다. 다만, 성경 헬라어에서는 중간태 형보다 수동태 형이 더 빈번하게 사용되기에(성경의 내용도 일부 관계됨) 일반적으로는 수동태로 해석을 시도한 후 문맥을 고려해 중간태의 가능성을 따져보는 것이 관례이다.

7.1.1. 현재 중간태 직설법

구분		ω 활용 동사	기본 어미		적용	
		λύω			πιστεύω	
단수	1	λύ ομαι	-ομαι	나는 내 자신을 푼다/풀고있다	πιστεύομαι	나는 내 자신을 믿는다
	2	λύ ῃ	-ῃ	너는 너 자신을 푼다/풀고있다	πιστεύῃ	너는 너 자신을 믿는다
	3	λύ εται	-εται	그/그녀/그것은 그 자신을 푼다/풀고있다	πιστεύεται	그/그녀/그것은 그 자신을 믿는다
복수	1	λυ όμεθα	-ομεθα	우리는 우리 자신을 푼다/풀고있다	πιστευόμεθα	우리는 우리 자신을 믿는다
	2	λύ εσθε	-εσθε	너희는 너희 자신을 푼다/풀고있다	πιστεύεσθε	너희는 너희 자신을 믿는다
	3	λύ ονται	-ονται	그들/그것들은 그 자신을 푼다/풀고있다	πιστεύονται	그들/그것들은 그 자신을 믿는다

(1) 동사의 현재 중간태 직설법은 현재 어간에 정해진 어미들(-ομαι, -ῃ, -εται, -ομεθα, -εστε, -ονται)을 붙여 활용된다. 이 때 어간은 현재 능동태 직설법에 사용된 어간과 동일한데, 그 이유는 모두 현재 어간을 사용하기 때문이다.

(2) 중간태는 동사의 주어가 행위자이면서 동시에 동사의 대상이 되기 때문에 재귀대명사("~ 자신")이나 "스스로"와 같은 표현은 첨가해 번역해야 한다. 주의할 점은 한국어의 경우 중간태 개념을 표현하기 위해 앞서 언급한 재귀대명사나 "스스로"를 표현해야 하는 반면, 헬라어의 경우 어미 자체가 중간태의 개념을 전달하기에 재귀 대명사를 따로 사용할 필요가 없다. 이는 언어적 차이에서 기인한 현상이기에 특별히 문제삼을 것은 없다.

7.1.2. 분해하기

구분	분해						해석
	기본형(뜻)	시	태	법	수	인칭	
λύεται	λύω(풀다)	현	중	직	단	3	그/그녀가 그 자신을 푼다.
λύεσθε	λύω(풀다)	현	중	직	복	2	너희가 너희 자신을 푼다.
πιστευόμεθα	πιστεύω(믿다)	현	중	직	복	1	우리가 우리 자신을 믿는다.
πιστεύονται	πιστεύω(믿다)	현	중	직	복	3	그들이 그 자신들을 믿는다

7.2. ω 동사의 현재 수동태 직설법

(1) 수동태(受動態, passive voice)는 주어가 동사 행위의 대상이 되는 표현이다. 이를 위해 동사의 능동태 형이 수동태 형으로 변경된다. 한국어의 경우 이를 피동태(被動態)라고 부른다. 다만, 한국어서는 피동형이 사용되지 않거나 선호되지 않는다:

예) 한국어의 피동형의 허용과 회피

[회피의 예] 창문이 깨졌다. (O) 그러나, 창문이 깨짐을 당했다. (X)

[허용의 예] 사자가 토끼를 먹었다 (O). 토끼가 사자에게 먹혔다 (O). 그러나 다른 예로 "밥이 나에게 먹혔다."는 여전히 부자연스럽다.

(2) 현재 시제에서 수동태 형은 중간태 형과 어형이 동일하기에 형태를 함께 암기하나 그 의미에서는 구분하는 것이 중요하다. 다만, 성경 헬라어에서는 수동태 형이 더 빈번하게 사용되기에(성경의 내용도 일부 관계됨) 등장할 경우 일반적으로는 수동태로 해석한다(필요에 따라 중간태의 가능성을 따져보는 것이 관례). 다만, 수동태 문장의 경우 행위자(아래 7.2.3 참조)를 동반하는 경우가 많기에 구별이 어렵지는 않다.

7.2.1. 현재 수동태 직설법

구분		ω 활용 동사	기본 어미		적용	
		λύω			πιστεύω	
단수	1	λύ ομαι	-ομαι	나는 풀린다/풀리고있다	πιστεύομαι	나는 믿어진다(위임)
	2	λύ ῃ	-ῃ	너는 풀린다/풀리고있다	πιστεύῃ	너는 믿어진다(위임)
	3	λύ εται	-εται	그/그녀/그것은 풀린다/풀리고있다	πιστεύεται	그/그녀/그것은 믿어진다(위임)
복수	1	λυ όμεθα	-ομεθα	우리는 풀린다/풀리고있다	πιστευόμεθα	우리는 믿어진다(위임)
	2	λύ εσθε	-εσθε	너희는 풀린다/풀리고있다	πιστεύεσθε	너희는 믿어진다(위임)
	3	λύ ονται	-ονται	그들/그것들은 풀린다/풀리고있다	πιστεύονται	그들/그것들은 믿어진다(위임)

(1) 동사의 현재 수동태 직설법은 현재 어간(λυ-, πιστευ-)에 현재, 수동태 어미들(-ομαι, -ῃ, -εται, -ομεθα, -εστε, -ονται)을 붙여 활용된다.

(2) 수동태형은 형태상 중간태형(7.1.1)과 동일하기 때문에 분해("파싱")을 정확히 해야 한다. 그러기 위해서는 동사의 어미 부분을 통해 시, 태, 법, 수, 인칭을 분해하고 또한 동사의 기본형(현재, 능동태, 직설법, 단수, 1인칭형과 동일)을 찾아야 한다(수동형은 기본형을 수동태로 활용한 것이기에 사전에 나오지 않는다).

(3) 수동태형를 한국어로 번역할 때 한국어에서 수동태형의 문장이 회피한다는 점을 고려하여 해석해야 한다. 이는 언어적 차이에서 기인한 현상이기에 특별히 문제삼을 것은 없다. 한편, 능동태형과 수동태형에서 의미가 일부 변경되는 경우도 있는데, 예를 들어, 위의 πιστεύω(믿다)는 수동태가 되면 "믿어진다." 보다는 "위임되다."로 해석되곤 한다. 따라서 일부 어휘들의 수동의 의미를 제시할 때는

주의해야 한다.

7.2.2. 분해하기

구분	분해						해석
	기본형(뜻)	시	태	법	수	인칭	
λύεται	λύω(풀다)	현	수	직	단	3	그가 풀린다.
λύεσθε	λύω(풀다)	현	수	직	복	2	너희가 풀린다.
πιστευόμεθα	πιστεύω(믿다)	현	수	직	복	1	우리가 믿어진다(위임).
πιστεύονται	πιστεύω(믿다)	현	수	직	복	3	그들이 믿어진다(위임).

7.2.3. 수동태 문장에서의 행위자 표현

(1) 헬라어 현재 시제에서는 수동태 형과 중간태 형이 동일해 간혹 해석의 어려움이 야기된다. 그러나 수동태 문장의 경우 종종 동사의 행위자를 나타내는 전치사구(propositional phrase)를 포함하기에 문장 자체를 구별하는 데는 수월함이 있다.

(2) 수동태 문장에서 동사의 행위자(agent)는 전치사구 "ὑπό+속격"으로 표시한다.

예) "ὑπό+속격" 구문: ~에 의해

διδασκόμεθα ὑπὸ τοῦ κυρίου. 우리는 그 주님에 의해 가르쳐진다(배운다).

(3) 그러나 동사의 행위를 이끄는 요소가 수단(instrument)일 경우 종종 여격으로만(즉, "수단의 여격" 용법) 표시된다. 단, 전치사구, "ἐν+여격"의 형태도 나타난다.

예) "수단의 여격" 혹은 "ἐν+여격" 구문: ~로써

ἀγόμεθα ἀγάπῃ καὶ λόγῳ. 우리는 사랑과 말씀으로써 인도된다.

그러나 ἀγόμεθα ἐν ἀγάπῃ καὶ λόγῳ도 가능.

(4) 또한 수동태는 중재를 나타내는 전치사구 "διά+속격"와 함께 사용되기도 한다.

예) "διά+속격" 구문: ~을 통해/중재로 하여

διδασκόμεθα διὰ τοῦ λόγου. 우리는 그 말씀을 통해 가르쳐진다(배운다).

(5) 단, 수동태와 사용되는 위의 세 전치사구들 중에서 행위자는 반드시 수동태와 사용되는 반면, 수단의 여격과 중재 표현은 꼭 그렇지 않다.

예) πιστεύομεν διὰ τοῦ λόγου. 우리는 그 말씀을 통해 믿는다.

7.3. 디포넌트 동사(Deponent Verb. 이태 동사)

(1) 디포넌트 동사 혹은 이태(異態) 동사는 동사의 태(態) 형태와 동사의 의미가 일치하지 않는 동사를 말한다. 즉, 동사가 중간태 혹은 수동태 형인데 능동의 의미를 갖는 동사를 가리킨다("중간태 및 수동태 형의 능동 의미 동사").

(2) 형태와 뜻이 일치하지 않는다는 점만 차이가 나고 시, 법, 수, 인칭의 문제는 일반 동사와 동일하다.

7.3.1. 디포넌트 동사의 현재 직설법

구분		ω 활용 동사	기본 어미		적용	
		πορεύομαι 가다			ἔρχομαι 가다/오다	
단수	1	πορεύ ομαι	-ομαι	나는 간다/가고있다	ἔρχομαι	나는 간다/온다
	2	πορεύ ῃ	-ῃ	너는 간다/가고있다	ἔρχῃ	너는 간다/온다
	3	πορεύ εται	-εται	그/그녀/그것은 간다/가고있다	ἔρχεται	그/그녀/그것은 간다/온다
복수	1	πορευ όμεθα	-ομεθα	우리는 간다/가고있다	ἐρχόμεθα	우리는 간다/온다
	2	πορεύ εσθε	-εσθε	너희는 간다/가고있다	ἔρχεσθε	너희는 간다/온다
	3	πορεύ ονται	-ονται	그들/그것들은 간다/가고있다	ἔρχονται	그들/그것들은 간다/온다

(1) 디포넌트 동사 πορεύομαι는 어간 πορευ-에 현재, 중간태 혹은 수동태, 직설법 어미들(-ομαι, -ῃ, -εται, -ομεθα, -εσθε, -ονται)을 붙여 활용한다.

(2) 비록 디포넌트 동사의 형태가 중간태 혹은 수동태 형이라도 그 의미는 능동이기 때문에 분해시에 이 동사형을 중간태 혹은 수동태로 표기할 경우 오해가 생길 수 있다(중간태 혹은 수동태 의미로 해석할 수 있다). 혼란을 피하기 위해 분해시 중간태 혹은 수동태라는 표현 대신 dep. 혹은 디포넌트라고 표기한다(참조. 중간태/수동태 디포넌트[dep]도 등장함). 따라서 위의 πορεύομαι 동사를 분해하면, "현재, 직설법, dep., 단수, 1인칭"가 된다.

(3) 한 동사가 일반 동사의 중간태 혹은 수동태형인지 아니면 디포넌트 동사인지를 구별한 방법은 단어를 암기하는 것이 가장 좋다. 신약 성경에서 70회 이상 등장하는 디포넌트 동사들로는 다음의 것들이 있다:

단어	의미
ἀπέρχομαι	(합성동사) 떠나다 (ἀπό+ἔρχομαι)
γίνομαι	되다; 이다
εἰσέρχομαι	(합성동사) 안으로 가다, 들어가다 (εἰς+ἔρχομαι)
ἐξέρχομαι	(합성동사) 나가다, 나오다 (ἐκ+ἔρχομαι)
προσέρχομαι	(합성동사) ~에게 가다, ~에게 오다 (προς+ἔρχομαι)
προσεύχομαι	(합성동사) 기도하다 (πρός+εὔχομαι)
φοβέομαι	두려워하다 (단축동사에 대해서는 제19과를 보라)

(4) 현재형은 중간태형과 수동태형이 동일하기에 한 동사의 디포넌트형이 중간태형 디포넌트인지 수동태형 디포넌트인지 구분할 필요가 없다. 그러나 몇몇 동사는 이 둘을 구분한다. 예를 들어, ἄρχω 동사는 중간태형일 경우 디포넌트 동사이고, 수동태형은 ἄρχω 동사의 수동태형을 이룬다:

기본형	어형	분해						해석
		시	법	태	*	수	인칭	
ἄρχω	ἄρχω(통치하다)	현	능	직	*	단	1	내가 통치한다.
	ἄρχομαι(시작하다)	현	*	직	dep.	단	1	내가 시작한다.
	ἄρχομαι(통치하다)	현	수	직		단	1	내가 통치 받는다.

(5) ἄρχω 동사는 능동태와 수동태에서는 "통치하다."를 의미한다. 반면, 중간태형은 디포넌트 동사로 "시작하다"의 의미를 갖는다.

7.3.2. 분해하기

구분	분해							해석
	기본형(뜻)	시	태	법	*	수	인칭	
πορεύεται	πορεύομαι(가다)	현	*	직	dep.	단	3	그/그녀가 간다.
ἐρχόμεθα	ἔρχομαι(가다/오다)	현	*	직	dep.	복	1	우리가 간다/온다.

7.4. 어휘

동사

ἀπέρχομαι 떠나다(dep.)

ἄρχω 통치하다 (+속격형 목적어); (중간태형 dep.) 시작하다

βαπτίζω 세례하다, 세례주다

γίνομαι 되다; 이다(dep.)

εἰσέρχομαι 안으로 가다, 들어가다(dep.)

ἐξέρχομαι 나가다, 나오다(dep.)

ἔρχομαι 가다, 오다(dep.)

πορεύομαι 가다(dep.)

προσέρχομαι 다가가다, 접근하다; 더 가다 (+여격)(dep.)

προσεύχομαι 기도하다(dep.)

(φοβέομαι 두려워하다 [제19과 단축동사] [dep.])

명사

ἄνθρωπος, ου, ὁ 사람

ἀπόστολος, ου, ὁ 사도

θάλασσα, ης, ἡ 바다, 호수

καρδία, ας, ἡ 마음

εὐαγγέλιον, ου, τό 복음, 기쁜 소식

7.5 기초 문장 연습

아래 헬라어 문장을 직역하시오.

1. οἱ δίκαιοι υἱοὶ λύονται ὑπὸ τοῦ ἀνθρώπου τοῦ ἀγαθοῦ.

2. ὑπὸ τοῦ ἀποστόλου διδάσκεται τὸ παιδίον ἐν τῇ ὁδῷ περὶ τὴν θάλασσαν.

3. οἱ ἅγιοι ἀπόστολοι ἄγονται εἰς τὴν ἄλλην ὁδὸν καὶ πορεύονται πρὸς τὴν ἐκκλησίαν.

4. ἡμεῖς τῷ κυρίῳ πιστεύομεν καὶ βαπτιζόμεθα διὰ τοῦ λόγου ὑπὸ τοῦ μαθητοῦ αὐτοῦ.

5. τῇ θαλάσσῃ προσέρχεται ὁ υἱὸς τοῦ ἀνθρώπου καὶ τοὺς πρώτους μαθητὰς εὑρίσκει.

6. ὁ κύριος ἐπέχει ταῖς ἐκκλησίαις αὐτοῦ καὶ ἄρχει αὐτῶν ἐν τῇ καρδίᾳ τῆς ἀγάπης.

7. Ἐν τῇ ὥρᾳ εἰσέρχονται εἰς τὸν οἶκον τοῦ θεοῦ οἱ δίκαιοι. ὑμεῖς οἱ πονηροὶ δὲ ἐξ αὐτοῦ ἐξέρχεσθε.

8. οἱ κακοὶ δοῦλοι ἀπέρχονται ἀφ' ἁμαρτιῶν αὐτῶν καὶ γίνονται ἅγιοι ἀπόστολοι ἐνώπιον τοῦ εὐαγγελίου.

9. Οἱ δοῦλοι τῆς ἁμαρτίας οὐ προσεύχονται τῷ θεῷ, καὶ κατὰ τοῦ θεοῦ λέγουσιν τὰ καλὰ περὶ ἑαυτῶν.

제8과
ω 동사의 미래 능동태 및 중간태 직설법
Εἰμί 동사의 미래 직설법

8.1. ω 동사의 미래 능동태 직설법

(1) 미래는 아직 발생하지 않은 시간을 표현하는데 사용된다. 이러한 점에서 헬라어의 미래 시제는 한국어의 미래 시제와 차이가 없다.

(2) 미래형은 미래 어간에 미래 접사를 붙이고 그 뒤에 어미를 붙여 활용된다. 단, 미래 어간이 꼭 기본형 어간(현재어간)과 동일할 필요는 없다. 왜냐하면 현재 시제는 현재 어간에서 활용되고 미래 시제는 미래 어간에서 활용되기 때문이다. 다만, 그 형태가 동일하든 차이가 나든 동사의 의미는 동일하다(해석만 미래가 된다).

8.1.1. 미래 능동태 직설법

구분		ω 활용 동사	기본 어미			적용	
		λύω [미래어간: λυ–]	미래 접사	어미 (재활용)	해석	πιστεύω [미래어간: πιστευ–]	
단수	1	λύ σ ω	σ	-ω	나는 풀 것이다	πιστεύσω	나는 믿을 것이다
	2	λύ σ εις	σ	-εις	너는 풀 것이다	πιστεύσεις	너는 믿을 것이다
	3	λύ σ ει	σ	-ει	그/그녀/그것은 풀 것이다	πιστεύσει	그/그녀/그것은 믿을 것이다
복수	1	λύ σ ομεν	σ	-ομεν	우리는 풀 것이다	πιστεύσομεν	우리는 믿을 것이다
	2	λύ σ ετε	σ	-ετε	너희는 풀 것이다	πιστεύσετε	너희는 믿을 것이다
	3	λύ σ ουσι(ν)	σ	-ουσι(ν)	그들/그것들은 풀 것이다	πιστεύσουσι(ν)	그들/그것들은 믿을 것이다

(1) ω 동사의 미래, 능동태 직설법은 미래어간에 미래 시상접사 σ를 붙인 후, 비(非)과거 시제의 대표 어미인 현재, 능동태, 직설법 어미들(-ω, -εις, -ει, -ομεν, -ετε, -ουσι[ν])을 재활용하여 만든다.

(2) 현재, 능동태 어미가 재활용 될 수 있는 이유는 "미래 어간+미래 시상 접사"를 통해서 해당 단어가 미래 시제인지 분명히 알 수 있기 때문이다. 따라서 어미까지 새롭게 만들 필요가 없다. 다만, 재활용되는 어미들이 현재형에서 빌려왔다 하더라도 시간의 개념은 전혀 없고 오직 동사 주어의 수와 인칭(혹은 태)을 전달한다.

(3) 현재어간과 미래어간은 의미는 동일하나(해석은 시간 차이가 남) 어간 형태가 다를 수 있다. 위의 예에서 λύω 동사는 현재어간과 미래어간의 형태가 동일한데 이는 우연일 뿐이며, λύω 동사가 선택된 이유도 이 동사의 어간이 짧고 변하지

않아 어미 연습에 유용하기 때문일 뿐이다. 사실, 많은 동사의 미래형을 기본형과 함께 외어야 한다:

기본형(현재형)	미래형	뜻
εὑρίσκω	εὑρήσω [미래어간: εὑρε-]	발견하다
ἔχω	ἕξω [미래어간: ἑχ-]	소유하다
[참조] 미래에서 σ가 탈락한 경우(제20과)		
λέγω	ἐρῶ [미래어간: ἐρ-]	말하다

(4) 기본형(현재형)과 미래형의 어간은 형태적 연관성은 없고(우연히 일치할 수도 있다), 오직 뜻만 공유한다. 예를 들어, εὑρίσκω와 εὑρήσω는 현재어간(εὑρισκ-)과 미래어간(εὑρη-)이 다르지만 기본 의미 "발견하다."는 동일하며, 각각의 시제에 따라 "나는 발견한다."(현재)와 "나는 발견할 것이다."(미래)로 해석된다.

8.1.2. 분해하기

구분	분해						해석
	기본형(뜻)	시	태	법	수	인칭	
λύσει	λύω(풀다)	미	능	직	단	3	그가 풀 것이다.
πιστεύσομεν	πιστεύω(믿다)	미	능	직	복	1	우리가 믿을 것이다.
ἕξω	ἔχω(소유하다)	미	능	직	단	1	나는 소유할 것이다.

[참조] ἕξω의 형태에 대해서는 아래 제8과 8.1.3을 참조하라.

8.1.3. 미래 시상 접사 σ로 인한 자음 통합

(1) 동사의 미래 시제가 형성 되면서 미래 시상 접사 σ가 추가되는데 이 때 치찰음 σ가 어간의 특정 자음들과 조우하여 자음 접변(축약 및 탈락)이 발생한다:

① 구개음(γ, κ, χ)+미래 능동태/중간태 접사 σ: 이중자음 ξ("ㅋ+ㅅ")로 축약.

② 양순음(β, π, φ)+미래 능동태/중간태 접사 σ: 이중자음 ψ("ㅍ+ㅅ")로 축약.

③ 치조음(δ, τ, θ, [ζ])+미래 능동태/중간태 접사 σ: 어간 자음 탈락("ㅅ").

(2) ①-②번의 경우는, 비록 미래 시상 접사 σ가 드러나 보이지는 않지만, 소리로 읽을 때 드러나기에 규칙을 이해하는 것으로 문제를 해결할 수 있다. 그러나 ③의 경우는 σ 앞에서 특정 철자가 탈락했기에 기본형을 정확히 알아야 한다.

(3) 위의 현상을 도표로 정리하면 다음과 같다:

①			②			③		
구개음 어간(γ, κ, χ)			양순음 어간(β, π, φ)			치조음 어간(δ, τ, θ, ζ)		
현재형	미래형	뜻	현재형	미래형	뜻	현재형	미래형	뜻
ἄγω	ἄξω	인도하다	γράφω	γράψω	쓰다	πείθω	πείσω	설득하다
διδάσκω	διδάξω	가르치다	πέμπω	πέμψω	보내다	ἐλπίζω	ἐλπίσω	소망하다

[참조] διδάσκω의 경우 어간이 σκ이지만 자음접변(ξ)이 일어났는데 이는 διδάσκ-의 원 어간이 διδαχ-이기 때문이다(참조. διδαχή, "가르침"). 유사한 단어로 κηρύσσω("선포하다")가 있는데, 이 단어도 어간이 σσ이지만 미래에서 κηρύξω로 변한다. 이는 κηρυσσ-의 원 어간이 κηρυχ-이기 때문이다.

(4) 위의 자음 접변은 미래 시제의 특징이라기보다는 치찰음 '시그마'(σ)와 특정 철자들이 만났을 때 발행하는 일반적인 자음 표기법이다. 따라서 단지 미래 능동태에만 제한되는 것이 아니고, 이후에 배울 미래, 중간태 형과 더불어 제1부정과거 동사(제11과) 및 제3변화 곡용(제21과/제26과)에서도 반복적으로 등장한다.

8.2. ω 동사의 미래 중간태 직설법

(1) 현재형과 달리(제7과 참조) 미래형에서는 중간태형과 수동태형이 구분이 된다. 이 구분은 미래 중간태 어간과 수동태 어간이 다르기 때문에 발생된 것이다. 이 과에서는 미래, 능동태형과 어간을 공유하는 중간태형만 배우고 미래 수동태형은 제12과에서 배운다.

(2) 미래 중간태형은 현재 중간태형과 마찬가지로 주어가 취한 동사의 행위가 다시 주어에게 돌아오는 개념을 전달한다(재귀대명사나 "스스로"를 첨가). 따라서 현재형과 비교해 시간만 미래 시제로 변경하면 된다.

(3) 미래 시제에도 현재 시제처럼 미래 디포넌트 동사형(중간태 혹은 수동태형 능동 의미 동사)가 존재한다.

8.2.1. 미래 중간태 직설법

구분		ω 활용 동사	기본 어미			적용	
		λύω [미래어간: λυ-]	미래 접사	어미 (재활용)	해석	πιστεύω [미래어간: πιστευ-]	
단수	1	λύ σ ομαι	σ	-ομαι	나는 내 자신을 풀 것이다	πιστεύσομαι	나는 내 자신을 믿을 것이다
	2	λύ σ ῃ	σ	-ῃ	너는 그 자신을 풀 것이다	πιστεύσῃ	너는 너 자신을 믿을 것이다
	3	λύ σ εται	σ	-εται	그/그녀/그것은 그 자신을 풀 것이다	πιστεύσεται	그/그녀/그것은 그 자신을 믿을 것이다
복수	1	λυ σ όμεθα	σ	-ομεθα	우리는 우리 자신을 풀 것이다	πιστευσόμεθα	우리는 우리 자신을 믿을 것이다
	2	λύ σ εσθε	σ	-εσθε	너희는 너희 자신을 풀 것이다	πιστεύσεσθε	너희는 너희 자신을 믿을 것이다
	3	λύ σ ονται	σ	-ονται	그들/그것들은 그 자신들을 풀 것이다	πιστεύσονται	그들/그것들은 그 자신들을 믿을 것이다

(1) ω 동사의 미래, 중간태, 직설법은 미래어간에 미래 시상 접사 σ를 붙인 후, 비(非)과거 시제의 대표 어미인 현재, 중간태, 직설법 어미들(-ομαι, -ῃ, -εται, -ομεθα, -εστε, -ονται)을 재활용하여 만든다.

(2) 재활용되는 어미들이 현재형에서 빌려왔다 하더라도 시간의 개념은 전혀 없고 오직 동사 주어의 수와 인칭(혹은 태)을 전달한다.

8.2.2. 디포넌트 동사(중간태형)의 미래 직설법

구분		디포넌트 동사	기본 어미			적용(어간변경)	
		πορεύομαι [미래어간: πορευ−]	미래 접사	어미 (재활용)	해석	γίνομαι [미래어간: γενε−]	
단수	1	πορεύ σ ομαι	σ	-ομαι	나는 갈 것이다	γενήσομαι	나는 될 것이다
	2	πορεύ σ ῃ	σ	-ῃ	너는 갈 것이다	γενήσῃ	너는 될 것이다
	3	πορεύ σ εται	σ	-εται	그/그녀/그것은 갈 것이다	γενήσεται	그/그녀/그것은 될 것이다
복수	1	πορευ σ όμεθα	σ	-ομεθα	우리는 갈 것이다	γενησόμεθα	우리는 될 것이다
	2	πορεύ σ εσθε	σ	-εσθε	너희는 갈 것이다	γενήσεσθε	너희는 될 것이다
	3	πορεύ σ ονται	σ	-ονται	그들/그것들은 갈 것이다	γενήσονται	그들/그것들은 될 것이다

(1) 미래, 직설법, dep. 동사는 "미래 어간"에 미래 시상접사 σ를 붙인 후, 비(非)과거 시제의 대표 어미인 현재, 중간태, 직설법 어미들(-ομαι, -ῃ, -εται, -ομεθα, -εστε, -ονται)을 재활용하여 만든다. 그러나 디포넌트 동사이므로 뜻은 능동의 의미를 갖는다.

(2) 앞서 언급했듯이 기본형(현재형)과 미래형은 형태적 연관성은 없고 오직 뜻만

공유한다. 그러나 이 사항은 어형에만 적용되지 않고, 각 어간의 특성에도 적용된다. 즉, 현재형에서 디포넌트인 동사가 미래에서도 꼭 디포넌트형일 필요는 없다는 것이다. 이는 각 어간은 각각의 특성을 가지고 있기 때문이다. 따라서 미래 디포넌트형은 암기를 통해 습득해야 한다:

기본형(현재형)	미래형	해석
γίνομαι	γενήσομαι [미래어간: γενε-]	나는 될 것이다.
ἔρχομαι	ἐλεύσομαι [미래어간: ἐλευ-]	나는 갈/올 것이다.
λαμβάνω	λήμψομαι [미래어간: λήμφ-]	나는 취할 것이다.
[비교] 미래어간이 기본형 어간과 동일한 경우(디포넌트 동사)		
πορεύομαι	πορεύσομαι	나는 갈 것이다.

(3) 미래 어간과 기본형 어간들이 형태적 연관성이 없다고 하더라도, 경험을 통해 볼 때 λύω와 λύσω에서 현재형과 미래형 모두가 비-디포넌트 동사라는 점 그리고 πορεύομαι와 πορεύσομαι, 심지어 어간이 바뀌는 γίνομαι와 γενήσομαι에서도 현재형과 미래형 모두가 디포넌트 동사라는 점은 디포넌트 동사 형성의 규칙이나 비밀이 있는 것인 아닌가 추론하게 한다(즉, 현재형이 일반동사면 미래형도 일반동사, 현재형에서 디포넌트 동사이면 미래형에서도 디포넌트 동사일 것이라는 추론). 그러나 그렇지 않다. 앞서 언급했듯이 한 동사의 현재형과 미래형이 디포넌트형에 해당하는지 아닌지는 각 시제 어간의 특성에 따른다(이후 배울 모든 시제 어간에서도 그렇다). 그러므로 위의 도표에서 λαμβάνω가 미래에서 λήμψομαι로 되더라도 이상한 것은 아니다.

8.2.3. 분해하기

구분	분해							해석
	기본형(뜻)	시	태	법	*	수	인칭	
λύσεσθε	λύω(풀다)	미	중	직	*	복	2	너희가 너희 자신을 풀 것이다.
πιστεύσονται	πιστεύω(믿다)	미	중	직	*	복	3	그들이 그 자신들을 믿을 것이다.
ἐλεύσονται	ἔρχομαι(가다)	미	*	직	dep.	복	3	그들이 갈 것이다.
λήμψομαι	λαμβάνω(취하다)	미	*	직	dep.	단	1	나는 취할 것이다.

8.3. Εἰμί 동사(이다/있다)의 미래 직설법

8.3.1. 미래, (능동태), 직설법

Εἰμί (이다/있다)					
단수			복수		
1인칭	ἔσομαι	나는 ~일 것이다	1인칭	ἐσόμεθα	우리는 ~일 것이다
2인칭	ἔσῃ	너는 ~일 것이다	2인칭	ἔσεσθε	너희는 ~일 것이다
3인칭	ἔσται	그/그녀/그것은 ~일 것이다	3인칭	ἔσονται	그들/그것들은 ~일 것이다

(1) εἰμί 동사의 미래형은 "미래어간+미래시상접사 σ+어미"로 조합된 형태로 동사 자체는 디포넌트 동사로 분류할 수 있다. 다만, εἰμί 동사는 법을 따지지 않기에 분해 시에 디포넌트(dep.)를 표시하지 않는다.

(2) 형태상 주의할 점은 미래, 직설법, 단수, 3인칭 형이 ἔσεται가 아니라 ἔσται라는 점이다. 어떤 이유에선지 모음(삽입모음) ε가 탈락했다.

8.3.2. 분해하기

구분	분해						해석
	기본형(뜻)	시	(태)	법	수	인칭	
ἔσται	εἰμί(이다/있다)	미	(dep.)	직	단	3	그/그녀/그것은 ~일 것이다.
ἔσεσθε	εἰμί(이다/있다)	미	(dep.)	직	복	2	너희는 ~일 것이다.

8.4. 어휘

동사

γενήσομαι γίνομαι(되다)의 미래형(dep.)

γράφω 쓰다, 기록하다

ἐλεύσομαι ἔρχομαι(가다, 오다)의 미래형(dep.)

(ἐλπίζω 소망하다 [제18과])

ἕξω ἔχω(가지다)의 미래형

(ἐρῶ λέγω[말하다]의 미래형[미래시상접사 σ 탈락] [제20과])

ἔσομαι εἰμί(이다/있다)의 미래형(dep.)

εὑρήσω εὑρίσκω(발견하다)의 미래형

κηρύσσω 선포하다(미래형: κηρύξω)

λήμψομαι λαμβάνω(취하다, 갖다)의 미래형(dep.)

πείθω 설득하다

πέμπω 보내다

명사

κόσμος, ου, ὁ 세상, 세계

διδαχή, ῆς, ἡ 가르침

접속사

ὅτι 왜냐하면 (이유); ~하는 바 (동사의 목적어절)

οὖν 그러므로, 따라서 (후치사)

8.5. 기초 문장 연습

아래 헬라어 문장을 직역하시오.

1. ὁ κύριος λύσει τοὺς δούλους τοὺς δικαίους.

2. οἱ ἀγαθοὶ μαθηταὶ τὴν δόξαν ἀπὸ τοῦ θεοῦ λήμψονται καὶ ἔσονται οἱ ἀπόστολοι αὐτοῦ.

3. εἰς τὸν κόσμον πέμψει ὁ θεὸς τοὺς ἀνθρώπους αὐτοῦ. διδάξουσιν οὖν αὐτὸν καὶ πείσουσιν.

4. ἐγὼ γράψω τὸν λόγον τοῦ εὐαγγελίου σοι, καὶ αὐτῷ πιστεύσεις σύ.

5. ἐν τῇ ὥρᾳ τοῦ κυρίου γενησόμεθα ἅγιοι, ὅτι ὁ κύριος ἡμᾶς εἰς τὴν δικαίαν ὁδὸν ἄξει.

6. ὁ ἀπόστολος ὁ ἄλλος κηρύξει τῷ κόσμῳ τὴν διδαχὴν καὶ αὐτῆς ἀκούσει ὁ κόσμος.

7. οἱ ἄνθρωποι πονηροί. ἐλεύσονται οὖν εἰς τὴν ὁδὸν τῶν ἁμαρτίων.

8. τῆς φωνῆς τοῦ κυρίου ἀκούσει ἡ ἐκκλησία, ὅτι ὁ κύριος ἕξει αὐτήν.

9. εὑρήσομεν τὴν δόξαν τοῦ θεοῦ ἐν τῷ λόγῳ τοῦ υἱοῦ, ὅτι ἐλευσόμεθα εἰς τὴν βίβλον αὐτοῦ τὴν ἁγίαν.

제9과
ω 동사의 미완료과거 능동태, 중간태 및 수동태 직설법
Εἰμί 동사의 미완료과거 직설법

9.1. ω 동사의 미완료과거 능동태 직설법

(1) 미완료과거(imperfect)는 완료되지 않은 과거 사건을 묘사하는데 사용된다. 한국어에서 과거 진행형으로 표현된다(먹는다 ▶ 먹고 있었다). 이 외에도 미완료과거는 과거의 습관이나 반복되는 사건 및 행동의 시작을 표현하기도 한다. 그러나 기초 문법에서는 과거 진행으로만 해석하며 어형, 분해, 해석에 집중하는 것을 추천한다.

(2) 미완료과거형은 기본형 어간에 활용된다. 한 동사의 기본형은 형태상 현재, 능동태, 직설법, 단수, 1인칭형과 동일하기 때문에 미완료과거는 현재어간에 어미를 붙여 활용을 한다고 말할 수 있으나 이는 정확한 표현은 아니다. 오히려 기본형 어간(혹은 미완료과거 어간)에 어미를 붙어 활용한다고 말하는 것이 더 정확하다. 여하튼 현재형과 미완료과거형 모두 기본형을 중심으로 활용된다는 공통점 때문에 일부 특징들을 공유한다:

첫째, 기본형에 사용된 어미는, 현재 어미의 경우 다른 비-과거형 동사 활용(예. 미래)에서 수와 인칭을 나타내는 어미로 재활용되며, 미완료과거 어미는 다른 과거형 동사 활용(예. 부정과거)에서 재활용된다.

둘째, 현재형과 미완료과거형은 동일한 어간을 사용하기에 현재형에서 중간태형과 수동태형이 동일한 것같이 미완료과거에서도 동일하다.

셋째, 이 두 시제는 동일한 어간을 사용하기에 현재형에서 디포넌트 동사는 미완료과거형에서도 디포넌트가 된다(비교. 현재형과 미래형의 관계는 임의적이었다. 왜냐하면 서로 다른 어간을 사용하기 때문이다).

9.1.1. 미완료과거 능동태 직설법

구분		ω 활용 동사	기본 어미			적용	
		λύω [기본어간: λυ–]	접두 모음	미완과 어미	해석	πιστεύω [미래어간: πιστευ–]	
단수	1	ἔ λυ ον	ἐ	-ον	나는 풀고 있었다	ἐπίστευον	나는 믿고 있었다
	2	ἔ λυ ες	ἐ	-ες	너는 풀고 있었다	ἐπίστευες	너는 믿고 있었다
	3	ἔ λυ ε(ν)	ἐ	-ε(ν)	그/그녀/그것은 풀고 있었다	ἐπίστευε(ν)	그/그녀/그것은 믿고 있었다
복수	1	ἐ λύ ομεν	ἐ	-ομεν	우리는 풀고 있었다	ἐπιστεύομεν	우리는 믿고 있었다
	2	ἐ λύ ετε	ἐ	-ετε	너희는 풀고 있었다	ἐπιστεύετε	너희는 믿고 있었다
	3	ἔ λυ ον	ἐ	-ον	그들/그것들은 풀고 있었다	ἐπίστευον	그들/그것들은 믿고 있었다

(1) ω 동사의 미완료과거, 능동태 직설법은 "과거시상접두모음(ἐ-)+기본형어간(=현재어간)+미완료과거 어미(-ον, -ες, -ε[ν], -ομεν, -ετε, -ον)"를 조합하여 만든다. 과거 시상 접두 모음(ἐ-)은 모든 과거 동사에 일관되게 접두되며, 해당 동사가 과거 시제에 속한다는 것을 드러낸다.

(2) 단수, 1인칭 형태와 복수, 1인칭 형태가 동일하기 때문에(ἔλυον) 문맥을 고려해 해석해야 한다.

(3) 미완료과거로 활용된 동사의 뜻을 확인하기 위해 기본형을 찾을 때에는 미완료과거 동사에서 과거 시상 접두 모음(ἐ-)와 어미를 제거하고, 남겨진 어간에

현재, 능동태, 직설법, 단수, 1인칭 어미 -ω를 붙여서 찾는다. 이는 기본형이 현재, 능동태, 직설법, 단수, 1인형과 동일하며, 또한 두 시제형의 어간이 동일하기 때문이다.

9.1.2. 분해하기

구분	분해						해석
	기본형(뜻)	시	태	법	수	인칭	
ἐλύετε	λύω(풀다)	미완과	능	직	복	2	너희가 풀고 있었다.
ἐπιστεύομεν	πιστεύω(믿다)	미완과	능	직	복	1	우리가 믿고 있었다.

9.1.3. 시상 접두 모음 규칙

(1) 자음으로 시작하는 어간에 접두 될 때는 단순히 ἐ-를 붙이면 된다.

예) ἐ+λεγ+ον ▶ ἔλεγον (λέγω [말하다])

(2) 모음으로 시작하는 어간에 접두 될 때는 접두모음 ἐ-와 어간모음이 다음과 같이 변경된다:

① ἐ+α/ε=ἠ

▶ ἐ+αγ+ον ▶ ἦγον (ἄγω [인도하다])

▶ ἐ+εσθι+ον ▶ ἤσθιον (ἐσθίω [먹다])

[독특한 경우] ▶ ἐ+εχ+ον=εἶχον (O)[21] ◀ ἦχον (X)

② ἐ+ο=ὠ

▶ ἐ+οφειλ+ον ▶ ὤφειλον (ὀφείλω [빚지다])

③ [심화학습] 그 외의 모음들: ἐ+η=ἠ, ἐ+ι=ἰ, ἐ+υ=ὐ, ἐ+ω=ὠ

▶ ἐ+ησυχαζ+ον ▶ ἡσύχαζον (ἡσυχάζω [고요한 삶을 영위하다])

▶ ἐ+ισχυ+ον ▶ ἴσχυον (ἰσχύω [능력 있다])

▶ ἐ+υβριζ+ον ▶ ὕβριζον (ὑβρίζω [모욕하다])

▶ ἐ+ωδιν+ον ▶ ὤδινον (ὠδίνω [산통을 겪다])

(3) 합성동사의 경우 ἐ-가 전치사부에는 붙지 못하고 동사의 원-어간에 붙는다. 따라서 ἐ-가 단어의 중간에 삽입되며, 또한 전치사가 모음으로 끝날 경우 모음이 생략되기도 한다. 한편, 동사의 어간이 모음으로 시작하면 위의 (2)의 규칙이 적용된다:

① καταβαίνω ▶ ἐκαταβαῖνον (X), καταέβαινον (X), κατέβαινον (O).

② συνάγω ▶ ἐσυνάγον (X), συνέαγον (X), συνῆγον (O)

9.2. ω 동사의 미완료과거 중간태와 수동태 직설법

미완료 과거는 기본형 어간(=현재어간)을 사용하기에 현재형처럼 중간태형과 수동태형이 동일하다. 제7과(현재 중간태 및 수동태 직설법)에서 중간태와 수동태를 분리하여 다루며 그 특징들을 살펴보았기 때문에, 이 부분에서는 중간태형과 수동태형을 함께 제시해 보고자 한다. 단, 동사의 해석은 수동태로 제시한다.

9.2.1. 미완료과거 중간태와 수동태 직설법

구분		ω 활용 동사	기본 어미			적용	
		λύω [기본어간: λυ-]	접두 모음	미완과 어미	해석	πιστεύω [기본어간: πιστευ-]	
단수	1	ἐ λυ όμην	ἐ	-ομην	나는 풀리고 있었다	ἐπιστευόμην	나는 믿어지고 있었다
	2	ἐ λύ ου	ἐ	-ου	너는 풀리고 있었다	ἐπιστεύου	너는 믿어지고 있었다
	3	ἐ λύ ετο	ἐ	-ετο	그/그녀/그것은 풀리고 있었다	ἐπιστεύετο	그/그녀/그것은 믿어지고 있었다
복수	1	ἐ λυ όμεθα	ἐ	-ομεθα	우리는 풀리고 있었다	ἐπιστευόμεθα	우리는 믿어지고 있었다
	2	ἐ λύ εσθε	ἐ	-εσθε	너희는 풀리고 있었다	ἐπιστεύεσθε	너희는 믿어지고 있었다
	3	ἐ λύ οντο	ἐ	-οντο	그들/그것들은 풀리고 있었다	ἐπιστεύοντο	그들/그것들은 믿어지고 있었다

(1) ω 동사의 미완료 과거, 중간태와 수동태, 직설법은 "과거 시상 접두 모음(ἐ-)+기본형 어간(=현재 어간)+미완료과거 중간태/수동태 어미(-ομην, -ου, -ετο, -ομεθα, -εσθε, -οντο)"를 조합하여 만든다.

(2) 현재, 중간태와 수동태, 직설법 어미 -ομαι, -ῃ, -εται, -ομεθα, -εσθε, -ονται와 형태를 비교하며 암기하면 효과적이다.

9.2.2. 디포넌트 동사의 미완료과거 직설법

구분		ω 활용 동사	기본 어미			적용	
		πορεύομαι [기본어간: πορευ-]	접두 모음	미완과 어미	해석	ἔρχομαι [기본어간: ερχ-]	
단수	1	ἐ πορευ όμην	ἐ	-ομην	나는 가고 있었다	ἠρχόμην	나는 가고/오고 있었다
	2	ἐ πορεύ ου	ἐ	-ου	너는 가고 있었다	ἤρχου	너는 가고/오고 있었다
	3	ἐ πορεύ ετο	ἐ	-ετο	그/그녀/그것은 가고 있었다	ἤρχετο	그/그녀/그것은 가고/오고 있었다
복수	1	ἐ πορευ όμεθα	ἐ	-ομεθα	우리는 가고 있었다	ἠρχόμεθα	우리는 가고/오고 있었다
	2	ἐ πορεύ εσθε	ἐ	-εσθε	너희는 가고 있었다	ἤρχεσθε	너희는 가고/오고 있었다
	3	ἐ πορεύ οντο	ἐ	-οντο	그들/그것들은 가고 있었다	ἤρχοντο	그들/그것들은 가고/오고 있었다

(1) 현재형에서 디포넌트 동사는 동일한 기본형 어간을 사용하는 미완료과거에서도 디포넌트 동사가 된다. 한편, 동사의 어미는 미완료과거 중간태와 수동태 어미와 동일하다.

(2) 디포넌트 동사는 "중간태형 혹은 수동태형 능동의미 동사"기 때문에 분해와 해석에 있어서 주의를 기울여야 한다(아래 9.2.3 참조).

9.2.3. 분해하기

구분	분해							해석
	기본형(뜻)	시	태	법	*	수	인칭	
ἐλυόμην	λύω(풀다)	미완과	수	직	*	단	1	내가 풀리고 있었다.
ἐπιστεύοντο	πιστεύω(믿다)	미완과	수	직	*	복	3	그들이 믿어지고 있었다.
ἐπορεύου	πορεύομαι(가다)	미완과	*	직	dep.	단	2	너는 가고 있었다.
ἤρχεσθε	ἔρχομαι(취하다)	미완과	*	직	dep.	복	2	너희가 가고/오고 있었다.

9.3. Εἰμί 동사(이다/있다)의 미완료과거 (능동태) 직설법

9.3.1. 미완료과거, (능동태), 직설법

Εἰμί (이다/있다)					
단수			복수		
1인칭	ἤμην	나는 ~였다	1인칭	ἦμεν	우리는 ~였다
2인칭	ἦς	너는 ~였다	2인칭	ἦτε	너희는 ~였다
3인칭	ἦν	그/그녀/그것은 ~였다	3인칭	ἦσαν	그들/그것들은 ~였다

(1) εἰμί 동사의 미완료과거형은 "과거시상 접두모음(ἐ-)+기본형 어간(=현재어간)+미완료과거 어미"로 조합된 형태로 일반동사의 형태를 취한다.

(2) "이다" 동사는 과거진행으로 번역할 수 없다. 따라서 미완료과거형은 과거 의미를 전달한다(한편, εἰμί 동사는 일반과거형[부정과거. 제11-12과 참조]이 없다). 이러한 의미에서 εἰμί 동사는 결여 동사(defective verb, 제27과 참조)에 속한다 .

9.3.2. 분해하기

구분	분해						해석
	기본형(뜻)	시	(태)	법	수	인칭	
ἦν	εἰμί(이다/있다)	미완과	(능)	직	단	3	그/그녀/그것은 ~였다.
ἦσαν	εἰμί(이다/있다)	미완과	(능)	직	복	3	그들/그것들은 ~였다.

9.4. 어휘

동사

ἐσθίω 먹다

ἤμην εἰμί(이다/있다)의 미완료과거형(과거의미)

(ὀφείλω 빚지다 [제18과])

명사

ἄρτος, ου, ὁ 빵, 떡

ὄχλος, ου, ὁ 무리, 군중

ἡμέρα, ας, ἡ 날; 낮

οἰκία, ας, ἡ 집

형용사

ἔσχατος, η, ον 마지막의

부사 및 접속사

ἀλλά (역접) 그러나. [숙어] οὐ ~ ἀλλά ~ (~이 아니라 ~)

νῦν 지금

τότε 그때; 그러고 나서

9.5. 기초 문장 연습

아래 헬라어 문장을 직역하시오.

1. ὁ δοῦλος ἔλυεν τὴν κυρίαν αὐτοῦ, καὶ νῦν ἐστὶν σὺν αὐτῇ ἐν τῇ οἰκίᾳ αὐτοῦ.

2. ἐβαπτίζοντο οἱ ὄχλοι ὑπὸ τοῦ ἀνθρώπου ἐν τῇ θαλάσσᾳ.

3. ὁ ὄχλος ἐξέβαλλεν τὰς βίβλους ἐκ τῆς ἐκκλησίας, αὐτὰς δὲ ἐλάμβανον οἱ μαθηταί.

4. Τότε ὁ κόσμος οὐκ ἤκουεν τῆς φωνῆς τοῦ κυρίου. ἀλλὰ ἐν τῇ ἐσχάτῃ ἡμέρᾳ ἀκούσει αὐτῆς.

5. ἦγον τὸν υἱὸν τοῦ ἀποστόλου εἰς τὴν οἰκίαν καὶ ἐν αὐτῇ ἦσαν μετ᾽ αὐτοῦ.

6. τοὺς ἄρτους ἤσθιεν ὁ ἄνθρωπος ἐν τῇ ὁδῷ, ὅτι οὐκ εἶχεν τὸν οἶκον τότε.

7. οἱ ὄχλοι εἰσήρχοντο εἰς τὴν ἐκκλησίαν καὶ ἔλεγον περὶ τῆς διδαχῆς τοῦ ἀποστόλου.

8. ὁ κακὸς κόσμος οὐκ εἶχεν τὸ εὐαγγέλιον ἐν ταύτῃ τῇ ἡμέρᾳ, ἀλλὰ ἐν ἐκείνῃ αὐτὸ λημψεται.

9. τότε ἦμεν πονηροὶ καὶ ὑφ' ἡμῶν ἐλύετο ἡ οἰκία τοῦ θεοῦ. νῦν δὲ ἐσμὲν ὑπὲρ αὐτῆς, καὶ ἐν τῇ ἄλλῃ ὥρᾳ γενησόμεθα οἱ ἅγιοι.

제10과
지시사: 지시대명사와 지시형용사
Αὐτός 특별용법(형용사적 용법)
중성복수 주격 용법

10.1. 지시사(指示詞): 지시대명사와 지시형용사

(1) 지시대명사와 지시형용사는 대표적인 헬라어 지시사이다. 특별히, 지시대명사는 선행 명사를 지시하며 동시에 명사를 대신하며, 지시의 관계는 대명사의 일반적 용법에 따른다(제6과 참조): "대명사를 사용할 때, 그 성과 수는 선행 명사의 성과 수와 일치시키고, 격은 선행 명사의 격과 상관없이 대명사가 속한 문장에 따라 자유롭게 격을 취한다." 그리고 가까운 것을 가리키는 "이것"(근칭 지시대명사)과 먼 것을 가리키는 "저것"(원칭 지시대명사)으로 구분된다.

(2) 그러나 지시사는 대명사로만 사용되지 않고 한국어의 "이 책" 혹은 "저 책"의 경우처럼 명사와 함께 사용되어 명사를 한정해주기도 한다. 명사를 한정해준다는 의미에서 지시사가 더 이상 지시대명사가 아닌 형용사로 사용된다고 볼 수 있으며 이를 지시형용사라고 부른다. 이 때 지시형용사는 관련된 명사와 성·수·격이 일치해야 한다.

10.1.1. 지시대명사의 형태와 용법

10.1.1.1. 근칭 지시대명사

구분	οὗτος, αὕτη, τοῦτο 이(this)					
	단			복		
	남	여	중	남	여	중
주	οὗτος	αὕτη	τοῦτο	οὗτοι	αὗται	ταῦτα
속	τούτου	ταύτης	τούτου	τούτων	τούτων	τούτων
여	τούτῳ	ταύτῃ	τούτῳ	τούτοις	ταύταις	τούτοις
대	τοῦτον	ταύτην	τοῦτο	τούτους	ταύτας	ταῦτα

(1) 근칭 지시대명사는 주격은 강기식으로 시작되는 반면(중성 예외), 주격을 제외한 다른 격들에는 곡용 형태에 "따우"(τ)가 접두되어 형성된다(이러한 현상은 제4과에서 배운 관사에서도 드러나는데, 이는 관사가 근칭 지시대명사에서 파생된 것이기 때문이다).

(2) 지시대명사 곡용에서 주의할 형태는 중성, 복수, 주격/대격의 ταῦτα와 여성, 복수, 속격의 τούτων이다. 그 이유는 이 두 형태가 제2곡용 어미(ο 모음 계열, 즉 남성과 중성)를 따른 형태에서 어간의 중간모음이 -ου-라는 규칙과 제1곡용 어미(α 모음 계열, 즉 여성)를 따른 형태에서 어간의 중간모음이 -αυ-라는 규칙에서 벗어나기 때문이다. 그러므로 중성, 복수, 주격/대격의 어미가 -α이기에 ταῦτα가, 여성, 복수, 속격의 어미가 -ων이기에 τούτων가 된 것이다.

(3) 추가적으로 중성, 단수, 주격/대격에서 관사와 동일한 어미형태(ο)를 가지고 있다는 점에 주의하라.

10.1.1.2. 원칭 지시대명사

구분	ἐκεῖνος, η, ο 저(that)					
	단			복		
	남	여	중	남	여	중
주	ἐκεῖνος	ἐκείνη	ἐκεῖνο	ἐκεῖνοι	ἐκεῖναι	ἐκεῖνα
속	ἐκείνου	ἐκείνης	ἐκείνου	ἐκείνων	ἐκείνων	ἐκείνων
여	ἐκείνῳ	ἐκείνῃ	ἐκείνῳ	ἐκείνοις	ἐκείναις	ἐκείνοις
대	ἐκεῖνον	ἐκείνην	ἐκεῖνο	ἐκείνους	ἐκείνας	ἐκεῖνα

(1) 원칭 지시대명사는 어휘 ἐκεῖνος에 제1-2곡용 어미를 붙여 만든다. 주의할 점은 근칭 지시대명사와 달리 어간변화가 없다.

(2) 그러나 근칭 지시대명사에서처럼 중성, 단수, 주격/대격은 관사와 동일한 어미형태(ο)를 가지고 있다는 점에 주의하라.

심화학습

10.1.1.3. 후방 지시 대명사

구분	ὅδε, ἥδη, τόδε 이(the following)					
	단			복		
	남	여	중	남	여	중
주	ὅδε	ἥδε	τόδε	οἵδε	αἵδε	τάδε
속	τοῦδε	τῆσδε	τοῦδε	τῶνδε	τῶνδε	τῶνδε
여	τῷδε	τῇδε	τῷδε	τοῖσδε	ταῖσδε	τοῖσδε
대	τόνδε	τήνδε	τόδε	τούσδε	τάσδε	τάδε

(1) 후방 지시대명사는 그 의미가 "이"로 번역된다. 근칭 지시대명사 οὗτος, αὕτη, τοῦτο가 전·후방을 모두 가리키는 것과는 달리(단, 고전에서는 전방만을 가리키는 경향이 있었음), ὅδε, ἥδε, τόδε는 후방의 내용을 가리킨다(예외도 있음). 신약 헬라어에서는 사용이 제한되며(사어화[死語化]), 요한계시록 2-3장의 정형(定型)구문에서 대표적으로 등장한다.

(2) 후방 지시대명사는 "관사+δε"의 형태로 만들며, 수와 격에 따른 곡용은 관사의 곡용에 준한다. 다만, 관사 어미가 '시그마'(ς)로 끝나는 철자가 뒤에 -δε가 접미되어 종결 -ς형이 어중 -σ-형으로 변경되었음에 주의하라(예. τούς + δε ▸ τούσδε).

10.1.2. 지시형용사 용법(형태는 지시대명사와 동일)

(1) 지시사가 지시대명사가 아닌 지시형용사로 사용될 경우에는 일반 형용사처럼(제5과 참조) 관련된 명사와 성·수·격이 일치하여 함께 해석한다. 이 때 한정적/관형적 용법으로만 사용된다(서술적 용법일 경우에는 지시대명사 용법이 된다).

(2) 지시대명사와 지시형용사의 구분은 지시대명사는 명사를 대신하기에 주변에 명사가 동반되지 않는 반면, 지시형용사는 형용사기에 성·수·격이 일치하는 명사가 함께 등장한다는 점에 주의하면 도움이 된다.

(3) 한편, 지시형용사는 지시대명사에서 전용(轉用)된 형용사이다. 따라서 사용방식이 일반 형용사와 차이가 있다. 즉, 일반 형용사의 한정적/관형적 용법에서 관사가 형용사 앞에 위치하나 지시형용사가 사용되는 경우는 그렇지 않고 아래의 예처럼 배열되어 사용된다:

예) [어순] "지시형용사+관사+명사" 혹은 "관사+명사+지시형용사"

οὗτος ὁ κυρίος λέγει Μαρίᾳ. **이 주님이** 마리아에게 말한다.

ὁ κυρίος λέγει τῇ Μαρίᾳ ἐκείνῃ. 그 주님이 **저 마리아에게** 말한다.

(4) 위의 배열을 보면 한정적/관형적 용법임에도 불구하고 관사가 지시형용사 앞에 놓이지 못하는데, 이는 관사는 근칭 지시사에서 파생된 것이어서 지시사 앞에 놓일 수 없기 때문이다.

10.2. Αὐτός 특별용법(형용사적 용법)

(1) αὐτός 특별용법은 3인칭 인칭대명사 αὐτός가 더 이상 대명사로 사용되지 않고 형용사처럼 성·수·격이 일치하는 명사와 함께 사용되어 형용사의 기능을 하는 용법을 가리킨다. 따라서 αὐτός 특별용법은 3인칭 인칭대명사의 형용사로의 전용(轉用) 용법이라고 말할 수 있다.

(2) αὐτός의 특별용법에 사용되는 αὐτός는 3인칭 인칭대명사인데, 이것이 형용사로 전용될 수 있는 이유는 그 형태에 있어 일반 형용사처럼 남성형, 여성형, 중성형이 존재 때문이기도 하다(참조. 지시대명사의 지시형용사로서의 전용[10.1.2]).

10.2.1. 형태

구분	αὐτός, ἡ, ὁ 그 동일한(the same) 혹은 ~자신(oneself)					
	단			복		
	남	여	중	남	여	중
주	αὐτός	αὐτή	αὐτό	αὐτοί	αὐταί	αὐτά
속	αὐτοῦ	αὐτῆς	αὐτοῦ	αὐτῶν	αὐτῶν	αὐτῶν
여	αὐτῷ	αὐτῇ	αὐτῷ	αὐτοῖς	αὐταῖς	αὐτοῖς
대	αὐτόν	αὐτήν	αὐτό	αὐτούς	αὐτάς	αὐτά

10.2.2. 용법

(1) 특별용법으로 사용된 αὐτός는 형용사처럼 성·수·격이 일치하는 명사와 함께 사용되어 언어적 배열에 따라 "그 동일한"(the same) 혹은 "~ 자신"(의미 강조)의 의미를 갖고 각각 명사를 한정한다.

(2) 특별용법은 다음의 두 용법들 중 하나에 속한다:

① "그 동일한"(the same): 동일대상 표현 용법

[어순] 관사+αὐτός+명사 혹은 관사+명사+관사+αὐτός.

ὁ αὐτὸς κυρίος λέγει Μαρίᾳ. 그 동일한 주님이 마리아에게 말한다.

ὁ κυρίος λέγει τῇ αὐτῇ Μαρίᾳ. 그 주님이 그 동일한 마리아에게 말한다.

② "~ 자신"(oneself): 강의적 용법

[어순] αὐτός+관사+명사 혹은 관사+명사+αὐτός.

αὐτὸς ὁ κυρίος λέγει Μαρίᾳ. 그 주님 자신이 마리아에게 말한다.

ὁ κυρίος λέγει τῇ Μαρίᾳ αὐτῇ. 그 주님이 마리아 자신에게 말한다.

(3) 그러나 강의적 용법은 동사 어미에 포함된 주어와도 사용될 수 있다. 이 경우는 주로 주격형태로만 사용되며 그 효과는 주격 인칭대명사가 사용된 것과 동일하다(강조).

③ 동사의 숨은 주어와 사용된 강의적 용법

[어순] αὐτός+동사.

αὐτὸς λέγει Μαρίᾳ. 그 자신(남성)이 마리아에게 말한다.

αὐτὸς λέγω Μαρίᾳ. 내 자신(남성)이 마리아에게 말한다.

[설명] 이 경우 αὐτός가 남성, 단수, 주격이므로 숨은 주어는 남성이다.

만약 숨은 주어가 여성일 경우는 다음과 같이 표현된다:

αὐτὴ λέγει τῷ κυρίῳ. 그녀 자신이 그 주인에게 말한다.

αὐτὴ λέγεις τῷ κυρίῳ. 너 자신(여성)이 그 주인에게 말한다.

[설명] 이 경우 αὐτή가 여성, 단수, 주격이므로 숨은 주어는 여성이다.

10.3. 중성복수 주격 용법

(1) 헬라어에서는 주어와 동사의 수·인칭의 일치는 절대적으로 중요하다. 이는 무엇보다 동사의 어미가 주어의 수와 인칭에 따라 활용되는 특징 때문일 것이다.

(2) 그러나 이 규칙에도 예외가 있는데 그것은 중성, 복수, 주격이 단수형 동사와 사용될 수 있다는 용법이다. 하지만 복수형 동사와도 사용될 수 있다는 점에서 절대적인 규칙은 아니다:

예) 단수형 동사와 사용되는 경우

τὰ παιδία εὑρίσκει τὸν λόγον. 그 어린이들이 그 말씀을 발견한다.

그러나, τὰ παιδία εὑρίσκουσι τὸν λόγον도 가능하다(해석은 동일).

10.4. 어휘

동사

πίπτω 떨어지다

σώζω 구원하다

명사

ἄγγελος, οῦ, ὁ 천사

ἀδελφός, οῦ, ὁ 형제

οὐρανός, οῦ, ὁ 하늘

ἀδελφή, ῆς, ἡ 자매

βασιλεία, ας, ἡ 왕국, 나라

대명사

αὐτός, ή, ό (인칭대) 그, 그녀, 그것; (형용사) 그 동일한; ~ 자신

ἐκεῖνος, η, ο (지시대) 저 사람, 저 것; (형용사) 저

οὗτος, αὕτη, τοῦτο (지시대) 이 사람, 이 것; (형용사) 이

부사

ἐκεῖ 거기

οὕτως 이렇게, 이처럼(οὗτος에서 파생)

10.5. 기초 문장 연습

아래 헬라어 문장을 직역하시오.

1. οὗτος ἐστὶν ὁ ἀδελφός· ἐκεῖνη ἡ ἀδελφή ἐστιν.

2. ἐν τῇ ἐκκλησίᾳ ἐκείνῃ εὑρίσκει τὰ τέκνα τοὺς ἄρτους.

3. ὁ ἀπόστολος ἦν μετὰ τῶν δούλων αὐτοῦ ἐκεῖ καὶ οὗτος ἔλεγεν αὐτοῖς περὶ τῆς ὁδοῦ τῶν οὐρανῶν.

4. αὐτὴ λέγεις τὸ εὐαγγέλιον τῆς ἀγάπης τῷ κόσμῳ τούτῳ.

5. ὁ υἱὸς τῆς ἀδελφῆς ἦν ἐκεῖ· ὁ λόγος αὐτὸς ἐκηρύσσετο ὑπὸ τοῦ αὐτοῦ τῇ βασιλείᾳ ταύτῃ.

6. ἐν ταύτῃ τῇ ἡμέρᾳ σώσει ὁ κύριος τοὺς ὄχλους ἐκείνους, ὅτι αὐτῷ προσήρχοντο.

7. οὕτως ἐκεῖνοι οἱ πονηροὶ ἄγγελοι ἐξεβάλλοντο ἐκ τοῦ οὐρανοῦ, ἀλλὰ ἦσαν οἱ ἀγαθοὶ μετὰ τοῦ θεοῦ.

8. αὐτοὶ ἕξομεν τὸ εὐαγγέλιον τοῦτο ἐν τῇ καρδίᾳ ἡμῶν καὶ διδάξομεν ὑμῖν αὐτό.

9. τὰ παιδία εἰσήρχετο εἰς τὸν οἶκον ἐκεῖνον μετὰ τοῦ κυρίου, ἐν τῷ αὐτῷ δὲ ἤσθιον τοὺς ἄρτους.

제11과
ω 동사의 제1-2부정과거 능동태 및 중간태 직설법

11.1. ω 동사의 제1-2부정과거 능동태 직설법

(1) 과거에 발생한 사건을 표현하는데 사용되는 헬라어의 과거 시제형을 "아오리스트"(aorist, "규정되지 않은") 혹은 부정(不定)과거 라고 부른다. 이는 사건이 발생했음만을 지시하며 다른 어떤 사항들이 규정되지 않았다는 의미에서 붙여진 이름이다. 그러나 한국어에서 일반적으로 과거 시제로 해석하면 된다. 다만, 제목에서 보듯, 중간태와 수동태가 달라 본과에서는 우선 능동태형과 중간태형만 배운다(수동태형을 위해서는 제12과를 보라).

(2) 부정과거형은 부정과거 어간에 시상접두모음, 시상접사 및 어미 따위를 붙여 만드는데, 부정과거 어간이 꼭 기본형 어간(현재어간)과 동일할 필요가 없다는 점에서 형태적으로 동일할 수도(이를 제1부정과거형이라고 부름) 다를 수도(이를 제2부정과거형이라고 부름)있다. 다만, 그 어형과 상관없이 기본 뜻은 동일하며, 시간만 과거로 해석한다.

(3) 제2부정과거형은 부정과거어간과 현재어간이 다르기에 어간을 보고 부정과거인 것이 드러나기에 태 및 수와 인칭을 나타내기 위해 과거대표 어미인 미완료과거 어미를 재활용하면 되지만(아래 11.1.1 참조), 제1부정과거형은 부정과거어간과 현재어간에 동일해 미완료과거 어미를 재활용할 경우 미완료과거형과 형태적으로 동일해지기에 구분을 위해서 독특한 부정과거 시상접사를 붙여 구분점을 만든다(11.1.2. 참조).

11.1.1. 제2부정과거 능동태 직설법

구분		ω 활용 동사	기본 어미				적용	
		λαμβάνω [부과어간: λαβ–]	접두 모음	부과 접사	어미 (재활용)	해석	ἔρχομαι [부과어간: ἐλθ–]	
단수	1	ἔ λαβ ον	ἐ	*	-ον	나는 취했다	ἦλθον	나는 갔다/왔다
	2	ἔ λαβ ες	ἐ	*	-ες	너는 취했다	ἦλθες	너는 갔다/왔다
	3	ἔ λαβ ε(ν)	ἐ	*	-ε(ν)	그/그녀/그것은 취했다	ἦλθε(ν)	그/그녀/그것은 갔다/왔다
복수	1	ἐ λάβ ομεν	ἐ	*	-ομεν	우리는 취했다	ἤλθομεν	우리는 갔다/왔다
	2	ἐ λάβ ετε	ἐ	*	-ετε	너희는 취했다	ἤλθετε	너희는 갔다/왔다
	3	ἔ λαβ ον	ἐ	*	-ον	그들/그것들은 취했다	ἦλθον	그들/그것들은 갔다/왔다

(1) 제2부정과거는 부정과거 어간(λαβ-)과 기본형 어간(=현재어간[λαμβαν-])이 다른 동사를 말한다. 제2부정과거, 능동태, 직설법은 "과거 시상 접두 모음(ἐ-)+부정과거 어간(≠기본형[현재어간형])+미완료과거 능동태 어미 재활용"을 조합하여 만든다. "과거 시상 접두 모음"은 과거 동사에 일관되게 접두 되어 해당 동사가 과거 시제에 속한다는 것을 드러낸다(9.1.3 참조).

(2) 제2부정과거에서 다른 조치 없이(아래 11.1.2 참조) 어미로 미완료과거 능동태 어미가 재활용 된 것은 "과거시상접두모음(ἐ-)+부정과거어간(≠기본형)"이 이미 부정과거라는 것을 드러낸 상황에서 수와 인칭을 나타내기 위해 새로운 어미를 만들 필요가 없었기 때문이다.

(3) 다만, 제2부정과거 어간을 모를 때 재활용된 미완료과거 어미를 보고 해당 동사가 미완료과거형으로 오인할 수 있다. 따라서 기본형(현재시제)과 제2부정과

거형을 함께 암기해야 한다. 그럼에도 불구하고, 다음의 방법으로도 이 둘을 구분할 수 있다:

첫째, 미완료과거는 기본형 어간(=현재형)을 사용하기에 ἔλαβον가 미완료과거라면 접두모음(ἐ-)과 어미(-ον)를 제거한 후, 기본형 어미 -ω를 붙여 사전에서 확인한다(사전에는 기본형만 나옴).

둘째, 사전에서 λάβω가 등장하면 ἔλαβον는 미완료과거형이다. 그러나 등장하기 않기에 제2부정과거형이다. 이 때는 문법서 등에 제시되는 동사 어간표를 보고 확인한다. 반면, 미완료과거형인 ἐλάμβανον는 접두모음(ἐ-)과 어미(-ον)를 제거한 후 λαμβαν-에 기본형 어미 -ω어간을 붙이면 λαμβάνω가 되는데, 이 형태는 사전에 등장함으로 ἐλάμβανον는 미완료과거이다.

(4) 한편, 부정과거 어간과 기본형 어간의 차이는 단지 형태의 차이만을 말하는 것이 아니라, ἔρχομαι-ἦλθον의 경우처럼 기본형에서 디포넌트 동사가 제2부정과거에서 일반 동사로 변경될 수도 있다는 것도 포함한다.

11.1.2. 제1부정과거 능동태 직설법

구분		ω 활용 동사	기본 어미				적용	
		λύω [부과어간: λυ-]	접두모음	부과접사	어미 (재활용)	해석	πιστεύω [부과어간: πιστευ-]	
단수	1	ἔ λυ σ α	ἐ	σα	-ον	나는 풀었다	ἐπίστευσα	나는 믿었다
단수	2	ἔ λυ σ ας	ἐ	σα	-ες	너는 풀었다	ἐπίστευσας	너는 믿었다
단수	3	ἔ λυ σ ε(ν)	ἐ	σα	-ε(ν)	그/그녀/그것은 풀었다	ἐπίστευσε(ν)	그/그녀/그것은 믿었다
복수	1	ἐ λύ σ αμεν	ἐ	σα	-ομεν	우리는 풀었다	ἐπιστεύσαμεν	우리는 믿었다
복수	2	ἐ λύ σ ατε	ἐ	σα	-ετε	너희는 풀었다	ἐπιστεύσατε	너희는 믿었다
복수	3	ἔ λυ σ αν	ἐ	σα	-ον	그들/그것들은 풀었다	ἐπίστευσαν	그들/그것들은 믿었다

(1) 제1부정과거는 부정과거 어간(λυ-)과 기본형 어간(=현재어간)이 동일한 동사를 말한다. 제1부정과거, 능동태, 직설법은 "과거시상접두모음(ἐ-)+제1부정과거 어간(=기본형[현재어간])+부정과거접사(σα)+미완료과거 능동태 어미 재활용(-ον, -ες, -ε[ν], -ομεν, -ετε, -ον)"을 조합하여 만든다.

(2) 제1부정과거에서 과거시상접미사 -σα-가 첨가된 것은 제1부정과거 어간과 기본형 어간(=현재어간)이 동일하여 미완료과거 어미를 재활용했을 때 제1부정과거 동사형과 미완료과거형이 혼동될 수 있기 때문이다:

[미완료과거] ἔλυον. 미완료과거는 기본형 어간(현재어간)을 사용.

[제1부정과거] ἔλυσα. 만약 과거시상접사 -σα가 없었다면 ἔλυον이 되어 미완료과거와 혼동된다.

(3) 미완료과거 능동태 어미가 수와 인칭을 나타내기 위해 재활용될 때 과거시상 접사 -σα와 함께 일단의 변형을 일으킨다. 즉, 재활용된 미완료과거 어미의 모음이 -α로 변경된다. 특별히, 단수, 1인칭(ἔλυσα)과 3인칭(ἔλυσε)을 주의하라.

(4) 부정과거 시상접사 -σα가 첨가될 때 미래시제(참조. 제8과 8.1.3)와 같이 철자법상 주의 사항이 생긴다. 즉, 부정과거 시상접사의 -σ와 어간의 특정 자음들이 조우하여 자음 접변(축약 및 탈락)이 발생한다:

① 구개음(γ, κ, χ)+부정과거 능동태/수동태 접사 σ:
이중자음 ξ("ㅋ+ㅅ")로 축약.
② 양순음(β, π, φ)+부정과거 능동태/수동태 접사 σ:
이중자음 ψ("ㅍ+ㅅ")로 축약.
③ 치조음(δ, τ, θ, [ζ])+부정과거 능동태/수동태 접사 σ:
어간 자음 탈락("ㅅ").

위의 현상을 도표로 정리하면 다음과 같다(제8과 8.1.3과 비교):

①			②			③		
구개음 어간(γ, κ, χ)			**양순음 어간(β, π, φ)**			**치조음 어간(δ, τ, θ, ζ)**		
현재형	**부정과거형**	**뜻**	**현재형**	**부정과거형**	**뜻**	**현재형**	**부정과거형**	**뜻**
ἀνοίγω	ἤνοιξα[22]	열다	γράφω	ἔγραψα	쓰다	πείθω	ἔπεισα	설득하다
διδάσκω	ἐδίδαξα	가르치다	πέμπω	ἔπεμψα	보내다	ἐλπίζω	ἤλπισα	소망하다

[참조] διδάσκω의 경우 원 어간이 διδακ-이기에 ἐδίδαξα로 변경된다(8.1.3 참조).[23]

11.1.3. 분해하기

구분	분해						해석
	기본형(뜻)	시	태	법	수	인칭	
ἔλυσας	λύω(풀다)	1부과	능	직	단	2	네가 풀었다.
ἐπίστευσαν	πιστεύω(믿다)	1부과	능	직	복	3	그들이 믿었다.
ἔλαβε(ν)	λαμβάνω(취하다)	2부과	능	직	단	3	그가 취했다.
ἐφάγομεν	ἐσθίω(먹다)	2부과	능	직	복	1	우리가 먹었다.

11.2. ω 동사의 제1-2부정과거 중간태 직설법

(1) 제1-2부정과거는 미래시제(제8과 참조)와 같이 중간태형과 수동태형이 다르다(수동태형은 제12과를 참조). "다르다."는 말은 어간이 다르며 동시에 재활용되는 어미도 다르다는 것을 의미한다. 따라서 이 단락에서는 중간태만 다룬다.

(2) 부정과거, 중간태형은 능동태형에서처럼 제1부정과거형과 제2부정과거형으로 구분된다. 해석은 중간태로 해석하며, 다만 시간을 과거로 해석한다

11.2.1. 제2부정과거 중간태 직설법

<table>
<tr><th colspan="2" rowspan="2">구분</th><th>ω 활용 동사</th><th colspan="4">기본 어미</th><th colspan="2">적용</th></tr>
<tr><th>λαμβάνω
[부과어간: λαβ–]</th><th>접두
모음</th><th>부과
접사</th><th>어미
(재활용)</th><th>해석</th><th colspan="2">ἐσθίω
[부과어간: φαγ–]</th></tr>
<tr><td rowspan="3">단수</td><td>1</td><td>ἐ λαβ όμην</td><td>ἐ</td><td>*</td><td>-ομην</td><td>나는 스스로 취했다</td><td>ἐφαγόμην</td><td>나는 스스로 먹었다</td></tr>
<tr><td>2</td><td>ἐ λάβ ου</td><td>ἐ</td><td>*</td><td>-ου</td><td>너는 스스로 취했다</td><td>ἐφάγου</td><td>너는 스스로 먹었다</td></tr>
<tr><td>3</td><td>ἐ λάβ ετο</td><td>ἐ</td><td>*</td><td>-ετο</td><td>그/그녀/그것은 스스로 취했다</td><td>ἐφάγετο</td><td>그/그녀/그것은 스스로 먹었다</td></tr>
<tr><td rowspan="3">복수</td><td>1</td><td>ἐ λαβ όμεθα</td><td>ἐ</td><td>*</td><td>-ομεθα</td><td>우리는 스스로 취했다</td><td>ἐφαγόμεθα</td><td>우리는 스스로 먹었다</td></tr>
<tr><td>2</td><td>ἐ λάβ εσθε</td><td>ἐ</td><td>*</td><td>-εσθε</td><td>너희는 스스로 취했다</td><td>ἐφάγεσθε</td><td>너희는 스스로 먹었다</td></tr>
<tr><td>3</td><td>ἐ λάβ οντο</td><td>ἐ</td><td>*</td><td>-οντο</td><td>그들/그것들은 스스로 취했다</td><td>ἐφάγοντο</td><td>그들/그것들은 스스로 먹었다</td></tr>
</table>

(1) 제2부정과거 중간태, 직설법은 "과거시상접두모음(ἐ-)+부정과거어간(≠기본형[현재어간])+미완료과거 중간태 어미 재활용(-ομην, -ου, -ετο, -ομεθα, -εσθε, -οντο)"을 조합하여 만든다. 이 때 어간은 제2부정과거, 능동태형에서 사용된 어간을 사용한다.

(2) 제2부정과거 중간태형 역시 다른 조치 없이(아래 11.1.2 참조) 어미로 미완료과거 능동태 어미가 재활용 된 것은 "과거시상접두모음(ἐ-)+부정과거어간(≠기본형)"이 이미 부정과거라는 것을 드러낸 상황에서 수와 인칭을 나타내기 위해 새로운 어미를 만들 필요가 없었기 때문이다.

11.2.2. 제1부정과거 중간태 직설법

구분		ω 활용 동사	기본 어미				적용	
		λύω [부과어간: λυ–]	접두모음	부과접사	어미 (재활용)	해석	πιστεύω [부과어간: πιστευ–]	
단수	1	ἐ λυ σ άμην	ἐ	σα	-ομην	나는 내 자신을 풀었다	ἐπιστευσάμην	나는 내 자신을 믿었다
	2	ἐ λύ σ ω	ἐ	σα	-ου	너는 너 자신을 풀었다	ἐπιστεύσω	너는 너 자신을 믿었다
	3	ἐ λύ σ ατο	ἐ	σα	-ετο	그/그녀/그것은 그 자신을 풀었다	ἐπιστεύσατο	그/그녀/그것은 그 자신을 믿었다
복수	1	ἐ λυ σ άμεθα	ἐ	σα	-ομεθα	우리는 우리 자신을 풀었다	ἐπιστευσάμεθα	우리는 우리 자신을 믿었다
	2	ἐ λύ σ ασθε	ἐ	σα	-εσθε	너희는 너희 자신을 풀었다	ἐπιστεύσασθε	너희는 너희 자신을 믿었다
	3	ἐ λύ σ αντο	ἐ	σα	-οντο	그들/그것들은 그 자신을 풀었다	ἐπιστεύσαντο	그들/그것들은 그 자신을 믿었다

(1) 제1부정과거 중간태, 직설법은 "과거시상접두모음(ἐ-)+제1부정과거어간(=기본형[현재어간])+부정과거접사(σα)+미완료과거 중간태 어미 재활용(-ομην, -ου, -ετο, -ομεθα, -εσθε, -οντο)"을 조합하여 만든다. 어간은 제1부정과거 능동태형에서 사용된 어간을 사용한다.

(2) 제1부정과거에서 부정과거 시상접사 -σα-가 첨가된 것은 부정과거 어간과 기본형 어간(=현재어간)이 동일하여 미완료과거 중간태 어미를 재활용할 경우 부정과거형이 미완료과거형과 혼동될 수 있기 때문이다:

예) λύω 동사의 변화

[미완료과거] ἐλυόμην. 미완료 과거는 기본형 어간(현재어간)을 사용.

[제1부정과거] ἐλυσάμην. 만약 과거시상접사 σα가 없었다면 ἐλυόμην이 되어 미완료과거와 혼동.

(3) 미완료과거, 중간태 어미가 수와 인칭을 나타내기 위해 재활용될 때 부정과거 시상접사 -σα와 함께 일단의 변형을 일으킨다. 즉, 재활용된 미완료과거 어미의 모음이 -α로 변경된다. 특별히, 단수, 2인칭(ἐλύσω)에서는 그 형태가 변경된다.

11.2.3. 디포넌트 동사(중간태형)의 제1-2부정과거, 직설법

(1) 앞서 언급했듯이 기본형과 부정과거형은 형태적 연관성은 없고 오직 뜻만 공유한다. 그러나 이 규칙은 어간 형태에만 제한되는 것이 아니라, 동사의 특징 곧 일반 동사인지 디포넌트 동사인지에도 적용된다. 결론적으로 말하면, 부정과거형이 일반형인지 디포넌트형인지는 기본형과 상관없이 부정과거 어간의 특성에 따라 결정된다:

기본형(=현재형)	부정과거형	해석
γίνομαι	ἐγενόμην	나는 되었다.
ἔρχομαι	ἦλθον	나는 갔다/왔다.
[비교] 부정과거어간이 기본형 어간과 동일한 경우(디포넌트 동사)		
πορεύομαι	ἐπορευσάμην	나는 갔다.

(2) 물론, 경험상 λύω-ἔλυσα에서 현재형과 부정과거형 모두가 비-디포넌트 동사형이라는 점, πορεύομαι-ἐπορευσάμην 및 심지어 어간이 바뀌는 γίνομαι-ἐγενόμην에서 현재형과 부정과거형 모두가 디포넌트 동사형이라는 사실은 이 사항에 일단의 규칙이 있는 것인 아닌가 추론하게 한다. 즉, 현재형에서 일반 동사형이면 부정과거에서도 일반 동사형, 현재에서 디포넌트 동사형이면 부정과거에서도 디포넌트 동사형이 된다. 그러나 결론적으로 말하자면 이러한 현상은 모두 우연이다. 따라서 ἔρχομαι-ἦλθον는 예외가 아니라 일반적인 현상이다.

(3) 제1-2부정과거, 직설법, 디포넌트형은 다음과 같다:

구분		디포넌트 동사	기본 어미				적용(제2부정과거)	
		πορεύομαι [부과어간: πορευ–]	접두모음	부과접사	어미(재활용)	해석	γίνομαι [부과어간: γεν–]	
단수	1	ἐ πορευ σ άμην	ἐ	σα	-ομην	나는 갔다	ἐγενόμην	나는 되었다
	2	ἐ πορεύ σ ω	ἐ	σα	-ου	너는 갔다	ἐγένου	너는 되었다
	3	ἐ πορεύ σ ατο	ἐ	σα	-ετο	그/그녀/그것은 갔다	ἐγένετο	그/그녀/그것은 되었다
복수	1	ἐ πορευ σ άμεθα	ἐ	σα	-ομεθα	우리는 갔다	ἐγενόμεθα	우리는 되었다
	2	ἐ πορευ σ ασθε	ἐ	σα	-εσθε	너희는 갔다	ἐγένεσθε	너희는 되었다
	3	ἐ πορεύ σ αντο	ἐ	σα	-οντο	그들/그것들은 갔다	ἐγένοντο	그들/그것들은 되었다

11.2.4. 분해하기

구분	분해							해석
	기본형(뜻)	시	태	법	*	수	인칭	
ἐλύσατο	λύω(풀다)	1부과	중	직	*	단	3	그가 그 자신을 풀었다.
ἐλάβοντο	λαμβάνω(취하다)	2부과	중	직	*	복	3	그들이 그 자신을 취했다.
ἐπορεύσω	πορεύομαι(가다)	1부과	*	직	dep.	단	2	너는 갔다.
ἐγένου	γίνομαι(되다)	2부과	*	직	dep.	단	2	너는 되었다.

11.3. 주요 제2부정과거 동사

기본형(=현재형)	제2부정과거형	해석
ἄγω	ἤγαγον [부과어간: ἀγαγ-]	나는 인도했다.
ἀποθνῄσκω	ἀπέθανον [부과어간: ἀποθαν-]	나는 죽었다.
βαίνω	ἔβην [부과어간: βα-]	나는 갔다.
βάλλω	ἔβαλον [부과어간: βαλ-]	나는 던졌다.
βλέπω	εἶδον [부과어간: ἰδ-]	나는 보았다.
γίνομαι	ἐγενόμην [부과어간: γεν-]	나는 되었다.
γινώσκω	ἔγνων [부과어간: γνο-]	나는 알았다.
ἔρχομαι	ἦλθον [부과어간: ἐλθ-]	나는 갔다/왔다.
ἐσθίω	ἔφαγον [부과어간: φαγ-]	나는 먹었다.
εὑρίσκω	εὗρον [부과어간: εὑρ-]	나는 발견했다.
ἔχω	ἔσχον [부과어간: σχ-]	나는 소유했다.
λαμβάνω	ἔλαβον [부과어간: λαβ-]	나는 취했다.
λέγω	εἶπον [부과어간: εἰπ-]	나는 말했다.
λείπω	ἔλιπον [부과어간: λιπ-]	나는 남겨두었다.
πίνω	ἔπιον [부과어간: πι-]	나는 마셨다.
πίπτω	ἔπεσον [부과어간: πεσ-]	나는 떨어졌다.

[주의] γινώσκω-ἔγνων의 변화형(예외 형태)

γινώσκω 알다 [부과어간: γνο-]							
단수				복수			
1인칭	ἔγνων	εγνο+ον	나는 알았다	1인칭	ἔγνωμεν	εγνο+ομεν	우리는 알았다
2인칭	ἔγνως	εγνο+ες	너는 알았다	2인칭	ἔγνωτε	εγνο+ετε	너희는 알았다
3인칭	ἔγνω	εγνο+ε	그/그녀/그것은 알았다	3인칭	ἔγνωσαν	εγν+οαν	그들/그것들은 알았다

11.4. 어휘

동사

ἀποθνῄσκω 죽다

βλέπω 보다

γινώσκω 알다, 알게 되다

λείπω 남겨두다; 떠나다

πίνω 마시다

[참조] 제2부정과거형은 11.3의 도표를 참조하라

명사

λαός, οῦ, ὁ 백성

ἀλήθεια, ας, ἡ 진리, 진실

γῆ, ῆς, ἡ 땅, 지구

ἱερόν, οῦ, τό 성전

접속사

ὅτε ~할 때

11.5. 기초 문장 연습

아래 헬라어 문장을 직역하시오.

1. ἐν τῇ ἡμέρᾳ ἐκείνῃ ἔλυσαν οἱ λαοὶ οἱ κακοὶ τὸ ἱερόν.

2. ἐπιστεύσαμεν τῷ κυρίῳ. ἀλλὰ ὁ λαὸς ἔβαλεν αὐτὸν ἐπὶ τὴν γῆν.

3. οἱ ἅγιοι ἄνθρωποι εἰσῆλθον εἰς τὴν βασιλείαν τῶν οὐρανῶν.

4. οἱ δοῦλοι γινώσκουσιν τὸν θεόν, ὅτι οὗτος πρῶτον ἔγνω αὐτούς.

5. ὅτε οἱ μαθηταὶ ἔλιπον ὑμᾶς, τοὺς ἄρτους ἐφάγετε ἐν τῇ οἰκίᾳ ἡμῶν.

6. ἐκεῖνοι οἱ ἀδελφοὶ οὐκ εἶδον τὸν κύριον, ἀλλὰ βλέπουσιν αἱ ἀδελφαὶ αὗται.

7. τότε ἡ ἐκκλησία εὗρεν τὴν ἁμαρτία αὐτῆς, ὅτι τὸ εὐαγγέλιον εἶπεν αὐτῇ

8. τὰ πονηρὰ τέκνα ἐξέβαλεν ὁ κύριος ἐκ τῆς ἐκκλησίας, ὅτι αὐτὰ οὐκ ἔλαβον τὴν διδαχὴν αὐτοῦ.

9. οἱ ἀπόστολοι ἔσχον τὴν ἀλήθειαν. ἡμεῖς δὲ εἰς τὴν ἄλλην ὁδὸν ἤλθομεν ὅτε ἡμᾶς ἤγαγον οἱ κακοὶ ἀδελφοί.

제12과
ω 동사의 부정과거 수동태 직설법 미래 수동태 직설법

12.1. ω 동사의 부정과거 수동태 직설법

(1) 앞선 제11과에서 살펴본 바 부정과거 능동태·중간태형이 동일한 어간을 사용하는 반면, 부정과거 수동태형은 별개의 어간을 사용한다. 이 때 부정과거 수동태 어간의 형태는 기본형 어간(=현재어간) 및 부정과거 능동태·중간태 어간과 동일할 수도 있고(우연) 다를 수도 있다(원리). 이 사항은 부정과거 수동태에서 해당 동사가 일반 동사로 사용되는지 아니면 디포넌트 동사형을 취하는지에 대해서도 적용된다. 어떤 어간형이 사용되든지 기본 의미는 동일하다.

(2) 부정과거 수동태형에도 제1-2부정과거형이 존재한다. 그러나 부정과거 능동태·중간태형과 달리(제11과 참조), 부정과거 수동태 어간의 변경과 무관하게 부정과거 수동태 시상접사(-θϵ-)의 존재 유무(有無)에 따라 구분된다. 즉, 부정과거 수동태 시상접사(-θϵ-)가 등장하는 경우 어간 형태가 기본형과 동일하든 아니든 상관없이 제1부정과거 수동태형으로, 시상접사(특별히, -θ-)가 존재하지 않는 경우는 제2부정과거 수동태형으로 분류한다.

(3) 위의 사항을 통해 볼 때, 헬라어 동사 시제 형태에서 제1형과 제2형을 구분하는 기준은 기본형(=현재, 능동태. 직설법, 단수, 1인칭)에 대비한 다른 시제 어간형의 변경이 아니라, 각 시제의 시상접사(예. 미래 접사[-σ-], 제1부정과거 능동태·중간태 접사[-σα], 부정과거 수동태 접사[-θϵ-])의 존재라는 점을 알 수 있다. 이런 관점에서 보면, 미래 시제의 경우 제1-2미래의 구분이 존재하지 않는 이유를 알 수 있다. 즉, 미

래형은 어간의 변경과 상관없이 항상 미래시상접사 -σ-가 등장한다(제8과 참조).

12.1.1. 제1부정과거 수동태 직설법

구분		ω 활용 동사	기본 어미				적용(어간변경)	
		λύω [부과어간: λυ–]	접두 모음	부과수동 접사	어미 (재활용)	해석	λάμβανω [부과어간: λημφ–]	
단수	1	ἐ λύ θ ην	ἐ	θε	-ον	나는 풀렸다	ἐλήμφθην	나는 취해졌다
	2	ἐ λύ θ ης	ἐ	θε	-ες	너는 풀렸다	ἐλήμφθης	너는 취해졌다
	3	ἐ λύ θ η	ἐ	θε	-ε	그/그녀/그것은 풀렸다	ἐλήμφθη	그/그녀/그것은 취해졌다
복수	1	ἐ λύ θ ημεν	ἐ	θε	-ομεν	우리는 풀렸다	ἐλήμφθημεν	우리는 취해졌다
	2	ἐ λύ θ ητε	ἐ	θε	-ετε	너희는 풀렸다	ἐλήμφθητε	너희는 취해졌다
	3	ἐ λύ θ ησαν	ἐ	θε	-ον	그들/그것들은 풀렸다	ἐλήμφθησαν	그들/그것들은 취해졌다

(1) 부정과거 수동태형은 부정과거 어간(λυ-, λημφ-)에 "과거시상 접두모음(ἐ-)+부정과거 수동태어간+시상접사 접사(-θε-)+미완료과거 능동태 어미 재활용(-ον, -ες, -ε[ν], -ομεν, -ετε, -ον)"을 조합하여 만든다.

(2) 부정과거 수동태형에서는 어간이 기본형과 동일하든(λυ-) 그렇지 않든(λημφ-) 상관없이 어간에 시상접사 -θε를 붙여 활용된다. 따라서 어간의 형태와 상관없이 모두 제1부정과거 수동태로 분류된다. 그러나 가끔씩 시상접사 중 자음자 -θ-가 탈락하는 경우가 있는데, 이러한 형태를 취하는 형태를 제2부정과거 수동태형이라고 부른다(아래 12.1.2 참조).

(3) 주의해야 할 점은 부정과거 수동태형에 미완료과거 어미를 재활용될 때 중

간태·수동태 어미가 재활용되지 않고 능동태 어미를 사용되었다는 점이다(-ον, -ες, -ε[ν], -ομεν, -ετε, -ον). 그 이유를 재활용 어미는 수와 인칭을 전달하기에 손쉽게 인식할 수 있는 능동태 어미를 재활용된 것이라고 설명할 수 있다.[24] 단, 복수, 3인칭에서 제1부정과거, 능동태, 직설법, 복수, 3인칭의 어미 -σαν가 등장하는데(ἐλύθησαν). 이는 단수, 1인칭(ἐλύθην)과의 구별을 위한 것으로 이해하면 된다.

(4) 부정과거 수동태 시상접사 -θε-가 첨가될 때 자음자 "테따"(θ)의 음가 "ㅌ"는 강한 기식(strong breathing)을 포함한 소리(즉, "거센소리")를 이루기에 바로 앞선 철자가 구개음, 양순음, 치조음일 경우 단어의 자연스러운 발음을 위해 해당 철자가 "ㅌ"(θ)처럼 각 자음자의 "거센소리"로 변경된다:

① 구개음(γ, κ, [σσ, σκ])+부정과거 수동태 접사 θ: χθ로 자음동화.
② 양순음(β, π)+부정과거 수동태 시상접사 θ: φθ로 자음동화.
③ 치조음(δ, τ, θ, [ζ])+부정과거 수동태 시상접사 θ: (σ)θ로 자음 탈락/변경.

(5) 위의 현상을 도표로 정리하면 다음과 같다:

①			②			③		
구개음 어간(γ, κ)			양순음 어간(β, π)			치조음 어간(δ, τ, θ, ζ)		
현재형	부정과거형	뜻	현재형	부정과거형	뜻	현재형	부정과거형	뜻
ἄγω	ἤχθην	인도하다	πέμπω	ἐπέμφθην	보내다	πείθω	ἐπείσθην	설득하다
διδάσκω	ἐδιδάχθην[25]	가르치다	λείπω	ἐλείφθην	남겨두다	σῴζω	ἐσώθην	구원하다

12.1.2. 제2부정과거, 수동태, 직설법

구분		ω 활용 동사	기본 어미					적용(어간변경)	
		γράφω [부과어간: γραφ–]	접두모음	부과수동접사		어미(재활용)	해석	σπείρω [부과어간: σπαρ–]	
단수	1	ἐ γράφ ην	ἐ	~~θ~~	η	-ον	나는 기록됐다	ἐσπάρην	나는 뿌려졌다
	2	ἐ γράφ ης	ἐ	~~θ~~	η	-ες	너는 기록됐다	ἐσπάρης	너는 뿌려졌다
	3	ἐ γράφ η	ἐ	~~θ~~	η	-ε(ν)	그/그녀/그것은 기록됐다	ἐσπάρη	그/그녀/그것은 뿌려졌다
복수	1	ἐ γράφ ημεν	ἐ	~~θ~~	η	-ομεν	우리는 기록됐다	ἐσπάρημεν	우리는 뿌려졌다
	2	ἐ γράφ ητε	ἐ	~~θ~~	η	-ετε	너희는 기록됐다	ἐσπάρητε	너희는 뿌려졌다
	3	ἐ γράφ ησαν	ἐ	~~θ~~	η	-ον	그들/그것들은 기록됐다	ἐσπάρησαν	그들/그것들은 뿌려졌다

(1) 제2부정과거 수동태형은 어간의 형태가 기본형과 동일하든 동일하지 않던 상관없이 부정과거 수동태형에서 시상접사 -θε-의 자음자 "테따"(θ)가 탈락한 형태를 가리킨다. 따라서 모음 -ε만 남아 재활용되는 미완료과거 능동태 어미(-ον, -ες, -ε[ν], -ομεν, -ετε, -ον)와 조합되어 활용된다(-ην, -ης, -η, -ημεν, -ητε, -ησαν).

(2) 제2부정과거 수동태형과 제1부정과거 수동태형의 차이는 시상접사의 자음자 -θ-가 존속여부이기 때문에 어형의 조합과정 및 해석 방식은 따로 고민할 필요가 없다.

(3) 위의 두 동사 외에 제2부정과거 수동태에 속하는 주요 동사들로는 다음 것들이 있다:

기본형(=현재형)	제2부정과거 수동태형	해석
ἀποστέλλω	ἀπεστάλην [부과어간: αποσταλ-]	내가 보냄 받았다.
στρέφω	ἐστράφην [부과어간: στραφ-]	내가 돌아서게 되었다.
φαίνω	ἐφάνην [부과어간: φαν-]	내가 비춤을 당했다.
χαίρω	ἐχάρην [부과어간: χαρ-]	내가 기쁘게 되었다.

12.1.3. 디포넌트 동사(수동태형)의 부정과거

구분		디포넌트 동사	기본 어미				적용(어간변경)	
		πορεύομαι [부과어간: πορευ-]	접두 모음	부과수동 접사	어미 (재활용)	해석	γίνομαι [부과어간: γενε-]	
단수	1	ἐ πορεύ θ ην	ἐ	θε	-ον	나는 갔다	ἐγενήθην	나는 되었다
	2	ἐ πορεύ θ ης	ἐ	θε	-ες	너는 갔다	ἐγενήθης	너는 되었다
	3	ἐ πορεύ θ η	ἐ	θε	-ε	그/그녀/그것은 갔다	ἐγενήθη	그/그녀/그것은 되었다
복수	1	ἐ πορεύ θ ημεν	ἐ	θε	-ομεν	우리는 갔다	ἐγενήθημεν	우리는 되었다
	2	ἐ πορεύ θ ητε	ἐ	θε	-ετε	너희는 갔다	ἐγενήθητε	너희는 되었다
	3	ἐ πορεύ θ ησαν	ἐ	θε	-ον	그들/그것들은 갔다	ἐγενήθησαν	그들/그것들은 되었다

(1) 디포넌트 동사는 부정과거 수동태형에서도 존재한다(부정과거 중간태형 디포넌트 동사에 대해서는 11.2.3 참조). 이 때 형태는 일반 동사의 부정과거 수동태형과 동일하나 특성상 능동의 의미를 갖는다.

(2) 위에서 살펴본 동사들은 부정과거에서 중간태형 및 수동태형 모두에서 디포넌트 동사를 이룬다:

기본형(현재형)	중간태형(dep.)	수동태형(dep.)	해석
πορεύομαι	ἐπορευσάμην	ἐποεύθην	내가 갔다.
γίνομαι	ἐγενόμην	ἐγενήθην	내가 되었다.
[참조]			
ἀποκρίνομαι	ἀπεκρινάμην	ἀπεκρίθην	내가 대답했다.

[참조] ἀποκρίνομαι 동사 역시 부정과거에서 중간태형과 수동태형 모두에서 디포넌트 동사로 활용된다. 다만, 중간태형에서 제1부정과거 능동태·중간태 접사 -σα의 자음자 "시그마"(σ)가 탈락되었는데, 이는 제2부정과거 수동태와 같은 현상은 아니고 제20과에서 배울 유음(-λ, -ν, -ρ) 뒤에서 "시그마"가 탈락하는 현상에 따른 것이다. 따라서 ἀπεκρινάμην는 제1부정과거, 직설법, dep. 단수, 1인칭으로 분해된다.

12.1.4. 분해하기

구분	분해							해석
	기본형(뜻)	시	태	법	*	수	인칭	
ἐλύθης	λύω(풀다)	1부과	수	직	*	단	2	네가 풀렸다.
ἐλήμφθητε	λαμβάνω(취하다)	1부과	수	직	*	복	2	너희가 취해졌다.
ἐπορεύθην	πορεύομαι(가다)	1부과	*	직	dep.	단	1	내가 갔다.
ἐγράφη	γράφω(쓰다)	2부과	수	직	*	단	3	그것이 기록됐다.

12.2. ω 동사의 미래 수동태 직설법

(1) 앞선 제8과에서 살펴본 바 미래 능동태·중간태형이 동일한 어간을 사용하는 반면, 미래 수동태형은 별개의 어간을 사용한다. 이 때 미래 수동태 어간의 형태는 기본형 어간(=현재어간) 및 미래 능동태·중간태 어간과 동일할 수도 있고(우연) 다를 수도 있다(원리). 이 사항은 미래 수동태에서 해당 동사가 일반 동사로

사용되는지 아니면 디포넌트 동사형을 취하는지에 대해서도 적용된다(다만, 부정과거 수동태형과는 동일하다). 어떤 어간형이 사용되든지 기본 의미는 동일하다.

(2) 미래 수동태형에도 제1-2부정과거형이 존재한다. 그러나 미래 능동태·중간태형과 달리(제8과 참조), 미래 수동태 어간의 변경과 무관하게 미래 수동태 시상접사(-θησ-)의 존재 유무(有無)에 따라 구분된다. 즉, 부정과거 수동태 시상접사(-θησ-)가 등장하는 경우 어간 형태가 기본형과 동일하든 아니든 상관없이 제1부정과거 수동태형으로, 시상접사(특별히, -θ-)가 존재하지 않는 경우는 제2부정과거 수동태형으로 분류한다.

(3) 미래 수동태형과 부정과거 수동태형을 한 과에서 배우는 것은 무엇보다 이 두 활용형이 어간을 공유하기 때문이다. 미래 시제와 과거 시제의 어간 공유가 어렵게 느껴질 수 있으나 이러한 경우는 이미 살펴보았다(현재 시제와 미완료과거 시제는 기본형 어간을 공유한다).

12.2.1. 제1미래 수동태 직설법

구분		ω 활용 동사					적용(어간변경)	
		λύω [미래어간: λυ–]	미래수동 접사		어미 (재활용)	해석	λάμβανω [미래어간: λημφ–]	
단수	1	λυ θήσ ομαι	θε	σ	-ομαι	나는 풀릴 것이다	λημφθήσομαι	나는 취해질 것이다
	2	λυ θήσ ῃ	θε	σ	-ῃ	너는 풀릴 것이다	λημφθήσῃ	너는 취해질 것이다
	3	λυ θήσ εται	θε	σ	-εται	그/그녀/그것은 풀릴 것이다	λημφθήσεται	그/그녀/그것은 취해질 것이다
복수	1	λυ θησ όμεθα	θε	σ	-ομεθα	우리는 풀릴 것이다	λημφθησόμεθα	우리는 취해질 것이다
	2	λυ θήσ εσθε	θε	σ	-εσθε	너희는 풀릴 것이다	λημφθήσεσθε	너희는 취해질 것이다
	3	λυ θήσ ονται	θε	σ	-ονται	그들/그것들은 풀릴 것이다	λημφθήσονται	그들/그것들은 취해질 것이다

(1) 미래 수동태형은 미래 수동태 어간(λυ-, λημφ-)에 "미래수동태 접사(θησ)+현재 수동태 어미 재활용(-ομαι, -ῃ, -εται, -ομεθα, -εσθε, -ονται)"을 조합하여 만든다(현재 수동태 어미가 사용된 것은 미래가 비-과거 시제에 속하기 때문이다).

(2) 미래 수동태형에서는 어간이 기본형과 동일하든(λυ-) 그렇지 않든(λημφ-) 상관없이 어간에 시상접사 -θησ-를 붙여 활용된다. 따라서 어간의 형태와 상관없이 모두 제1미래 수동태로 분류된다. 그러나 가끔씩 시상접사 중 자음자 -θ-가 탈락하는 경우가 있는데, 이러한 형태를 취하는 형태를 제2미래 수동태형이라고 부른다(아래 12.2.2 참조).

(3) 부정과거 수동태형에서 발생했던 것과 마찬가지로 시상접사 -θησ-의 자음자 "테따"(θ)의 음가 "ㅌ"가 어간의 끝자음이 구개음, 양순음, 치조음 중 하나로 끝날 때 자연스러운 발음을 위해 해당 철자가 "ㅌ"(θ)처럼 각 자음자의 "거센소리"로 변경되는 현상이 미래 수동태형에서도 발생한다:

① 구개음(γ, κ, [σσ, σκ])+미래 수동태 접사 θ: χθ로 자음동화.
② 양순음(β, π)+미래 수동태 접사 θ: φθ로 자음동화.
③ 치조음(δ, τ, θ, [ζ])+미래 수동태 접사 θ: (σ)θ로 자음 탈락/변경.

(4) 이에 해당하는 주요 동사들은 다음과 같다:

①			②			③		
구개음 어간(γ, κ)			양순음 어간(β, π)			치조음 어간(δ, τ, θ, ζ)		
현재형	미래형	뜻	현재형	미래형	뜻	현재형	미래형	뜻
ἄγω	ἄχθησομαι	인도하다	πέμπω	πεμφθήσομαι	보내다	πείθω	πεισθήσομαι	설득하다
διδάσκω	διδαχθήσομαι	가르치다	λείπω	λειφθήσομαι	남겨두다	σώζω	σωθήσομαι	구원하다

12.2.2. 제2미래 수동태 직설법

구분		ω 활용 동사	기본 어미				적용	
		γράφω [미래어간: γραφ–]	미래수동 접사		어미 (재활용)	해석	σπείρω [미래어간: σπαρ–]	
단수	1	γραφ ήσ ομαι	~~θ~~	ησ	-ομαι	나는 기록될 것이다	σπαρήσομαι	나는 뿌려질 것이다
	2	γραφ ήσ ῃ	~~θ~~	ησ	-ῃ	너는 기록될 것이다	σπαρήσῃ	너는 뿌려질 것이다
	3	γραφ ήσ εται	~~θ~~	ησ	-εται	그/그녀/그것은 기록될 것이다	σπαρήσεται	그/그녀/그것은 뿌려질 것이다
복수	1	γραφ ησ όμεθα	~~θ~~	ησ	-ομεθα	우리는 기록될 것이다	σπαρησόμεθα	우리는 뿌려질 것이다
	2	γραφ ήσ εσθε	~~θ~~	ησ	-εσθε	너희는 기록될 것이다	σπαρήσεσθε	너희는 뿌려질 것이다
	3	γραφ ήσ ονται	~~θ~~	ησ	-ονται	그들/그것들은 기록될 것이다	σπαρήσονται	그들/그것들은 뿌려질 것이다

(1) 제2미래 수동태형은 어간의 형태가 기본형과 동일하든 동일하지 않던 상관없이 미래 수동태형에서 시상접사 -θησ-의 자음자 "테따"(θ)가 탈락한 형태를 가리킨다. 따라서 음절 -ησ-만 남아 재활용되는 현재 수동태 어미(-ομαι, -ῃ, -εται, -ομεθα, -εσθε, -ονται)와 조합되어 활용된다(-ησομαι, -ησῃ, -ησεται, -ησομεθα, -ησεσθε, -ησοντα).

(2) 제2미래 수동태형과 제1미래 수동태형의 차이는 시상접사의 자음자 -θ-가 존속여부이기 때문에 어형의 조합과정 및 해석 방식은 따로 고민할 필요가 없다.

(3) 위의 두 동사 외에 제2미래 수동태에 속하는 주요 동사들로는 다음 것들이 있다(그 목록은 위의 제2부정과거 수동태 목록과 동일하다):

기본형(현재형)	제2미래 수동태형	해석
ἀποστέλλω	ἀποσταλήσομαι [어간: αποσταλ-]	나는 보냄 받을 것이다.
στρέφω	στραφήσομαι [어간: στραφ-]	나는 돌아서게 될 것이다.
φαίνω	φανήσομαι [어간: φαν-]	나는 비춤을 당할 것이다.
χαίρω	χαρήσομαι [어간: χαρ-]	나는 기쁘게 될 것이다.

12.2.3. 디포넌트 동사(수동태형)의 미래

구분		디포넌트 동사	기본 어미			적용	
		πορεύομαι [미래어간: πορευ-]	미래 수동 접사	어미 (재활용)	해석	γίνομαι [미래어간: γενε-]	
단수	1	πορευ θήσ ομαι	θησ	-ομαι	나는 갈 것이다	γενηθήσομαι	나는 될 것이다
	2	πορευ θήσ ῃ	θησ	-ῃ	너는 갈 것이다	γενηθήσῃ	너는 될 것이다
	3	πορευ θήσ εται	θησ	-εται	그/그녀/그것은 갈 것이다	γενηθήσεται	그/그녀/그것은 될 것이다
복수	1	πορευ θησ όμεθα	θησ	-ομεθα	우리는 갈 것이다	γενηθησόμεθα	우리는 될 것이다
	2	πορευ θήσ εσθε	θησ	-εσθε	너희는 갈 것이다	γενηθήσεσθε	너희는 될 것이다
	3	πορευ θήσ ονται	θησ	-ονται	그들/그것들은 갈 것이다	γενηθήσονται	그들/그것들은 될 것이다

(1) 디포넌트 동사는 미래 수동태형에서도 존재한다(미래 중간태형 디포넌트 동사에 대해서는 제8과 8.2.2 참조). 이 때 형태는 일반 동사의 부정과거 수동태형과 동일하나 특성상 능동의 의미를 갖는다.

(2) 위에서 살펴본 동사들은 미래에서 중간태형 및 수동태형 모두에서 디포넌트 동사를 이룬다(앞서 살펴본 부정과거형과 목록이 동일하다:

기본형(현재형)	중간태형(dep.)	수동태형(dep.)	해석
πορεύομαι	πορεύσομαι	ποευθήσομαι	나는 갈 것이다.
γίνομαι	γενήσομαι	γενηθήσομαι	나는 될 것이다.
[참조]			
ἀποκρίνομαι	ἀποκρινοῦμαι	ἀποκριθήσομαι	나는 대답할 것이다.

[참조] ἀποκρίνομαι 동사 역시 미래에서 중간태형과 수동태형 모두에서 디포넌트 동사로 활용된다. 다만, 중간태형 ἀποκρινοῦμαι에서 미래 능동태·중간태 접사 "시그마"(σ)가 탈락되었는데, 이는 제2미래 수동태와 같은 현상은 아니고 제20과에서 배울 유음(-λ, -ν, -ρ) 뒤에서 "시그마"가 탈락하는 현상에 따른 것이다. 이후 보상 모음 -ϵ-가 첨가되어 어미모음이 -ο에서 -ου로 단축되었다(제19과 단축모음법칙 참조). 따라서 ἀποκρινοῦμαι는 미래, 직설법, dep. 단수, 1인칭으로 분해된다.

12.2.4. 분해하기

구분	분해						해석
	기본형(뜻)	시	태	법	*	수	인칭	
λυθήσῃ	λύω(풀다)	미	수	직	*	단	2	네가 풀릴 것이다.
λημφθήσεσθϵ	λαμβάνω(취하다)	미	수	직	*	복	2	너희가 취해질 것이다.
πορευθήσομαι	πορεύομαι(가다)	미	*	직	dep.	단	1	내가 갈 것이다.
γράφησεται	γράφω(쓰다)	2미	수	직	*	단	3	그것이 기록될 것이다.

12.3. 주요 동사 4어간 형태

기본형(현재형)	미래 능동	제2부정과거 능동	부정과거 수동	뜻
ἄγω	ἄξω	ἤγαγον	ἤχθην	인도하다
ἀποθνῄσκω	ἀποθανοῦμαι	ἀπέθανον	*	죽다
ἀποκρίνομαι	ἀποκρινοῦμαι	ἀπεκρινάμην	ἀπεκρίθην	대답하다
βαίνω	βήσομαι	ἔβην	*	가다
βάλλω	βαλῶ	ἔβαλον	ἐβλήθην	던지다
βλέπω [ὁράω]	[βλέψομαι] ὄψομαι	[ἔβλεψα] εἶδον	ὤφθην	보다
γίνομαι	γενήσομαι	ἐγενόμην	ἐγενήθην	되다
γινώσκω	γνώσομαι	ἔγνων	ἐγνώσθην	알다
ἔρχομαι	ἐλεύσομαι	ἦλθον	*	가다, 오다
ἐσθίω	φάγομαι ἔδομαι	ἔφαγον	*	먹다
εὑρίσκω	εὑρήσω	εὗρον	εὑρέθην	찾다
ἔχω	ἕξω	ἔσχον	ἐσχέθην	소유하다
λαμβάνω	λήμψομαι	ἔλαβον	ἐλήμφθην	취하다
λέγω *[[ἔπω]]	[λέξω] ἐρῶ	[ἔλεξα] εἶπον	ἐλέχθην ἐρρέθην	말하다
λείπω	λείψω	ἔλιπον	ἐλείφθην	남겨놓다; 떠나다
πίνω	πίομαι	ἔπιον	ἐπόθην	마시다
πίπτω	πεσοῦμαι	ἔπεσον [ἔπεσα]	*	떨어지다
στρέφω	στρέψω	ἔστρεψα	ἐστράφην	돌아서다
σώζω	σώσω	ἔσωσα	ἐσώθην	구원하다
χαίρω	χαρήσομαι	*	ἐχάρην	기뻐하다

12.4. 어휘

동사

(ἀνοίγω 열다 [제2부과수동태형을 취함] [단어장])

ἀποκρίνομαι 대답하다 (미래형에 대해서는 제20과 참조)

(ἀποστέλλω 보내다 [제20과])

στρέφω 돌아서다; 변하다 (제2부과수동태형을 취함)

(φαίνω 비추다; 나타나다 [단어장])

χαίρω 기뻐하다 (제2부과수동태형을 취함)

명사

θάνατος, ου, ὁ 죽음, 사망

καιρός, οῦ, ὁ 때

στέφανος, ου, ὁ 왕관, 면류관

δικαιοσύνη, ης, ἡ 의(義)

ζωή, ῆς, ἡ 생명; 삶

접속사

γάρ 왜냐하면, ~ 때문에; 그러므로(전환) (후치사)

12.5. 기초 문장 연습

아래 헬라어 문장을 직역하시오.

1. τὰ τέκνα τοῦ κυρίου ἐβαπτίσθη ὑπὸ τοῦ ἀποστόλου.

2. ὁ ἄπιστος λαὸς γὰρ ἐβλήθη ἐκ τῆς βασιλείας ἐν τῇ ἡμέρᾳ τῆς δικαιοσύνης.

3. τὸ εὐαγγέλιον τῆς ζωῆς ἐγράφη ὑπὸ τοῦ ἀποστόλου ἐκείνου.

4. ἐν τῇ ἁμαρτίᾳ τοῦ κόσμου εὑρέθη ὁ θάνατος· ἡ ζωὴ δὲ ἐν τῇ ἀληθείᾳ εὑρήσει.

5. οἱ πονηροὶ δοῦλοι ἐξεβλήθησαν ἐκ τῆς ἐκκλησίας τότε. νῦν οὖν ἡ ἐκκλησία ἐγενήθη ἁγία.

6. ἐν τῷ ἐσχάτῳ καιρῷ ἐκείνῳ πεμφθήσονται οἱ ἄγγελοι τοῦ θεοῦ εἰς τὸν κόσμον τὸν πονηρόν.

7. ἀχθήσεσθε εἰς τὴν βασιλείαν τοῦ θεοῦ μετὰ τοῦ υἱοῦ αὐτοῦ. τὸν στέφανον γάρ τῆς ζωῆς λήμψεσθε ἐκεῖ.

8. οἱ ὄχλοι ἔστρεψαν ἀπὸ τῶν ἁμαρτίων αὐτῶν καὶ ἐσώσθησαν ἐν τῷ λόγῳ τῆς ἀληθείας ἀπ' αὐτῶν.

9. αὐτοὶ γὰρ ἐχάρημεν, ὅτι ἡμῖν ἀπεκρίθησαν οἱ ἄγγελοι τοῦ κυρίου.

제13과
ω 동사의 완료 능동태와 중간태/수동태 직설법 과거완료 능동태 직설법 ω 동사의 6어간

13.1. ω 동사의 완료 능동태, 중간태 및 수동태 직설법

(1) 헬라어 동사는 6시제를 가지고 있고 앞서서 현재(제3과, 제7과), 미래(제8과, 제12과), 미완료과거(제9과), 부정과거(제11과, 제12과)를 배웠다. 남은 2시제는 완료(the perfect tense)와 과거 완료(the pluperfect tense)이다. 이 두 시제의 명칭에 "완료"라는 표현이 있기에 이 둘은 유사한 개념을 전달하며, 다만 시간적인 순서에 있어서 과거 완료가 완료에 앞선다는 차이가 있다. 하지만 과거 완료는 드물게 등장한다는 점에서 완료에 집중하면 된다.

(2) 형태에 있어 주의할 점은 완료형의 경우 능동태 어간과 중간태·수동태 어간이 다르다는 점이다. 태에 따라 어간이 바뀌는 경우는 이미 미래형과 부정과거형에서 살펴보았기에 새로운 사항은 아니다. 한편, 과거완료 능동태 어간은 완료 능동태 어간과 동일하다(과거완료의 경우, 중간태형과 수동태형은 다루지 않는다).

(3) 완료형의 의미에 있어서 이 동사형이 과거에 발생한 사건 자체의 지속적 영향력을 강조하는 것인지, 아니면 그 사건으로 인한 현재의 결과물에 강조점을 두는 것인지에 대해 논의가 있다. 비록 후자의 개념을 전달한다고 보는 입장이 대세일지라도 이는 영어의 현재 완료(the present-perfect tense)의 개념을 빌려 온 것이라는 점에서 관연 헬라어의 완료 시제를 대표하는 것인지에 대해서는 의문의 여지가 있다. 본서에서는 완료의 시제를 과거 시제로 번역한다.

13.1.1. 완료 능동태 직설법

구분		ω 활용 동사	기본 어미				적용	
		λύω [완료어간: λελυ–]	어간 중복	완료 접사	원(原) 어미	해석	πιστεύω [완료어간: πεπιστευ–]	
단수	1	λέ λυ κ α	λε	κα	-	나는 풀었다(상태)	πεπίστευκα	나는 믿었다(상태)
	2	λέ λυ κ ας	λε	κα	ς	너는 풀었다(상태)	πεπίστευκας	너는 믿었다(상태)
	3	λέ λυ κ ε(ν)	λε	κα	-(ν)	그/그녀/그것은 풀었다(상태)	πεπίστευκε(ν)	그/그녀/그것은 믿었다(상태)
복수	1	λε λύ κ αμεν	λε	κα	μεν	우리는 풀었다(상태)	πεπιστεύκαμεν	우리는 믿었다(상태)
	2	λε λύ κ ατε	λε	κα	τε	너희는 풀었다(상태)	πεπιστεύκατε	너희는 믿었다(상태)
	3	λε λύ κ ασιν(καν)	λε	κα	ασι(ν)	그들/그것들은 풀었다(상태)	πεπιστεύκασιν(καν)	그들/그것들은 믿었다(상태)

(1) 완료 능동태 직설법은 "어간중복(λε)+완료 능동태 어간+완료접사(κα)+완료 능동태 원(原)-어미"를 조합하여 만든다. 일반적으로 비-과거 시제 동사에서는 현재 어미(-ω, -εις, -ει, -ομεν, -ετε, -ουσι)가 수와 인칭을 나타내기 위해 재활용되는데(예. 미래형) 완료형의 경우 원(原)-어미(-, -ς, -[ι], -μεν, -τε, -ασι)를 붙여 수와 인칭을 표시했다.

(2) 어간 중복은 완료 어간의 첫째 철자를 중복하고 삽입모음 -ε-를 붙여 만든다. λύω 동사의 경우, λυ-의 첫째 철자 "람다"(λ)를 중복한 후 모음 -ε-를 붙여 완료 어간 λελυ-를 형성했다. 다양한 어간 중복의 예에 대해서는 아래 13.1.2를 참조하라.

(3) 완료, 능동태, 직설법, 복수, 3인칭의 경우 λελύκασιν형 외에도 λέλυκαν형에서 보듯 어미 -καν도 사용된다는 점에 주의하라.

(4) 완료 시제도 제2완료형을 가지고 있다. 그러나 이는 기본형(=현재형)과 완료 어간의 차이에서 야기되는 것이 아니라 완료 시상접사(-κα)가 다양한 이유로 탈락한 형태를 가리킨다. 대표적 제2완료형 동사는 다음의 것들이 있다:

기본형(현재형)	제2완료형	해석
ἀκούω	ἀκήκοα [완료어간: ακηκο-]	나는 들었다.
γίνομαι	γέγονα [완료어간: γεγον-]	나는 되었다.
γράφω	γέγραφα [완료어간: γεγραφ-]	나는 썼다.
ἔρχομαι	ἐλήλυθα [완료어간: ελήλυθ-]	나는 갔다/왔다.
λαμβάνω	εἴληφα [완료어간: ειληφ-]	나는 확신했다.
πείθω	πέποιθα [완료어간: πεποιθ-]	나는 확신했다.*(의미변경)
στρέφω	ἔστραφα [완료어간: στραφ-]	나는 돌아섰다.

13.1.2. 어간 중복 법칙

(1) 완료형(아래의 과거완료형[13.2]도 동일)은 어간 중복을 통해 어간을 형성하고 또한 동사의 형태가 형성한다. 이 때 중복어간은 단어의 첫 철자를 중복하고 삽입 모음 -ϵ-를 첨가한 수 단어에 붙여 만드는데, 첫 철자가 단자음(자음하나)인 경우는 어간 중복이 수월하나 그렇지 않은 경우(예. 모음, 자음중복 및 이중자음)에는 그 형태가 복잡해진다. 그 사항을 다음의 4가지 규칙으로 정리된다:

첫째, 일반 단자음 시작: "동일 단자음 중복+-ϵ-+[어간]"

▶ λύω=λέλυκα

둘째, θ, φ, χ(거센소리)의 단자음 시작: "동일 조음점의 예사소리(τ, π, κ)+-ϵ-+[어간]"

▶ θαυμάζω=τεθαύμακα (θαυμάζω[놀라다])

▶ φοβέομαι=πεφόβημαι[디포넌트형] (φοβέομαι[두려워하다])

▶ χαίρω=κεχάρηκα (χαίρω[기뻐하다])

셋째, 자음중복 혹은 이중자음으로 시작: "삽입모음 -ϵ-+[어간]"

▶ ξηραίνω=ἐξήρασμαι[디포넌트형] (ξηραίνω["마르게 하다"])

▶ ψεύδω=ἔψευσμαι[디포넌트형] (ψεύδω["거짓말하다"])

▶ στρέφω=ἔστραφα[2완료형] (στρέφω["돌아서다"])

[주의] 이중자음의 중복회피 현상 예외

▶ γράφω=γέγραφα[2완료형]

▶ πράσσω=πέπραχα 혹은 πέπραγα[2완료형] (πράσσω[실천하다])

넷째, 모음으로 시작: "삽입보음 -ϵ-+[어간]"

▶ ἄρχω=ἦρχα[2완료형]

▶ εὑρίσκω=εὕρηκα

[주의] 모음의 이중 적용

▶ ἀνοίγω[합성동사]=ἀνέῳγα[2완료형] (ἀνοίγω[열다])

(2) 위의 규칙들이 복잡할 수 있다. 그러나 이 모든 현상은 완료형에서 어간의 중복으로 발생한 것으로 생각하면서 이중자음, 자음중복 및 모음시작 단어에서 어간 중복의 어려움을 그려준다고 생각하면 이해하기 쉽다. 단, 예외적인 형태들은 따로 기억해야 한다.

13.1.3. 완료 중간태·수동태 직설법

구분		ω 활용 동사	기본 어미				적용	
		λύω [완료어간: λελυ–]	어간 중복	완료 접사	원(原) 어미	해석	πιστεύω [완료어간: πεπιστευ–]	
단수	1	λέ λυ μαι	λε	*	-μαι	나는 풀렸다	πεπίστευμαι	나는 믿어졌다
	2	λέ λυ σαι	λε	*	-σαι	너는 풀렸다	πεπίστευσαι	너는 믿어졌다
	3	λέ λυ ται	λε	*	-ται	그/그녀/그것은 풀렸다	πεπίστευται	그/그녀/그것은 믿어졌다
복수	1	λε λύ μεθα	λε	*	-μεθα	우리는 풀렸다	πεπιστεύμεθα	우리는 믿어졌다
	2	λέ λυ σθε	λε	*	-σθε	너희는 풀렸다	πεπίστευσθε	너희는 믿어졌다
	3	λέ λυ νται	λε	*	-νται	그들/그것들은 풀렸다	πεπίστευνται	그들/그것들은 믿어졌다

(1) 완료 중간태·수동태 직설법형은 "어간중복(λε)+완료 중간·수동태 어간+완료 중간태·수동태 원(原)-어미(-μαι, -σαι, -ται, -μεθα, -σθε, -νται)"를 조합하여 만든다. 흥미로운 것은 완료 중간태·수동태형에는 능동태형과 달리 접사 -κα-가 삽입되지 않고, 또한 어미가 접미 될 때 삽입모음(예. -ε-, -ο-)가 추가되지 않는다는 점이다.

(2) 어미에서 단수, 2인칭형(-σαι)에 주의하라(삽입 모음[-ε-]이 추가되지 않아 모음 사이에서 σ가 탈락하지 않고 또한 모음이 단축되지 않아 원형 그대로가 남았다).

(3) 완료 중간태·수동태 직설법은 형태가 동일하다. 지면상 수동태의 의미만 제시했다.

13.1.4. 분해하기

구분	분해						해석
	기본형(뜻)	시	태	법	수	인칭	
λέλυκε(ν)	λύω(풀다)	완	능	직	단	3	그가 풀었다.
πεπιστεύκατε	πιστεύω(믿다)	완	능	직	복	2	너희가 믿었다.
λέλυσαι	λύω(풀다)	완	수	직	단	2	네가 풀렸다.
πεπιστεύμεθα	πιστεύω(믿다)	완	수	직	복	1	우리가 믿어졌다.

13.2. ω 동사의 과거완료 능동태 직설법

13.2.1. 과거완료 능동태 직설법

구분		ω 활용 동사	기본 어미				
		λύω [과완어간: (ϵ)λϵλυ-]	접두모음 (생략가능)	과거완료접사	어간모음	원(原)어미	해석
단수	1	(ἐ)λϵ λύ κ ϵιν	(ἐ)	κ	ϵι	ν	나는 풀었었다
	2	(ἐ)λϵ λύ κ ϵις	(ἐ)	κ	ϵι	ς	너는 풀었었다
	3	(ἐ)λϵ λύ κ ϵι	(ἐ)	κ	ϵι	-	그/그녀/그것은 풀었었다
복수	1	(ἐ)λϵ λύ κ ϵιμϵν	(ἐ)	κ	ϵι	μϵν	우리는 풀었었다
	2	(ἐ)λϵ λύ κ ϵιτϵ	(ἐ)	κ	ϵι	τϵ	너희는 풀었었다
	3	(ἐ)λϵ λύ κ ϵισαν	(ἐ)	κ	ϵι	ν/σαν	그들/그것들은 풀었었다

(1) 과거완료 능동태 직설법형은 "(시상접두모음[ἐ])+어간중복(λϵ)+과거완료 능동태 어간(=완료능동태어간)+과거완료 능동태 접사와 모음(κϵι)+제2시상능동태 원

(原)-어미(ν, ς, -, μεν, τε, σαν[제28과 참조])"를 조합하여 만든다(어간 중복에 대해서는 위의 13.1.2를 참조하라).

(2) 과거완료 능동태 직설법형에서는 시상접두 모음(ἐ-)이 등장할 수도 그렇지 않을 수도 있다는 점을 주의하고, 또한 활용에 있어 어간모음이 -ει라는 점에 주의하라.

13.2.2. 분해하기

구분	분해						해석
	기본형(뜻)	시	태	법	수	인칭	
(ἐ)λελύκειν	λύω(풀다)	과거완	능	직	단	1	내가 풀었었다.
(ἐ)λελύκεισαν	λύω(풀다)	과거완	능	직	복	3	그들이 풀었었다.

13.3. ω 동사의 6어간: 한 지붕 여섯 가족

기본형 (현재형)	미래 능동 [중간태포함]	부정과거 능동 [중간태포함]	완료 능동 [과거완료능동/중간태포함]	완료 수동	부정과거 수동 [미래수동포함]	해석
ἄγω	ἄξω	ἤγαγον	*	ἦγμαι	ἤχθην	인도하다
ἀποθνῄσκω	ἀποθανοῦμαι	ἀπέθανον	*	*	*	죽다
ἀποκρίνομαι	ἀποκρινοῦμαι	ἀπεκρινάμην	*	*	ἀπεκρίθην	대답하다
βαίνω	βήσομαι	ἔβην	βέβηκα	*	*	가다
βάλλω	βαλῶ	ἔβαλον	βέβληκα	βέβλημαι	ἐβλήθην	던지다
βλέπω [ὁράω]	[βλέψομαι] ὄψομαι	[ἔβλεψα] εἶδον	ἑώρακα	*	ὤφθην	보다
γίνομαι	γενήσομαι	ἐγενόμην	γέγονα	γεγένημαι	ἐγενήθην	되다
γινώσκω	γνώσομαι	ἐγνώμην	ἔγνωκα	ἔγνωσμαι	ἐγνώσθην	알다
ἔρχομαι	ἐλεύσομαι	ἦλθον	ἐλήλυθα	*	*	가다, 오다
ἐσθίω	φάγομαι ἔδομαι	ἔφαγον	*	*	*	먹다
εὑρίσκω	εὑρήσω	εὗρον	εὕρηκα	*	εὑρέθην	찾다
ἔχω	ἕξω	ἔσχον	ἔσχηκα	*	ἐσχέθην	소유하다
λαμβάνω	λήμψομαι	ἔλαβον	εἴληφα	εἴλημμαι	ἐλήμφθην	취하다
λέγω *[[ἔπω]]	[λέξω] ἐρῶ	[ἔλεξα] εἶπον	εἴρηκα	εἴρημαι	ἐλέχθην ἐρρέθην	말하다
λείπω	λείψω	ἔλιπον	*	λέλειμμαι	ἐλείφθην	남겨놓다
πίνω	πίομαι	ἔπιον	πέπωκα	πέπεισμαι	ἐπόθην	마시다
πίπτω	πεσοῦμαι	ἔπεσον [ἔπεσα]	πέπτωκα	*	*	떨어지다
στρέφω	στρέψω	ἔστρεψα	*	ἔστραμμαι	ἐστράφην	돌아서다
σώζω	σώσω	ἔσωσα	σέσωκα	σέσωμαι	ἐσώθην	구원하다
χαίρω	χαρήσομαι	*	*	*	ἐχάρην	기뻐하다

13.4. 어휘

동사

θαυμάζω 놀라다

(ξηραίνω 마르게 하다 [제20과])

πράσσω 실천하다, 수행하다

ψεύδω 거짓말하다

명사

Ἰησοῦς, οῦ, ὁ 예수님 (Ἰησοῦς[주], Ἰησοῦ[속], Ἰησοῦ[여], Ἰησοῦν[대]) (제27과 참조)

νόμος, ου, ὁ 율법

Χρίστος, ου, ὁ 그리스도, 메시아

ἐντολή, ῆς, ἡ 계명

형용사

ἕκαστος, η, ον 각각의

접속사

ἔτι 여전히; ~조차

ἕως (접) ~까지; (+속) ~까지

13.5. 기초 문장 연습

아래 헬라어 문장을 직역하시오.

1. ὁ δίκαιος υἱὸς λέλυκε τοὺς δούλους.

2. ἀπ’ ἀρχῆς ἀκηκόαμεν ἡμεῖς τὴν διδαχὴν τοῦ Ἰησοῦ.

3. ὑμεῖς εἰρήκατε τῷ κόσμῳ περὶ τοῦ υἱοῦ τοῦ θεοῦ.

4. ὁ λόγος τοῦ θεοῦ γέγραπται διὰ τοὺς προφήτας καὶ ἀποστόλους.

5. ὁ ἀπόστολος πεπίστευκεν τῷ Χριστῷ ἔτι, καὶ μετὰ τοῦ εὐαγγελίου πορεύεται εἰς τὸν κόσμον.

6. τὰ παιδία γέγονεν ἅγια διὰ τοῦ εὐαγγελίου τοῦ Ἰησοῦ. διὰ τοῦτο δὲ θαυμάζει ὁ ὄχλος.

7. εὕρηκα τὴν ἀλήθειαν ἐν τῇ διδαχῇ τοῦ Ἰησοῦ. ἐγὼ οὖν ἑκάστην τῶν ἐντολῶν πράξω ἕως τῆς ἐσχάτης ἡμέρας.

8. οὐκ ἐληλύθαμεν εἰς τὴν ἁμαρτίαν τοῦ νόμου, ἀλλὰ ὑπὲρ τοῦ εὐαγγελίου τῆς βασιλείας τοῦ θεοῦ.

9. οἱ κακοὶ ὄχλοι γεγένηνται τοὺς μαθητὰς ἐν Ἰησοῦ Χριστῷ, καὶ ἕως τοῦ νῦν οὐ ψεύδουσιν τοὺς ἀνθρώπους διὰ αὐτόν.

제14과
관계대명사. 소유형용사(대명사)

14.1. 관계대명사

14.1.1. 정의와 쓰임

(1) 제6과(인칭대명사 및 재귀대명사)에서 살펴보았듯이 대명사는 명사(名詞)를 대신(代身)하는 품사이다. 헬라어에서 대명사를 적용할 때 대명사는 지시하는 명사의 성·수가 일치해야 한다: **"대명사를 사용할 때, 그 성과 수는 선행 명사의 성과 수와 일치시키고, 격은 선행 명사의 격과 상관없이 대명사가 속한 문장에 따라 자유롭게 격을 취한다."**

(2) 한국어에는 관계대명사가 없다. 이 어려움은 무엇보다 관계대명사가 한국어로 표현되지 않는다는 점인데, 그럼에도 불구하고 관계대명사 역시 "대명사"라는 점을 고려해 접근한다면 쉽게 정복할 수 있을 것이다.

14.1.2. 형태

구분	단수			복수		
	남	여	중	남	여	중
주	ὅς	ἥ	ὅ	οἵ	αἵ	ἅ
속	οὗ	ἧς	οὗ	ὧν	ὧν	ὧν
여	ᾧ	ᾗ	ᾧ	οἷς	αἷς	οἷς
대	ὅν	ἥν	ὅ	οὕς	ἅς	ἅ

(1) 관계대명사의 형태는 제1-2 곡용의 어미와 동일하다. 다만, 모음으로 구성

된 어미로만 사용되고 각 형태의 모음에 강기식과 악센트가 붙어있다. 다만, 중성 단수형에서 명사류의 -ος형이 아니라 관사류처럼 -ο형을 따른다.

(2) 관계대명사는 종종 관사(제4과)와 헷갈린다. 그러므로 관계대명사(14.1.2)와 아래의 관사를 비교해 하며 암기하는 것이 유익하다:

구분	단수			복수		
	남	여	중	남	여	중
주	ὁ	ἡ	τό	οἱ	αἱ	τά
속	τοῦ	τῆς	τοῦ	τῶν	τῶν	τῶν
여	τῷ	τῇ	τῷ	τοῖς	ταῖς	τοῖς
대	τόν	τήν	τό	τούς	τάς	τά

(3) 앞서 관계대명사와 위의 관사를 비교하면 다음과 같이 설명할 수 있다:

첫째, 관사는 속격, 여격, 대격에서 1-2곡용 어미 앞에 τ가 추가된 반면, 관계대명사는 그렇지 않다.

둘째, 관사는 강기식이 주격에 제한된 반면, 관계대명사는 모든 곡용형에 강기식이 온다.

셋째, 관사의 경우, 악센트를 동반하기도 하고 안하기도 하는 반면, 관계대명사의 경우 모든 곡용형에 악센트가 온다.

(4) 위의 비교 사항들을 고려할 때, 주격형을 잘 구분하기만 하면 관계대명사와 관사를 혼동할 일이 없기에 주격형을 함께 제시해 보고자 한다:

구분	단수			복수		
	남	여	중	남	여	중
관계대	ὅς	ἥ	ὅ	οἵ	αἵ	ἅ
관사	ὁ	ἡ	τό	οἱ	αἱ	τά

14.1.3. 분해하기

구분	분해				해석
	기본형(뜻)	성	수	격	
οὕς	ὅς("~한 자[남성]")	남	복	대	οἱ υἱοὶ οὕς...(~인 아들들이)
ἅς	ἥ("~한 [여성]")	여	복	대	αἱ ἐκκλησίαι ἅς...(~인 교회들이)
ὅ	ὅ("~한 것[중성]")	중	단	주/대	τὸ παιδίον ὅ...(~인 어린이가/를)

14.1.4. 용법

14.1.4.1. 해석법

(1) 관계대명사가 어렵게 느껴지는 이유는 다른 대명사들과 달리 관계대명사가 한국어에서 표현되지 않기 때문인데, 특별히 번역될 때 관계절을 이끄는 관계대명사가 그것의 선행사를 한정하면서 두 문장이 한 문장으로 통합되어 해석되기 때문이다. 그러나 관계대명사 역시 "대명사"임을 염두에 두면서, 문장에서 우선 관계대명사를 분해하여 선행 명사를 찾아 해석하고 이후 관계절이 주문장의 선행사를 한정하는 방식으로 문장을 조정해 번역하면 된다:

예) Μαρία(여.단.주) ἣν(여.단.대) ἐγὼ ἄγω διδάσκει λόγον.

내가 인도하는 마리아가 말씀을 가르친다.

[설명]

① 관계대명사를 분해한다: ἥν은 여성, 단수, 대격.

② 관계대명사의 선행사(성·수 일치)를 찾고, 그 명사의 뜻을 관계대명사 위에 기록한다(격을 고려해 해석): 선행사는 여성, 단수 명사 Μαρία.

③ 주문장과 관계대명사 문장을 각각 번역한다:

▶ 주문장 번역: 마리아는 말씀을 가르친다.

▶ 관계절 번역: 내가 마리아를 인도한다.

④ 관계절을 선행사를 한정하는 방식(분사처럼)으로 주문장에 포함시킨다:

▶ **[관계절]** 내가 인도하는[변형] [[마리아를]] +

▶ **[주문장]** 마리아는 말씀을 가르친다.

= 내가 인도하는 마리아는 말씀을 가르친다.

(2) 비록 관계대명사는 두 절(주절과 관계절)을 하나로 통합해 해석하는 원리를 가지고 있지만, 종종 여러 가지 조건하(예. 문장의 길이 등)에서 관계절을 독립된 문장으로 번역하는 경우도 있다: "마리아는 말씀을 가르친다. 그녀를 내가 인도한다."

14.1.4.2. 격동화 현상

(1) 격동화 현상은 상호 인접한 서로 다른 격(格)형태를 가진 명사가 특정조건하에서 한쪽 형태로 바뀌는 것을 말한다. 관계대명사의 격동화(格同化) 현상은 다음의 조건에서 발생한다: **"관계대명사의 선행 명사의 격이 속격 혹은 여격 형태이고, 그 관계대명사가 대격형일 때 대격형 관계대명사는 선행 명사의 격형태(즉, 속격 혹은 여격)로 동화한다."**

(2) 비록 위의 규칙에 따라 관계대명사가 속격 혹은 여격으로 변형된다 할지라도 관계대명사는 관계절에서 여전히 원래의 형태인 대격 형태를 고려해 목적어로 해석되어야 한다:

예) 관계대명사 격동화

[원문장] 'Αδελφὸς Μαρίας(여.단.속) ἣν(여.단.대) ἄγω διδάσκει λόγον.

[격동화] 'Αδελφὸς Μαρίας(여.단.속) ἧς(여.단.속) ἄγω διδάσκει λόγον.

내가 인도하는 마리아의 형제가 말씀을 가르친다.

[설명] 원문장의 선행 명사(Μαρίας)와 관계대명사(ἣν)는 각각 속격과 대격형태이다. 이 경우 규칙에 따라 격동화가 일어나는데, 이 때 관계대명사가 선행 명사의 속격 형태로 변형되었다(ἧς). 그러나 그 해석은 속격으로 하지 않고 원문장처럼 목적어로 해석했다.

14.1.4.3. 선행사 없는 관계대명사

(1) 관계대명사는 선행사 없이 단독으로 등장해 사용된다. 이 때 관계대명사가 선행사를 포함한 것으로 보며, 각각의 성에 따른 형태를 고려해 문맥에 따라 번역한다:

예) 눅 9:50

ὃς γὰρ οὐκ ἔστιν καθ' ὑμῶν, ὑπὲρ ὑμῶν ἐστιν.

너희를 반대하지 않는 자는 너희를 위하는 자니라(『개역개정』).

[설명] 관계대명사 ὅς의 선행 명사를 동사 ἐστιν의 숨은 주어로 볼 수 있으나, ὅς를 ἐστιν의 주어로 보고 동사의 수와 인칭을 주어 ὅς에 일치시킨 것으로 이해하는 것이 더 자연스럽다.

(2) 그러나 이러한 예는 신약 성경에 자주 등장하지는 않는다(예. 고전 7:36).

14.2. 소유형용사

14.2.1. 정의와 쓰임

(1) 소유형용사는 인칭대명사 속격의 특징을 담고 있는 형용사이다(인칭대명사 강세형 속격형인 ἐμοῦ에서 기원한 것으로 알려져 있다). 그 종류는 1-2인칭 형태로 한정되고 그 뜻은 인칭대명사의 속격 형태와 거의 동일하다. 단, 인칭대명사의 속격보다 소유자의 의미가 강화된다는 점이 특징이다.

(2) 소유형용사는 형용사이기 때문에 성·수·격에 따른 형태가 있으며, 일반 형용사처럼 성·수·격이 일치하는 명사와 함께 사용된다. 한편, 소유형용사는 단수형과 복수형이 존재하는데, 이는 소유자의 수를 나타낼 뿐 소유형용사가 관계한 명사의 수를 나타내는 것은 아니다.

14.2.2. 형태

14.2.2.1. 1인칭 단·복수 소유형용사

구분		ἐμός, ή, όν 나의			ἡμέτερος, α, ον 우리의		
		남	여	중	남	여	중
단수	주	ἐμός	ἐμή	ἐμόν	ἡμέτερος	ἡμετέρα	ἡμέτερον
	속	ἐμοῦ	ἐμῆς	ἐμοῦ	ἡμετέρου	ἡμετέρας	ἡμετέρου
	여	ἐμῷ	ἐμῇ	ἐμῷ	ἡμετέρῳ	ἡμετέρᾳ	ἡμετέρῳ
	대	ἐμόν	ἐμήν	ἐμόν	ἡμέτερον	ἡμέτεραν	ἡμέτερον
복수	주	ἐμοί	ἐμαί	ἐμά	ἡμέτεροι	ἡμέτεραι	ἡμέτερα
	속	ἐμῶν	ἐμῶν	ἐμῶν	ἡμετέρων	ἡμετερῶν	ἡμετέρων
	여	ἐμοῖς	ἐμαῖς	ἐμοῖς	ἡμετέροις	ἡμετέραῖς	ἡμετέροις
	대	ἐμούς	ἐμάς	ἐμά	ἡμετέρους	ἡμετέρας	ἡμέτερα

(1) 1인칭 소유형용사는 2-1-2 곡용을 하며, 중성형에서 어미 -ον을 취하는 명사류 변화를 따른다(관사류는 -ό를 취한다).

(2) 단수형은 1인칭 인칭대명사 강세형 속격 ἐμοῦ의 어간 ἐμ-에 어미를 붙여 만들었고, 복수형은 1인칭 인칭대명사 복수 ἡμεῖς를 변형해 사용했다. 한편, 여성 복수형의 경우 어간이 -ρ로 끝나기에 어미 -α를 했고, 여성 단수형은 어간이 -μ로 끝나기에 어미 -η를 취했다.

14.2.2.2. 2인칭 단·복수 소유 형용사

구분		σός, ή, όν 너의			ὑμέτερος, α, ον 너희의		
		남	여	중	남	여	중
단수	주	σός	σή	σόν	ὑμέτερος	ὑμετέρα	ὑμέτερον
	속	σοῦ	σῆς	σοῦ	ὑμετέρου	ὑμετέρας	ὑμετέρου
	여	σῷ	σῇ	σῷ	ὑμετέρῳ	ὑμετέρᾳ	ὑμετέρῳ
	대	σόν	σήν	σόν	ὑμέτερον	ὑμέτεραν	ὑμέτερον
복수	주	σοί	σαί	σά	ὑμέτεροι	ὑμέτεραι	ὑμέτερα
	속	σῶν	σῶν	σῶν	ὑμετέρων	ὑμετερῶν	ὑμετέρων
	여	σοῖς	σαῖς	σοῖς	ὑμετέροις	ὑμετέραις	ὑμετέροις
	대	σούς	σάς	σά	ὑμετέρους	ὑμετέρας	ὑμέτερα

(1) 2인칭 소유형용사는 2-1-2 곡용을 하며, 중성형에서 어미 -ον을 취하는 명사류 변화를 따른다(관사류는 -ό를 취한다).

(2) 단수형은 2인칭 인칭대명사 강세형 속격 σοῦ의 어간 σ-에 어미를 붙여 만들었고, 복수형은 1인칭 인칭대명사 복수 ὑμεῖς를 변형해 사용했다. 한편, 여성 복수형의 경우 어간이 -ρ로 끝나기에 어미 -α를 했고, 여성 단수형은 어간이 -μ로 끝나기에 어미 -η를 취했다.

14.2.3. 용법

(1) 소유형용사의 용법은 일반 형용사처럼 성·수·격이 일치하는 명사와 함께 사용된다. 이 때 소유 형용사는 일반 형용사처럼 한정적/관형적 용법, 서술적 용법 및 독립적 용법으로 사용된다. 각 용법을 명확히 해주는 관사의 위치도 동일하다.

① 한정적(관형적) 용법의 예

ὁ νόμος ὁ ἐμὸς ἐστὶν ἡ ἀγαπή. 나의 법은 사랑이다.

② 서술적 용법의 예

ὁ λόγος οὐκ ἐστὶν ἐμός. (요 14:24). 그 말씀은 내 것이 아니다

③ 독립적 용법의 예

τὰ ἐμὰ σά ἐστιν (계 3:2). 나의 것들이 너의 것이다.

(2) 어떤 경우든 해석의 표현에 있어서는 인칭대명사의 속격 형태의 번역과 차이가 나지 않는다. 단지, 뉘앙스에 있어서 소유의 개념이 더 강화된다는 점을 유의하기만 하면 된다.

예) 소유형용사와 인칭대명사의 속격 형태의 해석

[소유형용사] Αὕτη ἐστὶν ἡ ἐκκλησὶα ἡ ἐμή.

[인칭대명사 속격] Αὕτη ἐστὶν ἡ ἐκκλησία μοῦ.

이것은 나의 교회이다.

14.2.4. 분해하기

구분	분해					해석
	기본형(뜻)	인칭	성	수	격	
ἐμούς	ἐμός(나의)	1	남	복	대	τοὺς ἐμοὺς υἱούς(나의 아들들을)
ἡμετέρᾳ	ἡμέτερος(우리의)	1	여	단	여	τῇ ἡμετέρᾳ ἐκκλησίᾳ(우리의 교회에게)
σαῖς	σός(너의)	2	여	복	여	ταῖς σαῖς ἀδελφαῖς(너의 자매들에게)
ὑμέτερος	ὑμέτερος(너희의)	2	남	단	주	ὁ ὑμέτερος οἶκος(너희의 집이)

14.3. 어휘

명사

τόπος, ου, ὁ 장소; 주제

εἰρήνη, ης, ἡ 평화, 평강

κεφαλή, ῆς, ἡ 머리; 우두머리; 장(章)

ψυχή, ῆς, ἡ 혼, 영혼; 삶(히브리적 표현)

πρόσωπον, ου, τό 얼굴

관계대명사와 관계부사

ὅς, ἥ, ὅ ~하는 자, ~하는 것

ὅπου ~한 곳 그곳에

소유형용사

ἐμός, ή, όν 나의

ἡμέτερος, α, ον 우리의

σός, ή, όν 너의

ὑμέτερος, α, ον 너희의

14.4. 기초 문장 연습

아래 헬라어 문장을 직역하시오.

1. ὁ ἄνθρωπος ὃν ἔλυσας ἐστὶν ὁ δοῦλος τοῦ θεοῦ.

2. οἱ σοὶ δοῦλοι εἰσῆλθον εἰς τὴν οἰκίαν ἣν ἔσχομεν.

3. εἴδομεν τὰ πρόσωπα τῶν τέκνων ἃ ἔφαγον τοὺς ἄρτους ἐν τῷ τόπῳ.

4. ὁ υἱὸς τῆς ἀδελφῆς Μαρίας ἧς αὐτὸς ἤγαγον εἰς τὴν ἀλήθειαν διδάξει τὸν λόγον.

5. ἐμοί εἰσὶν οἱ ἄρτοι οὓς εἶδες τότε καὶ ἔφαγες μετὰ τῆς κεφαλῆς τῶν δούλων.

6. Πιστεύουσιν τῷ ἀδελφῷ ὃν ὁ θεὸς τῆς εἰρήνης ἔπεμψεν, ὅτι ὁ θεὸς ἄγει τὴν ψυχὴν τὴν ἡμετέραν.

7. ἡ κεφαλὴ οὖν τῆς ἐκκλησίας ἐστὶν Ἰησοῦς ὁ υἱὸς τοῦ θεοῦ, ὃς ἀπέθανεν ὑπὲρ τῶν ὑμετέρων ψυχῶν.

8. εὕρομεν τὴν ἐκκλησίαν ὅπου εἶπεν ὁ κύριος σὺν τῇ Μαρίᾳ, καὶ προσήλθομεν αὐτῇ.

9. ἐλύετο ὁ οἶκος τοῦ δούλου οὗ ἐξέβαλον οἱ πονηροί· αὐτὸς γὰρ ἐξήρχετο ἐξ αὐτοῦ.

제15과

명령법. Εἰμί 동사의 명령법 조건문의 형태와 용법 1(직설법). 부정어 οὐ와 μή

15.1. 명령법

15.1.1. 정의와 쓰임

(1) 명령법은 동사의 법(mood)의 측면에서 가정법(제16과) 및 희구법(제17과)과 함께 비-직설법 범주에 속한다. 직설법은 일반적으로 시간의 개념을 전달하는 반면, 비-직설법은 동사의 형태가 시간의 개념을 전달하지 않는 특징이 있다(문맥에 의존). 대신, 비-직설법 동사는 어떤 사건이나 행위에 대한 저자의 주장(이해나 인상)을 전달한다(참조. 동사의 상[相, aspect]):

구분	현재	부정과거
직설법	일반적으로 현재 시간 (사건/행위에 대한 저자의 주장 일부 반영)	일반적으로 과거 시간 (사건/행위에 대한 저자의 주장 일부 반영)
비-직설법	사건/행위에 대한 현안적 주장 (시간 개념은 문맥에 따라)	사건/행위에 대한 포괄적 주장 (시간 개념은 문맥에 따라)

(2) 한편, 비-직설법에 속하는 명령법은 동사형 자체가 시간의 개념을 전달하지 않기에 직설법처럼 동사의 6개의 시제형이 필요 없다. 대신, 명령법에는 3개의 시제형 곧, 현재형, 부정과거형, 완료형이 존재한다:

구분	현재	미완료과거	미래	부정과거	완료	과거완료
직설법	○	○	○	○	○	○
비-직설법	○	×	×[?]	○	○	×

(3) 명령법 형태는 다음의 특징들이 있다: 첫째, 단·복수 1인칭형이 없다. 둘째, 2인칭 복수형을 변경하여 어형을 만든다. 셋째, 부정과거형에 접두모음을 붙이지 않는다(아래 15.1.2. 참조).

15.1.2. 형태

15.1.2.1. 현재 명령법 능동태 및 중간태와 수동태

구분		ω 활용 동사	기본 어미		중간태 · 수동태	
		λύω [현재어간: λυ-]	명령법 어미	해석	λύομαι [현재어간: λυ-]	
단수	2	λῦ ε	-ε	너는 풀어라	λύου	너는 풀려라
	3	λυ έτ ω	-ετω	그/그녀/그것은 풀어라	λυέσθω	그/그녀/그것은 풀려라
복수	2	λύ ετ ε	-ετε	너희는 풀어라	λύεσθε	너희는 풀려라
	3	λυ έτ ωσαν	-ετωσαν	그들/그것들은 풀어라	λυέσθωσαν	그들/그것들은 풀려라

(1) 현재 명령법은 “현재 어간+명령법 능동태(-ε, -ετω, -ετε, -ετωσαν) 혹은 중간태·수동태 어미(-ε, -ετω, -ετε, -ετωσαν)”를 조합하여 만든다.

(2) 현재 명령법을 습득하기 위해 다음의 방법을 염두에 두면 수월하다:

첫째, 능동태 및 중간태·수동태 단수 2인칭형은 무조건 외운다(불규칙).
둘째, 나머지 곡용형은 복수 2인칭(형태상 직설법, 복수, 2인칭과 동일) λύετε(능동태)와 λύεσθε(중간태·수동태)를 기본으로하여 단수 3인칭은 모음 -ε 대신 -ω를, 복수 3인칭은 -ωσαν을 붙인다.

(3) 직설법의 경우처럼, 현재 명령법에서도 중간태형과 수동태형이 형태적으로 동일하기 때문에 문맥에 따라 태를 결정해야 한다.

15.1.2.2. 부정과거 명령법

15.1.2.2.1. 부정과거 능동태와 중간태 명령법

(1) 제2부정과거 능동태와 중간태 명령법

구분		ω 활용 동사	기본 어미				중간태	
		ἔλαβον [부과어간: λαβ–]	접두 모음	부과 접사	어미 (재활용)	해석	ἐλαμβομην [부과어간: λαβ–]	
단수	2	λάβ ε	*	*	*	너는 취하라	λάβου	너는 네 자신을 취하라
	3	λαβ έτ ω	*	*	-ετω	그/그녀/그것은 취하라	λαβέσθω	그/그녀/그것은 그 자신을 취하라
복수	2	λάβ ετ ε	*	*	-ετε	너희는 취하라	λάβεσθε	너희는 너희 자신을 취하라
	3	λαβ έτ ωσαν	*	*	-ετωσαν	그들/그것들은 취하라	λαβέσθωσαν	그들/그것들은 그 자신을 취하라

(1) 제2부정과거 명령법은 "제2부정과거 어간+현재 명령법 어미 재활용(능동태[-ε, -ετω, -ετε, -ετωσαν] 혹은 중간태 어미[-ε, -ετω, -ετε, -ετωσαν])"을 조합하여 만든다. 어간을 제외한 어미는 현재형과 동일하기 어간을 통해 구분해야 한다(어미 암기법 역시 동일하다).

(2) 제2부정과거 명령법 능동태 및 중간태형에 현재 명령형 능동태 및 중간태 어미를 재활용한 것은 헬라어 동사에서 수와 인칭을 나타내기 위한 어미 재활용의 규칙이 적용될 부정과거 명령법에 선행하는 명령법형이 현재 명령법밖에 없기 때문이다.

(3) 직설법의 경우처럼 부정과거 명령법에서도 중간태형과 수동태형이 다르기에 따로 암기해야 한다(수동태는 아래 15.1.2.2.2를 참조).

(2) 제1부정과거 능동태와 중간태 명령법

구분		ω 활용 동사	기본 어미				중간태	
		ἔλυσα [부과어간: λυ–]	접두모음	부과접사	어미(재활용)	해석	ἐλυσάμην [부과어간: λυ–]	
단수	2	λῦ σον	*	σα	*	너는 풀어라	λῦσαι	너는 너 자신을 풀어라
	3	λυ σάτ ω	*	σα	-ετω	그/그녀/그것은 풀어라	λυσάσθω	그/그녀/그것은 그 자신을 풀어라
복수	2	λύ σατ ε	*	σα	-ετε	너희는 풀어라	λύσασθε	너희는 너희 자신을 풀어라
	3	λυ σάτ ωσαν	*	σα	-ετωσαν	그들/그것들은 풀어라	λυσάσθωσαν	그들/그것들은 그 자신을 풀어라

(1) 제1부정과거 능동태 및 중간태 명령법은 "제1부정과거 어간[=기본형어간]+부정과거 시상접사[σα]+현재 명령법 어미 재활용(능동태[-ε, -ετω, -ετε, -ετωσαν] 혹은 중간태 어미[-ε, -ετω, -ετε, -ετωσαν])"을 조합하여 만든다.

(2) 제1부정과거 명령법을 습득하기 위해 다음의 방법을 염두에 두면 수월하다:

첫째, 능동태 및 중간태 단수 2인칭형은 무조건 외운다(불규칙).

둘째, 나머지 곡용형은 복수 2인칭(형태상 직설법, 복수, 2인칭과 동일) ἐλύσατε(능동태)와 λύσασθε(중간태·수동태)를 기본으로하여 단수 3인칭은 모음 -ε 대신 -ω를, 복수 3인칭은 -ωσαν을 붙인다.

(3) 직설법의 경우처럼 부정과거 명령법에서도 중간태형과 수동태형이 다르기에 따로 암기해야 한다(수동태는 아래 15.1.2.2.2를 참조).

15.1.2.2.2. 부정과거 수동태 명령법

(1) 제1부정과거 수동태 명령법

<table>
<tr><th colspan="2" rowspan="2">구분</th><th>ω 활용 동사</th><th colspan="4">기본 어미</th><th colspan="2">적용(어간변경)</th></tr>
<tr><th>ἔλυθην
[부과어간: λυ–]</th><th>접두 모음</th><th>수동 접사</th><th>어미 (재활용)</th><th>해석</th><th colspan="2">ἐλήμφθην
[어간: λημφ–]</th></tr>
<tr><td rowspan="2">단수</td><td>2</td><td>λύ θητι</td><td>*</td><td>θε</td><td>*</td><td>너는 풀려라</td><td>λήμφθητι</td><td>너는 취해져라</td></tr>
<tr><td>3</td><td>λυ θήτ ω</td><td>*</td><td>θε</td><td>-ετω</td><td>그/그녀/그것은 풀려라</td><td>λημφθήτω</td><td>그/그녀/그것은 취해져라</td></tr>
<tr><td rowspan="2">복수</td><td>2</td><td>λύ θητ ε</td><td>*</td><td>θε</td><td>-ετε</td><td>너희는 풀려라</td><td>λημφθητε</td><td>너희는 취해져라</td></tr>
<tr><td>3</td><td>λυ θήτ ωσαν</td><td>*</td><td>θε</td><td>-ετωσαν</td><td>그들/그것들은 풀려라</td><td>λημφθήτωσαν</td><td>그들/그것들은 취해져라</td></tr>
</table>

(1) 제1부정과거 수동태 명령법은 "제1부정과거 수동태 어간+시상접사[θε]+현재 명령법 능동태 어미 재활용(-ε, -ετω, -ετε, -ετωσαν)"를 조합하여 만든다.

(2) 제1부정과거 명령법 수동태형을 습득하기 위해 다음의 방법을 염두에 두면 수월하다:

첫째, 단수 2인칭형은 무조건 외운다(불규칙).

둘째, 나머지 곡용형은 복수 2인칭(형태상 직설법, 복수, 2인칭과 동일) λύθητε를 기본으로하여 단수 3인칭은 모음 -ε 대신 -ω를, 복수 3인칭은 -ωσαν을 붙인다.

(2) 제2부정과거 수동태 명령법

구분		ω 활용 동사	기본 어미					적용(어간변경)	
		ἐγράφην [부과어간: γραφ–]	접두모음	수동접사		현재어미(재활용)	해석	ἐσπάρην [부과어간: σπαρ–]	
단수	2	γράφ ητι	*	~~θ~~	ϵ	*	너는 기록되라	σπάρητι	너는 뿌려져라
	3	γραφ ήτ ω	*	~~θ~~	ϵ	-(η)τω	그/그녀/그것은 기록되라	σπαρήτω	그/그녀/그것은 뿌려져라
복수	2	γράφ ητ ϵ	*	~~θ~~	ϵ	-(η)τϵ	너희는 기록되라	σπάρητϵ	너희는 뿌려져라
	3	γραφ ήτ ωσαν	*	~~θ~~	ϵ	-(η)τωσαν	그들/그것들은 기록되라	σπαρήτωσαν	그들/그것들은 뿌려져라

(1) 제2부정과거 수동태 명령법은 제1부정과거 수동태형과 동일하다. 단, 차이점은 부정과거 시상접사(-θϵ) 첫 철자 "테따"(θ)가 탈락하여 모음(-ϵ-)만 남았다는 것이다.

(2) 부정과거 수동태 직설법형에서 제2부정과거형 동사는 명령법에서도 동일하게 제2부정과거형이 된다. 이는 직설법과 비-직설법형의 동일 시제와 동일 태는 어간을 공유하기 때문이다(단, 직설법에서 시상접두모음 ἐ-가 붙는다)

15.1.2.3. 완료 능동태 명령법

구분		ω 활용 동사	기본 어미			
		λέλυκα [완료어간: λελυ–]	λύω의 완료분사형		εἰμί의 현재명령형 (재활용)	해석
			어간중복	완료접사		
단수	2	λελύκως ἴσθι	λε	κ	ἴσθι	너는 풀어라
	3	λελύκως ἔστω	λε	κ	ἔστω	그/그녀/그것은 풀어라
복수	2	λελύκοτες ἔστε	λε	κ	ἔστε	너희는 풀어라
	3	λελύκοτες ἔστωσαν	λε	κ	ἔστωσαν	그들/그것들은 풀어라

(1) 완료 능동태 명령법은 "완료 분사형(제26과)+εἰμί 동사의 명령법(아래 15.2)"을 조합하여 만든다. 이 때 동사의 수와 인칭은 εἰμί 동사의 명령법으로 표현되고, 함께 사용되는 동사의 분사는 εἰμί 동사의 주어의 성과 수에 따라 변화시켜준다.

(2) 완료 수동태 분사의 경우, 완료 수동태 분사를 통해 표현한다(제26과 참조).

15.1.2.3.4. 분해하기

구분	분해						해석
	기본형(뜻)	시	태	법	수	인칭	
λύε	λύω(풀다)	현	능	명	단	2	(너는) 풀어라.
λαβέτε	λαμβάνω(취하다)	부과	능	명	복	2	(너희는) 취해라.
λῦσαι	λύω(풀다)	부과	중	명	단	2	(너는) 너 자신을 풀어라.
λυθήτωσαν	λύω(풀다)	부과	수	명	복	3	그들은 풀려라.

15.1.3. 용법

15.1.3.1. 일반용법

① 명령의 명령법

명령법은 명령을 전달하기 위해 사용한다.

예) 동등한 위치 혹은 윗사람이 아랫사람에게

λάμβανε τὸν ἄρτὸν καὶ ἔσθιε αὐτόν. 떡을 취해 그것을 먹으라.

② 요구의 명령법

명령하는 사람이 명령을 듣는 사람보다 낮은 지위일 때 그 명령은 부탁이나 청원으로 이해될 수 있다.

예) 아랫사람이 윗사람에게

δίδασκε τὸν λόγον μοι.

[문자적] 나에게 그 말씀을 가르쳐라.

[문맥적] 나에게 그 말씀을 가르쳐 주십시오.

③ 금지의 명령법

명령법으로 금지를 나타낼 수도 있다. 이 때 부정어 "μή + 현재 명령법" 구문이 사용된다(비-직설법에 속한 동사형의 부정어는 일반적으로 μή를 사용한다. 아래 15.4 참조).

예) 금지의 명령법

μὴ ἔσθιε τὸν ἄρτον. 그 떡을 먹지 말라!

그러나 부정과거 명령법 구문형은 사용하지 않는다. 대신 부정과거형으로 금지의 명령을 표현할 때는 "μή+부정과거 가정법" 구문을 사용한다(자세한 내용은 제 16과 16.1.3.[4]: 금지의 명령의 가정법 부분을 참조하라).

④ 조건적 명령법

명령법을 통해 조건을 나타낼 수 있다. 이를 조건적 명령법이라고 부르는데, "명령법+καί+미래 직설법" 구문이 사용된다. 이때 명령법이 미래 직설법으로 이뤄질 행위의 조건을 의미한다.

예) 이뤄질 행위의 조건이 되는 명령법

βαπτίσθητε, καὶ ὑμεῖς γενήσεσθε οἱ μαθηταὶ τοῦ κυρίου.

세례를 받으라. 그러면 너희가 주님의 제자들이 될 것이다.

이외에도 명령법은 다양한 용법들(예. 인사/문안 등)로 사용된다. 자세한 내용은 『우리를 위한 헬라어 구문론』을 참조하라.[26]

15.1.3.2. 현재 명령형과 부정과거 명령형의 뉘앙스

(1) 헬라어의 명령은 동사의 현재형과 부정과거형 및 완료형으로 표현될 수 있다. 특별히, 현재형과 부정과거형이 자주 사용되는데 이 때 현재형은 주어진 현안에 대한 명령을 부정과거는 행위의 전반적 태도에 대해 명령한다. 이 때 명령형의 선택은 저자가 선택한다.

예) 현재 명령형

ἔσθιε τὸν ἄρτον, υἱέ.

떡을 먹어라, 아들아!

[설명] 예를 들어, 식사 시간에 떡을 잘 먹지 않을 경우.

예) 부정과거 명령형

φάγε τὸν ἄρτον, υἱέ.

"떡을 먹어라, 아들아!"

[설명] 예를 들어, 평소에 떡을 잘 먹지 않기에 권면하는 경우.

(2) 이전 문법서들은 현재 명령형의 경우 반복을, 부정과거 명령형을 단회적 사건을 가리키며, 동시에 이것이 동사형 자체에 객관적 정보로 포함된 것으로 해석했다(동작류 이론[*Aktionsart*]). 그러나 오늘날에는 이를 현안과 일반의 관점에서 이해하며, 더 나아가 동사형이 객관적 정보가 아닌 저자/화자의 주관적 이해를 반영하는 것으로 본다(상이론[Aspect Theory]). 그러나 여전히 논의 중인 주제이다.[27]

15.2. Εἰμί 동사(이다/있다)의 명령법

15.2.1. 어형

구분	εἰμί 이다/있다			
	단수		복수	
2	ἴσθι	(너는) ~이어라	ἔστε	(너희는) ~이어라
3	ἔστω	(그/그녀/그것은) ~이어라	ἔστωσαν	(그들/그것들은) ~이어라

(1) εἰμί 동사의 명령법은 불규칙형으로서 "어간[ἴσ]+현재 명령법 능동태 어미 재활용(-ε, -ετω, -ετε, -ετωσαν)"를 조합하여 만든다. 한편, εἰμί 동사는 직설법의 경우처럼 능동태형만 존재한다.

(2) εἰμί 동사의 명령형을 습득하기 위해 다음의 방법을 염두에 두면 수월하다:

첫째, 단수 2인칭형은 무조건 외운다(불규칙).

둘째, 나머지 곡용형은 복수 2인칭(형태상 직설법, 복수, 2인칭과 동일) ἔστε를 기본으로 하여 단수 3인칭은 모음 -ε 대신 -ω를, 복수 3인칭은 -ωσαν을 붙인다.

(3) 위의 15.1.2.3(완료 능동태 직설법)에서 보았듯이, εἰμί 동사의 명령법은 완료 명령법을 만드는데 사용되기도 한다.

15.2.2. 분해하기

구분	분해						해석
	기본형(뜻)	시	(태)	법	수	인칭	
ἔστω	εἰμί(이다/있다)	현	(능)	명	단	3	그/그녀/그것으로 ~이게 하라.
ἔστε	εἰμί(이다/있다)	현	(능)	명	복	2	(너희는) ~가 되라.

15.3. 조건문의 형태와 용법 1: 직설법과 함께

(1) 조건문은 "만약~이라면"이라는 조건을 나타내는 문장을 말한다. 조건절은 주절의 내용과 관련해 다양한 배경을 제공하는 기능을 한다.

(2) 조건문은 조건절을 이끄는 2가지 종류의 접속사(εἰ, ἐάν)와 주절을 통해 구성된다. 이 때 조건절을 이끄는 접속사와 뒤따르는 동사들에 따라 전체 5가지 종류로 분류되며 이를 각각 1-5식으로 구분한다.[28]

15.3.1. 조건문 1식

(1) 조건문 1식은 다음과 같은 특징이 있다:

① 구문: "εἰ+직설법 현재 혹은 과거, 모든 동사형(현재 혹은 과거)" 및 "εἰ+직설법 미래, 직설법 미래."

② 용법: 결과를 위한 "특정" 조건을 제시하거나, 발생할 가능성이 "가장 큰" 조건을 제시하는데 사용된다.

③ 조건절의 부정어: οὐ 혹은 μή.

(2) "εἰ+직설법 현재 혹은 과거, 모든 동사형(현재 혹은 과거)":

예) 결과를 위한 "특정" 조건

εἰ ὁ διδάσκαλος εἶ, δίδασκε τοὺς σοὺς μαθητάς.

만약 네가 선생님이라면, 너의 학생들을 가르쳐라!

[설명] 가르침의 "특정" 조건이 선생님이라는 조건이 된다.

(3) "εἰ+직설법 미래, 직설법 미래":

예) 발생할 가능성이 "가장 큰" 조건

εἰ ὁ διδάσκαλος ἔσῃ, σὺ διδάξεις τοὺς σοὺς μαθητάς.

만약 네가 선생님이라면[된다면], 너는 너의 학생들을 가르칠 것이다.

[설명] 학생들을 가르칠 것에 대한 경고를 한다.

15.3.2. 조건문 2식

(1) 조건문 2식은 다음과 같은 특징이 있다:

① 구문: "εἰ+직설법 미완료과거 혹은 부정과거, ἄν을 동반한 직설법 미완료과거 혹은 부정과거"

② 용법: 당면한 사실에 대한 반대 개념을 전달한다. 미완료과거형은 현재시

제, 부정과거형은 과거시제를 표현한다.

③ 조건절의 부정어: μή.

(2) "εἰ+직설법 미완료과거, ἄν을 동반한 직설법 미완료과거":

예) 현재 사실에 반대

εἰ ὁ καλὸς διδάσκαλος ἦς, σὺ ἂν ἐδίδασκες τοὺς σοὺς μαθητάς.

만약 네가 좋은 선생님이라면, 너는 너의 학생들을 가르칠 텐데.

[설명] 현재 가르치지 못하는 조건을 제시한다.

(3) "εἰ+직설법 부정과거, ἄν을 동반한 직설법 부정과거"

예) 과거 사실에 반대

εἰ ὁ καλὸς διδάσκαλος ἐγένου, σὺ ἂν ἐδίδαξας τοὺς σοὺς μαθητάς.

만약 네가 좋은 선생님이었다면, 너는 너의 학생들을 가르쳤을 텐데.

[설명] 과거에 가르치지 못했던 조건을 제시한다.

15.4. 부정어 οὐ와 μή

(1) 헬라어의 부정어는 οὐ이다(제3과 참조). 그러나 이 외에도 동일한 기능을 하는 부정어가 있는데 μή이다. 꼬이네 헬라어에서는 일반적으로 οὐ는 직설법 문장에 쓰이는 반면, μή는 비-직설법(즉, 명령법, 가정법, 희구법 및 부정사와 분사) 문장에서 쓰인다고 알려져 있다. 이는 대체적으로 맞다.

(2) 위의 일반적 쓰임에 대한 다음과 같은 예외적 쓰임이 있기에 주의해야 한다:

① 긍정의 대답(οὐ)과 부정의 대답(μή)을 이끄는 의문문(제4과 4.3.2).

예) Μὴ διδάσκετε ἐκκλησίαν;

너희는 교회를 가르친다는 말이냐? (기대: 아니다).

② 조건문 제2식의 부정문

(3) 그러나 이것들은 자주 쓰이는 표현이 아님으로 기본적인 쓰임을 기억하는 것이 좋다.

15.5. 어휘

동사

ἡσυχάζω 평온하다; 쉬다

ἰδού (지시 불변화사) 보라, 자

μανθάνω 배우다

명사

διδάσκαλος, ου, ὁ 선생님

ὀφθαλμός, οῦ, ὁ 눈

ἐξουσία, ας, ἡ 권위

σημεῖον, ου, τό 표적, 징조

접속사, 부사, 의문사

εἰ (+직설법) 만약 ~라면

πῶς (의문부사) 어떻게?

부정어와 불변화사

ἄν (불확실성을 전달해주는 해석되지 않는 불변화사)

μή (부정어) 아니

15.6. 기초 문장 연습

아래 헬라어 문장을 직역하시오.

1. λύσατε τὸν νόμον, ἀλλὰ κηρύσσετε τὴν διδαχὴν τοῦ Ἰησοῦ πρὸς τὸν κόσμον.

2. μὴ γίνου ὁ διδάσκαλος ἐκ ὑμῶν, ἀλλὰ ἴσθι ὁ μαθητής. ὁ διδάσκαλος ἡμῶν γὰρ ὁ Ἰησοῦς ἐστιν.

3. ἐλθέτω ἡ βασιλεία σου· αὐτοὶ γὰρ ἡσυχάζομεν ἐν ταύτῃ.

4. βλέπε τὸ πρόσωπόν μου ἐν τοῖς σοῖς ὀφθαλμοῖς, κύριε.

5. ἰδοὺ ὁ προφήτης τῆς εἰρήνης, ὃν ὁ θεὸς ἔπεμψεν ὑπὲρ τοῦ λαοῦ ἑαυτοῦ.

6. βαπτίζεσθε, καὶ ὑμεῖς ἔσεσθε οἱ μαθηταὶ τοῦ κυρίου.

7. εἰ οὐ μανθάνεις τὸν λόγον, πῶς γενήσῃ ὁ διδάσκαλος ὃς ἔχει τὴν ἐξουσίαν;

8. εἰ ἐπέχομεν τῷ νόμῳ ἔτι, οὐ ἦμεν οἱ δοῦλοι τοῦ κυρίου.

9. εἰ ἐλάβετε τὰ σημεῖα τοῦ προφήτου ἐν ὑμετέραις καρδίαις, ἐσώθητε ἄν.

제16과
가정법
Εἰμί 동사의 가정법
조건문의 형태와 용법 2(가정법)

16.1. 가정법의 형태와 용법

16.1.1. 정의와 쓰임

(1) 가정법은 동사의 법(mood)의 측면에서 명령법(제15과) 및 희구법(제17과)과 함께 비-직설법 범주에 속한다(직설법과 비-직설법의 언어적 차이에 대해서는 제15과 15.1.1을 참조하라).

(2) 비-직설법에 속하는 가정법은 동사형 자체가 시간의 개념을 전달하지 않기에 직설법처럼 6시제 동사형이 필요 없다. 대신, 가정법에는 3시제형 곧, 현재, 부정과거, 완료 시제형이 존재한다:

구분	현재	미완료과거	미래	부정과거	완료	과거완료
직설법	○	○	○	○	○	○
비-직설법	○	×	×[?]	○	○	×

(3) 가정법의 특징은 다음과 같다: 첫째, 부정과거형에 접두모음이 붙지 않는다. 둘째, 부정과거형에서 제1부정과거와 제2부정과거 모두에 현재 가정법 어미가 재활용된다(즉, 제1부정과거형이 σα형이 되지 않는다)(아래 15.1.2. 참조).

(4) 가정법은 일반적으로 가정법을 취하는 특정 어휘들(예, ἵνα, ἐάν, ὅπως, ὅταν 등)과

함께 사용되기에 가정법 어형을 암기하는 것과 더불어 이 어휘들을 암기하는 것이 가정법을 습득하는데 도움이 된다(16.1.3 참조).

16.1.2. 형태

16.1.2.1. 현재 가정법 능동태 및 중간태와 수동태

구분		ω 활용 동사	기본 어미			중간태 · 수동태	
		λύω [현재어간: λυ−]	어미 첫모음	어미 (재활용)	해석 (ἵνα와 함께)	λύομαι [현재어간: λυ−]	
단수	1	λύ ω	장모음화	-ω	나는 풀기 [[위하여]]	λύωμαι	나는 풀리기 [[위하여]]
	2	λύ ῃς		-εις	너는 풀기 [[위하여]]	λύῃ	너는 풀리기 [[위하여]]
	3	λύ ῃ		-ει	그/그녀/그것은 풀기 [[위하여]]	λύηται	그/그녀/그것은 풀리기 [[위하여]]
복수	1	λύ ωμεν		-ομεν	우리는 풀기 [[위하여]]	λυώμεθα	우리는 풀리기 [[위하여]]
	2	λύ ητε		-ετε	너희는 풀기 [[위하여]]	λύησθε	너희는 풀리기 [[위하여]]
	3	λύ ωσι(ν)		-ουσι(ν)	그들/그것들은 풀기 [[위하여]]	λύωνται	그들/그것들은 풀리기 [[위하여]]

(1) 현재, 능동태 및 중간태·수동태 가정법형은 "현재 어간+삽입모음이 장모음화 된 현재 능동태(-ω, -ῃς, -ῃ, -ωμεν, -ητε, -ωσι[ν]) 및 중간태·수동태 가정법 어미(-ωμαι, -ῃ, -ηται, -ωμεθα, -ησθε, -ωνται)"를 조합해서 만든다.

(2) 장모음화 규칙은 다음과 같다(자세한 모음 단축법칙은 제19과를 보라):

첫째, ο나 ω는 ω로 길어진다(즉, -ω ▶ -ω, -ομεν ▶ -ωμεν, -ομαι ▶ -ωμαι, -ομεθα ▶

-ωμεθα, -ονται ▶ -ωνται). 단, ου일 경우, 먼저 ο가 ω로 길어지고 뒤따른 υ는 탈락한다(즉, -ουσι[ν] ▶ -ωσι[ν]).

둘째, ε나 η는 η로 길어진다(즉, -ετε ▶ -ητε, -ῃ ▶ -ῃ, -εται ▶ -ηται, -εσθε ▶ -ησθε). 단, ει일 경우, 먼저 ε가 η로 길어지고 뒤따르는 ῃ(이오따 하기법)로 길어진다(즉, -εις ▶ -ῃς, -ει ▶ -ῃ).

(3) 직설법의 경우처럼 가정법에서도 중간태형과 수동태형이 형태적으로 동일하기 때문에 문맥에 따라 태를 결정해야 한다.

16.1.2.2. 부정과거 가정법

16.1.2.2.1. 부정과거 능동태와 중간태 가정법

(1) 제2부정과거 능동태와 중간태 가정법

구분		ω 활용 동사	기본 어미				중간태	
		ἔλαβον [부과어간: λαβ–]	접두 모음	부과 접사	어미 (재활용)	해석 (ἵνα와 함께)	ἐλάμβομην [부과어간: λαβ–]	
단수	1	λάβ ω	*	*	-ω	나는 취하기 [[위하여]]	λάβωμαι	나는 내 자신을 취하기 [[위하여]]
	2	λάβ ῃς	*	*	-ῃς	너는 취하기 [[위하여]]	λάβῃ	너는 너 자신을 취하기 [[위하여]]
	3	λάβ ῃ	*	*	-ῃ	그/그녀/그것은 취하기 [[위하여]]	λάβηται	그/그녀/그것은 그 자신을 취하기 [[위하여]]
복수	1	λάβ ωμεν	*	*	-ωμεν	우리는 취하기 [[위하여]]	λαβώμεθα	우리는 우리 자신을 취하기 [[위하여]]
	2	λάβ ητε	*	*	-ητε	너희는 취하기 [[위하여]]	λαβήσθε	너희는 너희 자신을 취하기 [[위하여]]
	3	λάβ ωσι(ν)	*	*	-ωσι(ν)	그들/그것들은 취하기 [[위하여]]	λάβωνται	그들/그것들은 그 자신을 취하기 [[위하여]]

(1) 제2부정과거 가정법은 "제2부정과거 어간+삽입모음이 장모음화된 현재 능동태(-ω, -ῃς, -ῃ, -ωμεν, -ητε, -ωσι[ν]) 및 중간태 가정법 어미(-ωμαι, -ῃ, -ηται, -ωμεθα, -ησθε, -ωνται) 재활용"을 조합하여 만든다.

(2) 제2부정과거 가정법의 능동태 및 중간태 어미는 현재 가정법 능동태 및 중간태 어미와 동일하다. 따라서 동사의 어간을 보고 현재형인지 부정과거형인지를 구별해야 한다.

(3) 직설법의 경우처럼, 부정과거 가정법에서도 중간태형과 수동태형이 다르기 때문에 그 형태를 따로 암기해야 한다(수동태는 아래 16.1.2.2.2를 참조).

(2) 제1부정과거 능동태와 중간태 가정법

구분		ω 활용 동사	기본 어미				중간태	
		ἔλυσα [부과어간: λυ–]	접두모음	부과접사	어미 (재활용)	해석 (ἵνα와 함께)	ἐλυσάμην [부과어간: λυ–]	
단수	1	λύ σ ω	*	σ	-ω	나는 풀기 [[위하여]]	λύσωμαι	나는 내 자신을 풀기 [[위하여]]
	2	λύ σ ῃς	*	σ	-ῃς	너는 풀기 [[위하여]]	λύσῃ	너는 너 자신을 풀기 [[위하여]]
	3	λύ σ ῃ	*	σ	-ῃ	그/그녀/그것은 풀기 [[위하여]]	λύσηται	그/그녀/그것은 그 자신을 풀기 [[위하여]]
복수	1	λύ σ ωμεν	*	σ	-ωμεν	우리는 풀기 [[위하여]]	λυσώμεθα	우리는 우리 자신을 풀기 [[위하여]]
	2	λύ σ ητε	*	σ	-ητε	너희는 풀기 [[위하여]]	λύσησθε	너희는 너희 자신을 풀기 [[위하여]]
	3	λύ σ ωσι(ν)	*	σ	-ωσι(ν)	그들/그것들은 풀기 [[위하여]]	λύσωνται	그들/그것들은 그 자신을 풀기 [[위하여]]

(1) 제1부정과거 능동태 및 중간태 가정법은 "제1부정과거 어간(=기본형어간)+시상접사(σ)+삽입모음이 장모음화 된 현재 능동태(-ω, -ῃς, -ῃ, -ωμεν, -ητε, -ωσι[ν]) 및

중간태 가정법 어미(-ωμαι, -ῃ, -ηται, -ωμεθα, -ησθε, -ωνται) 재활용”을 조합하여 만든다. 단, 제1부정과거 시상접사 -σα에서 모음 -α는 탈락한 형태가 사용된다는 점에 주의해야 한다.

(2) 직설법의 경우처럼, 부정과거 가정법에서도 중간태형과 수동태형이 다르기 때문에 그 형태를 따로 암기해야 한다(수동태는 아래 16.1.2.2.2를 참조).

16.1.2.2.2. 부정과거 수동태 가정법

(1) 제1부정과거 수동태 가정법

구분		ω 활용 동사	기본 어미				적용(어간변경)	
		ἔλυθην [부과어간: λυ–]	접두 모음	수동 접사	어미 (재활용)	해석 (ἵνα와 함께)	ἐλήμφθην [부과어간: λημφ–]	
단수	1	λυ θ ῶ	*	θε	-ω	나는 풀리기 [[위하여]]	λημφθῶ	나는 취해지기 [[위하여]]
	2	λυ θ ῇς	*	θε	-ῃς	너는 풀리기 [[위하여]]	λημφθῇς	너는 취해지기 [[위하여]]
	3	λυ θ ῇ	*	θε	-ῃ	그/그녀/그것은 풀리기 [[위하여]]	λημφθῇ	그/그녀/그것은 취해지기 [[위하여]]
복수	1	λυ θ ῶμεν	*	θε	-ωμεν	우리는 풀리기 [[위하여]]	λημφθῶμεν	우리는 취해지기 [[위하여]]
	2	λυ θ ῆτε	*	θε	-ητε	너희는 풀기 [[위하여]]	λημφθῆτε	너희는 취해지기 [[위하여]]
	3	λυ θ ῶσι(ν)	*	θε	-ωσι(ν)	그들/그것들은 풀리기 [[위하여]]	λημφθῶσι(ν)	그들/그것들은 취해지기 [[위하여]]

(1) 제1부정과거 수동태 가정법은 “제1부정과거 수동태 어간+시상접사[θε]+삽입모음이 장모음화 된 현재 능동태(-ω, -ῃς, -ῃ, -ωμεν, -ητε, -ωσι[ν]) 가정법 어미 재활용”을 조합하여 만든다. 제1부정과거 수동태 가정법에 있어서 주의할 점은 수동태 형태임에도 불구하고 재활용 된 어미가 능동태형이라는 점이다(참조. 부정과

거 수동태 직설법에서도 미완료과거의 능동태 어미가 재활용됨). 이는 어미는 수와 인칭만을 전달하기에 가장 단순한 어미를 가지고 기능하도록 한 이유 때문이다.

(2) 접사 모음 -ϵ-와 어미 모음이 단축되어 가정법 어미 모음위에 악센트가 위치했다(단축법칙 제19과 참조).

(3) 제1부정과거 수동태의 경우 어간이 기본형 어간(=현재어간)과 동일할 수도 다를 수도 있다. 그럼에도 불구하고 제1부정과거로 분류되는 것은 제1부정과거와 제2부정과거의 구분이 어간 변경에 따른 아니라 시상접사(-θϵ)의 유무(有無)에 따라 결정되는 것을 말해준다.

(2) 제2부정과거 수동태 가정법

구분		ω 활용 동사	기본 어미					적용	
		ἐγράφην [부과어간: γραφ−]	접두 모음	수동 접사		어미 (재활용)	해석 (ἵνα와 함께)	ἐσπάρην [부과어간: σπαρ−]	
단수	1	γραφ ῶ	*	~~θ~~	ϵ	-ω	나는 기록되기 [[위하여]]	σπαρῶ	나는 뿌려지기 [[위하여]]
	2	γραφ ῇς	*	~~θ~~	ϵ	-ῃς	너는 기록되기 [[위하여]]	σπαρῇς	너는 뿌려지기 [[위하여]]
	3	γραφ ῇ	*	~~θ~~	ϵ	-ῃ	그/그녀/그것은 기록되기 [[위하여]]	σπαρῇ	그/그녀/그것은 뿌려지기 [[위하여]]
복수	1	γραφ ῶμεν	*	~~θ~~	ϵ	-ωμεν	우리는 기록되기 [[위하여]]	σπαρῶμεν	우리는 뿌려지기 [[위하여]]
	2	γραφ ῆτε	*	~~θ~~	ϵ	-ητε	너희는 기록되기 [[위하여]]	σπαρῆτε	너희는 뿌려지기 [[위하여]]
	3	γραφ ῶσι(ν)	*	~~θ~~	ϵ	-(ωσι(ν)	그들/그것들은 기록되기 [[위하여]]	σπαρῶσι(ν)	그들/그것들은 뿌려지기 [[위하여]]

(1) 제2부정과거 수동태 가정법은 제1부정과거 수동태형과 동일하다. 단, 차이점은 부정과거 시상접사(-θϵ) 첫 철자 "테따"(θ)가 탈락하여 모음(-ϵ-)만 남았다는

것이다.

(2) 부정과거 수동태 직설법형에서 제2부정과거형 동사는 가정법에서도 동일하게 제2부정과거형이 된다. 이는 직설법과 비-직설법형의 동일 시제와 동일 태는 어간을 공유하기 때문이다(단, 직설법에서 시상접두모음 ἐ-가 붙는다)

심화학습

16.1.2.3. 완료 능동태 가정법

구분		ω 활용 동사	기본 어미				적용(어간변경)	
		λέλυκα [완료어간: λελυ–]	어간 중복	완료 접사	어미 (재활용)	해석 (ἵνα와 함께)	πεπίστευκα [완료어간: πεπιστευ–]	
단수	1	λελύ κ ω	λε	θε	-ω	나는 풀기 [[위하여]]	πεπιστεύκω	나는 믿기 [[위하여]]
	2	λελύ κ ῃς	λε	θε	-ῃς	너는 풀기 [[위하여]]	πεπιστεύκῃς	너는 믿기 [[위하여]]
	3	λελύ κ ῃ	λε	θε	-ῃ	그/그녀/그것은 풀기 [[위하여]]	πεπιστεύκῃ	그/그녀/그것은 믿기 [[위하여]]
복수	1	λελύ κ ωμεν	λε	θε	-ωμεν	우리는 풀기 [[위하여]]	πεπιστεύκωμεν	우리는 믿기 [[위하여]]
	2	λελύ κ ητε	λε	θε	-ητε	너희는 풀기 [[위하여]]	πεπιστεύκητε	너희는 믿기 [[위하여]]
	3	λελύ κ ωσι(ν)	λε	θε	-ωσι(ν)	그들/그것들은 풀기 [[위하여]]	πεπιστεύκωσι(ν)	그들/그것들은 믿기 [[위하여]]

(1) 완료 능동태 가정법은 "어간중복(λε)+완료 능동태 어간+완료능동태접사(κ)+삽입모음이 장모음화 된 현재 능동태(-ω, -ῃς, -ῃ, -ωμεν, -ητε, -ωσι[ν]) 재활용"을 조합하여 만든다. 단, 완료 능동태 시상접사 -κα에서 모음 -α는 탈락한 형태가 사용된다는 점에 주의해야 한다.

(2) 복수 3인칭에서 직설법과는 달리(λελύκασιν 혹은 λελύκαν) 가정법에서는 한 가지 형태만 사용된다(λελύκωσι[ν]).

16.1.3. 분해하기

구분	분해						해석
	기본형(뜻)	시	태	법	수	인칭	
λύῃς	λύω(풀다)	현	능	가	단	2	네가 풀기 (위하여)
λάβητε	λαμβάνω(취하다)	부과	능	가	복	2	너희가 취하기 (위하여)
λυσώμεθα	λύω(풀다)	부과	중	가	복	1	우리가 우리 자신을 풀기 (위하여)
λυθῇ	λύω(풀다)	부과	수	가	단	3	그/그녀가 풀리기 (위하여)

16.1.4. 가정법의 용법

가정법은 단독으로 상용되는 경우도 있으나(예. 권고의 가정법과 토의적 질문의 가정법) 일반적으로 특정 어휘들과 함께 사용된다. 가정법을 이끄는 대표적 어휘로는 ἵνα와 ἐάν이 있다.

16.1.3.1. 가정법을 취하는 어휘들과 사용되는 예들

① ἵνα+가정법 구문: 목적과 결과

일반적으로 주문장의 종속절로 등장하여 주문장의 목적이나 주문장에 따른 결과를 표현한다.

예) 주문장의 목적

τὰ παιδία ἦλθον εἰς τὸν οἶκον ἵνα ἐσθίωσι(ν) τοὺς ἄρτους.

그 어린이들이 떡(들)을 먹기 위해 그 집으로 갔다.

예) 주문장에 따른 결과

τὰ τέκνα ἐβαπτίσθησαν, ἵνα γενήθωσι(ν) οἱ μαθηταὶ τοῦ κυρίου.

그 아이들이 세례를 받았다. 그 결과 그들이 주님의 제자들이 되었다.

그러나 목적과 결과는 연속선상에 있는 것이기에 그 구분이 명확하지 않다. 따라서 문맥을 잘 살펴보아야 한다. 한편, 주문장의 따른 결과를 표현 할 때 ἵνα+가정법 구문 외에도 ὅπως+가정법 구문이 사용될 수 있음에 주의하라.

② ἐάν+가정법 구문: 조건

제15과에서 조건절에 대한 언급이 있었다(15.3). εἰ 이외에도 헬라어 조건절은 ἐάν로 시작되기도 한다. 이때 εἰ가 직설법과 함께 사용되는 것과 달리 ἐάν는 가정법과 구문을 이룬다(자세한 내용은 아래 16.3을 참조하라).

예) 발생 가능성이 큰 조건

ἐὰν τὰ τέκνα βαπτίσθωσι(ν), γενήσονται οἱ μαθηταὶ τοῦ κυρίου.

만약 그 아이들이 세례를 받는다면, 그들은 주님의 제자들이 될 것이다.

③ μή+부정과거 가정법 구문: 금지의 명령의 가정법

헬라어는 금지의 명령을 나타내는 방법이 2가지이다. 한 가지는 이미 언급된 금지의 명령법 구문이며(15.1.3.[3]), 다른 하나는 금지의 명령의 가정법이다. 이때 "μή+부정과거 가정법" 구문이 사용된다.

예) 금지의 명령의 가정법

μὴ φάγῃ τὸν ἄρτον. 그 떡을 먹지 말라!

[참조] 금지의 명령을 나타낼 때 현재 명령법과 부정과거 가정법을 사용하는 것

의 차이는 분명하지 않고, 특별히 한국어로는 구분이 되지 않는다. 다만, 동사의 시제 형태가 현재형과 부정과거형이라는 측면에서 전달되는 내용이 차이가 난다고 보아야 한다.

④ οὐ μή+가정법 구문: 강한 부정의 가정법

강한 부정을 표현할 때 "οὐ μή+가정법" 구문을 사용한다. 이 경우 부정어 2개(οὐ 와 μή)가 연속으로 등장하는 것을 볼 수 있다. 이럴 경우 한국어의 경우는 긍정의 의미로 바뀌나 헬라어는 "결코 아니다"(never)의 의미를 갖는다.

예) 강한 부정

οὐ μὴ φάγῃ τὸν ἄρτον. 그 떡을 결코 먹지 말라!

⑤ "두려움" 동사(제1시제[현재/미래/완료형])와 함께

두려움 및 주의 등의 의미를 전달하는 동사 뒤에 "μή+가정법" 구문 형태로 등장하여 동사의 목적절로 사용된다. 이 때 "~않도록" 혹은 "~않을까"(lest)를 의미한다.

예) 두려움 동사의 목적절

βλέπετε μὴ φάγῃ τὸν ἄρτον. 그 떡을 먹지 않도록 주의하라.

16.1.3.2. 가정법이 단독으로 사용되는 예들

① 권고의 가정법

권고의 가정법 용법은 가정법 동사의 복수 1인칭(혹은 단수 1인칭)형을 독립적으로 사용하여 권고를 제안하는 용법이다.

예) 복수 1인칭

ἐσθίωμεν τοὺς ἄρτους. (우리) 그 떡(들)을 먹읍시다.

② 토의적 질문의 가정법

권고의 가정법처럼 가정법 복수 1인칭형이 독립적으로 사용된다. 그러나 평서문이 아닌 의문문으로 사용되며, 토의적 질문(숙고하는 질문)을 전달한다.

예) 복수 1인칭

ἐσθίωμεν τοὺς ἄρτους ἐν τῷ οἴκῳ ἐκείνῳ;

저 집에서 우리가 그 떡(들)을 먹을까요?

16.2. Εἰμί 동사(이다/있다)의 가정법

16.2.1. 어형

구분	εἰμί 이다/있다 (ἵνα와 함께)			
	단수		복수	
1	ὦ	내가 있기 [[위하여]]	ὦμεν	우리가 있기 [[위하여]]
2	ᾖς	너가 있기 [[위하여]]	ἦτε	너희가 있기 [[위하여]]
3	ᾖ	그/그녀/그것이 있기 [[위하여]]	ὦσι(ν)	그들/그것들이 있기 [[위하여]]

(1) εἰμί 동사의 가정법은 현재 능동태 가정법형과 동일하다. 다만, 단독으로 사용되기에 어형에 기식과 악센트가 붙었다.

(2) εἰμί 동사는 직설법의 경우처럼 능동태형만 존재한다.

16.2.2. 분해하기

구분	분해						해석
	기본형(뜻)	시	(태)	법	수	인칭	
ᾖ	εἰμί(이다/있다)	현	(능)	가	단	3	그/그녀/그것이 ~있기 [[위하여]]
ἦτε	εἰμί(이다/있다)	현	(능)	가	복	2	너희는 ~있기 [[위하여]]

16.3. 조건문의 형태와 용법 2: 가정법과 함께

16.3.1. 조건문 3식

(1) 조건문 3식은 다음과 같은 특징이 있다:

① 구문: "ἐάν+가정법, 미래 동사형 혹은 그에 준하는 형태."

② 용법: 발생할 가능성이 "더 큰" 미래More Vivid Future를 나타낸다.

③ 조건절의 부정어: μή.

(2) "ἐάν+가정법, 미래 동사형 혹은 그에 준하는 형태":

예) 발생할 가능성이 "더 큰" 미래를 표현

ἐὰν ὁ διδάσκαλος γίνῃ, διδάξεις τοὺς σοὺς μαθητάς.

만약 네가 선생님이 된다면, 너는 너의 학생들을 가르치게 될 것이다.

16.3.2. 조건문 5식(현재 시제)

(1) 조건문 5식은 다음과 같은 특징이 있다:

① 구문: "ἐάν+가정법, 현재 직설법"(때로 εἰ+희구법, 미완료 과거).

② 용법: 현재에 실현된 일반적인 조건을 제시한다.

③ 조건절의 부정어: μή.

(2) "ἐάν + 가정법, 현재 직설법":

예) 결과를 위한 일반 조건(현재)

ἐὰν ὁ διδάσκαλος γίνῃ, διδάσκεις τοὺς σοὺς μαθητάς.

만약 네가 선생님이 된다면, 너는 너의 학생들을 가르친다.

[설명] 조건문 5식의 경우 실현된 조건이기 때문에 ἐάν절이 주절의 근거로 해석될 수 있다: "네가 선생님이 되었기 때문에."

16.4. 어휘

동사

κράζω 소리치다, 외치다

ὑβρίζω 모욕하다

접속사

ἐάν (+가정법) 만약 ~라면

ἵνα (+가정법) ~하기 위해(목적); 그 결과(결과)

μή (+가정법) ~않기 위하여(두려움 따위 동사 뒤에서)

ὅπως (+가정법) ~하기 위하여(목적)

ὅταν (+가정법) ~라면 언제든지

οὐ μή (+가정법) 결코 ~아니다

16.6. 기초 문장 연습

아래 헬라어 문장을 직역하시오.

1. ὁ ὄχλος ἦλθεν πρὸς τὸν τόπον ἐκεῖνον ἵνα βλέπῃ τὸν Ἰησοῦν.

2. τὰ παιδία ἐπίστευσεν εἰς τοὺ Ἰησοῦν, ἵνα σώθῃ.

3. ἀκούωμεν τοῦ λόγου τοῦ κυρίου, ὅπως γενηθῶμεν οἱ διδάσκαλοι οἱ καλοί.

4. Οὐ μὴ ἦτε ἐν τῇ ὁδῷ τοῦ πονηροῦ ἀνθρώπου· ἀλλὰ ἔλθετε εἰς τὴν ὁδὸν τῆς ζωῆς.

5. Μὴ εἰπῇς τὸν κακὸν λόγον κατὰ τῶν σῶν ἀδελφῶν· λέγε δὲ τὸν καλόν.

6. ὅταν ὁ κύριος κράζῃ φωνῇ, οἱ δοῦλοι αὐτοῦ ἄκουσιν αὐτοῦ καὶ αὐτῷ προσέρχονται.

7. ἐὰν ὑβρίσῃς τὸν Ἰησοῦν ἐν τοῖς κακοῖς λόγοις, οὐ σώζῃ.

8. βλέπετε μὴ πίπτητε τὸν ἄρτον ἐπὶ τὴν γῆν, ὅτι οὐκ ἔχομεν ἄλλον.

9. ἐὰν ἐκβάλωμεν τοὺς πονηροὺς δούλους ἐκ τῆς ἐκκλησίας, αὐτὴ γενήσεται ἅγια.

제17과
희구법. Εἰμί 동사의 희구법
조건문의 형태와 용법 3(희구법)
조건문 제1-5식 정리

17.1. 희구법의 형태와 용법

17.1.1. 정의와 쓰임

(1) 희구법은 동사의 법(mood)의 측면에서 명령법(제15과) 및 가정법(제16과)과 함께 비-직설법 범주에 속한다(직설법과 비-직설법의 언어적 차이에 대해서는 제15과 15.1.1을 참조하라).

(2) 비-직설법에 속하는 희구법은 동사형 자체가 시간의 개념을 전달하지 않기에 직설법처럼 6시제 동사형이 필요 없다. 대신, 희구법에는 3시제형 곧, 현재, 부정과거, 완료 시제형이 존재한다:

구분	현재	미완료과거	미래	부정과거	완료	과거완료
직설법	○	○	○	○	○	○
희구법	○	×	×[?]	○	○	×

(3) 희구법의 특징은 다음과 같다: 첫째, 부정과거형에 접두모음이 붙지 않는다. 둘째, 어간 모음 -οι-가 첨가된다. 셋째, 동사의 어미에 있어서 -ω 동사 어미뿐만 아니라, 가 몇몇 -μι 동사 어미가 사용된다(-μι 동사형에 대해서는 제27과 참조).

(4) 신약 성경에서는 희구법이 잘 사용되지 않는다. 따라서 다음의 신약 성경 구

절들에 등장하는 단어들을 익숙하게 해 놓는 것이 희구법을 정복하는 좋은 방법이다: πληθυνθείη(벧전 1:2; 벧후 1:2), μὴ γένοιτο(눅 20:16; 롬 3:4, 6, 31; 6:2, 15; 7:7, 13; 9:14; 11:1, 11; 고전 6:15; 갈 2:17; 3:21; 6:14 . 참조. 눅 1:38) 등.

17.1.2. 형태

17.1.2.1. 현재 능동태 및 중간태와 수동태 희구법

구분		ω 활용 동사	기본 어미			중간태 · 수동태	
		λύω [현재어간: λυ–]	삽입 모음	원(原) 어미	해석	λύομαι [현재어간: λυ–]	
단수	1	λύ οι μι	οι	-μι	나는 풀기 바란다	λυοίμην	나는 풀리길 바란다
	2	λύ οι ς	οι	-ς	너는 풀기 바란다	λύοιο	너는 풀리길 바란다
	3	λύ οι	οι	-	그/그녀/그것은 풀기 바란다	λύοιτο	그/그녀/그것은 풀리길 바란다
복수	1	λύ οι μεν	οι	-μεν	우리는 풀기 바란다	λυοίμεθα	우리는 풀리길 바란다
	2	λύ οι τε	οι	-τε	너희는 풀기 바란다	λύοισθε	너희는 풀리길 바란다
	3	λύ οι εν	οι	-εν	그들/그것들은 풀기 바란다	λύοιντο	그들/그것들은 풀리길 바란다

(1) 현재, 능동태 및 중간태·수동태, 희구법은 "현재 어간+희구법 삽입모음(οι)+현재 능동태 원(原)-어미 변형(-μι, -ς, -, -μεν, -τε, -εν) 및 과거 중간태·수동태 원-어미(-μην, -σο, -το, -μεθα, -σθε, -νται)"를 조합해서 만든다(원-어미에 대해서는 제27과를 보라).

(2) 어미에 있어서 주의할 점은 중간태·수동태에서 현재 어미를 사용하지 않고 미완료과거 중간태·수동태 원-어미를 사용한다는 점이다. 한편, 중간태·수동태

단수 2인칭에서 λύοισο가 아니라 λύοιο가 된 것은 모음 사이에서 어미 첫 자음 "시그마"(-σ-)가 탈락했기 때문이다.

(3) 직설법의 경우처럼 희구법에서도 중간태형과 수동태형이 형태적으로 동일함을 문맥에 따라 태를 결정해야 한다.

17.1.2.2. 부정과거 희구법

17.1.2.2.1. 부정과거 능동태와 중간태 희구법

(1) 제2부정과거 능동태와 중간태 희구법

구분		ω 활용 동사	기본 어미					적용(중간태)	
		ἔλαβον [부과어간: λαβ−]	접두 모음	부과 접사	삽입 모음	원(原) 어미	해석	ἐλαβόμην [부과어간: λαβ−]	
단수	1	λάβ οι μι	*	*	οι	-μι	나는 풀기를	λαβοίμην	나는 나 자신을 풀기를
	2	λάβ οι ς	*	*	οι	-ς	너는 풀기를	λάβοιο	너는 너 자신을 풀기를
	3	λάβ οι	*	*	οι	-	그/그녀/그것은 풀기를	λάβοιτο	그/그녀/그것은 그 자신을 풀기를
복수	1	λάβ οι μεν	*	*	οι	-μεν	우리는 풀기를	λαβοίμεθα	우리는 우리 자신을 풀기를
	2	λάβ οι τε	*	*	οι	-τε	너희는 풀기를	λάβοισθε	너희는 너희 자신을 풀기를
	3	λάβ οι εν	*	*	οι	-εν	그들/그것들은 풀기를	λάβοιντο	그들/그것들은 그 자신을 풀기를

(1) 제2부정과거 희구법은 "제2부정과거 어간+희구법 삽입모음(οι)+현재 능동태 원(原)-어미 변형(-μι, -ς, -, -μεν, -τε, -εν) 및 과거 중간태 원-어미(-μην, -σο, -το,-μεθα, -σθε, -νται) 재활용"을 조합하여 만든다.

(2) 제2부정과거 희구법의 능동태 및 중간태 어미는 현재 가정법 능동태 및 중간태 어미와 동일하다. 따라서 동사의 어간을 보고 현재형인지 부정과거형인지를 구별해야 한다.

(3) 직설법의 경우처럼, 부정과거 희구법에서도 중간태형과 수동태형이 다르기 때문에 그 형태를 따로 암기해야 한다(수동태는 아래 17.1.2.2.2를 참조).

(2) 제1부정과거 능동태와 중간태 희구법

구분		ω 활용 동사	기본 어미					중간태	
		ἔλυσα [부과어간: λυ–]	접두 모음	부과 접사	삽입 모음	원(原) 어미	해석	ἐλυσάμην [부과어간: λυ–]	
단수	1	λύ σαι μι	*	σα	οι	-μι	나는 풀기를	λυσαίμην	나는 나 자신을 풀기를
	2	λύ σαι ς	*	σα	οι	-ς	너는 풀기를	λύσαιο	너는 너 자신을 스스로를 풀기를
	3	λύ σαι	*	σα	οι	-	그/그녀/그것은 풀기를	λύσαιτο	그/그녀/그것은 그 자신을 풀기를
복수	1	λύ σαι μεν	*	σα	οι	-μεν	우리는 풀기를	λυσαίμεθα	우리는 우리 자신을 풀기를
	2	λύ σαι τε	*	σα	οι	-τε	너희는 풀기를	λύσαισθε	너희는 너희 자신을 풀기를
	3	λύ σαι εν	*	σα	οι	-εν	그들/그것들은 풀기를	λύσαιντο	그들/그것들은 그 자신을 풀기를

(1) 제1부정과거 능동태 및 중간태 희구법은 "제1부정과거 어간(=기본형어간)+시상접사(σα)+희구법 삽입모음(οι)+동사의 현재 능동태 원(原)-어미 변형(-μι, -ς, -, -μεν, -τε, -εν) 및 과거 중간태 원-어미(-μην, -σο, -το, -μεθα, -σθε, -νται) 재활용"을 조합하여 만든다. 단, 제1부정과거 시상접사 -σα의 모음 -α와 희구법 삽입모음 οι가 -σαι가 된 것에 주의해야 한다.

(2) 직설법의 경우처럼 부정과거 희구법에서도 중간태형과 수동태형이 차이가 남으로 형태를 따로 외어야 한다(수동태는 아래 17.1.1.2.2를 참조하라).

17.1.2.2.2. 부정과거 수동태 희구법

(1) 제1부정과거 수동태 희구법

<table>
<tr><th rowspan="2" colspan="2">구분</th><th>ω 활용 동사</th><th colspan="5">기본 어미</th><th colspan="2">적용(어간변경)</th></tr>
<tr><th>ἐλύθην
[부과어간: λυ–]</th><th>접두
모음</th><th>수동
접사</th><th>삽입
모음</th><th>어미
(재활용)</th><th>해석</th><th colspan="2">ἐλημήμφθην
[부과어간: λημφ–]</th></tr>
<tr><td rowspan="3">단수</td><td>1</td><td>λυ θείην</td><td>*</td><td>θε</td><td>οι</td><td>-ον</td><td>나는 풀리길</td><td>λημφθείην</td><td>나는 취해지길</td></tr>
<tr><td>2</td><td>λυ θείης</td><td>*</td><td>θε</td><td>οι</td><td>-ες</td><td>너는 풀리길</td><td>λημφθείης</td><td>너는 취해지길</td></tr>
<tr><td>3</td><td>λυ θείη</td><td>*</td><td>θε</td><td>οι</td><td>-ε(ν)</td><td>그/그녀/그것은 풀리길</td><td>λημφθείη</td><td>그/그녀/그것은 취해지길</td></tr>
<tr><td rowspan="3">복수</td><td>1</td><td>λυ θείημεν</td><td>*</td><td>θε</td><td>οι</td><td>-ομεν</td><td>우리는 풀리길</td><td>λημφθείημεν</td><td>우리는 취해지길</td></tr>
<tr><td>2</td><td>λυ θείητε</td><td>*</td><td>θε</td><td>οι</td><td>-ετε</td><td>너희는 풀리길</td><td>λημφθείητε</td><td>너희는 취해지길</td></tr>
<tr><td>3</td><td>λυ θείησαν</td><td>*</td><td>θε</td><td>οι</td><td>-ον</td><td>그들/그것들은 풀리길</td><td>λημφθείησαν</td><td>그들/그것들은 취해지길</td></tr>
</table>

(1) 제1부정과거 수동태 희구법은 "제1부정과거 수동태 어간+시상접사[θε]+희구법 삽입모음(οι)+미완료과거 능동태 어미(-ον, -ες, -ε, -ομεν, -ετε, -ον) 재활용"을 조합하여 만든다. 제1부정과거 수동태 가정법에 있어서 주의할 점은 수동태 형태임에도 불구하고 재활용 된 어미가 능동태형이라는 점이다(참조. 부정과거 수동태 직설법에서도 미완료과거의 능동태 어미가 재활용됨). 이는 어미는 수와 인칭만을 전달하기에 가장 단순한 어미를 가지고 기능하도록 한 이유 때문이다.

(2) 한편, 제1부정과거 수동태 시상접사 -θε의 모음 -ε와 희구법 삽입모음 -οι-

및 재활용된 미완료 어미의 첫 모음 -ε/-ο가 조합되어 -θειη-가 된 것에 주의해야 한다.

(3) 제1부정과거 수동태의 경우 어간이 기본형 어간(=현재어간)과 동일할 수도 다를 수도 있다. 그럼에도 불구하고 제1부정과거로 분류되는 것은 제1부정과거와 제2부정과거의 구분이 어간 변경에 따른 아니라 시상접사(-θε)의 유무(有無)에 따라 결정되는 것을 말해준다.

(2) 제2부정과거 수동태 희구법

구분		ω 활용 동사 ἐγράφην [부과어간: γραφ–]	기본 어미 접두모음	수동접사		삽입모음	어미(재활용)	해석	적용(어간변경) ἐσπάρην [부과어간: σπαρ–]	
단수	1	γραφ είην	*	~~θ~~	ε	οι	-ον	나는 기록되길	σπαρείην	나는 뿌려지길
	2	γραφ είης	*	~~θ~~	ε	οι	-ες	너는 기록되길	σπαρείης	너는 뿌려지길
	3	γραφ είη	*	~~θ~~	ε	οι	-ε(ν)	그/그녀/그것은 기록되길	σπαρείη	그/그녀/그것은 뿌려지길
복수	1	γραφ είημεν	*	~~θ~~	ε	οι	-ομεν	우리는 기록되길	σπαρείημεν	우리는 뿌려지길
	2	γραφ είητε	*	~~θ~~	ε	οι	-ετε	너희는 기록되길	σπαρείητε	너희는 뿌려지길
	3	γραφ είησαν	*	~~θ~~	ε	οι	-ον	그들/그것들은 기록되길	σπαρείησαν	그들/그것들은 뿌려지길

(1) 제2부정과거 수동태 희구법은 제1부정과거 수동태형과 동일하다, 단, 차이점은 부정과거 시상접사(-θε) 첫 철자 "테타"(θ)가 탈락하여 모음(-ε-)만 남고 이것이 뒤따르는 희구법 삽입모음 -οι- 및 재활용된 미완료 어미의 첫 모음 -ε/-ο가 조합되어 -ειη-가 된 것만 차이가 난다.

(2) 부정과거 수동태 직설법형에서 제2부정과거형 동사는 희구법에서도 동일하게 제2부정과거형이 된다. 이는 직설법과 비-직설법형의 동일 시제와 동일 태는 어간을 공유하기 때문이다(단, 직설법에서 시상접두모음 ἐ-가 붙는다)

심화학습

17.1.2.3. 완료 능동태 희구법

구분		ω 활용 동사	기본 어미					적용	
		λέλυκα [완료어간: λελυ-]	어간 중복	완료 접사	삽입 모음	원(原) 어미	해석	πεπίστευκα [완료어간: πεπιστευ-]	
단수	1	λελύ κ οιμι	λε	κ	οι	-μι	나는 풀기를(상태)	πεπιστεύκοιμι	나는 믿기를
	2	λελύ κ οις	λε	κ	οι	-ς	너는 풀기를(상태)	πεπιστεύκοις	너는 믿기를
	3	λελύ κ οι	λε	κ	οι	-	그/그녀/그것은 풀기를(상태)	πεπιστεύκοι	그/그녀/그것은 믿기를
복수	1	λελύ κ οιμεν	λε	κ	οι	-μεν	우리는 풀기를(상태)	πεπιστεύκοιμεν	우리는 믿기를
	2	λελύ κ οιτε	λε	κ	οι	-τε	너희는 풀기를(상태)	πεπιστεύκοιτε	너희는 믿기를
	3	λελύ κ οιεν	λε	κ	οι	-εν	그들/그것들은 풀기를(상태)	πεπιστεύκοιεν	그들/그것들은 믿기를

(1) 완료 능동태 희구법은 "어간중복(λε)+완료 능동태 어간+완료능동태접사(κ)+희구법 삽입모음(οι)+현재 능동태 원(原)-어미 변형(-μι, -ς, -, -μεν, -τε, -εν) 재활용"을 조합하여 만든다. 단, 완료 능동태 시상접사 -κα에서 모음 -α는 탈락한 형태가 사용된다는 점에 주의해야 한다.

(2) 복수 3인칭에서 직설법과는 달리(λελύκασιν 혹은 λελύκαν) 희구법에서는 한 가지

형태만 사용된다(λελύκοιεν).

17.1.3. 분해하기

구분	분해						해석
	기본형(뜻)	시	태	법	수	인칭	
λύοιεν	λύω(풀다)	현	능	희	복	3	그들이 풀기를
λάβοιτε	λαμβάνω(취하다)	부과	능	희	복	2	너희가 취하기를
λύσαιο	λύω(풀다)	부과	중	희	단	2	너는 너 자신을 풀기를
λυθείημεν	λύω(풀다)	부과	수	희	복	1	우리가 풀리기를

17.1.4 희구법의 용법

① 제2시제(역사적 시제) 주문장에 속한 종속절(조건문, 간접의문문 등)에서 사용

희구법은 제1시제로 분류되는 현재, 미래, 완료가 아닌 제2시제(역사적 시제)로 분류되는 미완료과거, 부정과거, 대과거완료 시제가 주문장에 등장할 때, 그에 부속되는 종속절에서 사용된다. 대표적인 예로 조건문에서 사용된다. 자세한 사항은 아래 17.3을 참조하라.

② 바람의 희구법

희구법은 미래에 사건이 발생하길 기대하는 바람이나 기도를 표현할 때 사용된다.

예) 복수 1인칭

ἐσθίοιμεν τοὺς ἄρτους. 우리가 떡(들)을 먹게 되길.

③ 가능성의 희구법

어떤 사건이 발생했었어야할 바람을 표현한다. 이 때 불변화사 ἄν이 사용되어 그 모호성을 추가한다.

예) 복수 1인칭

ἐσθίοιμεν ἂν τοὺς ἄρτους ἐν τῷ οἴκῳ ἐκείνῳ.

저 집에서 우리가 그 떡(들)을 먹었어야 하는 것인데

④ "두려움" 동사(제2시제[미완료과거/부정과거/대과거완료형])와 함께

두려움 및 주의 등의 의미를 전달하는 동사 뒤에 "μή+희구법" 구문 형태로 등장하여 동사의 목적절로 사용된다. 이 때 "~않도록" 혹은 "~않을까"(lest)를 의미한다.

예) 두려움 동사의 목적절

ἴδετε μὴ φάγοις τοὺς ἄρτους. 그 떡(들)을 먹지 않도록 주의하라.

17.2. Εἰμί 동사(이다/있다)의 희구법

17.2.1. 어형

구분	εἰμί 이다/있다			
	단수		복수	
1	εἴην	나는 ~이길	εἶμεν	우리는 ~이길
2	εἴης	너는 ~이길	εἶτε	너희는 ~이길
3	εἴη	그/그녀/그것은 ~이길	εἶεν	그들/그것들은 ~이길

(1) εἰμί 동사의 희구법은 불규칙형이다. 그러나 어미 ειη-는 부정과거 수동태 어미 모음을 연상하게 한다(17.1.2.2.2 참조).

(2) εἰμί 동사는 직설법의 경우처럼 능동태형만 존재한다.

17.2.2. 분해하기

구분	분해						해석
	기본형(뜻)	시	(태)	법	수	인칭	
εἴη	εἰμί(이다/있다)	현	(능)	희	단	3	그/그녀/그것은 ~이길
εἶτε	εἰμί(이다/있다)	현	(능)	희	복	2	너희는 ~이길

17.3. 조건문의 형태와 용법 3: 희구법과 함께

17.3.1. 조건문 4식

(1) 조건문 4식은 다음과 같은 특징이 있다:

① 구문: "εἰ+희구법, ἄν을 동반한 희구법."

② 용법: 발생할 가능성이 "더 희박한" 미래Less Vivid Future를 나타낸다.

③ 조건절의 부정어: μή.

(2) "εἰ+희구법, ἄν을 동반한 희구법":

예) 발생할 가능성이 "더 희박한" 미래를 표현

εἰ ὁ διδάσκαλος γίνοιο, διδάσκοις ἂν τοὺς σοὺς μαθητάς.

만약 네가 선생이 된다하더라도, 너는 너의 학생들을 가르치지는 못할 것이다.

[설명] 비록 부정어가 등장하지 않더라도 뉘앙스 때문에 부정적인 문장으로 번역될 수밖에 없다.

17.3.2. 조건문 5식(과거 시제)

(1) 조건문 5식은 다음과 같은 특징이 있다:

① 구문: (때로) "εἰ+희구법, 미완료 과거."

② 용법: 과거에 실현된 일반적인 조건을 제시한다.

③ 조건절의 부정어: μή.

(2) "εἰ+희구법, 미완료 과거":

예) 결과를 위한 일반 조건(과거)

εἰ ὁ διδάσκαλος γίνοιο, ἐδίδασκες τοὺς σοὺς μαθητάς.

네가 선생님이 되었기에, 너는 너의 학생들을 가르치게 되었다.

[설명] 조건문 5식의 경우 실현된 조건이기 때문에 εἰ절이 주절의 근거로 해석될 수 있다: "네가 선생님이 되었었기 때문에."

17.4. 조건문 정리: 조건법의 5가지 종류

(1) 헬라어의 조건문은 총 5식으로 이뤄져 있으며, 2가지 종류의 접속사(εἰ, ἐάν)와 함께 사용되어 다양한 정보와 뉘앙스를 전달한다. 앞선 제15-17과에서 살펴본 예들을 도표로 정리하면 다음과 같다:[29]

구분	조건절	귀결절	의미(용법)
제1식	εἰ+직설법 현재/과거	모든 동사형(현재/과거)	결과를 위한 "특정" 조건
	εἰ+직설법 미래	직설법 미래	발생할 가능성이 "가장 큰" 조건 (위협과 경고의 의미)
제2식	εἰ+직설법 미완료과거	ἄν+직설법 미완료과거	사실에 대한 반대 조건(현재시제)
	εἰ+직설법 부정과거	ἄν+직설법 부정과거	사실에 대한 반대 조건(과거시제)
제3식	ἐάν+가정법(제16과 참조)	미래 동사형/준하는 형태	발생 가능성이 "더 큰" 조건
제4식	εἰ+희구법(제17과 참조)	ἄν+희구법	발생 가능성이 "더 희박한" 조건
제5식	ἐάν+가정법(제16과 참조)	현재 직설법	결과를 위한 "일반" 조건
	εἰ+희구법(제17과 참조)	미완료과거 직설법	

(2) 위의 조건문 제1-2식은 직설법과 함께 사용되고, 제3, 5식은 가정법, 제4, 5식은 희구법과 사용된다. 조건문 1-5식은 각각의 뉘앙스를 전달하는데, 이 동사의 법(法)형태의 뉘앙스가 각 식에 반영되어 있다고 생각하면 된다.[30]

17.5. 어휘

동사

διαλογίζομαι 논의하다, 대화하다; 숙고하다(dep.)

명사

ἔργον, ου, τό 일, 행위

형용사

ἕτερος, α, ον 다른 종류의, 상이한

접속사

μέν 한편은, 실로 (μέν... δέ... 한편은..., 다른 한편은...)

17.6. 기초 문장 연습

아래 헬라어 문장을 직역하시오(희구법이 어려우므로 본문의 예문들을 다시 본다).

1. ἐσθίοιμεν τοὺς ἄρτους, καὶ πράξομεν τὸ ἔργον τοῦ κυρίου.

2. ἰδοὺ ὁ δοῦλος τοῦ κυρίου· γένοιτό σὺν ἐμοὶ κατὰ τὸν λόγόν σου.

3. ἕκαστοι εἶτε ἅγιοι.

4. εἴη μὲν ἡ εἰρήνη ὑμῖν, ἡμῖν δὲ ἡ ἀγάπη.

5. ἐσθίοιμεν ἂν τοὺς ἄρτους ἐν τῷ οἴκῳ ἐκείνῳ.

6. ἴδετε μὴ φάγοις τὸν ἄρτον τὸν ἕτερον, ὃν ἐλάβετε ἀφ' ἡμῶν.

7. διελογίσαντο μὴ ὁ Ἰωάννης εἴη ὁ χριστός.

8. εἰ ὁ διδάσκαλος γίνοιο, διδάσκοις ἂν τοὺς σοὺς μαθητάς.

9. εἰ ὁ διδάσκαλος γίνοιο, ἐδίδασκες τοὺς σοὺς μαθητάς.

제18과
부정사
Εἰμί 동사의 부정사
조건적 관계절(관계대명사 추가)

18.1. 부정사의 형태와 용법

18.1.1. 정의와 쓰임

(1) 부정사는 동사의 법(mood)에 속하지 않는다. 이는 분사와 함께(제22-24, 26과 참조) 동사에서 변형된 형태로 동사 이외의 용법을 전하는 품사다. 부정사의 경우, 일반적으로 동사에서 명사가 변형된 것이기에 동명사(動名詞)로 부른다(한편, 분사의 경우 동사에서 형용사로 변형된 것이기에 동형사(動形詞)라고 부른다). 따라서 동명사는 동사적 특성(시제, 태)을 가지면서도, 동시에 명사적 특성(성, 수, 격)을 취한다. 단. 명사일 때 중성, 단수형 취급한다.

(2) 부정사는 그 자체로 시간적 개념을 전달할 수 없다. 따라서 직설법처럼 6시제 동사형이 필요 없다. 대신, 부정사에는 3시제형 곧, 현재, 부정과거, 완료 시제형이 존재한다:

구분	현재	미완료과거	미래	부정과거	완료	과거완료
직설법	○	○	○	○	○	○
부정사	○	×	×[?]	○	○	×

(3) 부정사의 특징은 다음과 같다: 첫째, 부정과거형에 접두모음이 붙지 않는다. 둘째, 명사화되어 수와 인칭에 따라 변경되지도 않으면서, 불변화 명사처럼 한

형태로 사용된다(아래 18.1.2. 참조). 셋째, 부정사가 의미상 주어를 취할 때(즉, 동사로 해석될 때) 주어로 사용되는 명사의 격의 대격형이다. 즉, 부정사는 대격 형태의 주어를 취한다.

(4) 부정사는 일반적으로 부정사를 취하는 어휘들(예, θέλω, μέλλω, ἔξεστιν 등)과 함께 사용되기에 이 어휘들을 암기하는 것이 도움이 된다(18.1.3을 참조하라).

18.1.2. 형태

구분	현재	제2부정과거		제1부정과거	완료
	λύω [현재어간: λυ–]	ἔλαβον [부과어간: λαβ–]		ἔλυσα [부과어간: λυ–]	λέλυκα [완료어간: λελυ–]
능동태	λύ ειν	λαβ εῖν		λῦ σαι	λελυ κέναι
중간태	λύ εσθαι	λαβ έσθαι	제2부과	λύ σασθαι	λελύ σθαι
수동태		[주의] λημφ θῆναι (제1부과)	γραφ ῆναι	λυ θῆναι	

(1) 부정사는 곡용이나 활용을 하지 않기에 위처럼 한 도표로 표기할 수 있다. 그러나 각 시제 및 각 태의 부정사 어미는 다양하기에 주의해야 한다.

(2) 현재 능동태 및 중간태 부정사 어미(-ειν, -εσθαι)는 제2부정과거 능동태 및 중간태 어미에 재활용되었다. 다만, 제2부정과거 어미는 악센트를 가진다(-εῖν, -έσθαι).

(3) 제1부정과거 능동태 및 중간태 부정사는 "부정과거어간+시상접사(-σα-)+부정사 어미"의 조합으로, 수동태형은 "부정과거수동태어간+수동태 시상접사(-θε-)+부정사 원(原)-어미(-[ε]ναι)"를 조합하여 만든다. 단, 제2부정과거 수동태 부정사의 경우 시상접사 첫 자음 "테따"(θ)가 탈락한 형태를 취한다(γραφῆναι)

(4) 완료 능동태 부정사의 경우 "어간중복(λε)+완료 능동태 어간+완료능동태접사(κ)+부정사 원(原)-어미(-[ε]ναι)"을 조합하여 만든다. 단, 완료 능동태 시상접사 -κα에서 모음 -α는 탈락한 형태가 사용된다는 점에 주의해야 한다. 수동태 부정사의 경우 어미만 -σθαι로 변경했다.

18.1.3. 부정사의 용법

18.1.3.1. 명사적 용법

(1) 부정사가 명사적으로 사용될 경우 문장에서 주어, 목적어 등으로 사용될 수 있다.

(2) 부정사가 명사로 사용될 때 부정사는 중성, 단수 취급을 하고 종종 중성 관사를 수반한다. 이는 부정사가 비-곡용형이기 때문이며, 따라서 앞에 위치한 중성 관사의 곡용을 보고 부정사의 격을 파악한다.

① 정동사의 주어

(1) 부정사가 중성, 단수, 주격형태로 정동사의 주어로 기능할 수 있다. 이 때 정동사는 대부분 εἰμί의 단수, 3인칭형이 되며(부정사가 중성, 단수 취급되기 때문에), 형용사의 중성, 단수, 주격형태가 보어로 등장한다. 이때 부정사는 관사를 취하지 않는다:

예) "ἔστιν+형용사(중성,단수,주격)+부정사" 구문(무관사)
ἔστιν καλὸν ἐσθίειν τοὺς ἄρτους. 그 떡(들)을 먹는 것이 좋다.

(2) 그러나 부정어는 일반 동사의 주어도 될 수 있다. 이 때 부정사는 관사 τό를 동반한다:

예) 일반 동사의 주어로서의 부정사(관사 τό를 동반)

τὸ ἀποθανεῖν μόνον οὐ σῴζει τὸν ἄνθρωπον.

단지 죽는 것이 사람을 구원하지는 않는다.

② 정동사의 목적어

(1) 부정사는 일반 동사의 목적어로 사용될 수 있다. 이 때 정사는 관사 τό를 동반한다.

예) 일반 동사의 주어로서의 부정사(관사 τό를 동반)

ἐπέχετε τῷ διδαχθῆναι ὑπὸ τοῦ ἀποστόλου.

(너희는) 그 사도에 의해 가르쳐진 것을 굳게 지키라!

③ 비인칭 동사의 주어

(1) 부정사는 3인칭 단수형에서만 고유한 의미를 가지는 δεῖ(해야하다), ἔξεστιν(합당하다)과 같은 비인칭 동사들의 주어로 사용될 수 있다. 이 때 비인칭 동사는 3인칭 단수형인데, 부정사(구)가 의미상 이 동사들의 주어가 되며, 부정사는 여러 문장 요소들(예를 들어, 의미상의 주어나 목적어 등)을 수반할 수 있다:

예) "δεῖ+부정사" 구문

δεῖ ἡμᾶς ἐσθίειν τοὺς ἄρτους. 우리가 그 떡(들)을 먹어야 한다.

[설명] 부정사(ἐσθίειν)의 의미상의 주어는 대격 형태(ἡμᾶς)이다. 한편, 부정사에 대격 목적어가 동반될 수 있다(τοὺς ἀρτούς). 즉, 한 부정사에 대격 형태의 어휘가 2개가 등장할 수 있다. 이 경우 문맥에 따라 의미상 주어와 목적어를 결정해야 하지만, 일반적으로 의미상 주어로 사용되는 목적어는 부정사 앞에 놓인다는 규칙을 염두에 두면 해석에 도움이 된다.

예) "ἔξεστιν+여격명사+부정사" 구문

ἔξεστιν ἡμῖν ἐσθίειν τοὺς ἄρτους. 우리가 그 떡(들)을 먹는 것이 합당하다.

[설명] 일반적으로 부정사의 의미상의 주어는 대격 형태이다. 그러나 ἔξεστιν 동사는 "여격명사+부정사"구를 취하는 특징이 있다. 따라서 여격명사 ἡμῖν가 부정사 ἐσθίειν의 의미상 주어로 해석되어야 한다.

18.1.3.2. 동사적 용법

① 보충적 용법

(1) 헬라어에는 부정사와 함께 사용되는 동사들이 존재하며(예. θέλω[원하다], μέλλω[~하려고 한다], δύναμαι[할 수 있다], ὀφείλω[해야한다] 등), 이 동사들과 함께 사용되어 그 동사(정동사로 부름)의 의미를 보충해 주는 기능을 한다.

(2) 위에서 언급된 부정사를 취하는 정동사는 부정사를 통한 의미의 보충이 없으면 독립된 의미를 갖지 못하는 특징이 있다. 즉, 부정사의 의미로 그 의미가 보충되어야 한다. 따라서 보충적 용법이라 부른다.

예) "θέλω+부정사" 구문

θέλομεν ἐσθίειν τοὺς ἄρτους ἐν τῷ οἴκῳ ἐκείνῳ.

우리는 저 집에서 그 떡(들)을 먹길 원한다.

예) "μέλλω+부정사" 구문

τὸ παιδίον μέλλει ἐσθίειν τοὺς ἄρτους.

그 어린이가 그 떡(들)을 이제 막 먹으려고 한다.

② **"말하다," "생각하다" 따위의 일부 동사와 함께 간접화법**

(1) "대격 명사+부정사" 구문을 취하는 동사들(예. λέγω[말하다], εὑρίσκω[발견하다], αἰτέω[요청하다, 묻다] 등)과 함께 사용되어 해당 동사(정동사)의 목적구를 형성한다(간접화법) 이 때, 대격 명사는 부정사의 의미상 주어(즉, 형태는 대격 형태지만 주어로 해석)가 되고 부정사는 대격 명사의 동사로 해석된다(부정사의 주어는 대격 형태로 나타난다).

예) "λέγω+대격 명사-부정사" 구문

λέγουσιν τὸν δοῦλον ἐσθίειν τοὺς ἄρτους ἐν τῷ οἴκῳ ἐκείνῳ.

그들이 그 종이 저 집에서 그 떡(들)을 먹고 있다는 것을 말한다.

(2) 그러나 이 대격 구문("대격 명사-부정사")은 목적절로 변경이 가능한데, 이 때 ὅτι에 의해 목적절이 이끌리며, 대격 명사는 주격형태로, 부정사는 적절한 직설법 형태로 변경된다:

예) "λέγω+ὅτι절" 구문

λέγουσιν ὅτι ὁ δοῦλος ἐσθίει τοὺς ἄρτους ἐν τῷ οἴκῳ ἐκείνῳ.

그들이 그 종이 저 집에서 그 떡(들)을 먹고 있다고 말한다.

③ **부사절 용법(전치사와 함께)**

(1) 부정사가 주문장과 관련해 종속절의 기능을 하는 용법이다. 그러나 부정사는 문장을 형성할 수 없음으로 이 기능을 위해 전치사와 함께 사용되어 의미상 종속절의 기능을 감당한다. 이 때 전치사의 의미에 의존해 주동사와의 관계 속에서 시간적 개념이 전달되곤 하는데(상대적 시제), 그럼에도 불구하고 이는 동사의 시제 형태에 따른 것이 아니라 전치사의 의미에 따른 것임을 기억할 필요가 있다.

(2) 전치사의 의미에 따라 주동사와 동시 시간을 나타낼 수 있다:

예) "ἐν τῷ+부정사" 구문

ἐν τῷ ἐσθίειν τοὺς ἄρτους λέγω τῷ κυρίῳ.

그 떡(들)을 먹는 동안 나는 주님께 말한다.

(3) 전치사의 의미에 따라 주동사보다 앞선 시간을 나타낼 수 있다:

예) "μετὰ τό+부정사" 구문

μετὰ τὸ ἐσθίειν τοὺς ἄρτους λέγω τῷ κυρίῳ.

그 떡(들)을 먹는 이후 나는 주님께 말한다.

(4) 전치사의 의미에 따라 주동사보다 이후 시간을 나타낼 수 있다:

예) "πρίν+부정사 혹은 πρὸ τοῦ+부정사" 구문

πρὸ τοῦ ἐσθίειν τοὺς ἄρτους λέγω τῷ κυρίῳ.

그 떡(들)을 먹기 전에 나는 주님께 말한다.

(5) 이 외에도 전치사의 의미에 따라 다양한 의미를 전달한다. 예. "εἰς/πρὸς τό+부정사"(목적), "διὰ τό+부정사"(이유).

④ 목적 용법

(1) 부정사는 특정 문맥에서 목적의 의미로 주동사의 의미를 보충해 준다. 이때 2가지 형식을 취한다:

첫째, 전치사 없는 구문: 부정사 단독 혹은 "τοῦ+부정사" 구문:

예) "τοῦ+부정사" 구문

τὰ τέκνα ἦλθον τοῦ ἐσθίειν τοὺς ἄρτους.

그 아이들이 그 떡(들)을 먹기 위해 왔다.

둘째, 전치사와 함께 사용되는 구문: "εἰς/πρὸς τό+부정사" 구분:

예) "εἰς τό+부정사" 구문

τὰ τέκνα ἦλθον εἰς τὸ ἐσθίειν τοὺς ἄρτους.

그 아이들이 그 떡(들)을 먹기 위해 왔다.

⑤ 결과 용법

(1) 부정사는 특정 문맥에서 결과의 의미로 주동사의 의미를 보충해 준다. 이때 3가지 형식을 취한다:

첫째, 전치사 및 접속사 없는 구문: 부정사 단독 혹은 "τοῦ+부정사" 구문:

예) "τοῦ+부정사" 구문

τὰ τέκνα ἦλθον τοῦ ἐσθίειν τοὺς ἄρτους.

그 아이들이 왔다. 그 결과 그 떡(들)을 먹었다.

둘째, 전치와 함께 사용되는 구문: "εἰς τό+부정사" 구분:

예) "εἰς τό+부정사" 구문

τὰ τέκνα ἦλθον εἰς τὸ ἐσθίειν τοὺς ἄρτους.

그 아이들이 왔다. 그 결과 그 떡(들)을 먹었다.

셋째, 접속사와 함께 사용되는 구문: "ὥστε+부정사" 구문:

예) "ὥστε+부정사" 구문

τὰ τέκνα ἦλθον, ὥστε ἐσθίειν τοὺς ἄρτους.

그 아이들이 왔다. 그 결과 그 떡(들)을 먹었다.

[설명] ὥστε의 경우 부정사뿐만 아니라, 직설법과도 함께 사용된다. Burton에 따르면, "ὥστε+직설법" 구문은 실제적인 결과를 드러내며, "ὥστε+부정사" 구문은 예상되는 결과가 실제로 드러나는 것과 그렇지 않은 것 모두를 표현하는데 사용된다고 한다.[31] 그렇다면 위의 예문은 "아이들"이 온 것은 사실이지만 "그 떡(들)"을 먹었는지에 대해서는 확실한 결론이 없다고 해야 한다.

(2) 위의 구문들 중에서 셋째 구문을 제외한 첫째 및 둘째 구문은 목적 용법과 그 형식이 동일한데, 이는 구문의 형식도 중요하지만 어떤 문맥에서 구문이 사용되는지를 파악하는 것이 보다 중요한 요소가 됨을 보여준다.

⑥ 편지 서두 문안의 부정사

(1) 편지 서두에서 부정사가 사용되어 발신자가 수신자에게 전하는 문안의 내용을 전달한다.

(2) 이는 관용적 표현법이며 신약 성경의 대표적인 예로는 야고보서 1:1와 사도행전 15:23b가 있다.

예) 약 1:1

Ἰάκωβος... ταῖς δώδεκα φυλαῖς... χαίρειν.

야고보는... 열 두 지파에게 문안하노라.

⑦ 명령법 대용의 부정사

(1) 부정사가 문맥상 간혹 명령법으로 해석되어야 할 경우가 등장한다.

(2) Burton과 Wallace는 이를 신약 성경에만 제한된 용법으로 보며 대표적인 예로 빌립보서 3:16과 로마서 12:15을 제시한다.[32]

예) 롬 12:15

χαίρειν μετὰ χαιρόντων, κλαίειν μετὰ κλαιόντων.

즐거워하는 자들로 함께 즐거워하고 우는 자들로 함께 울라.

18.1.4. 분해하기

구분	분해						해석
	기본형(뜻)	시	태	법	수	인칭	
λύειν	λύω(풀다)	현	능	부	*	*	푸는 것/푼 것(명사적 용법)
λαβεῖν	λαμβάνω(취하다)	부과	능	부	*	*	취하는 것/취한 것(명사적 용법)
λῦσαι	λύω(풀다)	부과	능	부	*	*	푸는 것/푼 것(명사적 용법)
γραφῆναι	γράφω(쓰다)	부과	수	부	*	*	기록되는 것/기록된 것(명사적 용법)

18.2. Εἰμί 동사(이다/있다)의 부정사

18.2.1. 어형

구분	εἰμί 이다/있다
어형	εἶναι

(1) εἰμί 동사의 가정법은 불규칙형이다. 다만, 어미 -ναι는 부정사의 원(原)어미형으로 알려져 있다(참조. λυθῆναι[부과.수.부]).

(2) εἰμί 동사는 직설법의 경우처럼 능동태형만 존재한다.

18.2.2. 분해하기

구분	분해						해석
	기본형(뜻)	시	(태)	법	수	인칭	
εἶναι	εἰμί(이다/있다)	현	(능)	부	*	*	있는 것(명사적 용법)

18.3. 조건적 관계절

(1) 조건적 관계절이란 관계대명사(ὅς, ἥ, ὅ)가 조건을 제시하는 어휘들(ἐάν, ἄν)과 함께 사용되어 특정하지 않는 대상을 표현한다. 이 때 조건적 관계절의 동사는 가정법 형태가 된다.

(2) 조건적 관계절은 신약 성경에서 주로 독립적으로 사용되며, "~하는 자는 누구든지"(인격체) 혹은 "~하는 것은 무엇이든지"(비-인격체)로 해석된다:

예) ὃς ἂν θέλῃ ἐν ὑμῖν εἶναι τὸν κύριον ἔσται δοῦλος.
너희 중에 주인이 되기를 원하는 자는 누구든지 종이 될 것이다(참조. 막 10:44).

(3) 그러나 주절의 성과 수가 일치하는 명사를 한정하는 경우도 있다:

예) ὃς ἂν ποιήσῃ τὸν λόγον τοῦ θεοῦ, οὗτος ἀδελφός μου καὶ ἀδελφή.
하나님의 말씀을 행하는 자는 누구든지 이 사람이 나의 형제요 자매이다(참조. 막 3:35).

18.4. 어휘

동사

(αἰτέω 요청하다, 묻다 [제19과])

δεῖ (+부정사) ~해야 한다(비인칭 동사)

ἔξεστιν (+여격, +부정사) (여격명사)가 (부정사)하는 것이 합당하다

θέλω (+부정사) 원하다

κλαίω 울다

μέλλω (+부정사) ~하려고 하다 (근접미래)

명사

Ἰάκωβος, ου, ὁ 야고보, 야곱

φυλή, ῆς, ἡ 지파

수사

δώδεκα 12, 열 둘

접속사

ὥστε (+부정사) 그 결과; (간혹) ~하기 위하여 (목적)

18.5. 기초 문장 연습

아래 헬라어 문장을 직역하시오.

1. δεῖ ἡμᾶς ἐσθίειν τοὺς ἄρτους μετὰ τῶν μαθητῶν τοῦ Ἰησοῦ.

2. ἔστιν καλὸν ἀκοῦσαι τοῦ λόγου τῆς ἀληθείας ἐν τῇ ἐκκλησίᾳ· ἄξει γὰρ ἡμᾶς εἰς ζωήν.

3. ἔξεστίν σοι βαπτίζειν τοὺς ἀνθρώπους οἳ ἐπίστευσαν εἰς τὸν θεόν.

4. τὸ διδαχθῆναι τῷ λόγῳ ἄξει ὅλην τὴν φυλὴν τοῦ κόσμου τούτου εἰς τὴν ἀλήθειαν.

5. θέλομεν πορεύεσθαι πρὸς τὴν ἐκκλησίαν τοῦ ἀκούειν τῆς διδαχῆς, ἵνα μαθηταὶ γενηθῶμεν.

6. μετὰ τὸ ἐσθίειν τοὺς ἀποστόλους ἄρτους μέλλουσιν ἐξέρχεσθαι πρὸς τὸν κόσμον εἰς τὸ κηρύσσειν τὴν ὁδόν.

7. τὰ τέκνα ἦλθον εἰς τὴν οἰκίαν, ὥστε ἐσθίειν τοὺς ἄρτους σὺν ταῖς ἀδελφαῖς αὐτῶν καὶ μὴ κλαίειν.

8. εὕρομεν τὸν Ἰησοῦν εἶναι Χριστὸν τὸν υἱὸν τοῦ θεοῦ καὶ διδάσκαλον ἐκκλησίας τὸν Ἰάκωβον.

9. λέγουσιν τὸν ἀπόστολον κήρυξαι τὸ εὐαγγέλιον τοῦ Ἰησοῦ ἐν τῇ βασιλείᾳ ἐκείνῃ.

제19과
단축 동사와 모음 단축 규칙
중요 단축동사 정리

19.1. 단축동사의 특징

19.1.1. 동사의 형태

(1) 단축동사는 기본형 어간이 모음 -α, -ϵ, -o로 끝나는 특징들을 가지고 있다:

-αω형	-ϵω형	-oω형
ἀγαπά ω (사랑하다)	φιλέ ω (사랑하다/좋아하다)	πληρό ω ([가득]채우다)

(2) 단축동사 그 자체로는 어미가 모음으로 끝난다는 것 외에는 다른 특징이 없다. 즉, 시, 법, 태, 수, 인칭의 쓰임은 일반 동사와 동일하다. 다만, 모음(특별히, 개모음)으로 끝나기에 후속하는 동사 어미가 모음으로 시작할 경우 단축동사의 어간 모음과 어미 모음이 조우해 모음 변형이 일어나는 것이 특징이다(아래 19.1.2의 모음 단축 규칙을 참조하라).

(3) 제13과에서 살펴보았듯이, 헬라어 동사의 6어간(및 6시제[미완료과거추가])에서 어미는 단지 모음으로 이뤄진 경우와 시상 접사(-σ-/-θ-)를 취하는 경우로 구성된다:

기본형 어간		미래 능동태	부과 능동태	완료 능동태	완료 수동태	부과 수동태
현재 능동태	미완과 능동태					
λύω	ἔλυον	λύσω	ἔλυσα	λέλυκα	λέλυμαι	ἐλύθην
λαμβάνω	ἐλάμβανον	λήμψομαι	ἔλαβον	εἴληφα	εἴλημμαι	ἐλήμφθην

(4) 위 도표에서 (단축동사와 관련하여) 어미가 모음(α, ϵ, η, ι, ο, ω)으로 시작되는 경우는 현재(예. λύω, λαμβάνω), 미완료 과거(예. ἔλυον, ἐλάμβανον), 제2부정과거(예. ἔλαβον), 제2완료(예. ϵἴληφα) 시제들뿐이다. 이는 어간 모음과 어미 모음이 직접 만나는 경우가 이 네 가지 경우뿐이라는 것이다. 그러나 그마저도 제2부정과거와 제2완료는 기본형 어간에서 부정과거 및 완료 어간이 변경되어야만 미완료 어미(제2시제 어미)를 재활용하게 되어 모음으로 시작되는 어미가 사용된다는 점을 고려할 때, 단축동사가 제2부정과거와 제2완료가 되는 경우 그 어간들도 단축동사의 특징(즉, 모음 -α, -ϵ, -ο로 끝나는지)을 가지고 있는지를 살펴보아야 한다. 그러나 그런 경우는 사실상 없다(λαμβάνω의 제2부정과거와 제2완료 어간은 각각 λαβ-[ἔλαβον], ϵἴληφ-[ϵἴληφα]이다). 따라서 단축 동사의 모음 단축에 따른 변형은 현재시제와 미완료과거 시제에만 적용된다:

기본형	현재형	미완료 과거형
ἀγαπάω	ἀγαπά + ω	ἠγάπα + ον
φιλέω	φιλέ + ω	ἐφίλϵ + ον
πληρόω	πληρό + ω	ἐπλήρο + ον

(5) 한편, 단축동사의 어간 모음은 미래 혹은 제1부정과거 시상접사 "시그마"(-σ) 앞에서 길어지는 현상을 보인다(미래의 경우 어간이 바뀌면 안되고, 제2부정과거는 해당 사항이 없다):

기본형	미래형	제1부정과거형
ἀγαπάω	ἀγαπά + ω ▸ ἀγαπήσω	ἠγάπα + ον ▸ ἠγάπησα
φιλέω	φιλέ + ω ▸ φιλήσω	ἐφίλε + ον ▸ ἐφίλησα
πληρόω	πληρό + ω ▸ πληρώσω	ἐπλήρο + ον ▸ ἐπλήρωσα

(6) 위 도표에서 보듯, 어간 모음 "알파"(-α)와 "엡실론"(-ϵ)은 시상접사 "시그마"(-σ-) 앞에서 "에타"(-η-)로 길어지고, 어간 모음 "오미끄론"(-ο)은 "오메가"(-ω-)로 길어진다. 그러나 이 규칙이 적용되지 않는 예외적인 동사도 있다: καλέω(현재[부르다])-καλέσω(미래)-ἐκάλεσα(제1부정과거).

19.1.2. 모음 단축 규칙

(1) 모음 단축 규칙은 개모음(-α, -ϵ, -ο) 이후 모음이 따를 때 발생하는 모음 일반 규칙이다(단, 폐모음[-υ, -ι]의 경우 뒤따르는 모음과 단축이 일어나지 않는다. 예외. -υι). 그러나 단축 동사의 어간 모음과 현재 및 미완료과거 어미의 첫 모음이 제한되기 때문에 사실상 모든 경우에 수에서 발생하는 것은 아니다. 그러므로 효과적 학습을 위해 현재 및 미완료과거 어미들의 첫 모음 어미를 살펴보는 것이 도움이 된다:

기본형		현재		미완료 과거	
		능동태	중간/수동태	능동태	중간/수동태
단	1	-ω	-ομαι	-ον	-ομην
	2	-εις	-ῃ	-ες	-ου
	3	-ει	-εται	-ε(ν)	-ετο
복	1	-ομεν	-ομεθα	-ομεν	-ομεθα
	2	-ετε	-εσθε	-ετε	-εσθε
	3	-ουσι(ν)	-ονται	-ον	-οντο

(2) 위의 어미들을 고려할 때 단축 현상이 나타날 경우는 다음과 같다:

어간모음
-α
-ε
-ο

+

어미 첫 모음		
모음 종류	현재	미완료 과거
-ε 모음 계열	εις, ει, ετε, ῃ, εται, εσθε	ες ε(ν), ετε, ετο, εσθε
-ο 모음 계열	ω, ομεν, ουσι(ν), ομαι, ομεθα, ονται	ον, ομεν, ομην, ου, ομεθα, οντο

(3) 위의 도표를 보면 단축 동사에서 모음 단축 현상이 일어날 수 있는 경우는 총 6가지 경우이다. 즉, 어간 모음 3종류에 대한 두 계열의 어미 첫모음의 경우의 수이다.

(4) 그러나 어미 첫 모음을 기준으로 상세한 구분이 가능하다. 즉, 첫 모음이 단모음으로 시작하는 경우와 이중모음으로 시작하는 경우이다. 단축 법칙에서 이 두 경우는 구분이 되기에 주의해야 한다.

19.1.2.1. 단모음과의 단축

어간모음
-α
-ε
-ο

+

어미 첫 모음		
모음 종류	현재	미완료 과거
-ε 모음 계열	ετε, εται, εσθε	ες, ε(ν), ετε, ετο, εσθε
-ο 모음 계열	ω, ομεν, ομαι, ομεθα, ονται	ον, ομεν, ομην, ομεθα, οντο

(1) 같은 모음(계열)끼리 만날 경우

① 같은 모음(계열)이 만날 경우 그 모음의 장모음이 된다:

ⓐ α+α=α (신약성경에 없음)

ⓑ ε+η=η

ⓒ ο+ω=ω

② 그러나 다음의 예외가 있다:

ⓓ ε+ε=ει

ⓔ ο+ο=ου

(2) 다른 모음(계열)끼리 만날 경우

① α계열모음과 ε계열 모음이 만날 경우 먼저 등장한 모음계열로 길어진다:

ⓐ α+ε/η=α

ⓑ ε+α=η (신약성경에 없음)

② ο계열모음과 α/ε계열모음이 만날 경우 ω로 길어진다:

ⓒ ο+α 혹은 η=ω (α형 신약성경에 없음)

ⓓ α+ο 혹은 ω=ω

ⓔ ε+ω=ω

③ 그러나 다음의 예외가 있다:

ⓕ ε+ο=ου

ⓖ ο+ε=ου

19.1.2.2. 이중 모음과의 단축

어간모음
-α
-ε
-ο

+

어미 첫 모음		
모음 종류	현재	미완료 과거
-ε 모음 계열	εις, ει, ῃ	없음
-ο 모음 계열	ουσι(ν)	ου

(1) 같은 모음(계열)끼리 만날 경우

이 경우 단축 동사 어간 모음과 어미의 이중모음 첫 번째 모음을 19.1.2.1의 규칙에 따라 단축한다. 이후 어미의 이중모음의 두 번째 모음은 단축 된 모음이 순장모음 중 하나로 길어지고 어미의 이중모음의 두 번째 모음이 이오따일 경우는 "이오따 하기법"을 따르고, "이오따 하기법"을 따를 여건이 되지 않으면 삭제한다. 이오따 외의 모음은 조건과 상관없이 삭제한다:

ⓐ ε+ει=ει[예외 규칙]+ι = ει("이오따 하기" 불가능).

ⓑ ε+ῃ=ῃ(동일한 모음으로 길어짐+"이오따 하기" 유지).

ⓒ ο+ου=ου[예외규칙]+ο = ου(이오따 외의 모음 탈락).

(2) 다른 모음(계열)끼리 만날 경우

다른 모음(계열)끼리 만날 경우에도 위의 규칙이 적용된다. 즉, 단축 동사의 어간 모음과 어미의 이중모음의 첫 모음을 단축시킨 후 상황에 따라 두 번째 모음을 "이오따 하기" 혹은 탈락시킨다:

ⓐ α+ει=η[일반 규칙]+ι = ᾳ(α가 장모음임으로 "이오따 하기").

ⓑ α+ῃ=ᾳ(일반 규칙+"이오따 하기" 유지).

ⓒ α+ου=ω[일반 규칙]+υ = ω(이오따 외의 모음 탈락).

그러나 단축동사에서는 예외형태가 적용됨(아래 19.2.3 참조):

ⓓ ϵ+ου=ου[예외 규칙]+υ = ου("이오따" 외의 모음 탈락).

ⓔ ο+ϵι=ου[예외 규칙]+ι = ου("이오따 하기" 불가능).

ⓕ ο+ῃ= ῳ(일반 규칙+"이오따 하기" 유지).

19.1.2.3. 모음 단축 규칙 정리

구분		어미 첫 모음						
		단모음				이중모음		
		α	ϵ	ο	ω	ϵι	ῃ	ου
어간 모음	α	α	α	ω	ω	ᾳ	ᾳ	ω
	ϵ	η	ϵι	ου	ω	ϵι	ῃ	ου
	ο	ω	ου	ου	ω	οι	οι	ου

19.2. 단축 동사 곡용

19.2.1. –αω형(ἀγαπάω)

19.2.1.1. 직설법: 현재와 미완료과거

(1) 현재 능동태와 중간태·수동태

구분		αω 활용 동사	기본 어미			중간태 · 수동태	
		ἀγαπάω [현재어간: αγαπα–]	어간 모음	현재 어미	해석	ἀγαπῶμαι [현재어간: αγαπα–]	
단수	1	ἀγαπ ῶ	-α	-ω	나는 사랑한다	ἀγαπῶμαι	나는 사랑 받는다
	2	ἀγαπ ᾷς	-α	-εις	너는 사랑한다	ἀγαπᾷ	너는 사랑 받는다
	3	ἀγαπ ᾷ	-α	-ει	그/그녀/그것은 사랑한다	ἀγαπᾶται	그/그녀/그것은 사랑 받는다
복수	1	ἀγαπ ῶμεν	-α	-ομεν	우리는 사랑한다	ἀγαπώμεθα	우리는 사랑 받는다
	2	ἀγαπ ᾶτε	-α	-ετε	너희는 사랑한다	ἀγαπᾶσθε	너희는 사랑 받는다
	3	ἀγαπ ῶσι(ν)	-α	-ουσι(ν)	그들/그것들은 사랑한다	ἀγαπῶνται	그들/그것들은 사랑 받는다

(1) ἀγαπάω 동사의 현재 능동태 및 중간태·수동태형은 “단축동사 현재어간(αγαπα-)+현재 능동태 어미(-ω, -εις, -ει, -ομεν, -ετε, -ουσι[ν]) 및 중간태·수동태 어미(-ομαι, -ῃ, -εται, -ομεθα, -εσθε, -ονται)”를 조합하여 만든다. 이 때 각 어미의 어미 모음과 ἀγαπάω 동사의 어간 끝 모음 -α와 모음 단축이 발생한다(단축 현상에 대해서는 19.1.2를 참조하라).

(2) 일반 동사 현재 직설법의 경우처럼 단축동사의 중간태형과 수동태형은 동일

하기에 문맥에 따라 그 의미를 결정해야 한다.

(3) ἀγαπάω 동사의 현재 능동태 부정사형은 ἀγαπᾶν이고(불규칙형), 현재 중간태·수동태 부정사형은 ἀγαπᾶσθαι이다. 부정사형에서 주의할 점은 능동태형에서 단축 규칙이 정확하게 적용되지 않는다는 점이다. 즉, "αγαπα-+-ειν"는 ἀγαπᾷν이 되어야하나 능동태형의 경우 "이오따"가 탈락하고 ἀγαπᾶν가 되었다.

(2) **미완료과거 능동태와 중간태·수동태**

구분		αω 활용 동사	기본 어미				중간태·수동태	
		ἀγαπάω [기본형어간: αγαπα-]	접두 모음	어간 모음	미완과 어미	해석	ἀγαπῶμαι [기본형어간: αγαπα-]	
단수	1	ἠ γάπ ων	ἐ	-α	-ον	나는 사랑하고 있었다	ἠγαπώμην	나는 사랑 받고 있었다
	2	ἠ γάπ ας	ἐ	-α	-ες	너는 사랑하고 있었다	ἠγαπῶ	너는 사랑 받고 있었다
	3	ἠ γάπ α	ἐ	-α	-ε	그/그녀/그것은 사랑하고 있었다	ἠγαπᾶτο	그/그녀/그것은 사랑 받고 있었다
복수	1	ἠ γαπ ῶμεν	ἐ	-α	-ομεν	우리는 사랑하고 있었다	ἠγαπώμεθα	우리는 사랑 받고 있었다
	2	ἠ γαπ ᾶτε	ἐ	-α	-ετε	너희는 사랑하고 있었다	ἠγαπᾶσθε	너희는 사랑 받고 있었다
	3	ἠ γάπ ων	ἐ	-α	-ον	그들/그것들은 사랑하고 있었다	ἠγαπῶντο	그들/그것들은 사랑 받고 있었다

(1) ἀγαπάω 동사의 미완료과거 능동태 및 중간태·수동태형은 "과거시상접두모음(ἐ-)+기본형어간(=현재어간)+미완료과거 능동태 어미(-ον, -ες, -ε[ν], -ομεν, -ετε, -ον) 및 중간태·수동태 어미(-ομην, -ου, -ετο, -ομεθα, -εσθε, -οντο)"를 조합하여 만든다. 이 때 각 어미의 어미 모음과 ἀγαπάω 동사의 어간 끝 모음 -α와 모음 단축이 발생한다(단축 현상에 대해서는 19.1.2를 참조하라).

(2) 일반 동사 미완료과거 직설법의 경우처럼 단축동사의 중간태형과 수동태형은 동일하기에 문맥에 따라 그 의미를 결정해야 한다.

심화학습

19.2.1.2. 비-직설법: 현재 명령법, 가정법, 희구법

(1) 현재 명령법의 능동태와 중간태 · 수동태

<table>
<tr><th colspan="2" rowspan="2">구분</th><th>αω 활용 동사</th><th colspan="3">기본 어미</th><th colspan="2">중간태 · 수동태</th></tr>
<tr><th>ἀγαπάω
[현재어간: αγαπα-]</th><th>어간 모음</th><th>명령법 어미</th><th>해석</th><th colspan="2">ἀγαπῶμαι
[현재어간: αγαπα-]</th></tr>
<tr><td rowspan="2">단수</td><td>2</td><td>ἀγάπ α</td><td>-α</td><td>-ε</td><td>너는 사랑하라</td><td>ἀγαπῶ</td><td>너는 사랑받아라</td></tr>
<tr><td>3</td><td>ἀγαπ άτ ω</td><td>-α</td><td>-ετω</td><td>그/그녀/그것은 사랑하라</td><td>ἀγαπάσθω</td><td>그/그녀/그것은 사랑받아라</td></tr>
<tr><td rowspan="2">복수</td><td>2</td><td>ἀγαπ ᾶτ ε</td><td>-α</td><td>-ετε</td><td>너희는 사랑하라</td><td>ἀγαπᾶσθε</td><td>너희는 사랑받아라</td></tr>
<tr><td>3</td><td>ἀγαπ άτ ωσαν</td><td>-α</td><td>-ετωσαν</td><td>그들/그것들은 사랑하라</td><td>ἀγαπάσθωσαν</td><td>그들/그것들은 사랑받아라</td></tr>
</table>

(2) 현재 가정법의 능동태와 중간태 · 수동태

<table>
<tr><th colspan="2" rowspan="2">구분</th><th>αω 활용 동사</th><th colspan="3">기본 어미</th><th colspan="2">중간태 · 수동태</th></tr>
<tr><th>ἀγαπάω
[현재어간: αγαπα-]</th><th>어간 모음</th><th>가정법 어미</th><th>해석
(ἵνα와 함께)</th><th colspan="2">ἀγαπῶμαι
[현재어간: αγαπα-]</th></tr>
<tr><td rowspan="3">단수</td><td>1</td><td>ἀγαπ ῶ</td><td>-α</td><td>-ω</td><td>나는 사랑하기 [[위하여]]</td><td>ἀγαπῶμαι</td><td>나는 사랑받기 [[위하여]]</td></tr>
<tr><td>2</td><td>ἀγαπ ᾷς</td><td>-α</td><td>-ῃς</td><td>너는 사랑하기 [[위하여]]</td><td>ἀγαπᾷ</td><td>너는 사랑받기 [[위하여]]</td></tr>
<tr><td>3</td><td>ἀγαπ ᾷ</td><td>-α</td><td>-ῃ</td><td>그/그녀/그것은 사랑하기 [[위하여]]</td><td>ἀγαπᾶται</td><td>그/그녀/그것은 사랑받기 [[위하여]]</td></tr>
</table>

복수	1	ἀγαπ ῶμεν	-α	-ωμεν	우리는 사랑하기 [[위하여]]	ἀγαπώμεθα	우리는 사랑받기 [[위하여]]
	2	ἀγαπ ᾶτε	-α	-ητε	너희는 사랑하기 [[위하여]]	ἀγαπᾶσθε	너희는 사랑받기 [[위하여]]
	3	ἀγαπ ῶσι(ν)	-α	-ωσι(ν)	그들/그것들은 사랑하기 [[위하여]]	ἀγαπῶνται	그들/그것들은 사랑받기 [[위하여]]

(3) 현재 희구법의 능동태와 중간태· 수동태

구분		αω 활용 동사	기본 어미			중간태 · 수동태	
		ἀγαπάω [현재어간: αγαπα−]	어간 모음	희구법 어미	해석	ἀγαπῶμαι [현재어간: αγαπα−]	
단수	1	ἀγαπ ῷμι	-α	-οιμι	나는 사랑하기 바란다	ἀγαπῴμην	나는 사랑받기 바란다
	2	ἀγαπ ῷς	-α	-οις	너는 사랑하기 바란다	ἀγαπῷο	너는 사랑받기 바란다
	3	ἀγαπ ῷ	-α	-οι	그/그녀/그것은 사랑하기 바란다	ἀγαπῷτο	그/그녀/그것은 사랑받기 바란다
복수	1	ἀγαπ ῷμεν	-α	-οιμεν	우리는 사랑하기 바란다	ἀγαπῴμεθα	우리는 사랑받기 바란다
	2	ἀγαπ ῷτε	-α	-οιτε	너희는 사랑하기 바란다	ἀγαπῷσθε	너희는 사랑받기 바란다
	3	ἀγαπ ῷεν	-α	-οιεν	그들/그것들은 사랑하기 바란다	ἀγαπῷντο	그들/그것들은 사랑받기 바란다

[주의] 비-직설법의 경우에도 직설법의 경우처럼 어간 모음과 어미 시작 모음의 단축 법칙이 그대로도 반영된다.

19.2.2. –εω형(φιλέω)

19.2.2.1. 직설법: 현재와 미완료과거

(1) 현재 능동태와 중간태· 수동태

구분		εω 활용 동사	기본 어미			중간태 · 수동태	
		φιλέω [현재어간: φιλε–]	어간 모음	현재 어미	해석	φιλοῦμαι [현재어간: φιλε–]	
단수	1	φιλ ω	-ε	-ω	나는 사랑한다	φιλοῦμαι	나는 사랑 받는다
	2	φιλ εῖς	-ε	-εις	너는 사랑한다	φιλῇ	너는 사랑 받는다
	3	φιλ εῖ	-ε	-ει	그/그녀/그것은 사랑한다	φιλεῖται	그/그녀/그것은 사랑 받는다
복수	1	φιλ οῦμεν	-ε	-ομεν	우리는 사랑한다	φιλούμεθα	우리는 사랑 받는다
	2	φιλ εῖτε	-ε	-ετε	너희는 사랑한다	φιλεῖσθε	너희는 사랑 받는다
	3	φιλ οῦσι(ν)	-ε	-ουσι	그들/그것들은 사랑한다	φιλοῦνται	그들/그것들은 사랑 받는다

(1) φιλέω 동사의 현재 능동태 및 중간태·수동태형은 "단축동사 현재어간(φιλε-)+현재 능동태 어미(-ω, -εις, -ει, -ομεν, -ετε, -ουσι[ν]) 및 중간태·수동태 어미(-ομαι, -ῃ, -εται, -ομεθα, -εσθε, -ονται)"를 조합하여 만든다. 이 때 각 어미의 어미 모음과 φιλέω 동사의 어간 끝 모음 -ε와 모음 단축이 발생한다(단축 현상에 대해서는 19.1.2를 참조하라).

(2) 일반 동사 현재 직설법의 경우처럼 단축동사의 중간태형과 수동태형은 동일하기에 문맥에 따라 그 의미를 결정해야 한다.

(3) φιλέω 동사의 현재 능동태 부정사형은 φιλεῖν이고, 현재 중간/수동태 부정사형은 φιλεῖσθαι이다.

(2) 미완료과거 능동태와 중간태· 수동태

구분		εω 활용 동사	기본 어미				중간태 · 수동태	
		φιλέω [기본형어간: φιλε–]	접두모음	어간모음	미완과어미	해석	φιλοῦμαι [기본형어간: φιλε–]	
단수	1	ἐ φίλ ουν	ἐ	-α	-ον	나는 사랑하고 있었다	ἐφιλούμην	나는 사랑 받고 있었다
	2	ἐ φίλ εις	ἐ	-α	-ες	너는 사랑하고 있었다	ἐφιλοῦ	너는 사랑 받고 있었다
	3	ἐ φίλ ει	ἐ	-α	-ε	그/그녀/그것은 사랑하고 있었다	ἐφιλεῖτο	그/그녀/그것은 사랑 받고 있었다
복수	1	ἐ φιλ οῦμεν	ἐ	-α	-ομεν	우리는 사랑하고 있었다	ἐφιλούμεθα	우리는 사랑 받고 있었다
	2	ἐ φιλ εῖτε	ἐ	-α	-ετε	너희는 사랑하고 있었다	ἐφιλεῖσθε	너희는 사랑 받고 있었다
	3	ἐ φίλ ουν	ἐ	-α	-ον	그들/그것들은 사랑하고 있었다	ἐφιλοῦντο	그들/그것들은 사랑 받고 있었다

(1) φιλέω 동사의 미완료과거 능동태 및 중간태·수동태형은 “과거시상접두모음(ἐ-)+기본형어간(=현재어간)+미완료과거 능동태 어미(-ον, -ες, -ε[ν], -ομεν, -ετε, -ον) 및 중간태·수동태 어미(-ομην, -ου, -ετο, -ομεθα, -εσθε, -οντο)”를 조합하여 만든다. 이때 각 어미의 어미 모음과 φιλέω 동사의 어간 끝 모음 -ε와 모음 단축이 발생한다(단축 현상에 대해서는 19.1.2를 참조하라).

(2) 일반동사 미완료과거 직설법의 경우처럼 단축동사의 중간태형과 수동태형은 동일하기에 문맥에 따라 그 의미를 결정해야 한다.

심화학습

19.2.2.2. 비-직설법: 현재 명령법, 가정법, 희구법

(1) 현재 명령법의 능동태와 중간태 · 수동태

구분		εω 활용 동사	기본 어미			중간태 · 수동태	
		φιλέω [현재어간: φιλε-]	어간 모음	명령법 어미	해석	φιλοῦμαι [현재어간: φιλε-]	
단수	2	φίλ ει	-ε	-ε	너는 사랑하라	φιλοῦ	너는 사랑받아라
	3	φιλ είτ ω	-ε	-ετω	그/그녀/그것은 사랑하라	φιλείσθω	그/그녀/그것은 사랑받아라
복수	2	φιλ εῖτ ε	-ε	-ετε	너희는 사랑하라	φιλεῖσθε	너희는 사랑받아라
	3	φιλ είτ ωσαν	-ε	-ετωσαν	그들/그것들은 사랑하라	φιλείσθωσαν	그들/그것들은 사랑받아라

(2) 현재 가정법의 능동태와 중간태 · 수동태

구분		εω 활용 동사	기본 어미			중간태 · 수동태	
		φιλέω [현재어간: φιλε-]	어간 모음	가정법 어미	해석 (ἵνα와 함께)	φιλοῦμαι [현재어간: φιλε-]	
단수	1	φίλ ῶ	-ε	-ω	나는 사랑하기 [[위하여]]	φίλῶμαι	나는 사랑받기 [[위하여]]
	2	φίλ ῇς	-ε	-ῃς	너는 사랑하기 [[위하여]]	φίλῇ	너는 사랑받기 [[위하여]]
	3	φίλ ῇ	-ε	-ῃ	그/그녀/그것은 사랑하기 [[위하여]]	φίλῆται	그/그녀/그것은 사랑받기 [[위하여]]
복수	1	φίλ ῶμεν	-ε	-ωμεν	우리는 사랑하기 [[위하여]]	φίλώμεθα	우리는 사랑받기 [[위하여]]
	2	φίλ ῆτε	-ε	-ητε	너희는 사랑하기 [[위하여]]	φίλῆσθε	너희는 사랑받기 [[위하여]]
	3	φίλ ῶσι(ν)	-ε	-ωσι(ν)	그들/그것들은 사랑하기 [[위하여]]	φίλῶνται	그들/그것들은 사랑받기 [[위하여]]

(3) 현재 희구법의 능동태와 중간태· 수동태

구분		εω 활용 동사	기본 어미			중간태 · 수동태	
		φιλέω [현재어간: φιλε–]	어간 모음	희구법 어미	해석	φιλοῦμαι [현재어간: φιλε–]	
단수	1	φίλ οῖμι	-ε	-οιμι	나는 사랑하기 바란다	φίλοίμην	나는 사랑받길 바란다
	2	φίλ οῖς	-ε	-οις	너는 사랑하기 바란다	φίλοῖο	너는 사랑받길 바란다
	3	φίλ οῖ	-ε	-οι	그/그녀/그것은 사랑하기 바란다	φίλοῖτο	그/그녀/그것은 사랑받길 바란다
복수	1	φίλ οῖμεν	-ε	-οιμεν	우리는 사랑하기 바란다	φίλοίμεθα	우리는 사랑받길 바란다
	2	φίλ οῖτε	-ε	-οιτε	너희는 사랑하기 바란다	φίλοῖσθε	너희는 사랑받길 바란다
	3	φίλ οῖεν	-ε	-οιεν	그들/그것들은 사랑하기 바란다	φίλοῖντο	그들/그것들은 사랑받길 바란다

[주의] 비-직설법의 경우에도 직설법의 경우처럼 어간 모음과 어미 시작 모음의 단축 법칙이 그대로도 반영된다.

19.2.3. –οω형(πληρόω)

19.2.3.1. 직설법: 현재와 미완료과거

(1) 현재 능동태와 중간태·수동태

구분		οω 활용 동사	기본 어미			중간태 · 수동태	
		πληρόω [현재어간: πληρο–]	어간 모음	현재 어미	해석	πληροῦμαι [현재어간: πληρο–]	
단수	1	πληρ ῶ	-ο	-ω	나는 채운다	πληροῦμαι	나는 채워진다
	2	πληρ οῖς	-ο	-εις	너는 채운다	πληροῖ	너는 채워진다
	3	πληρ οῖ	-ο	-ει	그/그녀/그것은 채운다	πληροῦται	그/그녀/그것은 채워진다
복수	1	πληρ οῦμεν	-ο	-ομεν	우리는 채운다	πληρούμεθα	우리는 채워진다
	2	πληρ οῦτε	-ο	-ετε	너희는 채운다	πληροῦσθε	너희는 채워진다
	3	πληρ οῦσι(ν)	-ο	-ουσι	그들/그것들은 채운다	πληροῦνται	그들/그것들은 채워진다

(1) πληρόω 동사의 현재 능동태 및 중간태·수동태형은 "단축동사 현재어간(πληρο-)+현재 능동태 어미(-ω, -εις, -ει, -ομεν, -ετε, -ουσι[ν]) 및 중간태·수동태 어미(-ομαι, -ῃ, -εται, -ομεθα, -εσθε, -ονται)"를 조합하여 만든다. 이 때 각 어미의 어미 모음과 πληρόω 동사의 어간 끝 모음 -ο와 모음 단축이 발생한다(단축 현상에 대해서는 19.1.2를 참조하라).

(2) 일반 동사 현재 직설법의 경우처럼 단축동사의 중간태형과 수동태형은 동일하기에 문맥에 따라 그 의미를 결정해야 한다.

(3) πληρόω 동사의 현재 능동태 부정사형은 πληροῦν이고(불규칙형), 현재 중간태·수동태 부정사형은 πληροῦσθαι이다. 부정사형에서 주의할 점은 능동태형에서 단축 규칙이 정확하게 적용되지 않는다는 점이다. 즉, "πληρο-+-ειν"는 πληρουιν이 되어야 "이오따"가 탈락하고 πληροῦν가 되었다.

(2) 미완료과거 능동태와 중간태· 수동태

구분		οω 활용 동사	기본 어미				중간태 · 수동태	
		πληρόω [기본형어간: φιλε–]	접두 모음	어간 모음	미완과 어미	해석	πληροῦμαι [미완과어간: πληρο–]	
단수	1	ἐ πλήρ ουν	ἐ	-ο	-ον	나는 채우고 있었다	ἐπληρούμην	나는 채워지고 있었다
	2	ἐ πλήρ ους	ἐ	-ο	-ες	너는 채우고 있었다	ἐπληροῦ	너는 채워지고 있었다
	3	ἐ πλήρ ου	ἐ	-ο	-ε	그/그녀/그것은 채우고 있었다	ἐπληροῦτο	그/그녀/그것은 채워지고 있었다
복수	1	ἐ πληρ οῦμεν	ἐ	-ο	-ομεν	우리는 채우고 있었다	ἐπληρούμεθα	우리는 채워지고 있었다
	2	ἐ πληρ οῦτε	ἐ	-ο	-ετε	너희는 채우고 있었다	ἐπληροῦσθε	너희는 채워지고 있었다
	3	ἐ πλήρ ουν	ἐ	-ο	-ον	그들/그것들은 채우고 있었다	ἐπληροῦντο	그들/그것들은 채워지고 있었다

(1) πληρόω 동사의 미완료과거 능동태 및 중간태·수동태형은 "과거시상접두모음(ἐ-)+기본형어간(=현재어간)+미완료과거 능동태 어미(-ον, -ες, -ε[ν], -ομεν, -ετε, -ον) 및 중간태·수동태 어미(-ομην, -ου, -ετο, -ομεθα, -εσθε, -οντο)"를 조합하여 만든다. 이 때 각 어미의 어미 모음과 πληρόω 동사의 어간 끝 모음 -ου와 모음 단축이 발생한다(단축 현상에 대해서는 19.1.2를 참조하라).

(2) 일반동사 미완료과거 직설법의 경우처럼 단축동사의 중간태형과 수동태형은 동일하기에 문맥에 따라 그 의미를 결정해야 한다.

심화학습

19.2.3.2. 비-직설법: 현재 명령법, 가정법, 희구법

(1) 현재 명령법의 능동태와 중간태 · 수동태

구분		οω 활용 동사	기본 어미			중간태 · 수동태	
		πληρόω [현재어간: πληρο-]	어간 모음	명령법 어미	해석	πληροῦμαι [현재어간: πληρο-]	
단수	2	πλήρ ου	-ο	-ϵ	너는 채워라	πληροῦ	너는 채워져라
	3	πληρ ούτ ω	-ο	-ϵτω	그/그녀/그것은 채워라	πληρούσθω	그/그녀/그것은 채워져라
복수	2	πληρ οῦτ ϵ	-ο	-ϵτϵ	너희는 채워라	πληροῦσθϵ	너희는 채워져라
	3	πληρ ούτ ωσαν	-ο	-ϵτωσαν	그들/그것들은 채워라	πληρούσθωσαν	그들/그것들은 채워져라

(2) 현재 가정법의 능동태와 중간태 · 수동태

구분		οω 활용 동사	기본 어미			중간태 · 수동태	
		πληρόω [현재어간: πληρο-]	어간 모음	가정법 어미	해석 (ἵνα와 함께)	πληροῦμαι [현재어간: πληρο-]	
단수	1	πληρ ῶ	-ο	-ω	나는 채우기 [[위하여]]	πληρῶμαι	나는 채워지기 [[위하여]]
	2	πληρ οῖς	-ο	-ῃς	너는 채우기 [[위하여]]	πληροῖ	너는 채워지기 [[위하여]]
	3	πληρ οῖ	-ο	-ῃ	그/그녀/그것은 채우기 [[위하여]]	πληρῶται	그/그녀/그것은 채워지기 [[위하여]]
복수	1	πληρ ῶμϵν	-ο	-ωμϵν	우리는 채우기 [[위하여]]	πληρώμϵθα	우리는 채워지기 [[위하여]]
	2	πληρ ῶτϵ	-ο	-ητϵ	너희는 채우기 [[위하여]]	πληρῶσθϵ	너희는 채워지기 [[위하여]]
	3	πληρ ῶσι(ν)	-ο	-ωσι(ν)	그들/그것들은 채우기 [[위하여]]	πληρῶνται	그들/그것들은 채워지기 [[위하여]]

(3) 현재 희구법의 능동태와 중간태·수동태

<table>
<tr><th colspan="2" rowspan="2">구분</th><th>οω 활용 동사</th><th colspan="3">기본 어미</th><th colspan="2">중간태 · 수동태</th></tr>
<tr><th>πληρόω
[현재어간: πληρο−]</th><th>어간 모음</th><th>희구법 어미</th><th>해석</th><th colspan="2">πληροῦμαι
[현재어간: πληρο−]</th></tr>
<tr><td rowspan="3">단수</td><td>1</td><td>πληρ οῖμι</td><td>−ο</td><td>−οιμι</td><td>나는 채우기 바란다</td><td>πληροίμην</td><td>나는 채워지길 바란다</td></tr>
<tr><td>2</td><td>πληρ οῖς</td><td>−ο</td><td>−οις</td><td>너는 채우기 바란다</td><td>πληροῖο</td><td>너는 채워지길 바란다</td></tr>
<tr><td>3</td><td>πληρ οῖ</td><td>−ο</td><td>−οι</td><td>그/그녀/그것은 채우기 바란다</td><td>πληροῖτο</td><td>그/그녀/그것은 채워지길 바란다</td></tr>
<tr><td rowspan="3">복수</td><td>1</td><td>πληρ οῖμεν</td><td>−ο</td><td>−οιμεν</td><td>우리는 채우기 바란다</td><td>πληροίμεθα</td><td>우리는 채워지길 바란다</td></tr>
<tr><td>2</td><td>πληρ οῖτε</td><td>−ο</td><td>−οιτε</td><td>너희는 채우기 바란다</td><td>πληροῖσθε</td><td>너희는 채워지길 바란다</td></tr>
<tr><td>3</td><td>πληρ οῖεν</td><td>−ο</td><td>−οιεν</td><td>그들/그것들은 채우기 바란다</td><td>πληροῖντο</td><td>그들/그것들은 채워지길 바란다</td></tr>
</table>

[주의] 비-직설법의 경우에도 직설법의 경우처럼 어간 모음과 어미 시작 모음의 단축 법칙이 그래도 반영된다.

19.2.4. 분해하기

구분	분해						해석
	기본형(뜻)	시	태	법	수	인칭	
ἀγαπᾷς	ἀγαπάω(사랑하다)	현	능	직	단	2	너는 사랑한다.
ἠγαπᾶτε	ἀγαπάω(사랑하다)	미완과	능	직	복	2	너희는 사랑하고 있었다.
φιλῶ	φιλέω(사랑하다/좋아하다)	현	능	직	단	1	나는 사랑(좋아)한다.
ἐφιλοῦμεν	φιλέω(사랑하다/좋아하다)	미완과	능	직	복	1	우리는 사랑(좋아)하고 있었다.
πληροῖς	πληρόω(채우다)	현	능	직	단	2	너는 채운다.
ἐπλήρους	πληρόω(채우다)	미완과	능	직	단	2	너는 채우고 있었다.

심화학습

19.3. 주요 단축동사 정리(본 교재의 기본형을 중심으로)

아래의 단축동사를 익숙하게 하라:

ἀγαπάω형 (사랑하다)		φιλέω형 (좋아하다)		πληρόω형 (채우다)	
γεννάω	낳다	αἰτέω	요청하다	δικαιόω	의롭게 하다
ἐρωτάω	묻다	ἀκολουθέω	따르다(+여)		
ζάω	살다	ζητέω	추구하다		
ὁράω	보다	καλέω	부르다		
		λαλέω	이야기하다		
		μαρτυρέω	증거하다		
		παρακαλέω	권면하다		
		περιπατέω	걷다		
		ποιέω	행하다		
		τηρέω	지키다		
		φοβέομαι	두려워하다		

[주의 1] 어간 모음이 길어지지 않는 단축동사(참조. 19.1.1.[4])

예) καλέω("부르다"): καλέσω(미래) - ἐκάλεσα(제1부정과거)

[주의 2] 미래형과 부정과거형에서 단축동사(-εω형)처럼 사용되는 일반동사

예) (ἐ)θέλω("원하다"): (ἐ)θελήσω(미래) - ἠθέλησα(부정과거).

예) μέλλω("~하려고 하다"): μελλήσω(미래) - ἐμέλλησα(부정과거).

예) ὀφείλω("빚지다; ~해야한다"): ὀφειλήσω(미래) - ὠφείλησα(부정과거).

예) χαίρω("기뻐하다"): χαιρήσω(미래) - ἐχάρησα(부정과거).

예) ὠδίνω("산통을 겪다"[『70인역』]): ὠδινήσω(미래) - ὠδινησα(부정과거).

[주의 3] ζάω 동사의 곡용(일반 단축규칙과 다르게 활용됨)

단수			복수	
1인칭	ζάω	나는 산다	ζῶμεν	우리는 산다
2인칭	ζῇς	너는 산다	ζῆτε	너희는 산다
3인칭	ζῇ	그/그녀/그것은 산다	ζῶσι(ν)	그들/그것들은 산다

19.4. 어휘

동사(단축동사)

ἀγαπάω 사랑하다

ἀκολουθέω ~을 따르다 (여격형 목적어를 취함)

(γεννάω 낳다 [제22과])

δικαιόω 의롭게 하다

(ἐρωτάω 묻다; 요구하다 [제25과])

(ζάω 살다 [제22과])

(ζητέω 추구하다 [제21과])

καλέω 부르다 (καλέσω[미래]-ἐκαλέσα[제1부정과거])

(λαλέω 이야기하다 [제22과])

(μαρτυρέω 증거하다 [제24과])

(ὁράω 보다 [제24과])

παρακαλέω 권면하다; 위로하다

(περιπατέω 걷다 [제21과])

πληρόω 채우다

ποιέω 행하다; 만들다

(τηρέω 지키다 [제23과])

φιλέω 사랑하다; 좋아하다

φοβέομαι 두려워하다

(ὠδίνω 산통을 겪다 [제23과])

접속사 및 부사

ἀμήν (부사) 아멘, 참으로

οὐδέ 그리고 아니 (οὐδέ... οὐδέ... 혹은 οὔτε... οὔτε..) ~도 아니[neither... nor...])

τε (접속사) 그리고 (καί와 유사. 후치사)

ὡς ~로서(자격); ~처럼(때로 οὕτως["이같이"]와 함께 쓰임); (+수사) 대략

19.5. 기초 문장 연습

아래 헬라어 문장을 직역하시오.

1. ὁ θεὸς ἀγαπᾷ ἡμᾶς οὓς αὐτὸς ἐκάλεσεν ὡς τὰ τέκνα αὐτοῦ.

2. ἡ ἐκκλησία δικαιοῦται ὑπὸ τοῦ Ἰησοῦ, καὶ δικαιώσει τὸν πονηρὸν κόσμον τῷ λόγῳ αὐτοῦ.

3. ὁ θεὸς δικαιοῖ τὸν λαὸν ἑαυτοῦ τὲ καὶ παρακαλεῖ αὐτοὺς ἐν τῇ ἀγάπῃ.

4. αἱ καρδίαι τῶν προφητῶν ἐπληροῦντο ἐν τοῖς λόγοις τῆς ἀληθείας τῆς τὲ ζωῆς.

5. ἔξεστιν ὑμῖν ἀγαπᾶν τὸν κόσμον ἐν τῷ κυρίῳ, ὅτι πρῶτον ἠγάπησεν ὁ κύριος ὑμᾶς. ἀμήν.

6. γινώσκομεν ὅτι οὐδὲ φιλεῖτε τὸν κόσμον οὐδὲ φοβεῖσθε αὐτόν, ἵνα κηρύξῃ αὐτῷ τὸ εὐαγγέλιον τοῦ Ἰησοῦ.

7. ἡμεῖς οἱ μαθηταὶ ἠκολούθουμεν τῷ ἀποστόλῳ εἰς τὸ ἀκούειν τῆς διδαχὴς τοῦ κυρίου.

8. οἱ ἅγιοὶ ἐκάλεσαν τὸν Ἰησοῦν τὸν υἱὸν τοῦ θεοῦ, ἵνα βληθῶσιν ἐκ τῆς βασιλείας τοῦ θανάτου ὑπὸ τῶν ἁμαρτωλῶν.

9. ὅτε ὁ Ἰησοῦς ἦν ἐν τῷ κόσμῳ, ὑπὲρ τῶν μαθητῶν αὐτοῦ ἐποίει τὰ σημεῖα ἅ ὁ κόσμος οὐχ ἑώρακεν ἕως τοῦ τότε.

제20과
유음동사
주요 유음동사 정리
상호대명사

20.1 유음동사의 특징

(1) 유음동사는 동사의 어형에 특정한 특징이 있는 동사들을 말한다. 이 동사들은 (기본 6시제) 어간이 유음 철자(liquid letters) -λ, -ν, -ρ로 끝나는 특징들이 있다.

-λ형	-ν형	-ρ형
ἀποστέλλ ω (보내다)	μέν ω (머물다)	ἐγείρ ω (일으키다)

(2) 유음동사 그 자체로는 유음으로 끝난다는 것 외에는 다른 특징이 없다. 즉, 시, 법, 태, 수, 인칭의 쓰임은 일반 동사와 동일하다. 다만, 유음으로 끝나기에 후속하여 시상접사 "시그마"(-σ)가 등장할 경우(미래 및 제1부정과거) 유음 뒤에서 "시그마"(-σ)가 탈락하는 현상이 발생한다(아래를 참조하라).

(3) 제13과에서 살펴보았듯이, 헬라어 동사의 6어간(및 6시제[미완료과거추가])에서 어미는 단지 모음으로 이뤄진 경우와 시상 접사(-σ-/-θ-)를 취하는 경우로 구성된다:

기본형 어간		미래 능동태	부과 능동태	완료 능동태	완료 수동태	부과 수동태	뜻
현재 능동태	미완과 능동태						
λύω	ἔλυον	λύσω	ἔλυσα	λέλυκα	λέλυμα	ἐλύθην	풀다
λαμβάνω	ἐλάμβανον	λήμψομαι	ἔλαβον	εἴληφα	εἴλμμαι	ἐλήμθην	취하다

위의 도표에서 (유음동사와 관련하여) 시상 접사 "시그마"(σ)를 취하는 경우는 미래(λύσω, λήμψομαι)와 제1부정과거(ἔλυσα) 뿐이다. 같은 부정과거라도 제2부정과거의 경우 어간이 변경되어 시상 접사 "시그마"(-σ)가 사용되지 않다(ἔλαβον). 그렇다면 유음동사의 특징이 반영될 수 있는 미래와 제1부정과거 뿐이다.

(4) 한편, λαμβάνω의 경우처럼 기본형(현재 형태)에서는 유음(-ν)으로 끝나나, 시상 접사 "시그마"(-σ)와 조우하게 될 수 있는 미래시제(능동태, 중간태)와 부정과거시제(능동태, 중간태)의 경우 어간이 변경되어 더 이상 유음으로 끝나지 않는다. 미래 시제의 경우 단순히 "시그마"(-σ)를 첨가, 제2부정과거의 경우 규칙에 따라 미완료 어미를 재활용함으로 유음 동사의 특징이 반영되지 않는다.

(5) 유음동사의 어간은 현재형과 상관없이, 미래형에서는 어간 내의 모음이 짧아지고 제1부정과거에서는 길어지는 현상이 나타난다(아래 참조).

기본형(현재형)	미래형	제1부정과거형	비고
ἀποστέλλω	ἀποστελ + σ + ω	ἀπεστειλ + σ + α	해당없음
μένω	μεν + σ + ω	ἐμειν + σ + α	해당없음
ἐγείρω	ἐγερ + σ + ω	ἐγειρ + σ + α	해당없음

(6) 위의 두 시제에서 "시그마"(-σ)는 탈락을 한다. 이 경우 미래의 경우 보상 모음(-ϵ-)이 첨가되고 어미가 남는 반면, 제1부정과거의 경우 단순히 "시그마"(-σ)만 탈락하여 어미가 남는다.

20.2. 유음동사의 곡용

20.2.1. –λ형 동사(ἀποστέλλω)

(1) 미래 능동태와 중간태

구분		–λ 유음동사	기본 어미–					중간태	
		ἀποστέλλω [미래어간: αποστελ–]	어간 자음	접사 탈락	보상 모음	어미 (재활용)	해석	ἀποστέλλομαι [미래어간: αποστελ–]	
단수	1	ἀποστελ ῶ	-λ	ø	-ε	-ω	나는 보낼 것이다	ἀποστελοῦμαι	나는 나 자신을 보낼 것이다
	2	ἀποστελ εῖς	-λ	ø	-ε	-εις	너는 보낼 것이다	ἀποστελῇ	너는 너 자신을 보낼 것이다
	3	ἀποστελ εῖ	-λ	ø	-ε	-ει	그/그녀/그것은 보낼 것이다	ἀποστελεῖται	그/그녀/그것은 그 자신을 보낼 것이다
복수	1	ἀποστελ οῦμεν	-λ	ø	-ε	-ομεν	우리는 보낼 것이다	ἀποστελούμεθα	우리는 우리 자신을 보낼 것이다
	2	ἀποστελ εῖτε	-λ	ø	-ε	-ετε	너희는 보낼 것이다	ἀποστελεῖσθε	너희는 너희 자신을 보낼 것이다
	3	ἀποστελ οῦσι(ν)	-λ	ø	-ε	-ουσι(ν)	그들/그것들은 보낼 것이다	ἀποστελοῦνται	그들/그것들은 그 자신을 보낼 것이다

(1) -λ로 끝나는 유음동사의 미래 능동태 및 중간태는 "유음동사 미래 어간+미래접사 -σ- 탈락과 보상모음 -ε 삽입+현재+현재 능동태 어미(-ω, -εις, -ει, -ομεν, -ετε, -ουσι[ν]) 및 중간태 어미(-ομαι, -ῃ, -εται, -ομεθα, -εσθε, -ονται) 재활용"을 조합하여 만든다.

(2) 어미가 활용 될 때, 유음(-λ) 뒤에서 미래접사 -σ-의 탈락으로 보상된 모음 -ε-와 현재 어미가 단축되어 마치 단축 동사 φιλέω처럼 활용된다(비교. 19.2.2.1). 따라서 단축동사 형의 현재형과 유음동사 미래형의 구분을 원활하게하기 위해 각각에 속한 동사들을 암기할 필요가 있다(19.3의 단축동사 목록과 20.3의 유음동사 목록을 참조하라).

(3) 미래 수동태의 경우 비록 어간이 유음으로 끝나더라도 미래 수동태 접사 -θ-는 유음 뒤에서 탈락하지 않기에 위의 규칙이 적용되지 않는다.

(2) 부정과거 능동태와 중간태

구분		–λ 유음동사	기본 어미–						중간태	
		ἀποστέλλω [부과어간: αποστειλ–]	접두 모음	어간 자음	부과 접사		어미 (재활용)	해석	ἀποστέλλομαι [부과어간: αποστειλ–]	
단수	1	ἀπέστειλ α	ἐ	-λ	∅	α	-ον	나는 보냈다	ἀπεστειλάμην	나는 나 자신을 보냈다
	2	ἀπέστειλ ας	ἐ	-λ	∅	α	-ες	너는 보냈다	ἀπεστείλω	너는 너 자신을 보냈다
	3	ἀπέστειλ ε(ν)	ἐ	-λ	∅	α	-ε(ν)	그/그녀/그것은 보냈다	ἀπεστείλατο	그/그녀/그것은 그 자신을 보냈다
복수	1	ἀπεστείλ αμεν	ἐ	-λ	∅	α	-ομεν	우리는 보냈다	ἀπεστειλάμεθα	우리는 우리 자신을 보냈다
	2	ἀπεστείλ ατε	ἐ	-λ	∅	α	-ετε	너희는 보냈다	ἀπεστείλασθε	너희는 너희 자신을 보냈다
	3	ἀπέστειλ αν	ἐ	-λ	∅	α	-ον	그들/그것들은 보냈다	ἀπεστείλαντο	그들/그것들은 그 자신을 보냈다

(1) -λ로 끝나는 유음동사의 제1부정과거형 능동태 및 중간태는 "과거시상접두모음(ἐ-)+부정과거 어간(유음)+제1부정과거 시상접사 -σα+미완료과거 능동태 어미(-ον, -ες, -ε[ν], -ομεν, -ετε, -ον) 및 중간태 어미(-ομην, -ου, -ετο, -ομεθα, -εσθε, -οντο)"를 조합하여 만든다. 단, 제1부정과거접사 -σα의 첫 철자 "시그마"는 탈락하여 모음 -α만 남는다.

(2) 비록 ἀποστέλλω 동사가 제1부정과거형이지만 어간이 αποστελλ-에서 αποστειλ-로 변경되었다. 이는 유음동사의 경우 제1부정과거 어간 모음이 길어지는 현상을 반영한다.

(3) ἀποστέλλω 동사의 제1부정과거 부정사는 ἀποστεῖλαι 이다(부정사는 비-직설법이기에 과거시상접두모음이 붙지 않는다).

(4) 유음동사의 제1부정과거 명령법, 가정법, 희구법은 "부정과거 어간+제1부정과거접사 -σα("시그마" 탈락)+ 현재 명령법·가정법·희구법 어미 재활용"을 합하여 만든다.

예) ἀποστεῖλον(제1부과.능.명.단.2), ἀποστείλῃς(제1부과.능.가.단.2), ἀποστείλαις(제1부과.능.희.단.2).

20.2.2. -ν 형 동사(μένω)

(1) 미래 능동태와 중간태

구분		-ν 유음동사	기본 어미					중간태	
		μένω [미래어간: μεν-]	어간 자음	접사 탈락	보상 모음	어미 (재활용)	해석	μένομαι [미래어간: μεν-]	
단수	1	μεν ῶ	-ν	ø	-ε	-ω	나는 머물 것이다	μενοῦμαι	나는 스스로 머물 것이다
	2	μεν εῖς	-ν	ø	-ε	-εις	너는 머물 것이다	μενῇ	너는 너 스스로 머물 것이다
	3	μεν εῖ	-ν	ø	-ε	-ει	그/그녀/그것은 머물 것이다	μενεῖται	그/그녀/그것은 스스로 머물 것이다
복수	1	μεν οῦμεν	-ν	ø	-ε	-ομεν	우리는 머물 것이다	μενούμεθα	우리는 우리 스스로 머물 것이다
	2	μεν εῖτε	-ν	ø	-ε	-ετε	너희는 머물 것이다	μενεῖσθε	너희는 너희 스스로 머물 것이다
	3	μεν οῦσι(ν)	-ν	ø	-ε	-ουσι(ν)	그들/그것들은 머물 것이다	μενοῦνται	그들/그것들은 스스로 머물 것이다

(1) -ν로 끝나는 유음동사의 미래 능동태 및 중간태는 "유음동사 미래 어간+미래접사 -σ- 탈락과 보상모음 -ε 삽입+현재+현재 능동태 어미(-ω, -εις, -ει, -ομεν, -ετε, -ουσι[ν]) 및 중간태 어미(-ομαι, -ῃ, -εται, -ομεθα, -εσθε, -ονται) 재활용"을 조합하여 만든다.

(2) 어미가 활용 될 때, 유음(ν) 뒤에서 미래접사 -σ-의 탈락으로 보상된 모음 -ε-와 현재 어미가 단축되어 마치 단축 동사 φιλέω처럼 활용된다(비교. 19.2.2.1). 따라서 단축동사 형의 현재형과 유음동사 미래형의 구분을 원활하게 하기 위해 각각에 속한 동사들을 암기할 필요가 있다(19.3의 단축동사 목록과 20.3의 유음동사 목록을 참조하라).

(3) 미래 수동태의 경우 비록 어간이 유음으로 끝나더라도 미래 수동태 접사 -θ-는 유음 뒤에서 탈락하지 않기에 위의 규칙이 적용되지 않는다.

(2) 부정과거 능동태와 중간태

구분		-ν 유음동사	기본 어미-						중간태	
		μένω [부과어간: μειν-]	접두모음	어간자음	부과접사		어미(재활용)	해석	μένομαι [부과어간: μειν-]	
단수	1	ἔ μειν α	ἐ	-ν	~~σ~~	α	-ον	나는 머물렀다	ἐμεινάμην	나는 스스로 머물렀다
	2	ἔ μειν ας	ἐ	-ν	~~σ~~	α	-ες	너는 머물렀다	ἐμείνω	너는 스스로 머물렀다
	3	ἔ μειν ε(ν)	ἐ	-ν	~~σ~~	α	-ε(ν)	그/그녀/그것은 머물렀다	ἐμείνατο	그/그녀/그것은 스스로 머물렀다
복수	1	ἐ μείν αμεν	ἐ	-ν	~~σ~~	α	-ομεν	우리는 머물렀다	ἐμεινάμεθα	우리는 스스로 머물렀다
	2	ἐ μείν ατε	ἐ	-ν	~~σ~~	α	-ετε	너희는 머물렀다	ἐμείνασθε	너희는 스스로 머물렀다
	3	ἔ μειν αν	ἐ	-ν	~~σ~~	α	-ον	그들/그것들은 머물렀다	ἐμείνατο	그들/그것들은 스스로 머물렀다

(1) -ν로 끝나는 유음동사의 제1부정과거형 능동태 및 중간태는 "과거시상접두모음(ἐ-)+부정과거 어간(유음)+제1부정과거 시상접사 -σα+미완료과거 능동태 어미(-ον, -ες, -ε[ν], -ομεν, -ετε, -ον) 및 중간태 어미(-ομην, -ου, -ετο, -ομεθα, -εσθε, -οντο)"를 조합하여 만든다. 단, 제1부정과거접사 -σα의 첫 철자 "시그마"는 탈락하여 모음 -α만 남는다.

(2) 비록 μένω 동사가 제1부정과거형이지만 어간이 μεν-에서 μειν-로 변경되었다. 이는 유음동사의 경우 제1부정과거 어간 모음이 길어지는 현상을 반영한다.

(3) μένω 동사의 제1부정과거 부정사는 μεῖναι이다(부정사는 비-직설법이기에 과거시상접두모음이 붙지 않는다).

(4) 부정과거 수동태 역시 미래 수동태의 경우와 마찬가지로 접사가 -θ-로 시작되기에 유음 뒤에서 위의 규칙이 적용되지 않는다.

(5) 유음동사의 제1부정과거 명령법, 가정법, 희구법은 "부정과거 어간+제1부정과거접사 -σα("시그마" 탈락)+ 현재 명령법·가정법·희구법 어미 재활용"을 합하여 만든다.

예) μεῖνον(제1부과.능.명.단.2), μείνῃς(제1부과.능.가.단.2), μείναις(제1부과.능.희.단.2).

20.2.3. -ρ형 동사(ἐγείρω)

(1) 미래 능동태와 중간태

구분		-ρ 유음동사	기본 어미					중간태	
		ἐγείρω [미래어간: εγερ-]	어간 자음	접사 탈락	보상 모음	어미 (재활용)	해석	ἐγείρομαι [미래어간: εγερ-]	
단수	1	ἐγερ ῶ	-ρ	ø	-ε	-ω	나는 일으킬 것이다	ἐγεροῦμαι	나는 스스로를 일으킬 것이다
	2	ἐγερ εῖς	-ρ	ø	-ε	-εις	너는 일으킬 것이다	ἐγερῇ	너는 스스로를 일으킬 것이다
	3	ἐγερ εῖ	-ρ	ø	-ε	-ει	그/그녀/그것은 일으킬 것이다	ἐγερεῖται	그/그녀/그것은 스스로를 일으킬 것이다
복수	1	ἐγερ οῦμεν	-ρ	ø	-ε	-ομεν	우리는 일으킬 것이다	ἐγερούμεθα	우리는 스스로를 일으킬 것이다
	2	ἐγερ εῖτε	-ρ	ø	-ε	-ετε	너희는 일으킬 것이다	ἐγερεῖσθε	너희는 스스로를 일으킬 것이다
	3	ἐγερ οῦσι(ν)	-ρ	ø	-ε	-ουσι(ν)	그들/그것들은 일으킬 것이다	ἐγεροῦνται	그들/그것들은 스스로를 일으킬 것이다

(1) -ρ로 끝나는 유음동사의 미래 능동태 및 중간태는 "유음동사 미래 어간+미래접사 -σ- 탈락과 보상모음 -ε 삽입+현재+현재 능동태 어미(-ω, -εις, -ει, -ομεν, -ετε, -ουσι[ν]) 및 중간태 어미(-ομαι, -ῃ, -εται, -ομεθα, -εσθε, -ονται) 재활용"을 조합하여 만든다.

(2) 어미가 활용 될 때, 유음(ρ) 뒤에서 미래접사 -σ-의 탈락으로 보상된 모음 ε와 현재 어미가 단축되어 마치 단축 동사 φιλέω처럼 활용된다(비교. 19.2.2.1). 따라서 단축동사 형의 현재형과 유음동사 미래형의 구분을 원활하게 하기 위해 각각에 속한 동사들을 암기할 필요가 있다(19.3의 단축동사 목록과 20.3의 유음동사 목록을 참조하라).

(3) ἐγείρω 동사는 미래형에서 εγειρ-에서 εγερ-로 변경되었다. 이는 유음동사의 경우 미래어간 모음이 짧아지는 현상을 반영한다.

(4) 미래 수동태의 경우 비록 어간이 유음으로 끝나더라도 미래 수동태 접사 -θ-는 유음 뒤에서 탈락하지 않기에 위의 규칙이 적용되지 않는다.

(2) 부정과거 능동태와 중간태

구분		−ρ 유음동사	기본 어미						중간태	
		ἐγείρω [부과어간: ελειρ−]	접두 모음	어간 자음	부과 접사		어미 (재활용)	해석	ἐγείρομαι [부과어간: εγειρ−]	
단수	1	ἤ γειρ α	ἐ	-ρ	ø	α	-ον	나는 일으켰다	ἠγειράμην	나는 스스로를 일으켰다
	2	ἤ γειρ ας	ἐ	-ρ	ø	α	-ες	너는 일으켰다	ἠγείρω	너는 스스로를 일으켰다
	3	ἤ γειρ ε(ν)	ἐ	-ρ	ø	α	-ε(ν)	그/그녀/그것은 일으켰다	ἠγείρατο	그/그녀/그것은 스스로를 일으켰다
복수	1	ἠ γείρ αμεν	ἐ	-ρ	ø	α	-ομεν	우리는 일으켰다	ἠγειράμεθα	우리는 스스로를 일으켰다
	2	ἠ γείρ ατε	ἐ	-ρ	ø	α	-ετε	너희는 일으켰다	ἠγείρασθε	너희는 스스로를 일으켰다
	3	ἤ γειρ αν	ἐ	-ρ	ø	α	-ον	그들/그것들은 일으켰다	ἠγείραντο	그들/그것들은 스스로를 일으켰다

(1) -ρ로 끝나는 유음동사의 제1부정과거형 능동태 및 중간태는 "과거시상접두모음(ἐ-)+부정과거 어간(유음)+제1부정과거 시상접사 -σα+미완료과거 능동태 어미(-ον, -ες, -ε[ν], -ομεν, -ετε, -ον) 및 중간태 어미(-ομην, -ου, -ετο, -ομεθα, -εσθε, -οντο)"를 조합하여 만든다. 단, 제1부정과거접사 -σα의 첫 철자 "시그마"는 탈락하여 모음 -α만 남는다.

(2) ἐγείρω 동사의 제1부정과거 부정사는 ἔγειρναι 이다(부정사는 비-직설법이기에 과

거시상접두모음이 붙지 않는다).

(3) 부정과거 수동태 역시 미래 수동태의 경우와 마찬가지로 접사가 -θ-로 시작되기에 유음 뒤에서 위의 규칙이 적용되지 않는다.

(4) 유음동사의 제1부정과거 명령법, 가정법, 희구법은 "부정과거 어간+제1부정과거접사 -σα("시그마" 탈락)+ 현재 명령법·가정법·희구법 어미 재활용"을 합하여 만든다.

예) ἔγειρον(제1부과.능.명.단.2), ἐγείρῃς(제1부과.능.가.단.2), ἐγείραις(제1부과.능.희.단.2).

20.2.4. 분해하기

구분	분해						해석
	기본형(뜻)	시	태	법	수	인칭	
ἀποστελεῖτε	ἀποστελλω(보내다)	미	능	직	복	2	너희가 보낼 것이다.
ἀπεστείλαμεν	ἀποστελλω(보내다)	부과	능	직	복	1	우리가 보냈다.
μενεῖ	μένω(머물다)	미	능	직	단	3	그·그녀가 머물 것이다.
ἔμεινα	μένω(머물다)	부과	능	직	단	1	내가 머물렀다.
ἐγερῶ	ἐγείρω(일으키다)	미	능	직	단	1	내가 일으킬 것이다.
ἤγειραν	ἐγείρω(일으키다)	부과	능	직	복	3	그들이 일으켰다.

20.3. 주요 유음동사 정리

아래의 유음동사를 익숙하게 하라:

기본형(현재형)	미래	부정과거	뜻
αἴρω	ἀρῶ	ἦρα	들어올리다, 제거하다
ἀποκρίνομαι	ἀποκρινοῦμαι	ἀπεκρινάμην	대답하다
ἀποκτείνω	ἀποκτενῶ	ἀπέκτεινα	죽이다
ἀποστέλλω	ἀποστελῶ	ἀπέστειλα	보내다
βάλλω	βαλῶ	~~ἔβαλον~~ [제2부과]	던지다
ἐγείρω	ἐγερῶ	ἤγειρα	일으키다
ἐκβάλλω	ἐκβαλῶ	~~ἐξέβαλον~~ [제2부과]	내던지다, 내쫓다
κρίνω	κρινῶ	ἔκρινα	심판하다, 판단하다
μένω	μενῶ	ἔμεινα	머물다
ξηραίνω	ξηρανῶ	ἐξήρανα	마르게 하다
συμβάλλω	συμβαλῶ	~~συνέβαλον~~ [제2부과]	논의하다; 싸우다
φαίνω	φανοῦμαι [φανῶ]	ἔφανα	비추다, 나타내다

[주의 1] 기본형은 일반 동사이나 미래형만 유음동사인 경우가 있다.

예) λέγω("말하다"): ἐρῶ(미래형: 유음동사) – εἶπον(부정과거).

[주의 2] 기본형에서는 유음동사이나 미래와 부정과거에서는 일반 동사가 되는 단어들은 많다. 일일이 변화형을 제시할 필요가 없어 원형만 제시한다.

예) ἀναβαίνω("올라가다"), βαίνω("가다"), θέλω("원하다"), λαμβάνω("취하다"), καταβαίνω("내려가다"), μέλλω("~하려고 하다"), ὀφείλω("빚지다; ~해야한다"), πίνω("마시다"), χαίρω("기뻐하다"), ὠδίνω("산통을 겪다").

20.4. 상호대명사

(1) 상호대명사란 대명사 하나로 "서로"에 해당하는 복수의 대상을 가리키데 사용하는 대명사이다.

(2) 따라서 이는 복수형 밖에는 존재하지 않으며 의미론적으로 주어로 사용될 수 없기에 주격형도 존재하지 않는다.

20.4.1. 상호대명사의 형태

구분	ἀλλήλων 서로					
	단			복		
	남	여	중	남	여	중
주						
속				ἀλλήλων	ἀλλήλων	ἀλλήλων
여				ἀλλήλοις	ἀλλήλαις	ἀλλήλοις
대				ἀλλήλους	ἀλλήλας	ἄλληλα

(1) 상호대명사는 2-1-2 곡용한다.

(2) 의미상 주격 형태가 없고, 또한 항상 복수로만 사용된다.

20.4.2. 분해하기

구분	분해				해석
	기본형(뜻)	성	수	격	
ἀλλήλαις	ἀλλήλων (서로)	여	복	여	서로에게 (여성들만)
ἀλλήλους	ἀλλήλων (서로)	남	복	대	서로를 (남성들/혼성)

20.4.3. 상호대명사의 용법

(1) 주어와 관련된 "서로"의 의미로 사용된다. 이 때 주어는 항상 복수이다:

예) 화자와 청자를 함께 지칭

γινώσκομεν ἀλλήλους. 우리는 서로를 안다.

(2) "서로" 안에 남성과 여성이 함께 있을 때에는 관습에 따라 남성으로 받는다. 따라서 상호대명사가 여성형으로 등장할 경우 그 구성원은 모두 여성인 반면, 남성형일 경우 남성만으로 구성되거나 남성과 여성이 혼합된 것일 수 있다.

예) 화자와 청자 모두가 여성일 경우

γινώσκομεν ἀλλήλας. 우리(여성들임)는 서로를 안다.

예) 화자와 청자 모두 남성이거나 혼성일 경우

γινώσκομεν ἀλλήλους. 우리는 서로를 안다.

[설명] 문맥에 따라 결정한다.

20.5. 어휘

동사(유음동사)

(αἴρω 들어 올리다, 제거하다 [제24과])

(ἀποκτείνω 죽이다 [제22과])

ἀποστέλλω 보내다

ἐγείρω 일으키다

(ἐκβάλλω 내던지다, 내쫓다)

ἐρῶ λέγω(말하다)의 미래형

κρίνω 심판하다, 판단하다

μένω 머물다

(ξηραίνω 마르게 하다 [단어장])

(συμβάλλω 논의하다; 싸우다 [제26과])

상호대명사

ἀλλήλων[속], οις[여], ους[대], 서로 (주격 형태가 없음. 항상 복수형임)

형용사

ἴδιος, α, ον 자신의(own)

ὅσος, η, ον (관계형) 가능한 많이, ~한 자는 모두; ~한 정도로

부사와 접속사

καθώς ~처럼, ~같이

πάλιν (부사) 다시

20.6. 기초 문장 연습

아래 헬라어 문장을 직역하시오.

1. ὁ ἄνθρωπος ὃν ἀποστελεῖ ὁ κύριος κρινεῖ καὶ ἁμαρτίαν καὶ θάνατον.

2. δεῖ τοὺς ἀγαθοὺς κρῖναι τοὺς πονηρούς.

3. οἱ μαθηταὶ ἠρώτησαν πάλιν περὶ τῆς ἀγαπῆς τοῦ θεοῦ. ὁ Ἰησοῦς δὲ ἀπεκρίνατο αὐτοῖς.

4. νῦν αὐτὸς μενῶ ἐν τῇ ἐκκλησίᾳ μετὰ τοῦ κυρίου καθὼς ἐκεῖνος ἔμεινα μετ' ἐμοὶ ἐν τῇ ὥρᾳ.

5. ὁ Ἰησοῦς ἐγερεῖ τοὺς νεκροὺς ἐν τῇ ἡμερᾷ ἔσχατῃ καὶ κρινεῖ, ὅτι αὐτός ἐστὶν ὁ κύριος τοῦ κόσμου.

6. ὁ θεὸς ἐκβαλεῖ τοὺς πονηροὺς ἐκ τῆς βασιλείας τοῦ οὐρανοῦ ὅπου μένει μετὰ τοῦ υἱοῦ ἑαυτοῦ.

7. ἡ ἐκκλησία ἀποστελεῖ τοὺς ἰδίους ἀποστόλους εἰς ἑτέρους ὄχλους τοῦ μαρτευρεῖν τὸ εὐαγγέλιον.

8. οἱ ἄνθρωποι ἀπέκτειναν τὸν υἱὸν ὃν ἀπέστειλεν ὁ θεὸς εἰς τὸν κόσμον, ὅτι οὐκ ἠθέλησαν αὐτὸν λαβεῖν.

9. ὅσοι ἐν τῇ ἀληθείᾳ ἔμειναν ἐπὶ γῆς καὶ ἐν οὐρανῷ μενοῦσιν μετὰ τοῦ κυρίου.

제21과
제3곡용 명사(I)
제3곡용 형용사(I)

21.1. 제3곡용 명사

(1) 앞선 과들(제2과 및 제3과)에서 배운 제1-2곡용 명사들은 다음과 같다:

1곡용				2곡용	
여성			남성	남 · 여성	중성
η형	α형	α/η형	ης형	ος형	ον형
φωνή, ῆς	ἐκκλησία, ας	δόξα, ης	μαθήτης, ου	κύριος, ου	παιδίον, ου

(2) 제3곡용은 위의 제1-2곡용 명사처럼 명사가 어미가 곡용되고, 단·복수형이 있고, 주격, 속격, 여격, 대격의 격 형태로 곡용되며, 격 어미 형태에 따라 주어, 소유어, 목적어 등으로 해석된다. 그러나 제3곡용은 제1-2곡용과 차이점이 있다. 즉, 제1-2곡용과 다른 어미를 가지고 있다는 점과 제3곡용에 속한 명사들은 곡용형에 따른 단일형이 아니라, 대략 5가지 유형들로 세분화 된다는 점이 그렇다:

1유형	2유형	3유형	4유형	5유형
어간자음 축약형	어간자음 탈락형	어간자음 유지형	어간 반자음(폐모음)형	어간 ς 종결형
σάρξ, σαρκός	ἐλπίς, ἐλπίδος	ἀστήρ, ἀστέρος	βασιλεύς, έως	ἔθνος, ους
살, 육체	소망	별	왕	이방인, 민족

(3) 그러나 유형의 다양성에도 불구하고 제3곡용 명사에도 일관된 격 어미(규칙 명사)를 갖는다. 이는 제3곡용 명사가 불규칙 명사가 아님을 드러내준다:

구분	단수				복수	
	남성	여성	중성		남 · 여성	중성
주	없음, (ς)	ς	μα	ς	ες	α
속	ος		ος		ων	ων
여	ι		ι		σι	σι
대	α, ν		μα	ς	ας, ες	α

(4) 제3곡용 명사들이 어렵게 느껴지는 것은 주격형 자체가 이미 변형을 경험한 상태이기 때문에 주격형과 속격형을 함께 외워야 하기 때문이다. 또한 복수, 여격형에서 심한 변형이 나타난다. 그러나 이러한 현상은 해당 명사의 어간 끝자음과 어미 중 단수, 주격형 어미 -ς("시그마") 혹은 복수, 여격형 어미 -σι의 "시그마"와 명사 어간 끝자음의 조우로 인한 철자가 변경(이중자음[ξ, ψ] 형성 혹은 어간 끝자음 탈락)된 규칙적 현상이다. 따라서 이 규칙만 이해한다면 제3곡용 명사는 쉽게 정복될 것이다.

(5) 각각의 유형은 기본형과 파생형으로 존재하는데 이는 해당 어휘의 발전사와 관련된 것으로 이해하면 된다. 이 과에서는 위에서 언급한 제1-2유형을 살펴보고, 제3-5유형은 제26과에서 공부한다.

21.2. 어간 자음 축약형: 구개음(γ, κ, χ) 및 양순음(β, π, φ)으로 끝나는 명사

구분		σάρξ, σαρκός, ἡ 살, 육체	기본 어미		적용 λαῖλαψ, λαίλαπος, ἡ 광풍(막 4:37)	
		연구개음(-γ, -κ, -χ)			양순음(-β, -π, -φ)	
단수	주	σάρ ξ [κ+ς]	ς	육체가	λαῖλαψ [π+ς]	광풍이
	속	σαρκ ός	ος	육체의	λαίλαπος	광풍의
	여	σαρκ ί	ι	육체에게/위해	λαίλαπι	광풍에게/위해
	대	σάρκ α	α	육체를	λαίλαπα	광풍을
복수	주	σάρκ ες	ες	육체들이	λαῖλαπες	광풍들이
	속	σαρκ ῶν	ων	육체들의	λαιλαπῶν	광풍들의
	여	σαρ ξί(ν) [κ+σι]	σι(ν)	육체들에게/위해	λαίλαψι(ν) [π+σι]	광풍들에게/위해
	대	σάρκ ας	ας	육체들을	λαίλαπας	광풍들을

(1) 어간자음 축약형 명사들로는 어간 자음이 구개음(γ, κ, χ)이나 양순음(β, π, φ)로 끝나는 명사들이 있다. 이 명사들이 독특한 이유는 어간 자음과 단수 주격 및 복수 여격 어미의 -ς/σι가 단축을 일으키기 때문이다.

(2) 구개음(γ, κ, χ)으로 끝나는 어간을 가진 명사의 경우 단수 주격 및 복수 여격에서 "구개음+σ(시그마)"의 형태가 등장하는데, 이때 -γς, -γσι, -κς, -κσι, -χς, -χσι의 철자가 -ξ/ξι로 단축된다.

(3) 양순음(β, π, φ)으로 끝나는 어간을 가진 명사의 경우 단수 주격 및 복수 여격에서 "양순음+σ(시그마)"의 형태가 등장하는데, 이때 -βς, -βσι, -πς, -πσι, -φς, -φσι의 철자가 -ψ/-ψι로 단축된다.

21.3. 어간 자음 탈락형: 치조음(δ, τ, θ)으로 끝나는 명사

21.3.1. ἐλπίς - ἐλπίδος형 명사

구분		ἐλπίς, ἐλπίδος, ἡ 소망	기본 어미		적용(파생형)	
					νύξ, νυκτός, ἡ 밤	χάρις, χάριτος, ἡ 은혜
		기본형(치조음[-δ, -τ, -θ])			이중변경	파생형 2
단수	주	ἐλπί ς	ς	소망이	νύξ	χάρις
	속	ἐλπίδ ος	ος	소망의	νυκτός	χάριτος
	여	ἐλπίδ ι	ι	소망에게/위해	νυκτί	χάριτι
	대	ἐλπίδ α	α	소망을	νύκτα	χάριν [ν로 대체]
복수	주	ἐλπίδ ες	ες	소망들이	νύκτες	χάριτες
	속	ἐλπίδ ων	ων	소망들의	νυκτῶν	χαρίτων
	여	ἐλπί σι(ν) [δ탈락]	σι(ν)	소망들에게/위해	νυξί(ν) [τ탈락후κ+σι]	χάρισι(ν) [τ탈락]
	대	ἐλπίδ ας	ας	소망들을	νύκτας	χάριτας

(1) 어간자음 탈락형 명사들로는 어간 자음이 치조음(δ, τ, θ)로 끝나는 명사들이 있다. 이 명사들이 하나의 유형을 형성하는 이유는 단수, 주격형과 복수, 여격형이 될 때 어미에 -σ/ς가 등장하여 그 앞에서 어간의 치조음이 탈락하여 어미만 남기 때문이다.

(2) 어미의 -σ 때문에 어간의 치조음(δ, τ, θ)이 탈락한 이후, 남아 있는 끝자음과 어미의 -σ가 조우해 이중 자음을 형성한 경우가 있기도 하다. 그 예가 바로 νύξ νυκτός이다. νύξ는 단수, 주격형과 복수, 여격형에서 -σ/ς 앞에서 어간 끝자음 -τ가 탈락한 이후 다시 남은 어간 자음 -κ가 어미의 -σ/ς와 조우하여 -ξ/ξί(ν)이 되었다. 또 다른 파생형 χάρις의 경우 단수, 대격형이 χάριτα가 아니라 χάριν가 된다는 특징이 있다.[33]

(3) 호격형은 각각 ἐλπί와 χάρι이다.

21.3.2. ἄρχων - ἄρχοντος형 명사

구분		ἄρχων, ἄρχοντος, ὁ 통치자	기본 어미		적용(파생형) ὀδούς, ὀδόντος, ὁ 이, 치아	
		기본형			파생형	
단수	주	ἄρχ ων	-	통치자가	ὀδούς	치아가
	속	ἄρχοντ ος	ος	통치자의	ὀδόντος	치아의
	여	ἄρχοντ ι	ι	통치자에게/위해	ὀδόντι	치아를 위해
	대	ἄρχοντ α	α	통치자를	ὀδόντα	치아를
복수	주	ἄρχοντ ες	ες	통치자들이	ὀδόντες	치아들이
	속	ἀρχόντ ων	ων	통치자들의	ὀδόντων	치아들의
	여	ἄρχου σι(ν) [ντ탈락+보상모음]	σι(ν)	통치자들에게/위해	ὀδοῦσι(ν)	치아들을 위해
	대	ἄρχοντ ας	ας	통치자들을	ὀδόντας	치아들을

(1) ἄρχων형과 ὀδούς형은 같은 유형이다. 그러나 기본형이 차이가 나는 것은 주격 어미 -ς/σι가 붙었는지 아닌지에 따라 차이가 난다.

(2) ἄρχων형의 경우 단수 주격에서 명사 어간 ἄρχοντ-에 어미가 붙지 않기에 끝자음 -τ가 탈락하고 어간 모음 -ο가 -ω로 변경되었다. 한편, 복수 여격형의 경우 명사 어간 ἄρχοντ-에 어미 -σι가 붙어 -σ 앞에서 자음군 -ντ가 탈락한 후 보상으로 어간 모음 -ο가 보상으로 -ου로 길어졌다.

(3) ὀδούς형의 경우 단수 주격에서 명사 어간 ὀδόντ-에 주격에서 어미 -ς가 붙어 자음군 -ντ가 탈락하고 모음 -ο가 보상으로 -ου로 길어졌다.[34] 이 현상이 복수, 여격형에서도 발생했다.

21.3.3. ὄνομα – ὀνόματος형 (중 -μα) 명사

<table>
<tr><th colspan="2" rowspan="3">구분</th><th rowspan="2">ὄνομα, ὀνόματος, τό
이름</th><th colspan="2" rowspan="2">기본 어미</th><th colspan="2">적용</th></tr>
<tr><th colspan="2">πνεῦμα, πνεύματος, τό
영</th></tr>
<tr><th colspan="3">μα형(치조음[-δ, -τ, -θ])</th><th colspan="2">양순음(-β, -π, -φ)</th></tr>
<tr><td rowspan="4">단수</td><td>주</td><td>ὄνομα</td><td>-</td><td>이름이</td><td>πνεῦμα</td><td>영이</td></tr>
<tr><td>속</td><td>ὀνόματ ος</td><td>ος</td><td>이름의</td><td>πνεύματος</td><td>영의</td></tr>
<tr><td>여</td><td>ὀνόματ ι</td><td>ι</td><td>이름에게/위해</td><td>πνεύματι</td><td>영에게/위해</td></tr>
<tr><td>대</td><td>ὄνομα</td><td>-</td><td>이름을</td><td>πνεύμα</td><td>영을</td></tr>
<tr><td rowspan="4">복수</td><td>주</td><td>ὀνόματ α</td><td>α</td><td>이름들이</td><td>πνεύματα</td><td>영들이</td></tr>
<tr><td>속</td><td>σαρκ ῶν</td><td>ων</td><td>이름들의</td><td>πνεύματων</td><td>영들의</td></tr>
<tr><td>여</td><td>ὀνόμα σι(ν) [τ탈락]</td><td>σι(ν)</td><td>이름들에게/위해</td><td>πνεύμασι(ν)</td><td>영들에게/위해</td></tr>
<tr><td>대</td><td>ὀνόματ α</td><td>α</td><td>이름들을</td><td>πνεύματα</td><td>영들을</td></tr>
</table>

(1) ὄνομα로 대표되는 소위 -μα 명사는 어간자음에 τ가 등장하는 어간자음 탈락형 명사에 속한다. 다만, -μα 명사 모두가 동일한 패턴으로 곡용 되기에 따로 구분하여 다뤘다.

(2) -μα 명사는 모두 중성 명사이기에 곡용에 있어서 단·복수 주격형과 대격형이 동일하다는 점을 주의해야 한다. 그러나 어간이 -τ로 끝나기에 복수, 여격형 어미 -σι 앞에서 -τ가 탈락한다.

(3) 이 유형에 속하는 대표적인 명사로는 αἷμα, ματος, τό (피), στόμα, ματος, τό (입), σῶμα, ματος, τό (몸)이 있다.

21.4. 제3곡용 형용사

21.4.1. 세 어미 제3-1-3곡용 형용사

구분		πᾶς, πάσα, πᾶν 모든			βραχύς, βραχεῖα, βραχύ 작은, 적은		
		πᾶς 형			βραχύς 형		
		남	여	중	남	여	중
단수	주	πᾶς	πᾶσα	πᾶν	βραχύς	βραχεῖα	βραχύ
	속	παντός	πάσης	παντός	βραχέος	βραχείας	βραχέος
	여	παντί	πάσῃ	παντί	βραχεῖ	βραχείᾳ	βραχεῖ
	대	πάντα	πᾶσαν	πᾶν	βραχύν	βραχεῖαν	βραχύ
복수	주	πάντες	πᾶσαι	πάντα	βραχεῖς	βραχεῖαι	βραχέα
	속	πάντων	πασῶν	πάντων	βραχέων	βραχειῶν	βραχέων
	여	πᾶσι(ν)	πάσαις	πᾶσι(ν)	βραχέσι(ν)	βραχείαις	βραχέσι(ν)
	대	πάντας	πάσας	πάντα	βραχεῖς	βραχείας	βραχέα

(1) 3-1-3 곡용 형용사의 기능은 일반 형용사 용법과 차이가 없다(제5과). 다만 그 곡용형에 있어서 3곡용을 따른다.

(2) πᾶς의 경우, 남성 및 중성 복수, 여격에서 어미 -σι(ν) 앞에서 자음군 -ντ-가 탈락하고 모음 -α가 보상으로 장모음 -α이 되었다(악센트에 주의하라). 한편, 여성, 단수형(πᾶσα)는 혼합형이다.

(3) 한편, πᾶς의 경우, 배열과 함께 쓰이는 단어에 따라 의미가 일부 변경되기 때문에 주의해야 한다:

예) "πᾶς+관사+명사" 구문

πᾶς ὁ κόσμος　세상 전체 혹은 온 세상.

그러나 분사와 함께: "~하는 자마다"(예, πᾶς ὁ πιστεύων 믿는 자마다).

예) "πᾶς+단수명사" 구문

πᾶς ἄνθρωπος 사람마다(every).

(4) βραχύς의 경우, 남성, 단수, 주격에 어미 -ς가 붙고, 남성, 복수, 대격에서 어미 -ες가 사용되었다. 한편, 어미 모음이 -υ이라는 점에 주의하되, 남성, 단수, 주격과 대격과 중성, 단수, 주격과 대격에서 어간 모음 -υ가 유지되고 있음에 주의하라(아래 πολύς, πολλή, πολύ 참조).

[비교] 21.4.2. 주의해야 할 2-1-2 곡용 형용사

구분		μέγας, μεγάλη, μάγα 큰, 위대한			πολύς, πολλή, πολύ 많은		
		남	여	중	남	여	중
단수	주	μέγας	μεγάλη	μέγα	πολύς	πολλή	πολύ
	속	μεγάλου	μεγάλης	μεγάλου	πολλοῦ	πολλῆς	πολλοῦ
	여	μεγάλῳ	μεγάλῃ	μεγάλῳ	πολλῷ	πολλῇ	πολλῷ
	대	μέγαν	μεγάλην	μέγα	πολύν	πολλήν	πολύ
복수	주	μεγάλοι	μεγάλαι	μεγάλα	πολλοί	πολλαί	πολλά
	속	μεγάλων	μεγάλων	μεγάλων	πολλῶν	πολλῶν	πολλῶν
	여	μεγάλοις	μεγάλαις	μεγάλοις	πολλοῖς	πολλαῖς	πολλοῖς
	대	μεγάλους	μεγάλας	μεγάλα	πολλούς	πολλάς	πολλά

(1) 이 형용사들은 주격 형태로는 3-1-3 곡용 형용사와 유사하다. 그러나 이 형용사들은 2-1-2 곡용을 취한다는 점에서 구별된다. 한편, 비록 두 형용사들 모두 남성과 중성의 단수, 주격과 대격에서 짧은 어간 형태(μεγ-과 πολ-)가 등장할지라도, 그 외의 형태들에서는 긴 형태들의 어간(μεγαλ-과 πολλ-)으로 곡용한다.

(2) μεγάς의 경우 남성 단수 주격과 대격과 중성 단수 주격과 대격에서 어간 모음 -α가 유지되고 있음에 주의하라. πολύς의 경우, 남성 단수 주격과 대격과 중성 단수 주격과 대격에서 어간 모음 -υ가 유지되고 있음에 주의하라.

21.5. 분해하기

구분	분해				해석
	기본형(뜻)	성	수	격	
σαρκί	σάρξ(살)	여	단	주	살을 위해
χάριν	χάρις(은혜)	여	단	대	은혜를
ὀνόμασι(ν)	ὄνομα(이름)	중	복	여	이름들을 위해
πάσῃ	πᾶς(모든)	여	단	여	모든 (여성명사)에게

21.6. 어휘

동사

ζητέω 추구하다, 구하다

περιπατέω 걷다; 영위하다

명사

ἄρχων, οντος, ὁ 통치자

(ὀδούς, όντος, ὁ 이, 치아 [단어장])

ἐλπίς, ίδος, ἡ 소망

(λαῖλαψ, πος, ἡ 광풍 [단어장])

νύξ, κτός, ἡ 밤

σάρξ, ρκός, ἡ 살; 육신

χάρις, ιτος, ἡ 은혜

ὄνομα, ματος, τό 이름

πνεῦμα, ματος, τό 영, 성령; 바람

형용사

(βραχύς, εῖα, ύ 작은, 적은 [단어장])

μέγας, μεγάλη, μάγα 큰

πᾶς, πάσα, πᾶν 모든

πολύς, πολλή, πολύ 많은

21.7. 기초 문장 연습

아래 헬라어 문장의 단어들을 분해하고 직역하시오.

1. ἡ ἐλπὶς ἡμῶν ἐστὶν ἐν τοῖς οὐρανοῖς, ὅπου ὁ θεὸς ὃς φιλεῖ ἡμᾶς ἄρχει.

2. ὁ λόγος ἐγένετο σάρξ, ὅτι αὐτὸς ἠγάπησεν τὸν κόσμον.

3. περιπατεῖτε ἐν χάριτι, καὶ σωθήσεσθε ἐν ἐκείνῃ τῇ ἡμέρᾳ.

4. ὃς ἔχει τὴν ἐλπίδος τῆς βασιλείας τῶν οὐρανῶν μέλλει περιπατεῖν ἐν τῷ ἁγίῳ πνεύματι.

5. ἐν ἐκείνῃ τῇ νυκτὶ πρὸς τὸν κύριον ἐπορεύθησαν πολλοὶ ἄρχοντες, ἵνα ἀκούωσιν τῶν λόγων αὐτοῦ.

6. ὃς ἔλαβε τὸ αἷμα τοῦ κυρίου τὴν μεγάλην χάριν ὄψῃ οὗτος.

7. πᾶσα ἡ ἐκκλησία ἐστὶν τὰ σῶματα καὶ στόματα τοῦ κυρίου. δεῖ οὖν ἐκκλησίας πάσας κηρύσσειν τὴν διδαχὴν αὐτοῦ.

8. εἰ ἔσχετε τὴν ἀληθείαν ἀπὸ τοῦ θεοῦ, ἐσώθητε ἂν ἐκ τοῦ κόσμου τούτου.

9. ἐν πνεύματι καὶ ἀληθείᾳ τοῖς πονηροῖς μανθάνει τὸ εὐαγγέλιον ὁ ἄρχων ἵνα σωθῶσιν ἀπὸ τούτου τοῦ κόσμου τῆς ἁμαρτίας.

제22과
현재 능동태 · 중간태 · 수동태 분사
분사 용법 1: 일반용법
Εἰμί 동사 현재 (능동태) 분사

22.1. 분사의 정의

(1) 분사(participle)는 동사의 법(mood)에 속하지 않는다. 이는 부정사와 함께(제18과 참조) 동사에서 변형된 형태로 동사 이외의 용법을 전하는 품사다. 분사의 경우의, 일반적으로 동사에서 형용사로 변형된 것이기에 동형사(動形詞)라고 부른다(한편, 부정사의 형우 동사에서 명사로 변형된 것이기에 동명사[動名詞]라고 부른다). 따라서 분사는 동형사라는 명칭대로 동사적 특성(시제, 태)을 가지면서도, 동시에 형용사의 특성(남성, 여성, 중성 및 성, 수, 격)을 취한다.

(2) 분사는 그 자체로 시간 개념을 전달하지 않는다. 따라서 직설법처럼 6시제 동사형이 필요 없다. 대신, 분사에는 3시제형 곧, 현재, 부정과거, 완료 시제형이 존재한다:

구분	현재	미완료과거	미래	부정과거	완료	대과거완료
직설법	○	○	○	○	○	○
분사	○	×	×[?]	○	○	×

(3) 분사의 특징은 다음과 같다: 첫째, 어형에 있어 부정과거형에 접두모음이 붙지 않는다. 둘째, 형용사화 되어 남성, 여성, 중성형이 있고 성, 수, 격에 따라 사용된다(아래 22.2. 참조). 셋째, 분사는 형용사처럼 독립적, 한정적, 부사적 용법으

로 사용될 수 있으며, 특별히 부사적 용법일 경우 성, 수, 격이 일치하는 명사와 문장의 종속절을 이룬다(자세한 사항은 아래 22.4. 참조). 이 때 성, 수, 격이 일치하는 명사는 관련 분사의 의미상의 주어가 된다. 따라서 부사적 용법으로 사용된 분사의 주어는 주격, 속격, 여격, 대격 모두가 될 수 있다.

22.2. 현재 분사

22.2.1. 현재 능동태 분사

구분		λύω [현재어간: λυ–]			적용		
					πιστεύω [현재어간: πιστευ–]		
		3–1–3 곡용					
		남	여	중	남	여	중
단수	주	λύων	λύουσα	λῦον	πιστεύων	πιστεύουσα	πίστευον
	속	λύοντος	λυούσης	λύοντος	πιστεύοντος	πιστευούσης	πιστεύοντος
	여	λύοντι	λυούσῃ	λύοντι	πιστεύοντι	πιστευούσῃ	πιστεύοντι
	대	λύοντα	λύουσαν	λῦον	πιστεύοντα	πιστεύουσαν	πίστευον
복수	주	λύοντες	λύουσαι	λύοντα	πιστεύοντες	πιστεύουσαι	πιστεύοντα
	속	λυόντων	λυουσῶν	λυόντων	πιστευόντων	πιστευουσῶν	πιστευόντων
	여	λύουσι(ν)	λυούσαις	λύουσι(ν)	πιστεύουσι(ν)	πιστευούσαις	πιστεύουσι(ν)
	대	λύοντας	λυούσας	λύοντα	πιστεύοντας	πιστευούσας	πιστεύοντα

(1) 현재 능동태 분사는 "현재 어간+ 능동태 분사 어미(-ων, -ουσα, -ον)"를 조합하여 만든다. 도표의 순서는 형용사의 경우처럼 남성형-여성형-중성형의 순서로 배열된다.

(2) 현재 능동태 분사는 남성에서 3곡용, 여성에서 1곡용(혼합형), 중성에서 3곡용 어미를 취한다. 따라서 3-1-3 곡용이라고도 부른다. 특별히, 남성과 중성의 경우 ἄρχων, ἄρχοντος, ὁ 유형을 따른다(참조. 21.3.2. 중성의 경우 주격과 목적격이 동일함에 주의하라). 이 경우 복수 3인칭의 λύουσι(ν)형에 주의해야 한다(어간자음 탈락현상).

(3) 해석은 해당 동사의 의미를 독립적으로 혹은 성, 수, 격과 일치하는 명사와 관련하여 능동의 의미로 해석한다(자세한 사항은 아래 22.4. 참조).

22.2.2. 현재 중간태 및 수동태 분사

구분		λύω [현재어간: λυ-]			적용 πιστεύω [현재어간: πιστευ-]		
		2-1-2 곡용					
		남	여	중	남	여	중
단수	주	λυόμενος	λυομένη	λυόμενον	πιστευόμενος	πιστευομένη	πιστευόμενον
	속	λυομένου	λυομένης	λυομένου	πιστευομένου	πιστευομένης	πιστευομένου
	여	λυομένῳ	λυομένῃ	λυομένῳ	πιστευομένῳ	πιστευομένῃ	πιστευομένῳ
	대	λυόμενον	λυομένην	λυόμενον	πιστευόμενον	πιστευομένην	πιστευόμενον
복수	주	λυόμενοι	λυόμεναι	λυόμενα	πιστευόμενοι	πιστευόμεναι	πιστευόμενα
	속	λυομένων	λυομένων	λυομένων	πιστευομένων	πιστευομένων	πιστευομένων
	여	λυομένοις	λυομέναις	λυομένοις	πιστευομένοις	πιστευομέναις	πιστευομένοις
	대	λυομένους	λυομένας	λυόμενα	πιστευομένους	πιστευομένας	πιστευόμενα

(1) 직설법 현재형에서 중간태형과 수동태형이 동일하듯이, 현재 분사에서도 중간태형과 수동태형이 동일하다. 현재 중간태 및 수동태 분사는 "현재 어간+중간태·수동태 분사 어미(-ομενος, -ομενη, -ομενον)"를 조합하여 만든다. 도표의 순서는 형용사의 경우처럼 남성형-여성형-중성형의 순서로 배열된다.

(2) 현재 중간태 및 수동태 분사는 남성에서 2곡용, 여성에서 1곡용, 중성에서 2곡용 어미를 취한다. 따라서 2-1-2 곡용이라고도 부른다. 다만, 곡용 어미 앞에 -ομεν-가 등장함에 주의해야 한다.

(3) 해석은 해당 동사의 의미를 독립적으로 혹은 성, 수, 격과 일치하는 명사와 관련하여 각각의 태가 전달하는 의미에 맞게 해석한다(자세한 사항은 아래 22.4. 참조).

22.2.3. 디포넌트 동사의 현재 분사

구분	πορεύομαι [현재어간: πορευ–]					
	2–1–2 곡용					
	단수			복수		
	남	여	중	남	여	중
주	πορευόμενος	πορευομένη	πορευόμενον	πορευόμενοι	πορευόμεναι	πορευόμενα
속	πορευομένου	πορευομένης	πορευομένου	πορευομένων	πορευομένων	πορευομένων
여	πορευομένῳ	πορευομένῃ	πορευομένῳ	πορευομένοις	πορευομέναις	πορευομένοις
대	πορευόμενον	πορευομένην	πορευόμενον	πορευομένους	πορευομένας	πορευόμενα

(1) 직설법 현재형에서 디포넌트 동사는 현재 분사에서도 디포넌트형을 이룬다. 이는 동일한 어간을 사용해 그 특성을 공유하기 때문이다. 디포넌트형은 위의 중간태 및 수동태 분사형과 동일하다.

(2) 해석은 디포넌트 동사임을 감안해 독립적으로 혹은 성, 수, 격과 일치하는 명사와 관련하여 능동의 의미로 해석한다.

22.2.4. 단축동사(제19과)와 유음동사(제20과)의 현재분사

(1) 단축동사의 현재분사의 형성은 일반 동사와 동일하되 제19과에서 언급된 단축 법칙에 따라 모음이 단축된다:

구분	ἀγαπάω형	φιλέω형	πληρόω형
능동태	ἀγαπῶν, ῶσα, ῶν	φιλῶν, οῦσα, οῦν	πληρῶν, οῦσα, οῦν
중간태 • 수동태	ἀγαπώμενος, η, ον	φιλούμενος, η, ον	πληρούμενος, η, ον

(2) 유음동사의 현재분사는 일반 동사와 동일하다. 왜냐하면 유음동사의 특이점은 시상접사 '시그마'(-σ)에 따른 현상이기에 제1부정과거 분사에서만 주의하면 된다(24.1.4. 참조)

22.2.5. 분해하기

구분	분해								해석
	기본형(뜻)	시	태	(법)	*	성	수	격	
λυούσῃ	λύω(풀다)	현	능	분	*	여	단	여	푸는(여격)
πιστεύοντι	πιστεύω(믿다)	현	능	분	*	남	단	여	믿는(여격)
λυομένῳ	λύω(풀다)	현	수	분	*	남	단	여	풀리는(여격)
ἐρχομένη	ἔρχομαι(가다/오다)	현	*	분	dep.	여	단	주	오는(주격)

22.3. 분사의 시제

(1) 분사를 번역할 때 주의해야 할 점은 시제이다. 분사는 직설법과 달리 시간적 개념을 포함하지 않는다. 즉, 현재 분사가 현재만을 의미하지도, 부정과거 분사가 과거만을 의미하지도 않는다. 분사의 시간 개념은 문맥에 따르며 이는 한정적/관형적 용법과 독립적 용법일 때 항상 그렇다:

구분	현재 분사형	부정과거 분사형
한정적/관형적 용법	○	○
독립적 용법	○	○

(2) 다만, 분사가 부사적 용법으로 사용 될 때(22.4.2 참조) 분사는 주동사와 관련하여 종속절을 이루면서 상대적 시간을 갖는 경우가 있다. 즉, 현재 분사는 주동사와 동일한 시간을, 부정과거 분사는 주동사보다 한 시제 앞선 시간을 지시한다:

구분	현재 분사형	부정과거 분사형
현재형 주동사	같은 시제(즉, 현재)	앞선 시제(즉, 과거)
부정과거형 주동사	같은 시제(즉, 과거)	앞선 시제(즉, 과거 이전)

(3) 그러므로 분사의 부사적 용법을 이해할 때 기본적으로 현재 분사가 나오면 "~하는 동안" 혹은 "~할 때," 부정과거 분사가 나오면 "~한 후에"라고 번역 연습할 것을 추천 한다(이후 22.4.2과 23.2.2에 등장하는 나머지 7용법들을 문맥에 따라 적용하면 된다).

22.4. 분사의 용법 1: 일반용법

(1) 분사는 다음의 세 가지 용법으로 사용된다: 첫째, 한정적/관형적 용법(22.4.1). 둘째, 부사적 용법(22.4.2). 셋째, 독립적 용법(22.4.3).

(2) 각각의 용법은 분사와 성·수·격이 일치하는 명사(류)와 함께 사용되거나(한정적/관형적 용법과 부사적 용법) 혹은 분사가 명사(류) 없이 단독적으로 사용될 경우(독립적 용법)에 해당한다.

22.4.1. 한정적/관형적 용법

22.4.1.1. 정의와 구문

(1) 분사의 한정적/관형적 용법은 형용사가 성·수·격이 일치하는 명사와 함께 쓰이며, 명사가 관사를 동반했을 때(그렇지 않은 경우도 있음) 분사가 그 관사 뒤에 놓이는 경우(즉, 관사의 지배를 받는 경우)의 용법이다. 이 때 분사가 한정적/관형적 위치에 놓였다고 말하며, 한정적/관형적 용법으로 사용되었다고 말한다:

구분		형식	부정과거 분사형
①	제1형	관-분-명	분사가 강조.
②	제2형	관-명-관-분	명사와 분사 모두 강조. 분사가 약간 강조.
③	제3형	명-관-분	명사는 일반적, 분사는 특별한 적용점.

(2) 위의 경우 외에 명사와 분사 모두에 관사가 동반되지 않으나 문맥적으로 한정적/관형적 용법으로 해석되는 경우가 있다. 이 경우 분사의 용법(한정적/관형적인지 부사적인지)을 문맥에 따라 결정해야 한다.

22.4.1.2. 용법

(1) 분사의 한정적/관형적 용법은 분사와 성, 수, 격이 일치하는 명사를 형용사처럼 한정하는 방식으로 해석하면 된다. 그 해석법은 형용사의 한정적/관형적 용법에 준한다. 다만, 분사에는 동사의 특성이 있기에 태와 분사에 부속된 문장 성분들(예. 목적어, 전치사구)을 고려해야 한다:

예) ὁ λύων τὸν δοῦλον κύριος λέγει.

그 종을 풀어주고 있는 (남)주인이 말한다.

[설명] 분사 λύων은 성 · 수 · 격이 일치하는 명사 κύριος를 한정한다. 한편, 명사 τὸν δοῦλον은 분사 λύων의 목적어이다.

예) ἡ λυομένη ὑπὸ τοῦ δούλου κυρία λέγει.

그 종에 의해 풀리는 (여)주인이 말한다.

[설명] 수동태, 분사 λυομένη는 성 · 수 · 격이 일치하는 명사 κυρία를 한정한다. 한편, 전치사구 ὑπὸ τοῦ δούλου는 분사 λυομένη의 행위자이다.

(2) 위의 예문에서 분사가 현재 시제로 번역된 것은 문맥에 따른 번역이지 현재 분사이기 때문만은 아니다(한정적/관형적 분사는 시간의 개념이 없다).

22.4.2. 부사적 용법

22.4.2.1. 정의와 구문

(1) 분사는 동사에서 만들어진 형용사이기에 형용사의 용법에 준하는 용법을 가지고 있다. 그럼에도 불구하고, 형용사의 "서술적 용법"을 분사에서는 "부사적 용법"이라고 부른다. 이는 형용사의 경우 주격 형태에서만 이 용법이 적용되어 형용사가 실제로 명사의 상태를 서술해 주기 때문인 반면, 분사의 경우 주격은

물론 다양한 격 형태로 등장해 시간, 이유, 조건, 양보, 부대상황, 수단, 방법, 목적의 의미로 주동사의 종속절(혹은 부사절)을 형성하기 때문이다.

(2) 부사적 용법은 분사가 성·수·격이 일치하는 명사와 함께 등장하고 명사에는 관사가 있으나(그렇지 않은 경우도 있음) 분사 앞에는 관사가 없는 경우(즉, 관사의 지배를 받지 않는 경우)의 용법이다. 이 때 분사가 서술적 위치에 놓여 부사적 용법으로 사용되었다고 말한다(단, 명사와 분사가 꼭 주격일 필요는 없다):

구분		형식	부정과거 분사형
①	제1형	분-관-명	형용사의 경우 제1형은 형용사가 강조되고 제2형은 명사에 일부 강조가 오나, 분사의 경우 시간이나 논리의 전후에 따라 분사의 위치가 결정됨.
②	제2형	관-명-분	

(3) 명사와 분사 모두가 관사를 동반하지 않을 경우에도 문맥적으로 한정적/관형적 용법으로 해석되는 경우가 있다. 따라서 문맥에 따라 부사적 용법으로 번역할지는 신중히 결정해야 한다.

22.4.2.2. 용법

(1) 분사가 성, 수, 격이 일치하는 명사와 함께 등장하여 주문장의 종속절을 이룰 때, 분사와 성, 수, 격이 명사는 그 격 형태와 상관없이 분사의 의미상의 주어가 되고("~는/~은/~이/~가"로 해석), 분사는 그 명사의 동사로 해석한다. 이후, 주동사와의 관계를 고려해 분사를 시간, 이유, 조건, 양보, 부대상황, 수단, 방법, 목적의 의미들 중 하나를 선택해 일반 동사의 의미로 해석한다. 한편, 분사에 다른 문장 성분들(목적어, 전치사구 등)이 동반될 때 그 내용을 함께 해석한다. 이후 명사는 주문장 속에서 다시 해석한다(즉, 분사와 성, 수, 격이 일치하는 총 2회 해석된다):

예) 능동태 주격형 분사의 예

λύων τὸν δοῦλον ὁ κυριός λέγει τῷ υἱῷ.

그 주인이 그 종을 푸는 동안 그는(주인) 그 아들에게 말한다.

[설명] 무관사 분사 λύων는 성, 수, 격이 일치하는 명사 ὁ κυριός와 부사적 용법 관계를 형성한다. 이 때 성, 수, 격이 일치하는 ὁ κυριός는 분사의 의미상의 주어가 되고, 분사는 의미상의 주어의 동사로 해석되되 (이 경우) 시간절로 해석되어 주동사 λέγει("말한다.")의 의미를 보충한다. 한편 분사 λύων은 목적어 τὸν δοῦλον("그 종을")을 동반한다.

예) 수동태 여격형의 예

ἡ κυρία λέγει τῷ υἱῷ λυομένῳ ὑπὸ τοῦ δούλου.

그 아들이 그 종에 의해 풀리는 동안 그 (여)주인이 그(아들)에게 말한다.

[설명] 무관사 분사 λυομένῳ는 성, 수, 격이 일치하는 명사 τῷ υἱῷ와 부사적 용법 관계를 형성한다. 이 때 성, 수, 격이 일치하는 τῷ υἱῷ는 비록 여격형이지만 분사의 의미상의 주어가 되고, 분사는 의미상의 주어의 동사로 해석되되 (이 경우) 시간절로 해석되어 주동사 λέγει("말한다.")의 의미를 보충한다. 한편 분사 λυομένῳ은 행위자를 나타내는 전치사구 ὑπὸ τοῦ δούλου("그 종에 의해")을 동반한다.

(2) 한편, 위의 예들에서 분사의 부사적 용법이 종속절로 번역될 때 시간으로 해석되는 것에 주의할 필요가 있다("푸는 동안," "풀리는 동안"). 그러나 분사의 부사적 용법이 항상 시간의 개념으로 번역되는 것은 아니다. 앞서 언급했듯이 분사의 부사적 용법은 시간을 포함해 이유, 조건, 양보, 부대상황, 수단, 방법, 목적의 총 8가지로 해석될 수 있다(자세한 용법은 23.2.2를 참조하라). 그러나 가장 기본적 용법은 시간이기에 이 단락에서는 시간의 용법을 살펴보되, 특별히 분사의 상대적 시간 개념에 초점을 맞추고자 한다(위의 22.3을 보라):

예) ὁ κύριος ἔρχεται τῷ υἱῷ λύοντι τὸν δοῦλον.

그 아들이 그 종을 풀어주는 동안 그 (남)주인이 그(아들)에게 간다.

[설명] 주동사 ἔρχεται는 현재형이다. 분사 λύοντι 역시 현재형인데 현재 분사는 주동사의 시제와 동일한 시간을 나타냄으로 분사 λύοντι는 현재 사건을 지시한다.

예) ὁ κύριος ἦλθεν τῷ υἱῷ λύοντι τὸν δοῦλον.

그 아들이 그 종을 풀어주는 동안 그 (남)주인이 그(아들)에게 갔다.

[설명] 주동사 ἦλθεν은 부정과거형이다. 반면 분사 λύοντι는 현재형이다. 절대 시간의 관점에서는 이 두 동사 형태가 의미가 통하지 않는다. 반면, 분사는 부사적 용법에서 상대적 시간 개념(22.3 참조), 즉 현재 분사형은 주동사와 동일한 시간 개념을 나타내기에 주동사의 시제와 동일한 시간을 나타낸다. 따라서 "풀어주는 동안"으로 번역되었으나 시간은 "갔다."와 동일한 과거 사건을 지시한다.

(3) 분사의 상대적 시간의 용법은 한국어의 용법과 비슷하다는 점에서 유리하다.

예) 현재형이면서 현재시제의 예: 주동사가 현재

나는 전화하면서 집에 간다.

예) 현재형이면서 과거시제의 예: 주동사가 과거

나는 전화하면서 집에 갔다.

22.4.3. 독립적 용법

22.4.3.1. 정의와 구문

(1) 분사의 독립적 용법은 형용사가 성·수·격이 일치하는 명사 없이 (종종 관사와 함께) 단독으로 사용될 때의 용법이다:

구분		형식	내용
①	유관사	관-분	성 · 수 · 격을 근거해 문맥을 고려해 해석.

(2) 해석에 있어서 독립적 용법은 주의할 필요가 있다. 왜냐하면 한국어에는 분사의 독립적 용법이 존재하지 않기 때문이다. 예를 들어, "풀다" 동사를 분사의 독립적 용법으로 표현하면 "푸는 자"(사람/남성) 혹은 "푸는 것"(사물/중성)으로 표현해야 하는데, "-자," "-것"이라는 의존 명사가 보충되어야만 의미가 형성된다.

22.4.3.2. 용법

(1) 문장에서 분사가 단독으로 사용될 때 앞서 나온 존재를 염두에 두고 반복을 피하기 위해 생략한 경우가 존재한다. 이 때 해석은 그 생략된 단어를 보충해 해석하면 이해에 도움이 된다.

예) ὁ λύων τὸν δοῦλον λέγει τῷ κυρίῳ.

그 종을 풀고 있는 자가 주님께 말한다.

[설명] 분사 ὁ λύων은 명사 없이 단독으로 사용되었다(독립적 용법). 따라서 성·수·격을 고려해 해석하면 된다.

(2) 위의 예에서 분사 ὁ λύων를 "풀고 있는 자" 곧 현재형으로 번역한 것은 문맥에 따른 것이다. 즉, 현재 분사형이기에 현재로 번역한 것이 아니다("푼 자"로도 번

역이 가능함). 그럼에도 불구하고, 현재형은 현안(懸案)을 주로 다룬다는 점에서 현재 시간을 가리키는 경우가 일반적이기에 현재 시제로 해석하는 것이 보통이다.

22.4.4. 정리: 용법을 파악 질문들

(1) 분사의 용법을 파악하기 위해서는 다음의 질문들을 순서에 따라 던지면 파악이 수월하다:

<table>
<tr><td colspan="2">① 분사를 찾아 시 · 법 · 태 · 성 · 수 · 격을 분해하고, 그 의미를 파악한다.</td></tr>
<tr><td colspan="2">② 분사와 성 · 수 · 격이 일치하는 명사를 찾는다.</td></tr>
<tr><td>〈명사가 있는 경우〉</td><td>〈명사가 없는 경우〉</td></tr>
<tr><td>③ 명사가 관사를 동반한 경우</td><td rowspan="5">▶ “독립적 용법”
(성 · 수 · 격을 고려해 해석하고, 문맥에 따라 번역)</td></tr>
<tr><td>▶ 분사 앞에 관사 O: “한정적/관형적 용법”</td></tr>
<tr><td>▶ 분사 앞에 관사 X: “부사적 용법”</td></tr>
<tr><td>④ 명사가 관사를 동반하지 않은 경우</td></tr>
<tr><td>▶ 문맥에 따라(일반적으로 부사적)</td></tr>
</table>

(2) 위의 분석이 끝나면 분사를 주동사와의 관계 속에서 그 용법을 결정하고, 이후 분사의 태와 부속된 요소들을 고려해 문장을 해석한다.

22.5. Εἰμί 동사(이다/있다) 현재 (능동태) 분사

22.5.1. 어형

구분	Εἰμί 이다/있다					
	3-1-3 곡용					
	단수			복수		
	남	여	중	남	여	중
주	ὤν	οὖσα	ὄν	ὄντες	οὖσαι	ὄντα
속	ὄντος	οὔσης	ὄντος	ὄντων	οὐσῶν	ὄντων
여	ὄντι	οὔσῃ	ὄντι	οὖσι(ν)	οὔσαις	οὖσι(ν)
대	ὄντα	οὖσαν	ὄν	ὄντους	οὔσας	ὄντα

(1) 현재 (능동태) 분사는 일반 동사의 능동태 분사 어미(-ων, -ουσα, -ον)와 동일하다. 다만, 기식과 악센트가 추가되어 있다.

(2) 해석은 위의 22.4의 분사 해석과 동일하다. 단, 능동태로만 사용된다:

예) 부사적 용법

ὁ δοῦλος λέγει τῇ κυρίᾳ οὔσῃ ἐν τῇ ὁδῷ.

그 종은 그 여주인이 길에 있을 때 그 여주인에게 말한다.

22.5.2. 분해하기

구분	분해							해석
	기본형(뜻)	시	태	(법)	성	수	격	
οὔσης	εἰμί(이다/있다)	현	(능)	분	여	단	속	있는(속격)

22.6. 어휘

동사

ἀποτείνω 죽이다

γεννάω 낳다

ζάω 살다

λαλέω 이야기하다, 말하다

명사

στόμα, ματος, τὸ 입

형용사

πιστός, ή, όν 신실한; 믿을만 한

22.7. 기초 문장 연습

아래 헬라어 문장을 직역하시오.

1. ἡ κυρία ἐλάλει τῷ υἱῷ αὐτῆς τῷ ἀγομένῳ ὑπὸ τοῦ δούλου εἰς τὴν ἐκκλησίαν.

2. ἐν τῇ ἐσχάτῃ ὥρᾳ κρινεῖ ὁ θεὸς τοὺς μὴ τὰ ἀγαθὰ πράσσοντας.

3. οἱ γεννώμενοι τῷ εὐαγγελίῳ τοῦ Ἰησοῦ εἰσὶν οἱ πράσσοντες τὰς ἐντολὰς καὶ μένοντες ἐν τῇ ἀληθείᾳ.

4. ἀγαπᾷ ὁ θεὸς τοὺς ἀγαῶντας αὐτὸν ἐν τῇ καρδίᾳ αὐτῶν, ὅτι ἀγάπη ἐστὶν ὁ θεός.

5. τὸν λόγον τοῦ θεοῦ ἐλάλει ὁ ἀπόστολος τοῖς ἀποτείνουσιν τοὺς δούλους τοὺς δικαίους.

6. ὁ πιστὸς μαθητὴς εἶπεν τῷ ἀποστόλῳ ὄντι ἐν τῇ ὁδῷ ὅτι τὰς γραφὰς τοῦ θεοῦ οὐκ ἔλαβον οἱ ἀδελφοί.

7. πιστεύοντες τῷ Ἰησοῦ προσερχώμεθα πρὸς τὴν ἐκκλησίαν, καὶ ζήσομεν ἐν τῇ χάριτι αὐτοῦ.

8. οἱ πονηροὶ υἱοὶ οὐκ ἀκούσουσιν τῆς ἐντολῆς τοῦ κυρίου λεγομένης διὰ τοῦ στόματος αὐτοῦ ἐν τῇ ἐκκλησίᾳ.

9. πᾶς ὁ βλέπων τὸν Ἰησοῦν ἀγαπᾷ τὸν θεόν ὃς ἔπεμψεν αὐτὸν εἰς σώζειν τοὺς ἀνθρώπους.

제23과
부정과거 능동태 · 중간태 분사
분사 용법 2: 부사적 용법 추가

23.1. 부정과거 분사

(1) 부정과거 분사는 제22과에서 살펴본 분사의 정의와 용법에 준한다. 다만, 그 형태가 부정 과거 어간에서 형성되며, 그 시제 형태에 따른 해석이 차이가 난다는 점에서 현재 분사와 차이점이 있다.

(2) 부정과거 분사는 직설법의 경우와 마찬가지로 기본형 어간(=현재 어간)과 부정과거 어간이 동일한 제1부정과거 분사와 서로 다른 제2부정과거 분사로 구분된다. 직설법에서 중간태형과 수동태형이 구분되듯이 분사에서도 중간태형과 수동태형이 구분된다(수동태는 제24과 참조). 다만, 분사는 직설법에 속하지 않음으로 부정과거 시제에서 시상접두모음 ἐ-를 취하지 않는다.

(3) 상대적 시간을 나타내는 분사의 부사적 용법에서 과거분사는 주동사보다 한 시제 앞선 시간을 나타내기에 시간의 의미에서 "~후에"라는 의미를 가진다. 단, 한정적/관형적 용법과 독립적 용법에서는 문맥에 따라 시간의 의미를 취한다.

23.1.1. 제2부정과거 능동태와 중간태 분사

구분		λαμβάνω [부과어간: λαβ–]			중간태		
					λαμβάνομαι [부과어간: λαβ–]		
		3–1–3 곡용			2–1–2 곡용		
		남	여	중	남	여	중
단수	주	λαβών	λαβοῦσα	λαβόν	λαβόμενος	λαβομένη	λαβόμενον
	속	λαβόντος	λαβούσης	λαβόντος	λαβομένου	λαβομένης	λαβομένου
	여	λαβόντι	λαβούσῃ	λαβόντι	λαβομένῳ	λαβομένῃ	λαβομένῳ
	대	λαβόντα	λαβοῦσαν	λαβόν	λαβόμενον	λαβομένην	λαβόμενον
복수	주	λαβόντες	λαβοῦσαι	λαβόντα	λαβόμενοι	λαβόμεναι	λαβόμενα
	속	λαβόντων	λαβουσῶν	λαβόντων	λαβομένων	λαβομένων	λαβομένων
	여	λαβοῦσι(ν)	λαβούσαις	λαβοῦσι(ν)	λαβομένοις	λαβομέναις	λαβομένοις
	대	λαβόντας	λαβούσας	λαβόντα	λαβομένους	λαβομένας	λαβόμενα

(1) 제2부정과거 능동태 및 중간태 "제2부정과거 어간+현재능동태 분사어미(-ων, -ουσα, -ον) 및 중간태 분사어미(-ομενος, -ομενη, -ομενον) 재활용"을 조합하여 만든다. 부정과거 분사에 현재 어미를 재활용한 것은 미완료과거 분사형이 없기 때문이며, 보다 근본적으로 어미는 시간의 개념이 아닌 성·수·격만 드러내주는 기능을 하기 때문이다.

(2) 제2부정과거에서 현재 능동태 및 중간태 어미가 재활용된 것은 제2부정과거 어간을 통해서 확인할 수 있지만, 동시에 능동태의 경우 어미에 악센트가 놓인 것을 통해서도 알 수 있다(제22과의 현재 능동태 및 중간태 어미에는 악센트가 없다).

(3) 어미 곡용은 현재 어미를 재활용했기에 능동태에서는 3-1-3 곡용을, 중간태에서는 2-1-2 곡용을 취한다. 능동태형의 남성 및 중성, 복수, 여격의 λύουσι(ν)

형에 주의하라.

23.1.2. 제1부정과거 능동태와 중간태 분사

구분		λύω [부과어간: λυ–]			중간태 λύομαι [부과어간: λυ–]		
		3–1–3 곡용			2–1–2 곡용		
		남	여	중	남	여	중
단수	주	λύσας	λύσασα	λῦσαν	λυσάμενος	λυσαμένη	λυσάμενον
	속	λύσαντος	λυσάσης	λύσαντος	λυσαμένου	λυσαμένης	λυσαμένου
	여	λύσαντι	λυσάσῃ	λύσαντι	λυσαμένῳ	λυσαμένῃ	λυσαμένῳ
	대	λύσαντα	λύσασαν	λῦσαν	λυσάμενον	λυσαμένην	λυσάμενον
복수	주	λύσαντες	λύσασαι	λύσαντα	λυσάμενοι	λυσάμεναι	λυσάμενα
	속	λυσάντων	λυσασῶν	λυσάντων	λυσαμένων	λυσαμένων	λυσαμένων
	여	λύσασι(ν)	λυσάσαις	λυσάντοις	λυσαμένοις	λυσαμέναις	λυσαμένοις
	대	λύσαντας	λύσασας	λύσαντα	λυσαμένους	λυσαμένας	λυσάμενα

(1) 제1부정과거 능동태 및 중간태 분사는 "제1부정과거 어간+부정과거 시상접사(-σα-)+현재능동태 분사어미(-ων, -ουσα, -ον) 및 중간태 분사어미(-ομενος, -ομενη, -ομενον) 재활용"을 조합하여 만든다. 이 때 시상접사 -σα-와 현재 어미가 결합하여 -σας, -σασα, -σαν의 형태를 이룬다.

(2) 제1부정과거의 경우 제2부정과거와 달리 악센트 일반 규칙이 적용된다. 이는 시상접사 -σα-의 등장으로 현재 분사형과 확연히 구분되기 때문이다.

(3) 어미 곡용은 현재 어미를 재활용했기에 능동태에서는 3-1-3 곡용을, 중간태에서는 2-1-2 곡용을 따른다. 능동태형의 남성 및 중성, 복수, 여격의 λύσασι(ν)

형에 주의하라.

23.1.3. 부정과거 디포넌트 동사의 분사(중간태형)

구분	πορεύομαι [부과어간: πορευ–]					
	2–1–2 곡용					
	단수			복수		
	남	여	중	남	여	중
주	πορευσάμενος	πορευσαμένη	πορευσάμενον	πορευσάμενοι	πορευσάμεναι	πορευσάμενα
속	πορευσαμένου	πορευσαμένης	πορευσαμένου	πορευσαμένων	πορευσαμένων	πορευσαμένων
여	πορευσαμένῳ	πορευσαμένῃ	πορευσαμένῳ	πορευσαμένοις	πορευσαμέναις	πορευσαμένοις
대	πορευσάμενον	πορευσαμένην	πορευσάμενον	πορευσαμένους	πορευσαμένας	πορευσάμενα

(1) 직설법 부정과거 중간태형에서 디포넌트 동사는 부정과거 중간태 분사에서도 디포넌트형을 이룬다. 이는 직설법과 분사의 부정과거 중간태 어간이 동일하기 때문이다.

(2) 부정과거의 경우 중간태형과 수동태형이 구분되기에 중간태형을 따르는 디포넌트 분사와 수동태형을 따르는 디포넌트 분사(24.1.3)가 존재한다.

심화학습

23.1.4. 단축동사(제19과)와 유음동사(제20과)의 부정과거 분사

(1) 단축동사의 부정과거 분사(능동태, 중간태)의 형성은 제1부정과거에만 특이점이 있고(제2부과에는 적용 안 됨), 19.1.1에서 언급했듯이 어간 모음을 시상접사 "시

그마"(-σα) 앞에서 길게 해주면 된다:

구분	ἀγαπάω형	φιλέω형	πληρόω형
능동태	ἀγάπησας, σασα, σαν	φίλησας, σασα, σαν	πλήρωσας, σασα, σαν
중간태	ἀγαπησάμενος, η, ον	φιλησάμενος, η, ον	πληρωσάμενος, η, ον

(2) 유음동사의 부정과거 분사(능동태, 중간태)의 형성은 제1부정과거 시상접사 "시그마"(-σα)와 유음어간으로 인해 "시그마"가 탈락하는 현상이 발생하여 주의해야 한다:

구분	ἀποστέλλω-ἀπέστειλα형	μένω-ἔμεινα형	ἐγείρω-ἤγειρα형
능동태	ἀπόστειλας, ασα, αν	μείνας, σασα, σαν	ἐγειρας, σασα, σαν
중간태	ἀποστειλάμενος, η, ον	μεινάμενος, η, ον	ἐγειράμενος, η, ον

23.1.5. 분해하기

구분	분해								해석
	기본형(뜻)	시	태	(법)	*	성	수	격	
λαβούσης	λαμβάνω(취하다)	부과	능	분	*	여	단	속	취한(속격)
λύσαντι	λύω(풀다)	부과	능	분	*	남	단	여	푼(여격)
λυσαμένῳ	λύω(풀다)	부과	중	분	*	남	단	여	스스로 푼(여격)
πορευσαμένη	πορεύομαι(가다)	부과	*	분	dep.	여	단	주	온(주격)

23.2. 분사의 용법 2: 부사적 용법 추가

23.2.1. 한정적 용법 (부정과거 분사)

(1) 현재 분사의 경우처럼(22.4.1), 부정과거 분사의 한정적/관형적 용법은 분사와 성, 수, 격이 일치하는 명사를 형용사처럼 한정하는 방식으로 해석하면 된다. 그 해석법은 형용사의 한정적/관형적 용법에 준한다. 다만, 분사에는 동사의 특성이 있기에 태와 분사에 부속된 문장 성분들(예. 목적어, 전치사구)을 고려해야 한다:

예) ὁ λαβὼν τὸν δοῦλον κύριος λέγει.
그 종을 취한 (남)주인이 말한다.
[설명] 분사 λαβών은 성·수·격이 일치하는 명사 κυριός를 한정한다. 한편, 명사 τὸν δοῦλον은 분사 λαβών의 목적어이다.

예) ἡ λυσαμένη κυρία λέγει.
스스로를 푼 (여)주인이 말한다.
[설명] 중간태, 분사 λυσαμένη는 성·수·격이 일치하는 명사 κυρία를 한정한다. 분사 λυσαμένη는 중간태이기에 "스스로"를 첨가했다.

(2) 위의 예문에서 분사가 과거 시제로 번역된 것은 문맥에 따른 번역이지 부정과거 분사이기 때문만은 아니다(분사의 한정적/관형적 용법에는 시간의 개념이 없다).

23.2.2. 부사적 용법(추가)

(1) 부정과거 분사의 부사적 용법은 이전 장인 22.4.2에서 다룬 현재 분사의 부사적 용법과 그 내용이 동일하다. 다만, 분사는 부사적 용법에서 상대적 시간을

취하기에 현재 분사형이 주동사와 동일한 시간을 표현하는 것과 달리, 부정과거 분사형은 주동사보다 한 시제 앞선 시간을 표현한다는 것이 차이가 난다. 이는 부사적 용법 중 시간의 용법에서 가장 분명히 드러난다.

(2) 분사의 부사적 용법은 아래에서 보듯이 시간의 개념을 포함해 이유, 조건, 양보, 부대상황, 수단, 방법, 목적의 8개의 의미를 전달한다:

① 시간: 상대적 시간

예) 현재 분사: "~하는 동안" 혹은 "~할 때"(주동사와 동일 시제)

ὁ κύριος ἦλθεν τῷ υἱῷ λύοντι τὸν δοῦλον.

그 아들이 그 종을 풀어주는 동안 그 (남)주인이 그(아들)에게 갔다.

[설명] 현재 분사 λύοντι는 부정과거 시제의 주동사 ἦλθεν와 동일한 시간을 나타낸다(둘 다 과거사건).

예) 부정과거 분사: "~한 후에"(주동사 한 시제 앞선 시제)

ὁ κύριος ἦλθεν τῷ υἱῷ λύσαντι τὸν δοῦλον.

그 아들이 그 종을 풀어준 후에 그 (남)주인이 그(아들)에게 갔다.

[설명] 부정과거 분사 λύσαντι는 부정과거 시제의 주동사 ἦλθεν보다 한 시제 앞선 시간을 나타낸다.

② 이유: "~때문에"

예) 부정과거 분사의 경우

ὁ κυριός ἦλθεν τῷ υἱῷ λύσαντι τὸν δοῦλον.

그 아들이 그 종을 풀어줬기 때문에 그 (남)주인이 그(아들)에게 갔다.

[설명] 시간의 의미(위의 ① 참조)도 가능하나 이유로도 해석 가능하다.

③ 조건: "만약~라면"

예) 현재 분사의 경우

ὁ κυριός ἐλεύσομαι τῷ υἱῷ λύοντι τὸν δοῦλον.

그 아들이 그 종을 풀어 준다면 그 (남)주인이 그(아들)에게 갈 것이다.

[설명] 주동사가 미래형이기에 조건의 의미를 전달할 수 있다.

④ 양보: "비록 ~일지라도"

예) 부정과거 분사의 경우

ὁ κύριος οὐκ ἐλεύσομαι τῷ υἱῷ λύσαντι τὸν δοῦλον.

그 아들이 그 종을 풀어 준 후일지라도 그 (남)주인은 그(아들)에게 가지 않을 것이다.

[설명] 주동사가 부정되면서 양보절의 의미가 가능해졌다.

⑤ 부대상황: "~하면서"

예) 현재분사의 경우

ὁ κύριος εἶπεν τῷ υἱῷ λύοντι τὸν δοῦλον.

그 아들이 그 종을 풀어주면서 그 (남)주인이 그(아들)에게 말했다.

[설명] 시간의 개념으로 볼 수 있으나 풀어주는 행위와 말하는 행위를 함께 발생하는 것으로 해석 가능하다.

(3) 위의 예들 외에도 ⑥ 수단("~함으로써"), ⑦ 방법("~하게") 및 ⑧ 목적("~하기 위하여")의 용법들이 있다. 다만, 해석을 위해서는 문맥에 따라 보다 협소한 의미(예. 조건, 양보, 수단, 방법, 목적)로부터 적용해 보고 해당 사항이 없을 경우 보다 일반적인 의미(예. 시간, 이유, 부대상황)를 적용하는 것이 적절한 절차이다

23.2.3. 독립적 용법 (부정과거 분사)

(1) 부정과거 분사의 독립적 용법은 현재 분사의 독립적 용법에 준한다(22.4.3). 다만, 부정과거형이기에 해석에 있어 현재 분사형과 차이를 염두에 두고 해석해야한다. 문제는 분사의 경우 독립적 용법에서 시간의 개념이 없는 점인데 이로써 사실상 번역에 있어 현재 분사와 동일해 질 수 있다:

예) ὁ λύσας τὸν δοῦλον λέγει τῷ κυρίῳ.

그 종을 푼 자가 주님께 말한다.

[설명] 분사 ὁ λύσας은 명사 없이 단독으로 사용되었다(독립적 용법). 따라서 성·수·격을 고려해 해석하면 된다. 또한 분사이기에 목적어 τὸν δοῦλον를 취했다.

(2) 위의 예문에서 부정과거 분사가 과거 시제로 번역된 것은 문맥에 따른 번역이지 부정과거형이기 때문만은 아니다(분사의 독립적 용법에는 시간의 개념이 없다. 그러므로 위의 문장은 "그 종을 풀고 있는 자가 주님께 말한다."로 해석이 가능하다).

심화학습

23.2.4. "대격 명사+대격 분사"를 목적어구로 취하는 동사들

(1) 동사들 중 지각동사와 같은 일부 동사들은 "대격 명사+대격 분사" 구문을 목적어로 취할 수 있다. 이 때 대격 분사는 부사적 용법에 속하지만 일반적인 방법으로 번역하지 않고(종속 부사절) 주동사의 목적어절 방식으로 번역한다.

예) ὁ Ἰησοῦς εἶδεν τὰς μαθητὰς αὐτοῦ ἐρχομένους πρὸς ἑαυτόν.

예수께서는 그의 제자들이 자신에게 오는 것을 보았다.

[설명] 동사 εἶδεν는 βλέπω의 제2부정과거형으로 지각 동사에 속한다. 이 때, 분사 ἐρχομένους를 τὰς μαθητάς를 의미상 주어로 하여 일반 부사적 용법으로도 해석할 수 있다. 그렇다면 위의 문장은 다음과 같이 번역된다: "그의 제자들이 자신에게 오고 있는 동안 예수께서는 그의 제자들을 보았다." 이 번역이 문법적으로는 틀린 것은 아니지만 헬라어 관행에는 맞지 않는다.

(2) 이 문장에서 "대격 명사+대격 분사" 구문은 목적어절을 이루기에 접속사 ὅτι 절로 변경할 수 있다.

예) ὁ Ἰησοῦς εἶδεν ὅτι οἱ μαθηταὶ αὐτοῦ ἤρχοντο πρὸς ἑαυτόν.

예수께서는 그의 제자들이 자신에게 오는 것을 보았다.

[설명] 대격 분사구를 ὅτι절로 변경하면 대격 명사 τὰς μαθητάς는 주격 οἱ μαθηταί이되고 현재분사 ἐρχομένους는 주동사와 동일한 시간을 나타내기에 (문맥상) 과거의 진행 상황을 나타내기에 미완료과거형 ἤρχοντο가 된다.

(3) 위와 같은 구문을 취하는 동사로는 위에 언급된 βλέπω(보다) 외에도 ἀκούω(듣

다), εὑρίκω(찾다, 발견하다) 등이 있다.

23.3. 어휘

동사

τηρέω 지키다

ὠδίνω 산통을 겪다

명사

αἷμα, ματος, τό 피

σῶμα, ματος, τό 몸

접속사

ὅτι ~하는 바/것(목적어절을 이끎); 왜냐하면(이유절)

23.4. 기초 문장 연습

아래 헬라어 문장을 직역하시오.

1. ὁ κύριος τῆς οἰκίας ἦλθεν τῷ υἱῷ αὐτοῦ λύσαντι τὸν δοῦλον.

2. ὁ μὴ σχὼν τὸ αἷμα αὐτοῦ οὐκ ἐστὶν ὁ τηρῆσας τὴν ἐλπίδα ἀπὸ τοῦ θεοῦ.

3. ἡ λυσαμένη κυρία λέγει ὅτι θέλει ἐσθίειν καὶ πίνειν μετὰ τοῦ λύσαντος ἑαυτήν.

4. οἱ τηρήσαντες τὰς ἐντολὰς τοῦ κυρίου ἀκολουθοῦσιν τῷ εὐαγγελίῳ, ὅτι οἱ μαθηταὶ ἐγένοντο.

5. λαβόντες τὴν χάριν τοῦ θεοῦ μηκέτι ποιήσατε τὰς ἁμαρτίας.

6. ὠδίνουσα ἡ ἀδελφὴ ἔκραζεν ἐν τῇ μεγάλῃ φωνῇ καὶ ἐγέννησεν τὸ τέκνον.

7. ὁ ὄχλος οὐκ ὑπακούσει τῷ υἱῷ τοῦ θεοῦ ποιήσαντι τὰ θαυμαζόμενα πάλιν.

8. ὁ Ἰησοῦς εὗρεν τὰς μαθητὰς ἀκούσαντας αὐτοῦ καὶ εἶδεν αὐτοῦς ἐρχομένους πρὸς ἑαυτὸν ἐν χαρᾷ.

9. οἱ ἀπόστολοι ἔβλεπον τοὺς ἐκβαλόντας τὰς ἁμαρτίας τοῦ σώματος ἐξερχομένους ἐκ τῆς ἐκκλησίας.

제24과
부정과거 수동태 분사
독립 속격 구문
독립 대격 구문
[심화학습] 미래분사

24.1. 부정과거 수동태 분사

(1) 부정과거 분사에 대해서는 제23과에서 살펴보았다. 그러나 부정과거 분사의 수동태형을 능동태 및 중간태형과 따로 다루는 것은 부정과거 능동태·중간태 어간과 부정과거 수동태 어간이 다르기 때문이다. 즉, 직설법에서도 언급된 부정과거 수동태 어간에서 부정과거 수동태 분사가 형성된다(참조. 제12과).

(2) 부정과거 분사 수동태형은 직설법과 마찬가지로 기본형 어간(=현재형 어간) 및 부정과거 능동태·중간태 어간과 동일할 수도 있고 차이가 날 수도 있다. 그러나 부정과거 능동태·중간태 분사와는 달리, 제1부정과거 수동태 분사와 제2부정과거 수동태 분사의 구분은 어간의 변화와 상관없이 시상접사(-θε-)의 유무(有無)에 따라 결정된다(시상접사가 있을 경우는 제1부정과거 수동태 분사, 없을 경우는 제2부정과거 수동태 분사로 분류).

(3) 상대적 시간을 나타내는 분사의 부사적 용법에서 과거분사는 주동사보다 한 시제 앞선 시간을 나타내기에 시간의 의미에서 "~후에"라는 의미를 가진다. 단, 한정적/관형적 용법과 독립적 용법에서는 문맥에 따라 시간의 의미를 취한다.

24.1.1. 제1부정과거 수동태 분사

구분		λύω [부과수동어간: λυ–]			적용 λάμβανω [부과수동어간: λημφ–]		
		3–1–3 곡용					
		남	여	중	남	여	중
단수	주	λυθείς	λυθεῖσα	λυθέν	λημφθείς	λημφθεῖσα	λημφθέν
	속	λυθέντος	λυθείσης	λυθέντος	λημφθέντος	λημφθείσης	λημφθέντος
	여	λυθέντι	λυθείσῃ	λυθέντι	λημφθέντι	λημφθείσῃ	λημφθέντι
	대	λυθέντα	λυθεῖσαν	λυθέν	λημφθέντα	λημφθεῖσαν	λημφθέν
복수	주	λυθέντες	λυθεῖσαι	λυθέντα	λημφθέντες	λημφθεῖσαι	λημφθέντα
	속	λυθέντων	λυθεισῶν	λυθέντων	λημφθέντων	λημφθεισῶν	λημφθέντων
	여	λυθεῖσι(ν)	λυθείσαις	λυθεῖσι	λημφθεῖσι(ν)	λημφθείσαις	λημφθέντοις
	대	λυθέντας	λυθείσας	λυθέντα	λημφθέντας	λημφθεῖσας	λημφθέντα

(1) 제1부정과거 수동태 분사는 "제1부정과거 수동태 어간+부정과거 수동태 시상접사(-θε-)+현재분사 능동태어미(-ων, -ουσα, -ον) 재활용"을 조합하여 만든다. 단, 부정과거 수동태 시상접사 -θε-와 현재 어미가 결합될 때 -θεις, -θεισα, -θεν의 형태를 형성한다. 한편, 악센트는 부정과거 수동태 분사 모음에 머문다.

(2) 제1부정과거 수동태형은 시상접사 -θε-가 보존되는 한 어간이 기본형(=현재 어간)과 다르더라도 제1부정과거로 분류한다(아래 24.1.2와 비교).

(3) 어미 곡용은 현재 어미를 재활용 했기에 3-1-3 곡용을 따른다. 능동태형의 남성 및 중성, 복수, 여격의 λυθεῖσι(ν)형에 주의하라.

예) λυθεὶς ὑπὸ τοῦ δούλου ὁ κύριος ἦλθεν πρὸς τὸν οἶκον.

그 주인이 종에 의해 풀린 후 그가 그 집으로 갔다.

24.1.2. 제2부정과거 수동태 분사

구분		γράφω [부과수동어간: γραφ–]			적용		
					σπείρω [부과수동어간: σπαρ–]		
		3–1–3 곡용					
		남	여	중	남	여	중
단수	주	γραφείς	γραφεῖσα	γραφέν	σπαρείς	σπαρεῖσα	σπαρέν
	속	γραφέντος	γραφείσης	γραφέντος	σπαρέντος	σπαρείσης	σπαρέντος
	여	γραφέντι	γραφείσῃ	γραφέντι	σπαρέντι	σπαρείσῃ	σπαρέντι
	대	γραφέντα	γραφεῖσαν	γραφέν	σπαρέντα	σπαρεῖσαν	σπαρέν
복수	주	γραφέντες	γραφεῖσαι	γραφέντα	σπαρέντες	σπαρεῖσαι	σπαρέντα
	속	γραφέντων	γραφεισῶν	γραφέντων	σπαρέντων	σπαρεισῶν	σπαρέντων
	여	γραφεῖσι(ν)	γραφείσαις	γραφεῖσι(ν)	σπαρεῖσι(ν)	σπαρείσαις	σπαρεῖσι(ν)
	대	γραφέντας	γραφείσας	γραφέντα	σπαρέντας	σπαρείσας	σπαρέντα

(1) 제2부정과거 수동태 분사는 제1부정과거 수동태 분사와 모든 것이 동일하되 다만 시상접사 중 -θ- 철자가 탈락한 형태를 말한다. 따라서 어미는 -εις, -εισα, -εν가 된다.

(2) 제2부정과거 수동태형은 시상접사 중 -θ- 철자가 탈락한 형태를 가리키기에 그 어간이 기본형(=현재어간)과 동일하더라도 제2부정과거로 분류한다(위 24.1.1과 비교):

예) γραφεῖσα ὑπὸ τοῦ προφήτου ἡ γραφὴ ἦν ἐν τῇ ἐκκλησίᾳ.

그 선지자에 의해 기록된 후 그 성경은 교회에 있었다.

24.1.3. 부정과거 디포넌트 동사의 분사(수동태형)

구분	πορεύομαι [부과수동어간: πορευ–]					
	2–1–2 곡용					
	단수			복수		
	남	여	중	남	여	중
주	πορευθείς	πορευθεῖσα	πορευθέν	πορευθέντες	πορευθεῖσαι	πορευθέντα
속	πορευθέντος	πορευθείσης	πορευθέντος	πορευθέντων	πορευθεισῶν	πορευθέντων
여	πορευθέντι	πορευθείσῃ	πορευθέντι	πορευθεῖσι(ν)	πορευθείσαις	πορευθεῖσι(ν)
대	πορευθέντα	πορευθεῖσαν	πορευθέν	πορευθεν́τας	πορευθείσας	πορευθέντα

(1) 직설법 부정과거 수동태형에서 디포넌트 동사는 부정과거 수동태 분사에서도 디포넌트형을 이룬다. 이는 직설법과 분사의 부정과거 수동태 어간이 동일하기 때문이다.

(2) 부정과거의 경우 중간태형과 수동태형이 구분되기에 중간태형을 따르는 디포넌트 분사(23.1.3 참조)와 수동태형을 따르는 디포넌트 분사가 존재한다.

심화학습

24.1.4. 단축동사(제19과)와 유음동사(제20과)의 부정과거 분사

(1) 단축동사 및 유음동사 모두 부정과거 수동태형에서는 어간과 어미에 따른 변화가 발생하지 않음으로 따로 다룰 필요가 없다. 단축동사는 "모음어간+모음어미"의 관계(즉, 현재와 미완료과거), 유음동사는 "유음어간+시상접사 '시그마'"의 관계(즉, 미래와 제1부정과거)를 다룬다는 점을 기억하라.

24.1.5. 분해하기

구분	분해								해석
	기본형(뜻)	시	태	(법)	*	성	수	격	
λυθείσης	λύω(풀다)	부과	수	분	*	여	단	속	풀린(속격)
γραφέντι	γράφω(쓰다)	부과	수	분	*	중	단	여	기록된(여격)
πορευθεῖσα	πορεύομαι(가다)	부과	*	분	dep.	여	단	주	온(주격)

24.2. 독립 속격 구문

(1) 독립 속격구문은 "속격 명사+속격 분사" 구문을 지칭한다. 모든 용법과 해석은 분사의 일반 용법과 동일하나, 그 형태가 속격 명사와 그 속격 명사와 성·수·격이 일치하는 분사를 지칭한다는 점에서 독립된다.

(2) 독립 속격 구문은 부사적 용법에서만 사용되는데, 이 때 이 구문에 "독립"이라는 표현이 붙은 것은 분사의 부사적 용법에서 해당 명사는 일반적으로 우선 분사와 함께 종속절로 해석되고 이후 주문장과 함께 재차 해석되는 반면, 독립 속격 구문의 속격 명사는 분사와는 함께 해석되나 주문장과는 전혀 연관되지 않는다는 점에서 "독립"이라는 표현이 붙은 것이다:

예) 일반 속격 구문

ὁ κύριος ἦλθεν τῷ υἱῷ τοῦ δούλου λύοντος τὴν κυρίαν.

그 종이 (여)주인을 풀어주는 동안 그 (남)주인이 그(종)의 아들에게 갔다.

[설명] 현재 분사 속격형 λύοντος가 등장해 명사 τοῦ δούλου와 성·수·격이 일치해 부사적으로 해석되었으나 명사 τοῦ δούλου가 앞선 명사 τῷ υἱῷ와 연관됨으로 분사 λύοντος는 일반적 용법으로 사용되었다.

예) 독립 속격 구문

ὁ υἱὸς τῆς κυρίας ἦλθεν τοῦ δούλου λύοντος αὐτήν.

그 종이 그녀(여주인)을 풀어주는 동안 그 여주인의 아들은 가버렸다.

[설명] 현재 분사 속격형 λύοντος가 등장해 명사 τοῦ δούλου와 성·수·격이 일치해 부사적으로 해석되었으나, 이 경우 명사 τοῦ δούλου는 주문장과 연결되지 않는다(물론, 연결시킬 수도 있다). 그렇다면 분사 구문 τοῦ δούλου λύοντος의 속격 명사 τοῦ δούλου는 주문장과 전혀 상관되지 않는다. 이런 구문을 독립 속격 분사 구문이라 부른다.

(3) 독립 속격 구문은 신약 성경에서 일반적인 용법이므로 잘 익혀두어야 한다.

24.3. 독립 대격 구문

(1) 독립 대격 구문은 기능상 독립 속격 구문과 같이 분사와 성·수·격이 일치하는 대격 명사가 분사와 함께 부사적 용법으로 사용되나 주문장과는 아무런 연관성이 없는 경우에 해당하는 "대격 명사+대격 분사" 구문을 가리킨다.

(2) 독립 대격 구문은 독립 속격 구문과 달리 계사 동사(예. εἰμί[이다/있다], γίνομαι[되다; 이다], ὑπάρχω[존재하다] 등)와 제한적으로 사용되며, 그 의미 역시 주로 양보절("비록 ~일지라도")로 해석된다(단, 절대적이지 않음).

예) 독립 대격 구문

ὁ κύριος οὐκ ἔλευσεται τῷ υἱῷ τὸν δοῦλον ὄντα ἐν τῷ οἴκῳ.

그 종이 집에 있을지라도 그 (남)주인이 그 아들에게 가지 않을 것이다.

[설명] εἰμί 동사의 현재, (능동태,) 분사, 대격형 ὄντα가 명사 τὸν δοῦλον과 성·

수·격이 일치해 부사적으로 해석되었으나(양보절) τὸν δοῦλον이 주문장과 아무런 관련성이 없다. 이 구문을 독립 대격 분사 구문이라 부른다.

(3) 이외에도 독립 대격의 명칭으로 사용되는 용법을 BDF가 언급하는데,[35] 이는 특정 단어가 중성, 단수, 목적격 형태로 등장해 문장의 의미를 형성하는 경우를 가리킨다. 대표적인 독립 대격형으로는 δέον("~해야 한다")이 있다:

예) 독립 대격형 분사

δέον ἐστὶν ὑμᾶς ἀγαθοὺς ὑπάρχειν. 너희가 선하게 존재해야 한다.

[설명] 분사 δέον는 동사 δέω의 현재, 능동태, 분사, 중성, 단수, 목적격형으로 부정사를 취한다. 이는 분사 δέον가 가주어를 포함하고 부정사 ὑπάρχειν가 진주어의 용법으로 이해할 수도 있다. 그렇다면 분사 δέον은 현재, 능동태, 분사, 중성, 단수, 주격형이 될 것이다. 왜냐하면 부정사가 진주어를 형성하기 때문이다. 그러나 학자들은 이 구문의 원형을 독립 대격형 구문으로 분류한다.

심화학습

24.4. 미래 분사

(1) 메이첸 박사는 미래 분사를 언급하면서 이 분사형은 주동사의 행위 이후의 행위를 표현한다고 말한다.[36] 메이첸 박사가 예로 든 신약 성경의 미래 분사를 포함한 구절인 히브리서 3:5에서는 미래 분사가 독립적 용법으로 사용된다(참조. 고전 15:37):

예) 미래 수동태 분사

ἐκεῖνος ὁ δοῦλος τοῦ θεοῦ ἦν πιστός εἰς μαρτύριον τῶν λαληθησομένων.

하나님의 저 종은 장차 말해진 것들의 증거를 위해 신실했다.

[설명] 미래, 수동태, 분사, 남성/중성, 복수, 속격형인 τῶν λαληθησομένων은 독립적 용법으로 사용되었고 메이첸 박사의 설명대로 주동사 이후의 사건을 나타낸다는 관점에서 『개역개정』에서도 "장래에 말할 것"(문. "장래에 말해질 것들.")으로 번역되었다.

(2) 다만, 분사의 시간과 관련하여 주의해야 할 사항은 분사의 일반론에서 언급한 바 분사의 한정적/관형적 용법과 독립적 용법에는 시간의 개념이 없으며(문맥에 의존), 부사적 용법의 경우 주동사의 시제 형태와 관련하여 상대적 시간을 갖는다는 점이다(22.3 참조). 따라서 히브리서 3:5의 예에 대한 메이첸 박사의 설명은 분사의 시제에 대한 일반론에서 벗어나는 설명이다. 그럼에도 불구하고, 미래형이 (가정법과 유사하게) 아직 이뤄지지 않은 사건에 대한 사항을 전제하거나 언급하는 용법이라는 측면에서 시간적으로 주동사 이후의 사건을 가리키는 것으로 보는 것은 적절하다고 평가할 수 있다.

24.5. 어휘

동사

αἴρω 들어 올리다; 제거하다

μαρτυρέω 증거하다, 증언하다

명사

Ἀνδρέας, ου, ὁ 안드레

Σίμων, νος, ὁ 시몬

μαρτύριον, ου, τό 증거, 증언

형용사

ἁμαρτωλός, όν 죄의; (명사화) 죄인

(δέον [비인칭 형용사] ~해야 한다[부정사] [단어장])

접속사

καί... καί... ~도 ~도, ~과 ~ 모두(both A and B)

24.6. 기초 문장 연습

아래 헬라어 문장을 직역하시오.

1. λυθεῖσα ὑπὸ τοῦ δούλου ἡ κυρία ἦλθεν πρὸς τὸν οἶκον αὐτῆς.

2. γραφεῖσα ὑπὸ τοῦ προφήτου ἡ γραφὴ ἠκούεται ἐν πάσῃ τῇ ἐκκλησίᾳ τῇ οὔσῃ ἐν τῷ κυρίῳ.

3. ὁ υἱὸς τῆς κυρίας ἦλθεν εἰς τὸν οἶκον τοῦ δούλου λύοντος αὐτήν.

4. κληθεῖσα διὰ τῆς διδαχῆς τοῦ κυρίου ἦρεν ἡ ἀδελφὴ τὰς ἁμαρτίας ἑαυτῆς.

5. οἱ ἄγγελοι τοῦ κυρίου ἐμαρτύρησαν τῷ μαρτυρίῳ τῶν λαληθησομένων ἐνώπιον τῶν ἀδελφῶν.

6. Σίμωνος ἀκολουθήσαντος τῷ κυρίῳ καὶ 'Ανδρέας ἠγένετο ὁ μαθητής αὐτοῦ.

7. σωθέντων τῶν ἁμαρτωλῶν ἐκήρυξαν τὸν ἄραντα τὰς ἁμαρτίας.

8. ὁ ἄρχων οὐκ ἐλεύσεται τῷ υἱῷ αὐτοῦ τὸν πονηρὸν δοῦλον ὄντα μετὰ αὐτοῦ ἐν τῷ οἴκῳ.

9. διὰ τὸ ἀκούειν τοῦτον τὸν κόσμον ἀρθησόμενον οἱ ἀδελφοὶ ἐπίστευσαν εἰς τὸν θεὸς ὃς καὶ τὸν οὐρανὸν καὶ τὴν γῆν ἐποίησεν.

제25과

완료분사
의문대명사(형용사)와 불특정(부정)대명사(형용사)
불특정(부정)관계대명사

25.1. 완료 분사

(1) 완료분사는 직설법에서 제시된 완료 어간에 완료분사 어미를 붙여 만든다. 현재 및 부정과거 분사처럼 학습되지는 않지만 신약 성경에 완료분사가 적지 않게 등장하기에 형태를 암기해야 한다.

(2) 완료 분사의 용법은 제22과 및 제23과에서 다룬 분사의 용법과 동일하다. 따라서 분사의 한정적/관형적 용법, 부사적 용법, 독립적 용법에 따라 분사를 해석하면 된다.

25.1.1. 어형

25.1.1.1. 완료 능동태 및 중간태· 수동태 분사

구분		λύω [완료어간: λελυ−]			중간태 · 수동태 λύομαι [완료어간: λελυ−]		
		3−1−3 곡용			2−1−2 곡용		
		남	여	중	남	여	중
단수	주	λελυκώς	λελυκυῖα	λελυκός	λελυμένος	λελυμένη	λελύμενον
	속	λελυκότος	λελυκυίας	λελυκότος	λελυμένου	λελυμένης	λελυμένου
	여	λελυκότι	λελυκυίᾳ	λελυκότι	λελυμένῳ	λελυμένῃ	λελυμένῳ
	대	λελυκότα	λελυκυῖαν	λελυκός	λελυμένον	λελυμένην	λελύμενον
복수	주	λελυκότες	λελυκυῖαι	λελυκότα	λελυμένοι	λελύμεναι	λελύμενα
	속	λελυκότων	λελυκυιῶν	λελυκότων	λελυμένων	λελυμενῶν	λλυμένων
	여	λελυκόσι(ν)	λελυκυίαις	λελυκόσι(ν)	λελυυμένοις	λελυμέναις	λελυμένοις
	대	λελυκότας	λελυκυίας	λελυκότα	λελυμένους	λελυμένας	λελύμενα

(1) 완료 능동태 분사는 "어간중복+완료어간+완료능동태접사(κα)+현재능동태 분사어미(-ων, -ουσα, -ον) 재활용"을 조합하여 만든다. 이 때 완료능동태 접사 -κα에서 모음 -α는 생략되었다.

(2) 완료 능동태 주격 형태는 불규칙형임으로 무조건 외우고, 남성 및 중성, 복수, 여격의 λελυκόσι(ν)형에 주의하라. 어미변화는 현재 능동태 분사처럼 3-1-3 곡용을 한다.

(3) 완료 중간태·수동태 분사는 "어간중복+완료어간+현재중간태·수동태 분사어미(-ομενος, -ομενη, -ομενον) 재활용"을 조합하여 만든다. 이 때 완료 중간태·수

동태 직설법의 경우에서처럼 어미가 접미될 때 삽입모음(예. -ϵ-, -o-)가 추가되지 않는다. 어미변화는 현재 중간태·수동태 분사처럼 2-1-2 곡용을 한다.

25.1.1.2. 완료 디포넌트 동사의 분사(중간태·수동태형)

구분	πορεύομαι [완료어간: πεπορευ–]					
	2–1–2 곡용					
	단수			복수		
	남	여	중	남	여	중
주	πεπορεύμενος	πεπορευμένη	πεπορεύμενον	πεπορεύμενοι	πεπορεύμεναι	πεπορεύμενα
속	πεπορευμένου	πεπορευμένης	πεπορευμένου	πεπορευμένων	πεπορευμένων	πεπορευμένων
여	πεπορευμένῳ	πεπορευμένῃ	πεπορευμένῳ	πεπορευμένοις	πεπορευμέναις	πεπορευμένοις
대	πεπορεύμενον	πεπορευμένην	πεπορεύμενον	πεπορευμένους	πεπορευμένας	πεπορεύμενα

(1) 직설법 완료 중간태·수동태형에서 디포넌트 동사는 완료 중간태·수동태 분사에서도 디포넌트형을 이룬다. 이는 완료 직설법 어간과 완료 분사 어간이 동일하기 때문이다.

(2) 어미 곡용은 2-1-2 곡용을 취한다.

25.1.1.3. 분해하기

구분	분해							해석
	기본형(뜻)	시	태	(법)	성	수	격	
λελυκυίας	λύω(풀다)	완	능	분	여	단	속	푼 (여성의)
λελυμένους	λύω(풀다)	완	수	분	남	복	대	풀린 (남성들을)

25.1.2. 완료 분사의 용법

(1) 완료 분사는 한정적/관형적 용법 및 독립적 용법에서 시간의 개념을 가지지 않는다. 따라서 문맥에 적절하게 해석하되, 행위의 결과 또는 상태를 표현할 때 사용하거나(동작류) 저자/화자가 강조하고자 하는 사항을 전달할 때 사용된다(동사의 상)

(2) 부사적 용법에서 현재분사는 주동사와 동일한 시간대를, 부정과거 분사는 주동사에 앞선 시간대를 표현한다. 완료분사는 시간상 과거와 현재 모두를 포함하기에(과거 행위의 종결의 결과) 그 용법을 단언할 수는 없지만, 사건 발생은 주동사에 앞선 시간을 전달하는 것은 분명하다. 다만, 의미상 사용되는 동사가 제한될 수 있다.

(3) 완료분사는 종종 "계사+완료분사(항상 주격)" 구문 형태로 일반 동사를 대체한다. 이 구문을 완곡어법(the periphrastic construction/용장어법)이라고 부른다. 이때 계사는 시간의 개념을, 완료분사는 동사의 상(相, aspect)을 전달한다:

예) ἁμαρτίας εἰσὶν πεποιηκότες.

그들이 죄를 행했다(참조. 약 5:15).

[설명] "행했다."로 번역된 "계사+완료분사" 구문 εἰσὶν πεποιηκότες는 의미상 πεποιήκασιν로 대체될 수 있다(즉, ἁμαρτίας πεποιήκασιν). 다만, 저자는 죄를 지은 사실보다 그 행위를 강조하길 원했다고 해석할 수 있다.

(4) 완곡어법은 완료분사 외의 분사(주로, 현재분사)에서도 사용된다(Wallace):[37]

εἰμί 동사의 시제	분사의 시제	전달되는 시간 개념
현재형	현재분사	현재
	완료분사	완료
미래형	현재분사	미래
미완료과거형(의미는 과거)	현재분사	미완료과거
	완료분사	과거완료

(5) 다만, 계사 시제형태의 제한(즉, 부정과거나 완료)과 분사형의 제한(즉, 부정과거)에 대해서는 학계가 논의 중이다.

25.2. 의문대명사(형용사)와 불특정(부정)대명사(형용사)

(1) 의문대명사와 불특정(부정)대명사는 그 명칭대로 대명사에 속한다. 따라서 다른 대명사들(예. 인칭대명사, 지시대명사, 관계대명사 등)이 가진 기본적인 기능 곧, 선행하는 성과 수가 일치하는 명사를 대신하는 것이다(아래 25.2.2.1을 보라).

(2) 의문대명사는 의문문에서 사용되고, 불특정(부정)대명사는 특정화되지 않은 명사를 가리킬 때 사용된다는 점에서 큰 차이가 있다. 다만, 이 두 대명사를 함께 취급하는 것은 그 철자와 곡용이 동일하기 때문이다. 단, 의문대명사에는 고유한 악센트가 있는 반면, 불특정(부정)대명사는 악센트가 유동적이라는 차이가 있다(아래 25.2.1을 보라).

(3) 의문대명사 및 불특정(부정)대명사가 성·수·격이 일치하는 명사와 함께 등장할 때 형용사로 사용된다(아래 25.2.2.2를 보라).

25.2.1. 형태

25.2.1.1. 의문대명사

구분	τίς, τί 누구? 무엇?			
	3-3 곡용			
	단수		복수	
	남·여	중	남·여	중
주	τίς	τί	τίνες	τίνα
속	τίνος	τίνος	τίνων	τίνων
여	τίνι	τίνι	τίσι(ν)	τίσι(ν)
대	τίνα	τί	τίνας	τίνα

(1) 의문대명사는 남성형과 여성형이 동일하고 중성은 구분된다. 그리고 3곡용을 취하기에 3-3곡용을 한다. 단, 모든 성의 복수, 여격형의 τίσι(ν)에 주의하라.

(2) 주격형에 있는 애큐트 악센트(accute accent)는 음절이 늘어나도 그 자리를 유지하며, 동시에 단음절의 경우(예. τίς, τί) 다른 단어가 뒤따르더라도 그레이브 악센트(grave accent)로 변경되지 않는다(악센트 유지):

예) ἀλλὰ τί λέγει ἡ γραφή;

그러나 성경은 무엇을 말하느뇨?(갈 4:30; 『개역개정』)

[설명] 의문대명사 τί는 뒤에 동사 λέγει가 뒤따랐지만 에큐트 악센트가 그레이브 악센트로 변경되지 않았다(즉, τὶ λέγει가 아니다). 반면, 접속사 ἀλλά의 경우 에큐트 악센트가 그레이브 악센트로 변경되었다(즉, 더 이상 ἀλλά가 아니라 ἀλλὰ).

(3) 남성형과 여성형이 동일한 점을 꼭 기억하여 해석에 있어서 실수를 해서는 안된다.

25.2.1.2. 불특정(부정)대명사

구분	τις, τι 어떤 이, 어떤 것			
	3-3 곡용			
	단수		복수	
	남 · 여	중	남 · 여	중
주	τις	τι	τινές	τινά
속	τινός	τινός	τινῶν	τινῶν
여	τινί	τινί	τισί(ν)	τισί(ν)
대	τινά	τι	τινάς	τινά

(1) 불특정(부정)대명사는 의문대명사와 비교하여 악센트를 제외하고 그 형태가 동일하다. 즉, 남성형과 여성형이 동일하고 중성은 구분되며 3곡용을 취하기에 3-3곡용을 한다. 단, 모든 성의 복수, 여격형의 τισί(ν)에 주의하라.

(2) 불특정(부정)대명사는 원래 악센트가 없다. 단, 음절이 늘어나면 맨 마지막 음절(울티마)에 에큐트 악센트가 첨가되며(예. τινός, τινά, τινές, τινῶν, τισί[ν], τινάς), 다른 단어가 뒤따를 경우 그레이브 악센트(grave accent)로 변경된다:

예) εἰσῆλθεν εἰς οἰκίαν <u>τινὸς</u> ὀνόματι Τιτίου Ἰούστου.

[[그가]] 이름이 디도 유스도라 하는 <u>혹자의</u> 집 안으로 들어갔다(행 18:7).

[설명] 부정대명사 τινός는 뒤에 여격 명사 ὀνόματι가 등장하여 울티마의 에큐트 악센트가 그레이브 악센트로 변경되었다(즉, τινός ὀνόματι가 아니다).

(3) 남성형과 여성형이 동일한 점에 주의해야 한다.

25.2.1.3. 분해하기

구분	분해				해석
	기본형(뜻)	성	수	격	
τί	τίς(누구)	중	단	주/대	무엇이/을
τινάς	τις(혹자)	남/여	복	대	혹자들을

25.2.2. 용법

25.2.2.1. 대명사 용법

(1) 의문대명사는 의문문에 사용된다. 그 형태와 의미는 문맥에 따른다:

예) τί λέγει ἡ γραφή;

성경이 무엇을 말하는가?(갈 4:30)

(2) 의문대명사가 계사(copula)와 사용되어 의문대명사는 의문문에 사용된다. 이 때 의문대명사는 서술적 주격(predicative nominative, 즉 보어)로 사용되기에 함께 사용되는 명사와 성·수·격이 주어와 일치해야 한다:

예) σὺ τίς εἶ;

당신은 누구인가?(요 8:25)

(3) 그러나 주어가 될 때에는 성·수·격을 일치시킬 필요가 없다:

예) τί ἐστιν ἀλήθεια;

무엇이 진리인가?("진리가 무엇이냐?"[『개역개정』])(요 13:38)

(4) 의문대명사의 중성, 단수, 대격형은 종종 부사화되어 "왜" 혹은 "어떻게" 등의 의미로 사용된다:

예) τί με λέγεις ἀγαθόν;

왜 너는 나를 선하다고 말하는가?(막 10:18)

(5) 불특정(부정)대명사는 일반적으로 비-특정화 된 사람을 지시한다. 한편, 의문대명사와 달리 의문에만 제한되지 않는다는 점에 유의해야한다:

예) ἐάν τις ἀγαπᾷ με τὸν λόγον μου τηρήσει.

만약 혹자가 나를 사랑한다면, 그는 나의 말을 지킬 것이다(요 14:23).

25.2.2.2. 형용사 용법

(1) 의문대명사는 성·수·격이 일치하는 명사와 함께 의문형용사로 사용될 수 있다:

예) τίνα μισθὸν ἔχετε;

너희가 무슨 상을 취하느냐?(마 5:46)

(2) 불특정(부정)대명사 역시 성·수·격이 일치하는 명사와 함께 불특정(부정)형용사로 사용될 수 있다:

예) ἦν δέ τις ἄνθρωπος ἐκεῖ.

그러나 거기에 어떤 사람이 있었다(요 5:5).

25.3. 불특정(부정)관계대명사

25.3.1. 형태

구분	ὅστις, ἥτις, ὅτι 누구든지, 무엇이든지					
	[2+3]–[1+3]–[2+3] 곡용					
	단수			복수		
	남	여	중	남	여	중
주	ὅστις	ἥτις	ὅτι	οἵτινες	αἵτινες	ἅτινα
속	οὗτινος	ἧστινος	οὗτινος	ὡντίων	ὡντίων	ὡντίων
여	ᾧτινι	ᾗτινι	ᾧτινι	οἵστισι(ν)	αἵστισι(ν)	οἵστισι(ν)
대	ὅντινα	ἥντινα	ὅτι	οὕστινας	ἅστινας	ἅτινα

(1) 불특정(부정)관계대명사는 "관계대명사(ὅς, ἥ, ὅ)+불특정(부정)대명사(τις, τι)"의 조합으로 구성된다.

(2) 곡용시에 각각의 부분이 그 특성에 따라 곡용한다. 즉, 관계대명사 부분은 2-1-2 곡용을, 불특정(부정)대명사 부분은 3-3곡용을 한다.

25.3.2. 분해하기

구분	분해				해석
	기본형(뜻)	성	수	격	
ὅστις	ὅστις(누구든지)	남	복	주	~하는 자는 누구든지 (그는)
ἅτινα	ὅτι(무엇이든지)	중	복	주/대	~하는 것은 무엇이든지 (그것들이/을)

25.3.3. 용법

(1) 불특정(부정)관계대명사의 용법은 관계대명사의 용법에 준한다(14.1 참조). 다만, 불특정성의 의미가 보다 강조된다:

예) ὅστις δὲ οὐκ ἔχει, ὃ ἔχει ἀρθήσεται ἀπ' αὐτοῦ.

그러나 소유하지 않은 자는 누구든지 그가 소유하고 있는 것이 그로부터 제거될 것이다(마 13:12).

(2) 중성, 단주, 주격 및 대격형 ὅτι는 접속사 ὅτι("~하는 바" 및 "왜냐하면")와 형태적 혼동이 있을 수 있다. 그러나 문맥이 의미를 결정해 줌으로 혼란이 없다. 다만, 형태적 구분을 위해 불특정(부정)관계대명사를 ὅ τι로 표기하는 경우가 있다.

예) λαληθήσεταί σοι ὅ τί σε δεῖ ποιεῖν.

네게 행해야 하는 것이 무엇이든지 (그것이) 너에게 이야기 될 것이다(참조. 행 9:6).

25.4. 어휘

동사

ἐλήλυθα ἔρχομαι("가다, 오다")의 완.능.직.단.1.

ἐρωτάω 묻다; 요구하다

ὁμολογέω 고백하다, 시인하다

명사

Ἰούστος, ου, ὁ 유스도

μισθός, οῦ, ὁ 삯, 봉급; (간혹) 상

Παῦλος, ου, ὁ 바울

Τίτος, ου, ὁ 디도

ἀνάστασις, εως, ἡ 부활

συναγωγή, ῆς, ἡ 회당(會堂)

βάπτισμα, ματος, τό 세례

대명사

ὅστις, ἥτις, ὅτι (불특정관계대명사) 누구든지, 무엇이든지

τίς, τί (의문대명사) 누구? 무엇?

τις, τι (불특정[부정]대명사) 어떤 이, 어떤 것

형용사

Ἰουδαῖος, α, ον 유대인의; (명사화) 유대인

부사

ἤδη 이미

πολλάκις 종종, 여러 번

25.5. 기초 문장 연습

아래 헬라어 문장을 직역하시오.

1. ἔλεγεν οὖν ὁ Ἰησοῦς πρὸς τοὺς πεπιστευκότας αὐτῷ Ἰουδαίους.(요 8:31)

2. πᾶν πνεῦμα ὃ ὁμολογεῖ Ἰησοῦν Χριστὸν ἐν σαρκὶ ἐληλυθότα ἐκ τοῦ θεοῦ ἐστιν. (요일 4:2)

3. πολλοὶ ἄνθρωποι ἤδη ἁμαρτίας ἦσαν πεποιηκότες ἀντὶ τῶν ἀποστόλων τοῦ κυρίου, Παύλου καὶ Σίμωνος.

4. ὅστις δὲ οὐκ ἔχει, ὃ ἔχει ἀρθήσεται ἀπ᾽ αὐτοῦ. (마 13:12)

5. εἰσῆλθεν εἰς οἰκίαν τινὸς ὀνόματι Τιτίου Ἰούστου. (행 18:7)

6. ἐάν τις ἀγαπᾷ με τὸν λόγον μου τηρήσει. (요 14:23)

7. οἱ Ἰουδαῖοι ἠρώτων τὸν κύριον· τίς ἐστὶν ἡ ἀνάστασις καὶ τὸ βάπτισμα τί, καὶ τίνα μισθὸν λήμψονται οἱ μαθηταί σου;

8. Ἐν ταῖς ἐκκλησίαις τις προφητὴς ἐδίδακεν ἅτινα ἐκήρυξεν ὁ Ἰησοῦς πρὸ τοῦ αὐτὸν ἀποθανεῖν ἐν τῇ ἡμέρᾳ.

9. οἱ Ἰουδαῖοι πολλακὶς ἠρώτησαν τὸν Ἰωάννην λέγοντες· τί βαπτίζεις σύ, καὶ οὐ μένεις ἐν τῷ νόμῳ;

제26과
제3곡용 명사(II)
제3곡용 형용사(II)

26.1. 제3곡용 명사 추가

26.1.1. 어간 자음 유지형: 유음 -ρ로 끝나는 명사

26.1.1.1. ἀστήρ - ἀστέροςϛ형 명사

구분		ἀστήρ, ἀστέρος, ὁ 별	기본 어미		적용(파생형)	
					πατήρ, πατρός, ὁ 아버지	σωτήρ, σωτῆρος, ὁ 구원자
		기본형			파생형 1	파생형 2
단수	주	ἀστήρ	-	별이	πατήρ	σωτήρ
	속	ἀστέρ ος	ος	별의	πατρός [ϵ탈락]	σωτῆρος [ϵ장음화]
	여	ἀστέρ ι	ι	별에게/위해	πατρί [ϵ탈락]	σωτῆρι [ϵ장음화]
	대	ἀστέρ α	α	별을	πατέρα	σωτῆρα [ϵ장음화]
복수	주	ἀστέρ ϵς	ϵς	별들이	πατέρϵς	σωτῆρϵς [ϵ장음화]
	속	ἀστέρ ων	ων	별들의	πατέρων	σωτήρων [ϵ장음화]
	여	ἀστρ άσι(ν)[ϵ탈락]	σι(ν)	별들에게/위해	πατράσι(ν) [ϵ탈락]	σωτῆρσι(ν)ς [ϵ장음화]
	대	ἀστέρ ας	ας	별들을	πατέρας	σωτῆρας [ϵ장음화]

(1) ἀστήρ로 대표되는 소위 -ηρ 명사는 어간 -ρ가 유지되는 반면 그에 앞서는 모음 η가 단모음화(ἀστήρ), 단모음화 및 탈락(πατήρ) 혹은 유지(σωτήρ)되는 현상을 보인다. 다만, 모음의 변화 현상이 각 유형에서 일관되게 등장하지는 않기에 위의 도표를 보고 그 형태의 곡용을 잘 습득해야 한다.

(2) ἀστήρ형에서 복수, 여격의 경우 모음 ϵ가 탈락한 것에 주의하라(ἀστράσι[ν]) 반면, σωτήρ형의 경우 모음 η가 유지되는 반면, 복수, 여격에서 어미모음 α가 탈락했다(σωτῆρσι[ν]). 한편, πατήρ형의 경우 단수, 속격과 여격 및 복수, 여격에서 모음 ϵ가 탈락했다(πατρός, πατρί, πατράσι[ν]).

(3) 이 유형에 속하는 명사들은 단수, 호격에서 어미가 붙지 않고 또한 모두 단모음 ϵ를 갖는다.

예) ἄστερ, σῶτερ, πάτερ.

(4) 이 유형에 속하는 대표적인 명사로는 μήτηρ, μήτρος, ἡ (어머니)가 있다.

26.1.1.2. ῥήτωρ - ῥήτορος형 명사

<table>
<tr><th colspan="2" rowspan="2">구분</th><th rowspan="2">ῥήτωρ, ῥήτορος, ὁ
변론가</th><th colspan="2" rowspan="2">기본 어미</th><th colspan="2">적용</th></tr>
<tr><th colspan="2">ἀλέκτωρ, ἀλεκτορος, ὁ
수탉</th></tr>
<tr><td rowspan="4">단수</td><td>주</td><td>ῥήτωρ</td><td>-</td><td>변론가가</td><td>ἀλέκτωρ</td><td>수탉이</td></tr>
<tr><td>속</td><td>ῥήτορ ος</td><td>ος</td><td>변론가의</td><td>ἀλέκτορος</td><td>수탉의</td></tr>
<tr><td>여</td><td>ῥήτορ ι</td><td>ι</td><td>변론가에게/위해</td><td>ἀλέκτορι</td><td>수탉에게/위해</td></tr>
<tr><td>대</td><td>ῥήτορ α</td><td>α</td><td>변론가를</td><td>ἀλέκτορα</td><td>수탉을</td></tr>
<tr><td rowspan="4">복수</td><td>주</td><td>ῥήτορ ες</td><td>ες</td><td>변론가들이</td><td>ἀλέκτορες</td><td>수탉들이</td></tr>
<tr><td>속</td><td>ῥητόρ ων</td><td>ων</td><td>변론가들의</td><td>ἀλεκτόρων</td><td>수탉들의</td></tr>
<tr><td>여</td><td>ῥήτορ σι(ν)</td><td>σι(ν)</td><td>변론가들에게/위해</td><td>ἀλέκτορσι(ν)</td><td>수탉들에게/위해</td></tr>
<tr><td>대</td><td>ῥήτορ ας</td><td>ας</td><td>변론가들을</td><td>ἀλεκτόρας</td><td>수탉들을</td></tr>
</table>

(1) ῥήτωρ로 대표되는 소위 -ωρ 명사는 어간 ρ가 유지되는 반면 그에 앞서는 모음 ω가 ο로 단모음화되는 현상을 보인다. -ηρ형 명사들과 달리 모음이 일관되게

ο로 변경된다.

(2) ῥήτωρ형에서 복수, 여격형은 σωτήρ형의 경우처럼 복수, 여격에서 어미모음 α가 탈락했다(ῥήτορσι[ν]).

(3) 이 유형에 속하는 명사들은 단수, 호격에서 어미가 붙지 않고 또한 모두 단모음 ο를 갖는다.

예) ῥῆτορ, ἄλεκτορ.

26.1.2. 어간 반자음(폐모음) 명사들

(1) 제3곡용 명사들 중 어간 반자음 명사들은 꼬이네 헬라어에서 사라진 철자 "파브" 혹은 "디감마"(ϝ)와 "반자음 이오따"(ἰ̯)로 끝나는 명사들을 가리킨다.[38]

(2) 어간 반자음 명사들의 경우, 소멸된 철자들이 눈에 보이지는 않지만 어간에 어미가 붙을 때 어간의 모음과 어미모음의 단축을 방해한다(모음단축에 대해서는 19.1.2를 참조하라). 다만, 각 단어의 특성에 따라 모음이 일부 길어지는 경우가 있다.

(3) 어간 반자음 명사들은 종종 폐모음 명사라고도 불린다. 이는 이 유형에 속한 명사들의 어간이 헬라어 폐모음 υ이나 ι로 끝나기 때문이다. 이러한 폐모음은 어미가 어간에 붙게 될 때 감춰진 "파브" 혹은 "디감마"(ϝ)와 "반자음 이오따"(ἰ̯)가 각각 υ이나 ι로 현현(顯現)한 것이다.

26.1.2.1. ἰχθύς - ἰχθύος 및 βασιλεύς - βασιλέως형 명사

구분		ἰχθύς, ἰχθύος, ὁ 물고기	기본 어미		파생형	
					βασιλεύς, έως, ὁ 왕	
		순수 반자음(ϝ) 어간			순반자음 -εϝ형	
단수	주	ἰχθύ ς	ς	물고기가	βασιλεύς	왕이
	속	ἰχθυ ός	ος	물고기의	βασιλέως	왕의
	여	ἰχθυ ΐ	ι	물고기에게/위해	βασιλεῖ	왕에게/위해
	대	ἰχθύ ν	α, ν	물고기를	βασιλέα	왕을
복수	주	ἰχθύ ες	ες	물고기들이	βασιλεῖς	왕들이
	속	ἰχθύ ων	ων	물고기들의	βασιλέων	왕들의
	여	ἰχθύ σι(ν)	σι(ν)	물고기들에게/위해	βασιλεῦσι(ν)	왕들에게/위해
	대	ἰχθύ ας	ας, ες	물고기들을	βασιλεῖς	왕들을

(1) ἰχθύς는 반자음(폐모음) 명사의 표준이다. 반자음이 폐모음 -υ-로 드러났으며, 폐모음은 뒤따른 모음과 단축하지 않는다는 규칙에 따라 어미의 모음과 어간모음 -υ-가 단축되지 않아 제3곡용 어미가 변형 없이 그대로 드러났다.

(2) 남성, 단수형에서 남성명사치고 이례적으로 어미 -ν가 사용되었음에 주의하라. 한편, 단수, 여격형 ἰχθυΐ에서 어미 "이오따"(ΐ)를 주의해서 보면 분음부호(*dieresis*)가 붙어있다. 이는 어간 어미 -υ-와 어미 -ι 함께 쓰일 경우 이중모음이 되는데, 이 경우는 그렇지 않음을 표시해준다("디감마"가 중간에 있음).

(3) βασιλεύς 역시 반자음(폐모음) 명사이다. 그러나 ἰχθύς와 다르게 어간이 -εϝ-인 파생 명사다. 따라서 곡용에 있어서 모음이 단축되어 변형되었다. 예를 들어, 단수, 속격 어미 -ος는 -ως로 길어졌고, 단수, 여격은 어미가 -ει가 되었다. 한편, 복수, 여격에서 어미 -σι앞에서 어간이 주격형처럼 -ευ-가 되었다. 복수, 대

격은 일반적인 어미 -ας가 아닌 -ες가 사용되었다. 이 유형에 속하는 명사로는 ἀρχιερεύς, έως, ὁ ("대제사장")가 있다.

(4) βασιλεύς의 호격형은 βασιλεῦ이다.

26.1.2.2. πίστις - πίστεως 및 πόλις - πόλεως형 명사

구분		πίστις, πίστεως, ἡ 믿음	기본 어미		적용	
					πόλις, πόλεως, ἡ 도시	
		"이오따 반자음"(ι̯) 어간				
단수	주	πίστι ς	ς	믿음이	πόλις	도시가
	속	πίστ εως	ος	믿음의	πόλεως	도시의
	여	πίστε ι	ι	믿음에게/위해	πόλει	도시에게/위해
	대	πίστι ν	ν	믿음을	πόλιν	도시를
복수	주	πίστε ις	ες	믿음들이	πόλεις	도시들이
	속	πίστε ων	ων	믿음들의	πόλεων	도시들의
	여	πίστε σι(ν)	σι(ν)	믿음들에게/위해	πόλεσι(ν)	도시들에게/위해
	대	πίστε ις	ες	믿음들을	πόλεις	도시들을

(1) πίστις와 πόλις는 "이오따 반모음"으로 끝나는 명사 유형이다. 이 유형 명사들의 특징은 단수, 주격과 대격의 경우 "이오따"(ι)가 등장하나, 나머지 격 형태들에서는 -ε-가 등장하여 어미 모음과 단축된다. 한편, 단수, 대격형은 -ν를, 복수, 대격형은 -ες를 어미로 취한다.

(2) 단수 및 복수, 속격형(예. πίστεως, πίστεων)에서 악센트가 페널트(penult, 끝 앞 음절)가 아닌 안티페널트(antepenult, 끝에서 두 번째 음절)에 유지되고 있음에 주의하라 (이는 악센트 규칙에서 벗어나는 경우다).

(3) 호격은 πίστι와 πόλι이다.

(4) 이 유형에 속하는 대표적인 명사로는 δύναμις, εως, ἡ ("능력," "힘")가 있다.

26.1.3. 어간 –ς 종결형 명사들

26.1.2.2. ἔθνος - ἔθνους 및 Σωσθήνης - Σωσθήνους형 명사

구분		ἔθνος, ἔθνους, τό 이방인, 민족	기본 어미		적용 Σωσθήνης, ους, ὁ 소스데네	
		-εσ- 어간 명사			-ασ- 어간 명사	
단수	주	ἔθνο ς	ς	민족이	Σωσθήνης	소스데네가
	속	ἔθν ους	ος	민족의	Σωσθένους	소스데네의
	여	ἔθνε ι	ι	민족에게/위해	Σωσθένει	소스데네에게/위해
	대	ἔθνο ς	ς	민족을	Σωσθένην	소스데네를
복수	주	ἔθν η	α	민족들이		
	속	ἐθν ῶν	ων	민족들의		
	여	ἔθνε σι(ν)	σι(ν)	민족들에게/위해		
	대	ἔθν η	α	민족들을		

(1) ἔθνος와 Σωσθήνης는 어간이 -ς로 끝나는 명사에 속한다. 단, ἔθνος의 경우 어간 자음이 -εσ-로 끝나고, Σωσθήνης의 경우 어간 자음이 -ασ-로 끝난다. 위 도표에서 보듯이 어간 끝자음 "시그마" 앞의 모음의 종류에 따라 일부 곡용 형태가 달라진다. 그럼에도 불구하고, 두 명사 모두 단수, 속격에서는 -ους로, 단수, 여격에서는 -ει로 곡용한다.

(2) ἔθνος형의 경우, 복수형에서 어간모음 -ε-이 유지되고 있음에 주의하라.

Σωσθήνης의 경우, 고유명사이기에 복수형이 없다.

(3) ἔθνος 유형에 속하는 명사로는 ἔτος, ἔτους, τό ("산")이 있다.

26.1.3. 분해하기

구분	분해				해석
	기본형(뜻)	성	수	격	
βασιλέως	βασιλεύς(왕)	남	단	속	왕의
πίστιν	πίστις(믿음)	여	단	대	믿음을
ἔθνους	ἔθνος(민족)	중	단	속	민족의

26.2. 제3곡용 형용사 추가

26.2.1. 두 어미 제3-3곡용 형용사

구분		ἀληθής, ἀληθές 참된		적용 μείζων, μεῖζον 더 큰 (μέγας의 비교급)	
		남·여	중	남·여	중
단수	주	ἀληθής	ἀληθές	μείζων	μεῖζον
	속	ἀληθοῦς	ἀληθοῦς	μείζονος	μείζονος
	여	ἀληθεῖ	ἀληθεῖ	μείζονι	μείζονι
	대	ἀληθῆ	ἀληθές	μείζονα (μείζω)	μεῖζον
복수	주	ἀληθεῖς	ἀληθῆ	μείζονες (μείζους)	μείζονα (μείζω)
	속	ἀληθῶν	ἀληθῶν	μειζόνων	μειζόνων
	여	ἀληθέσι(ν)	ἀληθέσι(ν)	μείζοσι(ν)	μείζοσι(ν)
	대	ἀληθεῖς	ἀληθῆ	μείζονας (μείζους)	μείζονα (μείζω)

(1) 위의 형용사들은 남성형과 여성형이 동일하고, 중성형은 구분되는 2어미 형용사이다. 따라서 명사와 성·수·격이 일치하여 등장할 때 주의해야 한다.

예) 남성 및 여성명사와 함께

ὁ Ἰησοῦς ἐστὶν ἀληθής. 예수님은 참되다 (남성).

ἡ ἐκκλησία ἐστὶν ἀληθής. 교회는 참되다 (여성).

(2) 2 어미 형용사는 2-2 곡용의 예도 있다(5.2.2 참조). 그러나 대다수의 2어미 형용사는 3-3 곡용을 따른다.

(3) μείζων, μεῖζον의 경우 μέγας의 비교급인데 원급형인 μέγας, μεγάλη, μάγα에서는 2-1-2 곡용을 따른다(21.4.2 참조).

26.2.2. 한 어미 형용사(3곡용)

(1) 헬라어에는 한 어미 형용사가 2개 존재한다: ἀπάτωρ, opoς("아버지가 없는")와 ἀμήτωρ, opoς(어머니가 없는). 이 형용사들은 모두 유음으로 끝나는 3곡용을 따른다(위의 26.1.1.2 참조).

(2) ἀπάτωρ, opoς("아버지가 없는")와 ἀμήτωρ, opoς(어머니가 없는)는 각각 남성과 여성으로 사용되는데, 이는 그 의미로 인한 것이다. 이 단어는 히브리서 7:3에서 살렘의 왕 멜기세덱(ὁ Μελχισέδεκ, βασιλεὺς Σαλήμ)을 묘사하는데 사용되었다.

26.2.3. 분해하기

구분	분해				해석
	기본형(뜻)	성	수	격	
ἀληθής	ἀληθής(참된)	남/여	단	주	모든 (남·여성 단수)
μείζογνα	μέγας(많은)	남	단	대	더 큰 (남성 단수)(비교급형)
ἀληθές	ἀληθής(참된)	중	단	주/대	참된 (중성 단수)

26.3. 어휘

동사

συμβάλλω 논의하다; 싸우다

명사

(ἀλέκτωρ, ορος, ὁ 수탉 [단어장])

(ἀρχιερεύς, έως, ὁ 대제사장 [제27과])

ἀστήρ, έρος, ὁ 별

βασιλεύς, έως, ὁ 왕

ἰχθύς, υος, ὁ 물고기

πατήρ, ρός, ὁ 아버지

(ῥήτωρ, ορος, ὁ 변론가 [단어장])

(Σωσθήνης, ους, ὁ 소스데네 [단어장])

σωτήρ, ῆρος, ὁ 구원자

(δύναμις, εως, ἡ 능력 [제28과])

μήτηρ, ρος, ἡ 어머니

πίστις, εως, ἡ 믿음

πόλις, εως, ἡ 도시

ἔθνος, ἔθνους, τό 이방인, 민족

형용사

ἀληθής, ές 참된

ἀμήτωρ, ορος 어머니가 없는

ἀπάτωρ, ορος 아버지가 없는

μείζων, μεῖζον 더 큰 (제5과 5.4. 참조)

26.4. 기초 문장 연습

아래 헬라어 문장을 직역하시오.

1. τίς πίστις ἐστὶν ἀληθὴς καὶ μείζων;

2. τὰ παιδία ἐξῆλθεν ἵνα βλέπωσι τοὺς ἀστέρας τοὺς ἐν τῷ οὐρανῷ.

3. ὁ θεὸς ὁ πατὴρ ἡμῶν ἐστὶν ὁ βασιλεὺς καὶ σωτὴρ τοῦ κόσμου τούτου.

4. Κηρύξατε τὸ εὐαγγέλιον τοῦ κυρίου ἐν τοῖς ἔθνεσιν.

5. κραζούσης τῆς μητρὸς ὁ ἀπόστολος συνέβαλλε τῷ υἱῷ περὶ τοῦ θανάτου τοῦ δούλου αὐτῆς.

6. ὁ βασιλεὺς τοῦ κόσμου ἠθέλησεν ἐσθίειν τὸν μείζονα ἰχθύν.

7. λεγέται τὸν Μελγισέδεκ, βασιλέα Σαλήμ εἶναι καὶ ἀπάτορα καὶ ἀμήτορα.

8. εἰ ἀκούει τοῦ λόγου τοῦ ἀποστόλου, σὺ ἕξεις τὴν πίστιν τὴν ἀληθῆ.

9. μητέρ, εἰσερχώμεθα εἰς τὴν ἐκκλησίαν ἐν ἐκείνῃ τῇ ὥρᾳ, ὅτι ὁ ἀδελφὸς ἐκάλεσεν ἡμᾶς.

제27과
고유 명사 및 불규칙 명사. 수사
부재(不在)/부정대명사. 결여 동사

27.1. 고유명사 및 불규칙 명사

27.1.1.1. 고유명사

(1) 고유명사란 지명(地名)이나 인명(人名) 등을 나타내는 명사다. 헬라어에서 고유명사는 헬라어 고유의 것들도 있고, 신약 성경의 경우 히브리어나 아람어 등에서 차용된 것들도 있다.

(2) 고유명사는 일반 명사처럼 문장의 주어, 목적어 등으로 사용된다. 단, 어형에 있어서 원-헬라어 이름이든 차용된 이름이든지 상관없이 고유 명사는 다양한 곡용형으로 등장한다. 지면상 몇 인명의 예들을 제시한다:

구분		제1곡용	제2곡용	제3곡용	불규칙	불변화
		᾿Απφία ας ἡ 아비아	Πέτρος ου ὁ 베드로	Σίμων νος ὁ 시몬	Ἰησοῦς οῦ ὁ 예수	᾿Αβραάμ ὁ 아브라함
단수	주	᾿Απφία	Πέτρος	Σίμων	Ιησοῦς	᾿Αβραάμ
	속	᾿Απφίας	Πέτρου	Σίμωνος	Ἰησοῦ	᾿Αβραάμ
	여	᾿Απφίᾳ	Πέτρῳ	Σίμωνι	Ἰησοῦ	᾿Αβραάμ
	대	᾿Απφίαν	Πέτρον	Σίμωνα	Ἰησοῦν	᾿Αβραάμ
	호	᾿Απφία	Πέτρε	Σίμον	Ἰησοῦ	᾿Αβραάμ

(3) 위의 예들 중 특별히 불규칙 곡용형(Ἰησοῦς)과 비곡용형(᾿Αβραάμ)은 주의를 기울여야 한다. 특별히, 비곡용 고유명사의 경우(᾿Αβραάμ), 모든 격 형태가 동일하기에 분해에 있어서 주의를 기울여야 된다. 다만, 비곡용 명사의 경우 일반적으로

관사가 동반되기 때문에 많은 경우 쉽게 해석된다:

예) 관사를 동반한 경우

τοῦ Ἀβραὰμ σπέρμα ἐστέ. 너희는 아브라함의 씨들이다(갈 3:29).

예) 관사를 동반하지 않은 경우

ἐγώ εἰμι ὁ θεὸς Ἀβραάμ. 나 자신은 아브라함의 하나님이다(마22:32).

(4) 제3곡용을 따르는 Σίμων의 경우, 마치 ἄρχων 유형과 유사한 것으로 보인다 (21.3.2 참조). 그러나 두 명사는 주격형에서만 동일할 뿐, 어간 및 유형이 다르다. 오히려 αἰών, ῶνος, ὁ(세대; 영원)와 동일하다.

27.1.1.2. 불규칙 명사

(1) 불규칙 명사는 명사의 1-3곡용 모두에서 나타난다. 또한 일반 명사에서 뿐만 아니라 앞서 살펴본 고유명사 등에서도 등장한다.

(2) 신약 성경에서는 제3곡용 명사들이 불규칙 명사의 대다수를 이룬다. 그러나 Ἰησοῦς의 경우처럼 제2곡용 명사도 있고, 아래 σατανᾶς의 경우처럼 제1곡용 명사(?)도 있다. 대표적인 불규칙 명사들은 다음과 같다:

구분		ἀνήρ, ἀνδρός, ὁ **남자, 남편**	γυνή, γυναικός, ἡ **여자, 아내**	χείρ, χειρός, ἡ **손**	σατανᾶς, σατανᾶ, ὁ **사탄**
		3 곡용			**1 곡용(?)**
단수	주	ἀνήρ	γυνή	χείρ	σαταν ᾶς
	속	ἀνδρ ός	γυναικ ός	χειρ ός	σαταν ᾶ
	여	ἀνδρ ί	γυναικ ί	χειρ ί	σαταν ᾷ
	대	ἄνδρ α	γυναῖκ α	χεῖρ α	σαταν ᾶν
복수	주	ἄνδρ ες	γυναῖκ ες	χεῖρ ες	
	속	ἀνδρ ῶν	γυναικ ῶν	χειρ ῶν	
	여	ἀνδρ άσι(ν)	γυναι ξί(ν)	χερ σί(ν)	
	대	ἄνδρ ας	γυναῖκ ας	χεῖρ ας	

(3) 그러나 Mounce의 경우 위의 첫 세 명사들을 모음 변이의 차원에서 예외적이나 불규칙 명사는 아니라고 정리한다.

(4) 신약 성경에서는 거의 나타나지 않지만 헬라어의 대표적 불규칙 곡용 명사로는 Ζεύς(제우스)가 있다: Ζεύς, Διός, Διΐ, Δία, Ζεῦ.

27.2. 수사

(1) 헬라어 수사와 관련된 표현은 3가지이다. 즉, 개수를 나타내는 기수, 순서를 나타내는 서수, 회차를 나타내는 횟수가 그것이다. 이 3가지 표현은 그 형태나 기능이 차이가 난다.

(2) 그러나 꼭 이 세 가지 표현들을 통해서만 숫자를 전달하지 않는다. 본래 헬라어 알파벳이 수(數)의 가치를 가지고 있다. 예를 들어, 알파벳의 첫째 철자 “알파”는 숫자 1을 나타내며 α′라고 표시한다.

27.2.1. 형태

27.2.1.1. 기수

(1) 기수는 1-4까지의 숫자를 제외하고 곡용되지 않는다(즉, 비-곡용). 따라서 기수를 암기하되, 숫자 1-4에 대항하는 기수는 곡용형을 추가적으로 암기해야 한다. 5 이상 숫자들 중 중요한 기수로는 πέντε(5), ἑπτά(7), δώδεκα(12) 등이 있다.

(2) 기수는 지시하는 대상의 개수를 나타낸다.

27.2.1.1.1. 1과 2

구분	εἷς, μία, ἕν 1			δύο 2
	3-3 곡용			3 곡용
	단			복
	남	여	중	남 · 여 · 중
주	εἷς	μία	ἕν	δύο
속	ἑνός	μιᾶς	ἑνός	δύο
여	ἑνί	μιᾷ	ἑνί	δυσί(ν)
대	ἕνα	μίαν	ἕν	δύο

(1) 기수 1은 단수형만 존재하며, 곡용은 남-여-중 각각 3-1-3 곡용을 한다.

(2) 기수 2는 복수형만 존재하며, 남성, 여성, 중성이 모두 동일하다. 3곡용을 따르되, 주격, 속격, 대격은 모두 δύο로 동일하고 여격만 δυσί(ν)으로 곡용한다.

27.2.1.1.2. 3과 4

구분	τρεῖς, τρία 3		τέσσαρες, τέσσαρα 4	
	3-3 곡용		3-3 곡용	
	복		복	
	남 · 여	중	남 · 여	중
주	τρεῖς	τρία	τέσσαρες	τέσσαρα
속	τριῶν	τριῶν	τεσσάρων	τεσσάρων
여	τρισί(ν)	τρισί(ν)	τέσσαρσι(ν)	τέσσαρσι(ν)
대	τρεῖς	τρία	τέσσαρας	τέσσαρα

(1) 기수 3과 4는 남성과 여성은 함께 쓰고 중성은 구분하여 곡용 되는 두 어미형이다. 곡용은 남 · 여-중 각각 3-3 곡용을 한다.

(2) 기수 4의 복수, 여격형 τέσσαρσι(ν)에서 유음 -ρ 뒤의 -σ-가 탈락하지 않았음에 유의하라.

27.2.1.2. 서수

(1) 서수는 모든 숫자가 곡용(2-1-2 곡용)을 한다. 따라서 기수와 달리 구분하여 습득할 필요가 없이 서수 하나씩을 외우면 된다.

(2) 서수는 지시하는 대상의 순서를 나타낸다.

(3) 아래 27.2.1.4의 헬라어 숫자표를 보면 쉽게 이해할 수 있기에 여기서는 서수 "첫 번째"와 "두 번째"만 살펴본다:

구분		πρῶτος, η, ον 첫 번째			δεύτερος, α, ον 두 번째		
		기본형 1			기본형 2(ϵ, ι, ρ 종결 어간)		
		남	여	중	남	여	중
단수	주	πρῶτος	πρώτη	πρῶτον	δεύτερος	δευτέρα	δεύτερον
	속	πρώτου	πρώτης	πρώτου	δευτέρου	δευτέρας	δευτέρου
	여	πρώτῳ	πρώτῃ	πρώτῳ	δευτέρῳ	δευτέρᾳ	δευτέρῳ
	대	πρῶτον	πρώτην	πρῶτον	δεύτερον	δευτέραν	δεύτερον
복수	주	πρώτοι	πρώται	πρῶτα	δεύτεροι	δεύτεραι	δεύτερα
	속	πρώτων	πρώτων	πρώτων	δευτέρων	δευτέρων	δευτέρων
	여	πρώτοις	πρώταις	πρώτοις	δευτέροις	δευτέραις	δευτέροις
	대	πρώτους	πρώτας	πρῶτα	δευτέρους	δευτέρας	δεύτερα

27.2.1.3. 횟수

(1) 횟수는 모든 숫자가 곡용하지 않는다(비-곡용). 따라서 개별적으로 암기해야 한다. 단, 1-3회의 경우 각각 ἅπαξ(한 번), δίς(두 번), τρίς(세 번)의 형태를 지니나, 4회 이후로부터는 "기수/서수 어간+횟수접사 -ακις"로 이뤄져 있다(아래 27.2.1.4를 보라).

(2) 횟수 지시하는 대상의 회차를 나타낸다.

(3) 횟수와 관련해 많이 쓰이는 표현으로는 "종종"(often) 혹은 "여러 번"을 의미하는 πολλάκις (πολλ-["많은"]+횟수접사 -ακις)이 있다.

27.2.1.4. 헬라어 숫자표

숫자	기수 ("~개")	서수 ("~번째")	횟수 ("~번")	알파벳
1	εἷς, μία, ἕν	πρῶτος, η, ον(이하동일)	ἅπαξ	α´
2	δύο	δεύτερος	δίς	β´

3	τρεῖς, τρία	τρίτος	τρίς	γ′
4	τέσσαρες, τέσσαρα	τέτρατος	τετράκις	δ′
5	πέντε	πέμπτος	πεντάκις	ε′
6	ἕξ	ἕκτος	ἑξάκις	ς′
7	ἑπτά	ἕβδομος	ἑπτάκις	ζ′
8	ὀκτώ	ὄγδοος	ὀκτάκις	θ′
9	ἐννέα	ἔνατος	ἐνάκις	η′
10	δέκα	δέκατος	δεκάκις	ι′
11	ἕνδεκα	ἑνδέκατος	ἑνδεκάκις	ια′
12	δώδεκα	δωδέκατος	δωδεκάκις	ιβ′
13	τρεῖς (τρία) καὶ δέκα	τρίτος καὶ δέκατος	τρεισκαιδεκάκις	ιγ′
14	τέσσαρες (τέσσαρα) καὶ δέκα	τέταρτος καὶ δέκατος	τετταρεσκαιδεκάκις	ιδ′
15	πεντεκαίδεκα	πέμπτος καὶ δέκατος	πεντεκαιδεκάκις	ιε′
16	ἑκκαίδεκα	ἕκτος καὶ δέκατος	ἑκκαιδεκάκις	ις′
17	ἑπτακαίδεκα	ἕβδομος καὶ δέκατος	ἑπτακαιδεκάκις	ιζ′
18	ὀκτωκαίδεκα	ὄγδοος καὶ δέκατος	ὀκτωκαιδεκάκις	ιθ′
19	ἐννεακαίδεκα	ἔνατος καὶ δέκατος	ἐννεακαιδεκάκις	ιη′
20	εἴκοσι(ν)	εἰκοστός	εἰκοσάκις	κ′
30	τριάκοντα	τριακοστός	τριακοντάκις	λ
40	τεσσαράκοντα	τεσσαρακοστός	τετταρακοντάκις	μ′
50	πεντήκοντα	πεντηκοστός	πεντηκοντάκις	ν′
60	ἑξήκοντα	ἑξηκοστός	ἑξηκοντάκις	ξ′
70	ἑβδομήκοντα	ἑβδομηκοστός	ἑβδομηκοντάκις	ο′
80	ὀγδοήκοντα	ὀγδοηκοστος	ὀγδοηκοντάκις	π′
90	ἐνενήκοντα	ἐνενηκοστός	ἐνενηκοντάκις	ϙ′

100	ἑκατόν	ἑκατοστός	ἑκατοντάκις	ρʹ
200	διακόσιοι αι α	διακοσιοστός	διακοσιάκις	σʹ
300	τριακόσιοι αι α	τριακοσιοστός	τριακοσιάκις	τʹ
400	τετρακόσιοι αι α	τετρακοσιοστός	τετρακοσιάκις	υʹ
500	πεντακόσιοι αι α	πεντακοσιοστός	πεντακοσιάκις	φʹ
600	ἑξακόσιοι αι α	ἑξακοσιοστός	ἑξακοσιάκις	χʹ
700	ἑπτακόσιοι αι α	ἑπτακοσιοστός	ἑπτακοσιάκις	ψʹ
800	ὀκτακόσιοι αι α	ὀκτακοσιοστός	ὀκτακοσιάκις	ωʹ
900	ἐνακόσιοι αι α	ἐνακοσιοστός	ἐνακοσιάκις	ϡʹ
1,000	χίλιοι αι α	χιλιοστός	χιλιάκις	͵α
2,000	δισχίλιοι αι α	δισχιλιοστός	δισχιλιάκις	͵β
3,000	τρισχίλιοι αι α	τρισχιλιοστός	τρισχιλιάκις	͵γ
10,000	μύριοι αι α	μυριοστός	μυριάκις	͵ι
20,000	δισμύριοι αι α	δισμυριοστός	δισμυριάκις	͵κ
100,000	δεκακισμύριοι αι α	δεκακισμυριοστός	δεκακισμυριάκις	͵ρ

27.2.2. 용법

(1) 서수의 경우, 단독으로 사용되곤 한다:

예) Ἦν δὲ διδάσκων ἐν μιᾷ τῶν συναγωγῶν.

예수께서 안식일에 한 회당에서 가르치실 때에 (눅 13:10).

(2) 그러나 성·수·격이 일치하는 명사와 사용될 수도 있다:

예) εἷς κύριος, μία πίστις, ἓν βάπτισμα.

주도 한 분이시오 믿음도 하나요 세례도 하나요 (엡 4:5).

(3) 기수의 경우, 일반적으로 성·수·격이 일치하는 명사와 사용된다:

예) Αὕτη ἡ ἀνάστασις ἡ πρώτη.

이것이 첫째 부활이라 (계 20:5).

(4) 물론, 독립적으로 사용될 수도 있다.

(5) 횟수의 경우, 주로 단독으로 사용된다:

예) οὐ λέγω σοι ἕως ἑπτάκις ἀλλὰ ἕως ἑβδομηκοντάκις ἑπτά.

네게 이르노니 일곱 번뿐 아니라 일곱 번을 일흔 번까지라도 할지니라 (마 18:22).

27.3. 부재(不在)/부정 대명사

구분	οὐδείς, οὐδεμία, οὐδέν (직설법)			μηδείς, μηδεμία, μηδέν (비-직설법)		
	3-1-3 곡용					
	단					
	남	여	중	남	여	중
주	οὐδείς	οὐδεμία	οὐδέν	μηδείς	μηδεμία	μηδέν
속	οὐδενός	οὐδεμιᾶς	οὐδενός	μηδενός	μηδεμιᾶς	μηδενός
여	οὐδενί	οὐδεμιᾷ	οὐδενί	μηδενί	μηδεμιᾷ	μηδενί
대	οὐδενά	οὐδεμίαν	οὐδέν	μηδένα	μηδεμίαν	μηδέν

(1) 부재 혹은 부정 대명사는 존재하지 않음을 전달할 때 사용된다. 이 대명사는 헬라어의 전형적인 "부정어 οὐ(직설법)/μή(비-직설법)+수사 기수 1"의 합성 형태이다. 즉, 하나도 없음을 나타낸다:

예) 직설법의 예

οὐδεὶς ἔλυσεν τὸν δοῦλον ἐν ἐκείνῃ τῇ ἡμέρᾳ.

저 날에 어느 누구도 그 종을 풀어주지 않았다.

예) 비-직설법의 예 (명령법과 함께)

μηδεὶς λυέτω τὸν δοῦλον ἐν ἐκείνῃ τῇ ἡμέρᾳ.

저 날 어느 누구도 그 종을 풀어주지 말라.

(2) 형성시에 수사 기수 1을 사용하기에, 곡용은 3-1-3 곡용을 하며, 수는 단수만 존재한다.

27.4. 결여 동사

(1) 결여동사(the defective verb)란 헬라어 동사의 6시제 형태 모두를 가지고 있지 않은 동사를 지칭한다. 그러나 사실 헬라어 동사의 활용을 보면 많은 동사가 6시제 형태를 모두 가지고 있지는 않다. 따라서 헬라어에서는 결여 동사의 대표로 οἶδα 동사(알다)와 εἰμί 동사(이다/있다)만 제시한다.

(2) οἶδα 동사는 완료형과 과거 완료형을 가지고 있다(현재형/미완료과거형/미래형/부정과거형이 없다). 시간적 의미에 있어서 완료형은 현재의 의미를, 과거 완료는 미완료과거의 의미를 지니는 특성이 있다. 곡용 전체는 다음과 같다:

구분		완료 능동태		과거 완료 능동태	
		단수	복수	단수	복수
직	1	οἶδα	οἴδαμεν / ἴσμεν	ᾔδειν / ᾔδη	ᾖδε(ι)μεν / ᾖσμεν
	2	οἶδας / οἶσθα	οἴδατε / ἴστε	ᾔδεις / ᾔδησθα	ᾖδε(ι)τε / ᾖστε
	3	οἶδε(ν)	οἴδασι(ν) / ἴσασι(ν)	ᾔδει(ν)	ᾖδε(ι)σαν / ᾖσαν
가	1	εἰδῶ	εἰδῶμεν		
	2	εἰδῇς	εἰδῆτε		
	3	εἰδῇ	εἰδῶσι(ν)		
희	1	εἰδείην	εἰδεῖμεν		
	2	εἰδείης	εἰδεῖτε		
	3	εἰδείη	εἰδεῖεν		
명	2	ἴσθι	ἴστε		
	3	ἴστω	ἴστωσαν / ἴστων		
분	남	εἰδώς	εἰδότες		
	여	εἰδυῖα	εἰδυῖαι		
	중	εἰδός	εἰδότα		
부	중	εἰδέναι			

(3) εἰμί 동사는 현재, 미래, 미완료과거형을 가지고 있다(부정과거, 완료, 과거완료형은 없다). 특별한 점은 미완료과거형이 부정과거 시제를 대신한다는 점이다. 곡용 전체는 다음과 같다:

구분		현재 능동태		미완료 과거 능동태		미래 능동태	
		단수	복수	단수	복수	단수	복수
직	1	εἰμί	ἐσμέν	ἤμην / ἦν	ἦμεν	ἔσομαι	ἐσόμαθα
	2	εἶ	ἐστέ	ἦς / ἦσθα	ἦτε	ἔσῃ	ἔσεσθε
	3	ἐστί(ν)	εἰσί(ν)	ἦν	ἦσαν	ἔσται	ἔσονται
가	1	ὦ	ὦμεν				
	2	ᾖς	ἦτε				
	3	ᾖ	ὦσι(ν)				
희	1	εἴην	εἶμεν				
	2	εἴης	εἶτε				
	3	εἴη	εἶεν				
명	2	ἴσθι	ἔστε				
	3	ἔστω	ἔστωσαν / ἔστων				
분	남	ὤν	ὄντες				
	여	οὖσα	οὖσαι				
	중	ὄν	ὄντα				
부	중	εἶναι					

(4) 이 외에도 φήμι 동사(말하다) 및 ἵημι 동사(가다)와 파생 합성동사 ἀφίημι(가게 하다)도 결여동사이다. 이 동사들의 활용에 대해서는 부록을 참조하라.

27.5. 어휘

동사

(ἀφίημι 가게하다; 허락하다; 용서하다 [단어장])

ᾔδειν οἶδα ("안다")의 과거완료형. (해석은 과거:"알고 있었다")

(ἵημι 가다 [단어장])

οἶδα "안다" (완료형으로 현재시제를 나타냄)

(φήμι 말하다 [단어장])

명사

'Αβραάμ, ὁ 아브라함

ἀνήρ, ανδρός, ὁ 남자, 남편

ἀρχιερεύς, έως, ὁ 대제사장

Ζεύς, Διός, ὁ 제우스

σατανᾶς, ᾶ, ὁ 사탄

γυνή, γυναικός, ἡ 여자, 아내

θυγάτηρ, ρός, ἡ 딸

χείρ, ρός, ἡ 손

σπέρμα, ματος, τό 씨, 후손

φῶν, φωτός, τό 빛

형용사

μόνος, η, ον 유일한, 단 하나의

주요 수사

δεύτερος, α, ον 둘째

δύο 2, 둘(의)

εἷς, μία, ἕν 1, 하나(의)

τέσσαρες, α 4, 넷(의)

τρεῖς, τρία 3, 셋(의)

27.6. 기초 문장 연습

아래 헬라어 문장을 직역하시오.

1. οἱ Ἰουδαῖοι εἰσὶν υἱοὶ τοῦ Ἀβραάμ ἐν σαρκὶ καὶ αἵματι.

2. ὁ Πέτρος ὀνόματι Σίμων ἦν εἷς τῶν πρώτων μαθητῶν τοῦ Ἰησοῦ.

3. τρεῖς ἀπῆλθον ἐκ τῆς ἐκκλησίας, καὶ ἐν αὐτῇ ἦσαν οὐδείς.

4. μηδεὶς ἔστω ὁ δοῦλος τοῦ θανάτου, ἀλλὰ τοῦ φωτός.

5. οἱ ἄνδρες καὶ αἱ γυναῖκες, ἀγαπήσατε ἀλλήλους ἐν ἑνὶ Χριστῷ καὶ παρακαλεῖτε.

6. Ζεῦ, σὺ οὐκ ἐστὶν ὁ ἀληθὴς θεός. ἀλλὰ ὁ ποιήσας τὸν κόσμον τοῦτον ὁ κύριος θεὸς ἡμῶν ἐστὶν ὁ μόνος.

7. ὁ κύριος ταῖς δυσῖν χερσίν αὐτοῦ ἄξει ἡμᾶς τέσσαρας εἰς τὴν οἰκίαν τῆς ἐλπίδος.

8. οἴδαμεν τὸν Χριστὸν ἀποκταθῆναι ὑπὲρ τῶν ἁμαρτιῶν ἡμῶν ἵνα πεποιήκῃ ἡμᾶς δικαίους.

9. ὁ Ἰησοῦς εἶπεν τὸν σαταναᾶν ἐξελθεῖν ἐκ τοῦ τέκνου ὥστε ἐκεῖνος λιπεῖν αὐτὸ, ὅτι ᾔδει αὐτόν.

제28과

μι, νυμι, μαι 동사 활용

28.1. μι 동사의 형태와 종류

(1) -μι 동사는 어미가 -ω가 아닌 -μι로 끝나는 일군(一群)의 헬라어 동사를 가리킨다. -μι 동사에는 순수한 -μι 동사만 포함되지만 종종 -νυμι 동사와 -μαι 동사도 함께 거론되는데 이는 그 동사들의 활용이 -ω 동사와 구별되기 때문이다. 따라서 헬라어의 -μι 동사류는 다음과 같이 제시할 수 있다:

① -μι형			② -νυμι형	③ -μαι형
δίδωμι	τίθημι	ἵστημι	δείκνυμι	δύναμαι
주다	놓다	세우다	보여주다	할 수 있다

(2) "① -μι형"에 속하는 동사들은 세부적으로 δίδωμι형, τίθημι형, ἵστημι형으로 구분된다. 한편, "② -νυμι형"은 일반 -μι 동사 그 형태가 유사하다. 다만, 일부 독특함이 있기에 따로 분류된다. "③ -μαι형"의 경우 완료, 중간·수동태형과 동일하지만 현재 의미를 갖는다는 점에서 주의해야 한다.[39]

(3) -μι 동사류에 속한 단어들은 그 형태가 -ω 동사와 구분되지만 시제, 법, 태, 수, 인칭 모두에 있어서 그 쓰임새는 동일하다. 다만, -μι 동사에는 동사 활용의 원(原)-어미가 사용된다고 알려져 있다. 따라서 그 형태를 살펴보고 각 동사를 살펴본다:[40]

구분		제1시제 (현재, 미래, 완료)				제2시제 (미완료과거, 1부정과거)				
		능동태			중간 · 수동태	능동태		중간태	수동태	
		현	미	완	현 · 미 · 완	미완과	1부과	미완과 · 1부과	미완과	1부과
단수	1	μι	-		μαι	ν	-	μην	μην	ν
	2	ς			σαι	ς	ς	σο	σο	ς
	3	σι(ν)	ι	-(ν)	ται	-	-(ν)	το	το	-
복수	1	μεν			μεθα	μεν		μεθα	μεθα	μεν
	2	τε			σθε	τε		σθε	σθε	τε
	3	ασι(ν)			νται	σαν		ντο	ντο	σαν

28.2. δίδωμι 동사

28.2.1. 직설법

28.2.1.1. 현재 능동태 및 중간태 · 수동태

구분		μι 활용 동사	능동태			중간태 · 수동태	
		δίδωμι [현재어간: διδο–]	어간 중복	원(原) 어미	해석	δίδομαι [현재어간: διδο–]	
단수	1	δίδω μι	δι-	μι	나는 준다	δίδομαι	나는 주어진다
	2	δίδω ς	δι-	ς	너는 준다	δίδοσαι	너는 주어진다
	3	δίδω σι(ν)	δι-	σι(ν)	그/그녀/그것은 준다	δίδοται	그/그녀/그것은 주어진다
복수	1	δίδο μεν	δι-	μεν	우리는 준다	διδόμεθα	우리는 주어진다
	2	δίδο τε	δι-	τε	너희는 준다	δίδοσθε	너희는 주어진다
	3	δίδό ασι(ν)	δι-	ασι	그들/그것들은 준다	δίδονται	그들/그것들은 주어진다

(1) δίδωμι 동사의 현재 능동태 및 중간태·수동태 직설법형은 원(原)-어간 δο-에 "첫 자음자(δ)+'이오따(ι)'"를 추가한 "현재 어간(διδο-)+현재 능동태 원(原)-어미(μι, ς, σι[ν], μεν, τε, ασι[ν]) 및 중간태·수동태 원(原)-어미(μαι, σαι, ται, μεθα, σθε, νται)"를 조합하여 만든다(위의 도표에서는 지면상 수동태의 의미를 제시함).

(2) 어간 끝모음 -ο는 현재 능동태 단수형들에서는 -ω로 길어지고, 나머지 형태들에서는 그 형태를 유지한다.

(3) 어간 형태에 있어 완료형의 어간중복 현상과 헷갈려서는 안된다(참조. 제13과).

28.2.1.2. 미완료과거 능동태와 중간태 · 수동태

구분		μι 활용 동사	능동태				중간태 · 수동태	
		δίδωμι [기본어간: διδο–]	접두모음	어간중복	원(原)어미	해석	δίδομαι [기본어간: διδο–]	
단수	1	ἐ δίδ ουν	ἐ	δι-	ν	나는 주고 있었다	ἐδιδόμην	나는 주어지고 있었다
	2	ἐ δίδ ους	ἐ	δι-	σ	너는 주고 있었다	ἐδίδοσο	너는 주어지고 있었다
	3	ἐ δίδ ου	ἐ	δι-	-	그/그녀/그것은 주고 있었다	ἐδίδοτο	그/그녀/그것은 주어지고 있었다
복수	1	ἐ δίδο μεν	ἐ	δι-	μεν	우리는 주고 있었다	ἐδιδόμεθα	우리는 주어지고 있었다
	2	ἐ δίδο τε	ἐ	δι-	τε	너희는 주고 있었다	ἐδίδοσθε	너희는 주어지고 있었다
	3	ἐ δίδο σαν	ἐ	δι-	σαν	그들/그것들은 주고 있었다	ἐδίδοντο	그들/그것들은 주어지고 있었다

(1) δίδωμι 동사의 미완료과거 능동태 및 중간태 직설법형은 원(原)-어간(δο-)에 "첫 자음자(δ)+'이오따(ι)'"를 추가한 기본형 어간(διδο-)에 만든다. 그러므로 "과거시상 접두모음(ἐ-)+기본 어간(διδο-)+미완료과거 능동태 원(原)-어미(ν, ς, -, μεν,

τε, σαν) 및 중간태·수동태 원(原)-어미(μην, σο, το, μεθα, σθε, οντο)"를 조합하여 만든다.

(2) 어간 끝모음 -ο는 현재, 능동태, 단수형에서는 -ου로 길어지고, 나머지 형태들에서는 그 형태를 유지한다.

28.2.1.3. 미래 능동태, 중간태 및 수동태

구분		μι 활용 동사	능동태			중간태	수동태
		δίδωμι [미래어간: δο–]	미래 접사	어미 (재활용)	해석	δίδομαι [미래어간: δο–]	
단수	1	δώ σω	σ	-ω	나는 줄 것이다	δώσομαι	δοθήσομαι
	2	δώ σεις	σ	-εις	너는 줄 것이다	δώσῃ	δοθήσῃ
	3	δώ σει	σ	-ει	그/그녀/그것은 줄 것이다	δώσεται	δοθήσεται
복수	1	δώ σομεν	σ	-ομεν	우리는 줄 것이다	δωσόμεθα	δοθησόμεθα
	2	δώ σετε	σ	-ετε	너희는 줄 것이다	δώσεσθε	δοθήσεσθε
	3	δώ σουσι(ν)	σ	-ουσι(ν)	그들/그것들은 줄 것이다	δώσονται	δοθήσονται

(1) δίδωμι 동사의 미래 능동태 및 중간태·수동태 직설법형은 "원(原)-어간(δο-)+미래 시상접사(-σ-)+현재능동태 직설법어미(-ω, -εις, -ει, -ομεν, -ετε, -ουσι[ν]) 및 중간태어미(-ομαι, -ῃ, -εται, -ομεθα, -εσθε, -ονται) 재활용"을 조합하여 만든다. 원래 미래형에도 원(原)-어미가 사용되지만 활용되면서 변경된 것으로 이해하면 된다.

(2) 어간 끝모음 -ο는 미래 시상접사 -σ-앞에서 -ω로 길어졌음에 주의하라.

(3) δίδωμι 동사의 미래 수동태형은 "원(原)-어간(δο-)+미래수동태시상접사(-θησ-

)+현재수동태어미(-ομαι, -ῃ, -εται, -ομεθα, -εσθε, -ονται) 재활용"을 조합하여 만든다.

28.2.1.4. 부정과거 능동태, 중간태 및 수동태

구분		μι 활용 동사	능동태				중간태	수동태
		δίδωμι [부과어간: δο-]	접두모음	부과접사	어미(재활용)	해석	δίδομαι [부과어간: δο-]	
단수	1	ἔ δω κα	ἐ	κα	-	나는 주었다	ἐδόμην	ἐδόθην
	2	ἔ δω κας	ἐ	κα	-ς	너는 주었다	ἔδου	ἐδόθης
	3	ἔ δω κε(ν)	ἐ	κα	-(ν)	그/그녀/그것은 주었다	ἔδοτο	ἐδόθη
복수	1	ἐ δώ καμεν	ἐ	κα	μεν	우리는 주었다	ἐδόμεθα	ἐδόθημεν
	2	ἐ δώ κατε	ἐ	κα	τε	너희는 주었다	ἔδοσθε	ἐδόθητε
	3	ἔ δω καν	ἐ	κα	ουσι(ν)	그들/그것들은 주었다	ἔδοντο	ἐδόθησαν

(1) δίδωμι 동사의 부정과거 능동태 직설법형은 "과거시상 접두모음(ἐ-)+원(原)-어간(δο-)+부정과거능동태 시상접사(κα[편의상 -σα의 변형으로 취급])+부정과거능동태 원(原)-어미(-, ς, -[ν], μεν, τε, σαν)"을 조합하여 만든다. 이때 부정과거 시상접사 -κα 앞에서 어간 끝모음 -ο는 -ω로 길어진다.

(2) 부정과거 중간태 직설법은 "과거시상 접두모음(ἐ-)+원(原)-어간(δο-)+부정과거중간태 원(原)-어미(μην, σο, το, μεθα, σθε, οντο)"를 조합하여 만든다. 단, 주의할 점은 특별히 단수 2인칭형에서 어미 -σο의 "시그마"(-σ-)는 어간 끝모음 -ο와 어미 모음 -ο로 사이에서 탈락하고, 남겨진 두 모음이 단축되어 -ου가 된 현상이다(다른 시제는 단축 안 됨).

(3) 부정과거 수동태 직설법형은 "과거시상 접두모음(ἐ-)+원(原)-어간(δο-)+부정과거수동태 시상접사(-θϵ[곡용중 -θη로 변형])+미완료과거능동태 원(原)-어미(ν, ς, -, μϵν, τϵ, σαν) 재활용"을 조합하여 만든다.

28.2.1.5. 완료 능동태 및 중간태·수동태

구분		μι 활용 동사 δίδωμι [완료어간: δϵδο-]	능동태 어간중복	완료접사	원(原)어미	해석	중간태·수동태 δίδομαι [완료어간: δϵδο-]	중간태·수동태
단수	1	δέ δω κα	δϵ	κα	-	나는 주었다	δέδομαι	나는 주어졌다
	2	δέ δω κας	δϵ	κα	ς	너는 주었다	δέδοσαι	너는 주어졌다
	3	δέ δω κϵ(ν)	δϵ	κα	-(ν)	그/그녀/그것은 주었다	δέδοται	그/그녀/그것은 주어졌다
복수	1	δϵ δώ καμϵν	δϵ	κα	μϵν	우리는 주었다	δϵδόμϵθα	우리는 주어졌다
	2	δϵ δώ κατϵ	δϵ	κα	τϵ	너희는 주었다	δέδοσθϵ	너희는 주어졌다
	3	δϵ δώ κασι	δϵ	κα	ασι(ν)	그들/그것들은 주었다	δέδονται	그들/그것들은 주어졌다

(1) δίδωμι 동사의 완료 능동태 직설법형은 원(原)-어간(δο-)에 완료형을 위한 자음중복을 한 "완료어간(δϵδο-)+완료능동태 시상접사(-κα)+완료능동태 원(原)-어미(-, ς, -[ν], μϵν, τϵ, ασι[ν])"를 조합하여 만든다. 이때 완료 시상접사 -κα 앞에서 어간 끝모음 -ο는 -ω로 길어진다. 단, 복수 3인칭의 경우 δέδωκαν 형태도 사용되니 주의하라.

(2) 완료 중간태·수동태 직설법형은 원(原)-어간 δο-에 완료형을 위한 자음중복을 한 "완료어간(δϵδο-)+완료중간태·수동태 원(原)-어미(μαι, σαι, ται, μϵθα, σθϵ, νται)"를 조합해 만든다. 단, 능동태와 다르게 시상접사가 붙지 않고, 또한 삽입모음(-ϵ,

-o)이 삽입되지 않는다.

28.2.2. 비-직설법

(1) 비-직설법의 경우에 직설법의 경우처럼 어간 추가 현상(현재형)과 어간 끝 모음의 변화 등이 발생할 수 있으니 주의하라. 또한 과거시제에서 과거시상 접두모음(ἐ-)이 붙지 않는다.

(2) 비-직설법은 이전 과들에서 다루었듯이 현재형, 부정과거형, 완료형만 존재한다. 이는 시간의 개념이 존재하기 않기 때문이다. 한편, 비-직설법형은 직설법의 어간에 근거를 두기에 위의 도표들에서 어간을 확인하고 학습하면 효과적이다.

28.2.2.1. 현재 명령법, 가정법, 희구법, 부정사 및 분사

<table>
<tr><th colspan="3" rowspan="2">구분</th><th colspan="6">δίδωμι</th></tr>
<tr><th>명령법</th><th>가정법</th><th>희구법</th><th>부정사</th><th colspan="2">분사</th></tr>
<tr><td rowspan="6">능동태</td><td rowspan="3">단수</td><td>1</td><td>*</td><td>διδῶ</td><td>διδοίην</td><td rowspan="6">διδόναι</td><td>남</td><td>διδούς</td></tr>
<tr><td>2</td><td>δίδου</td><td>διδῷς</td><td>διδοίης</td><td>여</td><td>διδοῦσα</td></tr>
<tr><td>3</td><td>διδότω</td><td>διδῷ</td><td>διδοίη</td><td>중</td><td>διδόν</td></tr>
<tr><td rowspan="3">복수</td><td>1</td><td>*</td><td>διδῶμεν</td><td>διδοῖμεν</td><td>남</td><td>διδόντες</td></tr>
<tr><td>2</td><td>δίδοτε</td><td>διδῶτε</td><td>διδοῖτε</td><td>여</td><td>διδοῦσαι</td></tr>
<tr><td>3</td><td>διδότωσαν</td><td>διδῶσι(ν)</td><td>διδοῖεν</td><td>중</td><td>διδόντα</td></tr>
<tr><td rowspan="6">중간태·수동태</td><td rowspan="3">단수</td><td>1</td><td>*</td><td>διδῶμαι</td><td>διδοίμην</td><td rowspan="6">δίδοσθαι</td><td>남</td><td>διδόμενος</td></tr>
<tr><td>2</td><td>δίδοσο</td><td>διδῷ</td><td>διδοῖο</td><td>여</td><td>διδομένη</td></tr>
<tr><td>3</td><td>διδόσθω</td><td>διδῶται</td><td>διδοῖτο</td><td>중</td><td>διδόμενον</td></tr>
<tr><td rowspan="3">복수</td><td>1</td><td>*</td><td>διδώμεθα</td><td>διδοίμεθα</td><td>남</td><td>διδόμενοι</td></tr>
<tr><td>2</td><td>διδόσθε</td><td>διδῶσθε</td><td>διδοῖσθε</td><td>여</td><td>διδόμεναι</td></tr>
<tr><td>3</td><td>διδόσθωσαν</td><td>διδῶνται</td><td>διδοῖντο</td><td>중</td><td>διδόμενα</td></tr>
</table>

28.2.2.2. 부정과거 명령법, 가정법, 희구법, 부정사 및 분사

구분			δίδωμι – ἔδωκα					
			명령법	가정법	희구법	부정사	분사	
능동태	단수	1	*	δῶ	δοίην	δοῦναι	남	δούς
		2	δίδου	δῷς	δοίης		여	δοῦσα
		3	διδότω	δῷ	δοίη		중	δόν
	복수	1	*	δῶμεν	δοῖμεν		남	δόντες
		2	δίδοτε	δῶτε	δοῖτε		여	δοῦσαι
		3	διδότωσαν	δῶσι(ν)	δοῖεν		중	δόντα
중간태	단수	1	*	δῶμαι	δοίμην	δοθῆναι	남	δόμενος
		2	δοῦ	δῷ	δοῖο		여	δομένη
		3	δόσθω	δῶται	δοῖτο		중	δόμενον
	복수	1	*	δώμεθα	δοίμεθα		남	δόμενοι
		2	δόσθε	δῶσθε	δοῖσθε		여	δόμεναι
		3	δόσθωσαν	δῶνται	δοῖντο		중	δόμενα
수동태	단수	1	*	δοθῶ	δοθείην	δοθῆναι	남	δοθείς
		2	δόσθε	δοθῇς	δοθείης		단	δοθεῖσα
		3	δόσθωσαν	δοθῇ	δοθείη		중	δοθέν
	복수	1	*	δοθῶμεν	δοθείημεν		남	δοθένες
		2	δόθητε	δοθῆτε	δοθείητε		단	δοθεῖσαι
		3	δοθήτωσαν	δοθῶσι(ν)	δοθείησαν		중	δοθέντα

28.3. τίθημι형

28.3.1. 직설법

28.3.1.1. 현재 능동태와 중간태 · 수동태

구분		μι 활용 동사	능동태			중간태 · 수동태	
		τίθημι [현재어간: τιθε−]	어간 중복	원(原) 어미	해석	τίθεμαι [현재어간: τιθε−]	
단수	1	τίθη μι	τι-	μι	나는 놓는다	τίθεμαι	나는 놓인다
	2	τίθη ς	τι-	ς	너는 놓는다	τίθεσαι	너는 놓인다
	3	τίθη σι(ν)	τι-	σι(ν)	그/그녀/그것은 놓는다	τίθεται	그/그녀/그것은 놓인다
복수	1	τίθε μεν	τι-	μεν	우리는 놓는다	τιθέμεθα	우리는 놓인다
	2	τίθε τε	τι-	τε	너희는 놓는다	τίθεσθε	너희는 놓인다
	3	τιθέ ασι(ν)	τι-	ασι(ν)	그들/그것들은 놓는다	τίθενται	그들/그것들은 놓인다

(1) τίθημι 동사의 현재 능동태 및 중간태·수동태 직설법형은 원(原)-어간 θε-에 "첫 자음자(θ)+'이오따(ι)'"를 추가한 "현재 어간(θεθε-)+현재 능동태 원(原)-어미(μι, ς, σι[ν], μεν, τε, ασι[ν]) 및 중간태·수동태 원(原)-어미(μαι, σαι, ται, μεθα, σθε, νται)"를 조합하여 만든다(위의 도표에서는 지면상 수동태의 의미를 제시함).

(2) 이 때, 어간 끝모음 -ε는 현재, 능동태, 단수형에서는 -η로 길어지고, 나머지 형태들에서는 그 형태를 유지한다.

(3) "첫 자음자(θ)+'이오따(ι)'" 현상에서 어간이 θιθε-이 안된 것은 헬라어 조어

법에서 한 조음점의 거센소리는 한 단어에서 연속할 수 없다는 규칙에 따른 것이다. 이 때 먼저 등장하는 거센소리는 같은 조음점의 예사소리로 변경된다(θ▸τ).

(4) 어간 형태에 있어 완료형의 어간중복 현상과 헷갈려서는 안된다(참조. 제13과).

28.3.1.2. 미완료과거 능동태와 중간태 · 수동태

구분		μι 활용 동사	능동태				중간태 · 수동태	
		τίθημι [기본어간: τιθε–]	접두모음	어간중복	원(原)어미	해석	τίθεμαι [기본어간: τιθε–]	
단수	1	ἐ τίθη ν	ἐ	τι-	ν	나는 놓고 있었다	ἐτιθέμην	나는 놓이고 있었다
	2	ἐ τίθει ς	ἐ	τι-	ς	너는 놓고 있었다	ἐτίθεσο	너는 놓이고 있었다
	3	ἐ τίθει	ἐ	τι-	-	그/그녀/그것은 놓고 있었다	ἐτίθετο	그/그녀/그것은 놓이고 있었다
복수	1	ἐ τίθε μεν	ἐ	τι-	μεν	우리는 놓고 있었다	ἐτιθέμεθα	우리는 놓이고 있었다
	2	ἐ τίθε τε	ἐ	τι-	τε	너희는 놓고 있었다	ἐτίθεσθε	너희는 놓이고 있었다
	3	ἐ τίθε σαν	ἐ	τι-	σαν	그들/그것들은 놓고 있었다	ἐτίθεντο	그들/그것들은 놓이고 있었다

(1) τίθημι 동사의 미완료과거 능동태 및 중간태 직설법형은 원(原)-어간(θε-)에 "첫 자음자(θ)+'이오따(ι)'"를 추가한 기본형 어간(θιθε-)에 만든다. 그러므로 "과거시상 접두모음(ἐ-)+기본어간(θιθε-)+미완료과거 능동태 원(原)-어미(ν, ς, -, μεν, τε, σαν) 및 중간태·수동태 원(原)-어미(μην, σο, το, μεθα, σθε, οντο)"를 조합하여 만든다.

(2) 어간 끝모음 -ε는 단수 1인칭에서는 -η로, 단수 2인칭과 3인칭에서는 -ει로 길어지고, 나머지 형태들에서는 그 형태를 유지한다.

(3) 현재형의 경우처럼 어간이 θιθε-이 안된 것은 헬라어 조어법에서 한 조음점의 거센소리는 한 단어에서 연속할 수 없다는 규칙에 따른 것이다(θ ▸ τ).

28.3.1.3. 미래 능동태, 중간태 및 수동태

구분		μι 활용 동사	능동태			중간태	수동태
		τίθημι [미래어간: θε–]	미래 접사	어미 (재활용)	해석	τίθεμαι [미래어간: θε–]	
단수	1	θή σω	σ	-ω	나는 놓을 것이다	θήσομαι	τεθήσομαι
	2	θή σεις	σ	-εις	너는 놓을 것이다	θήσῃ	τεθήσῃ
	3	θή σει	σ	-(ν)	그/그녀/그것은 놓을 것이다	θήσεται	τεθήσεται
복수	1	θή σομεν	σ	-ομεν	우리는 놓을 것이다	θήσόμεθα	τεθησόμεθα
	2	θή σετε	σ	-ετε	너희는 놓을 것이다	θήσεσθε	τεθήσεσθε
	3	θή σουσι(ν)	σ	-ουσι(ν)	그들/그것들은 놓을 것이다	θήσονται	τεθήσονται

(1) τίθημι 동사의 미래 능동태 및 중간태 직설법형은 "원(原)-어간(θε-)+미래 시상접사(-σ-)+현재능동태 직설법어미(-ω, -εις, -ει, -ομεν, -ετε, -ουσι[ν]) 및 중간태어미(-ομαι, -ῃ, -εται, -ομεθα, -εσθε, -ονται) 재활용"을 조합하여 만든다. 원래 미래형에도 원(原)-어미가 사용되지만 활용되면서 변경된 것으로 이해하면 된다.

(2) 어간 끝모음 -ε는 미래 시상접사 -σ-앞에서 -η로 길어졌음에 주의하라.

(3) τίθημι 동사의 미래 수동태형은 "원(原)-어간(θε-)+미래수동태시상접사(-θησ-)+현재수동태어미(-ομαι, -ῃ, -εται, -ομεθα, -εσθε, -ονται) 재활용"을 조합하여 만든다. 이때 거센소리(θ)가 연속할 수 없기에 첫 θ를 τ로 변경했다.

28.3.1.4. 부정과거 능동태와 중간태

구분		μι 활용 동사	능동태				중간태	수동태
		τίθημι [부과어간: θε–]	접두 모음	부과 접사	원(原) 어미	해석	τίθεμαι [부과어간: θε–]	
단수	1	ἔ θη κα	ἐ	κα	–	나는 놓았다	ἐθέμην	ἐτέθην
	2	ἔ θη κας	ἐ	κα	ς	너는 놓았다	ἔθου	ἐτέθης
	3	ἔ θη κε(ν)	ἐ	κα	-(ν)	그/그녀/그것은 놓았다	ἔθετο	ἐτέθη
복수	1	ἐ θή καμεν	ἐ	κα	μεν	우리는 놓았다	ἐθέμεθα	ἐτέθημεν
	2	ἐ θή κατε	ἐ	κα	τε	너희는 놓았다	ἔθεσθε	ἐτέθητε
	3	ἔ θη καν	ἐ	κα	σαν	그들/그것들은 놓았다	ἔθεντο	ἐτέθησαν

(1) τίθημι 동사의 부정과거 능동태 직설법형은 "과거시상 접두모음(ἐ-)+원(原)-어간(θε-)+부정과거능동태 시상접사(κα[편의상 -σα의 변형으로 취급])+부정과거능동태 원(原)-어미(-, ς, -[ν], μεν, τε, σαν)"을 조합하여 만든다. 이때 부정과거 시상접사 -κα 앞에서 어간 끝모음 -ο는 -ω로 길어진다.

(2) 부정과거 중간태 직설법은 "과거시상 접두모음(ἐ-)+원(原)-어간(θε-)+부정과거중간태 원(原)-어미(μην, σο, το, μεθα, σθε, οντο)"를 조합하여 만든다. 단, 주의할 점은 특별히 단수 2인칭형에서 어미 -σο의 "시그마"(-σ-)는 어간 끝모음 -ε와 어미 모음 -ο로 사이에서 탈락하고, 남겨진 두 모음이 단축되어 -ου가 된 현상이다(다른 시제는 단축 안 됨).

(3) 부정과거 수동태 직설법형은 "과거시상 접두모음(ἐ-)+원(原)-어간(θε-)+부정과거수동태 시상접사(-θε[곡용중 -θη로 변형])+미완료과거능동태 원(原)-어미(ν, ς, -, μεν, τε, σαν) 재활용"을 조합하여 만든다.

(4) 한편, 부정과거 수동태형에서 어간 θε-가 τε-가 된 것에 주의하라. 이는 한 조음점의 거센소리는 한 단어에서 연속할 수 없다는 규칙에 따른 것인데, 부정과거 수동태 시상접사 -θε-로 인해 θεθη-가 되어 동사어간 처음 θε-가 τε-로 변경되어 τεθη-된 것이다.

28.3.1.5. 완료 능동태 및 중간태·수동태

구분		μι 활용 동사	능동태				중간태·수동태	
		τίθημι [완료어간: τεθε-]	어간 중복	완료 접사	원(原) 어미	해석	τίθεμαι [완료어간: τεθε-]	
단수	1	τέ θει κα	τε	κα	-	나는 놓았다	τέθειμαι	나는 놓였다
	2	τέ θει κας	τε	κα	ς	너는 놓았다	τέθεισαι	너는 놓였다
	3	τέ θει κε(ν)	τε	κα	-(ν)	그/그녀/그것은 놓았다	τέθειται	그/그녀/그것은 놓였다
복수	1	τε θεί καμεν	τε	κα	μεν	우리는 놓았다	τεθείμεθα	우리는 놓였다
	2	τε θεί κατε	τε	κα	τε	너희는 놓았다	τέθεισθε	너희는 놓였다
	3	τε θεί κασι	τε	κα	σαν(ν)	그들/그것들은 놓았다	τέθεινται	그들/그것들은 놓였다

(1) τίθημι 동사의 완료 능동태 직설법형은 원(原)-어간(θε-)에 완료형을 위한 자음중복을 한 "완료어간(θεθε-)+완료능동태 시상접사(κα)+완료능동태 원(原)-어미(-, ς, -[ν], μεν, τε, ασι[ν])"를 조합하여 만든다. 이때 완료 시상접사 -κα 앞에서 어간 끝모음 -ε는 -ει로 길어진다.

(2) 완료 중간태·수동태 직설법형은 원(原)-어간(θε-)에 완료형을 위한 자음중복을 한 "완료어간(θεθε-)+완료중간태·수동태 원(原)-어미(μαι, σαι, ται, μεθα, σθε, νται)"를 조합해 만든다. 단, 능동태와 다르게 시상접사가 붙지 않고, 또한 삽입모음

(-ε, -ο)이 삽입되지 않는다.

(3) 한편, 완료형에서 어간 θεθε-가 τεθε-가 된 것에 주의하라. 이는 한 조음점의 거센소리는 한 단어에서 연속할 수 없다는 규칙에 따른 것인데, 부정과거 수동태 시상접사 -θε-로 인해 θεθε-가 되어 동사어간 θε-가 τε-로 변경되어 τεθε-된 것이다.

28.3.2. 비-직설법

(1) 비-직설법의 경우에 직설법의 경우처럼 어간 추가 현상(현재형)과 어간 끝 모음의 변화 등이 발생할 수 있으니 주의하라. 또한 과거시제에서 과거시상 접두모음(ἐ-)이 붙지 않는다.

(2) 비-직설법은 이전 과들에서 다루었듯이 현재형, 부정과거형, 완료형만 존재한다. 이는 시간의 개념이 존재하기 않기 때문이다. 한편, 비-직설법형은 직설법의 어간에 근거를 두기에 위의 도표들에서 어간을 확인하고 학습하면 효과적이다.

28.3.2.1. 현재 명령법, 가정법, 희구법, 부정사 및 분사

구분			τίθημι					
			명령법	가정법	희구법	부정사	분사	
능동태	단수	1	*	τιθῶ	τιθείην	τιθέναι	남	τιθείς
		2	τίθει	τιθῇς	τιθείης		여	τιθεῖσα
		3	τιθέτω	τιθῇ	τιθείη		중	τιθέν
	복수	1	*	τιθῶμεν	τιθεῖμεν		남	τιθέντες
		2	τίθετε	τιθῆτε	τιθεῖτε		여	τιθεῖσαι
		3	τιθέτωσαν	τιθῶσι(ν)	τιθεῖεν		중	τιθέντα

중간태·수동태	단수	1	*	τιθῶμαι	τιθείμην	τίθεσθαι	남	τιθέμενος
		2	τίθεσο	τιθῇ	τιθεῖο		여	τιθεμένη
		3	τιθέσθω	τιθῆται	τιθεῖτο		중	τιθέμενον
	복수	1	*	τιθώμεθα	τιθείμεθα		남	τιθέμενοι
		2	τίθεσθε	τιθῆσθε	τιθεῖσθε		여	τιθέμεναι
		3	τιθέσθωσαν	τιθῶνται	τιθεῖντο		중	τιθέμενα

28.3.2.2. 부정과거 명령법, 가정법, 희구법, 부정사 및 분사

구분			τίθημι - ἔθηκα					
			명령법	가정법	희구법	부정사	분사	
능동태	단수	1	*	θῶ	θείην	θεῖναι	남	θείς
		2	θές	θῇς	θείης		여	θεῖσα
		3	θέτω	θῇ	θείη		중	θέν
	복수	1	*	θῶμεν	θεῖμεν		남	θέντες
		2	θέτε	θῆτε	θεῖτε		여	θεῖσαι
		3	θέτωσαν	θῶσι(ν)	θεῖεν		중	θέντα
중간태	단수	1	*	θῶμαι	θείμην	θέσθαι	남	θέμενος
		2	θοῦ	θῇ	θεῖο		여	θεμένη
		3	θέσθω	θῆται	θεῖτο		중	θέμενον
	복수	1	*	θώμεθα	θείμεθα		남	θέμενοι
		2	θέσθε	θῆσθε	θεῖσθε		여	θέμεναι
		3	θέσθωσαν	θῶνται	θεῖντο		중	θέμενα
수동태	단수	1	*	τεθῶ	τεθείην	τεθῆναι	남	τεθείς
		2	τέθητι	τεθῇς	τεθείης		단	τεθεῖσα
		3	τεθήτω	τεθῇ	τεθείη		중	τεθέν
	복수	1	*	τεθῶμεν	τεθεῖμεν		남	τεθέντες
		2	τέθητε	τεθῆτε	τεθεῖτε		단	τεθεῖσαι
		3	τεθήτωσαν	τεθῶσι(ν)	τεθεῖεν		중	τεθέντα

28.4. ἵστημι형

28.4.1. 직설법

28.4.1.1. 현재 능동태와 중간태 · 수동태

구분		μι 활용 동사	능동태			중간태 · 수동태	
		ἵστημι [현재어간: ιστα–]	어간 중복	원(原) 어미	해석	ἵσταμαι [현재어간: ιστα–]	
단수	1	ἵστη μι	ἱ-	μι	나는 세운다	ἵσταμαι	나는 세워진다
	2	ἵστη ς	ἱ-	ς	너는 세운다	ἵστασαι	너는 세워진다
	3	ἵστη σι(ν)	ἱ-	σι(ν)	그/그녀/그것은 세운다	ἵσταται	그/그녀/그것은 세워진다
복수	1	ἵστα μεν	ἱ-	μεν	우리는 세운다	ἱστάμεθα	우리는 세워진다
	2	ἵστα τε	ἱ-	τε	너희는 세운다	ἵστασθε	너희는 세워진다
	3	ἵστα σι(ν)	ἱ-	ασι	그들/그것들은 세운다	ἵστανται	그들/그것들은 세워진다

(1) ἵστημι 동사의 현재 능동태 및 중간태·수동태 직설법형은 원(原)-어간(στα-)에 "자음자(στ)+'이오따(ι)'"를 추가한 "현재 어간(ιστα-)+현재 능동태 원(原)-어미(μι, ς, σι[ν], μεν, τε, ασι[ν]) 및 중간태·수동태 원(原)-어미(μαι, σαι, ται, μεθα, σθε, νται)"를 조합하여 만든다(위의 도표에서는 지면상 수동태의 의미를 제시함).

(2) "첫 이중 자음자(στ)+'이오따(ι)'" 현상에서 어간이 ἱστα-가 된 것은 어간 중복에서 이중자음은 중복될 수 없기에 강기식이 추가된 삽입모음 ἱ-만 제시되었다(참조. 13.1.2).[41]

(3) 어간 끝모음 -α는 현재 능동태 단수형들에서는 -η로 길어지고, 나머지 형태들에서는 그 형태를 유지한다.

28.4.1.2. 미완료과거 능동태와 중간태·수동태

구분		μι 활용 동사	능동태				중간태 · 수동태	
		ἵστημι [기본어간: ιστα-]	접두 모음	어간 중복	원(原) 어미	해석	ἱσταμαι [기본어간: ιστα-]	
단수	1	ἵ στη ν	ἐ	ἱ-	ν	나는 세우고 있었다	ἱστάμην	나는 세워지고 있었다
	2	ἵ στη ς	ἐ	ἱ-	ς	너는 세우고 있었다	ἵστασο	너는 세워지고 있었다
	3	ἵ στη	ἐ	ἱ-	-	그/그녀/그것은 세우고 있었다	ἵστατο	그/그녀/그것은 세워지고 있었다
복수	1	ἵ στα μεν	ἐ	ἱ-	μεν	우리는 세우고 있었다	ἱστάμεθα	우리는 세워지고 있었다
	2	ἵ στα τε	ἐ	ἱ-	τε	너희는 세우고 있었다	ἵστασθε	너희는 세워지고 있었다
	3	ἵ στα σαν	ἐ	ἱ-	σαν	그들/그것들은 세우고 있었다	ἵσταντο	그들/그것들은 세워지고 있었다

(1) ἵστημι 동사의 미완료과거 능동태 및 중간태 직설법형은 원(原)-어간(στα-)에 "첫 자음자(στ)+'이오따(ι)'"를 추가한 기본형 어간(ιστα-)에 만든다. 그러므로 "과거시상 접두모음(ἐ-)+기본 어간(ιστα-)+미완료과거 능동태 원(原)-어미(ν, ς, -, μεν, τε, σαν) 및 중간태·수동태 원(原)-어미(μην, σο, το, μεθα, σθε, οντο)"를 조합하여 만든다. 단, 시상접두모음 ἐ-와 어간 ι-첫 모음이 예외적으로 ι-로 단축되었다.

(2) 어간 끝모음 -α는 현재 능동태 단수형들에서는 -η로 길어지고, 나머지 형태들에서는 그 형태를 유지한다.

(3) 현재형의 경우처럼 "첫 이중 자음자(στ)+'이오따(ι)'" 현상에서 어간이 ἱστα-

가 된 것은 어간 중복에서 이중자음은 중복될 수 없기에 강기식이 추가된 삽입 모음 ἱ-만 제시되었다.

28.4.1.3. 미래 능동태와 중간태 및 수동태

구분		μι 활용 동사	능동태			중간태	수동태
		ἵστημι [미래어간: στα–]	미래 접사	어미 (재활용)	해석	ἵσταμαι [미래어간: στα–]	
단수	1	στή σω	σ	-ω	나는 세울 것이다	στήσομαι	σταθήσομαι
	2	στή σεις	σ	-εις	너는 세울 것이다	στήσῃ	σταθήσῃ
	3	στή σει	σ	-(ν)	그/그녀/그것은 세울 것이다	στήσεται	σταθήσεται
복수	1	στή σομεν	σ	-ομεν	우리는 세울 것이다	στησόμεθα	σταθησόμεθα
	2	στή σετε	σ	-ετε	너희는 세울 것이다	στήσεσθε	σταθήσεσθε
	3	στή σουσι(ν)	σ	-ουσι(ν)	그들/그것들은 세울 것이다	στήσονται	σταθήσονται

(1) ἵστημi 동사의 미래 능동태 및 중간태 직설법형은 "원(原)-어간(στα-)+미래 시상접사(-σ-)+현재능동태 직설법어미(-ω, -εις, -ει, -ομεν, -ετε, -ουσι[ν]) 및 중간태 어미(-ομαι, -ῃ, -εται, -ομεθα, -εσθε, -ονται) 재활용"을 조합하여 만든다. 원래 미래형에도 원(原)-어미가 사용되지만 활용되면서 변경된 것으로 이해하면 된다.

(2) 어간 끝모음 -α는 미래 시상접사 -σ-앞에서 -η로 길어졌음에 주의하라.

(3) ἵστημι 동사의 미래 수동태형은 "원(原)-어간(στα-)+미래수동태시상접사(-θησ-) +현재수동태어미(-ομαι, -ῃ, -εται, -ομεθα, -εσθε, -ονταi) 재활용"을 조합하여 만든다.

28.4.1.4. 제2부정과거 및 제1부정과거 능동태

구분		μι 활용 동사	제2부정과거형 능동태				제1부정과거형 중간태 · 수동태	
		ἵστημι [부과어간: στα–]	접두모음	부과접사	원(原)어미	해석	중간태	수동태
							ἵσταμαι [기본어간: στα–]	
단수	1	ἔ στη ν		*	ν	나는 섰다	ἐστησάμην	ἐστάθην
	2	ἔ στη ς	ἐ	*	ς	너는 섰다	ἐστήσω	ἐστάθης
	3	ἔ στη	ἐ	*	-	그/그녀/그것은 섰다	ἐστήσατο	ἐστάθης
복수	1	ἔ στη μεν	ἐ	*	μεν	우리는 섰다	ἐστησάμεθα	ἐστάθημεν
	2	ἔ στη τε	ἐ	*	τε	너희는 섰다	ἐστήσασθε	ἐστάθητε
	3	ἔ στη σαν	ἐ	*	σαν	그들/그것들은 섰다	ἐστήσαντο	ἐστάθησαν

(1) ἵστημι 동사는 제1부정과거형과 제2부정과거형 모두가 사용된다. 이 중 제2부정과거형이 일반적으로 사용된다(의미에 있어 자동사화된 것에 대해 28.4.3을 참조하라).

(2) ἵστημι 동사의 제2부정과거 능동태 직설법형은 "과거시상 접두모음(ἐ-)+원(原)-어간(στα-)+부정과거능동태 원(原)-어미(-, ς, -[ν], μεν, τε, σαν)"을 조합하여 만든다. 이때 모든 형태에서 어간 끝모음 -ε는 -η로 길어진다.

(3) 제1부정과거 중간태 직설법은 "과거시상 접두모음(ἐ-)+원(原)-어간(στα-)+부정과거 시상접사(σα)+현재중간태 직설법어미(-ομην, -ου, -ετο, -ομεθα, -εσθε, -οντο) 재활용"를 조합하여 만든다. 단, 주의할 점은 특별히 단수 2인칭형에서 어미 -σο

의 "시그마"(-σ-)는 어간 끝 모음 -ο와 어미 모음 -ου이 -ω가로 된 현상이다. 또 한 어간 모음 -α는 부정과거 시상접사 -σα앞에서 -η로 길어졌다.

(4) 제1부정과거 수동태 직설법은 "과거시상 접두모음(ἐ-)+원(原)-어간(στα-)+부정과거수동태 시상접사(θε)+미완료과거능동태 직설법어미(-ον, -ες, -ε[ν], -ομεν, -ετε, -ον) 재활용"를 조합하여 만든다.

(5) 제1부정과거 능동태 직설법형도 존재하다. 이는 원(原)-어간(στα-)에 과거시상 접두모음 ἐ-를 붙이고 (어간추가 없이) 부정과거 능동태 시상접사 -σα를 붙인 후 부정과거 능동태 원(原)-어미(-, ς,-[ν], μεν, τε, σαν)를 붙여 만든다. 이때 부정과거 시상접사 -σα 앞에서 어간 끝 모음 -α는 -η로 길어진다. 그 형태는 다음과 같다:

단수			복수		
1	2	3	1	2	3
ἔστησα	ἔστησας	ἔστησε	ἐστήσαμεν	ἐστήσατε	ἔστησαν

(6) 제1부정과거 중간태형과 수동태형은 규칙에 따라 곡용되며, 다만 중간태형에서 시상접사 -σα 앞에서 어간 끝모음 -α가 -η로 길어졌음에 주의하라.

28.4.1.5. 완료 능동태와 과거 완료 능동태

구분		μι 활용 동사	완료 능동태				과거완료 능동태
		ἵστημι [완료어간: εστα-]	어간 중복	완료 접사	원(原) 어미	해석	ἵσταμαι [완료어간: εστα-]
단수	1	ἕ στη κα	ἐ	κα	-	나는 서있었다	εἱστήκειν
	2	ἕ στη κα ς	ἐ	κα	ς	너는 서있었다	εἱστήκεις
	3	ἕ στη κε (ν)	ἐ	κα	-(ν)	그/그녀/그것은 서있었다	εἱστήκει
복수	1	ἕ στή κα μεν	ἐ	κα	μεν	우리는 서있었다	εἱστήκειμεν
	2	ἕ στή κα τε	ἐ	κα	τε	너희는 서있었다	εἱστήκειτε
	3	ἕ στή κα σι(ν)	ἐ	κα	σαν(ν)	그들/그것들은 서있었다	εἱστήκεισαν

(1) 동사의 경우 완료 능동태형은 존재하나 중간태·수동태형이 존재하지 않는다. 그 이유는 완료형에서 동사가 자동사가 되기 때문이다(아래 28.4.3 참조). 한편, 신약성경에 동사의 과거완료형 능동태가 등장하기에 제시해 본다(과거완료 능동태 역시 자동사이다).

(2) ἵστημι 동사의 완료 능동태 직설법형은 원(原)-어간(στα-)에 완료형을 위한 어간중복을 한 "완료어간(εστα-)+완료능동태 시상접사(κα)+완료능동태 원(原)-어미(-, ς, -[ν], μεν, τε, ασι[ν])"를 조합하여 만든다. 이때 완료 시상접사 -κα 앞에서 어간 끝모음 -α는 -η로 길어진다.

(3) 어간 중복과 관련하여 어간 στα-는 2개의 자음으로 시작하기에 중복 삽입모음 -ε-만 붙였다(13.1.2 참조). 그러나 어간 모음에 강기식이 붙은 것은 어간의 첫 번째 철자 "시그마"(σ-)가 따로 중복된 후 "시그마"(σ-)가 강기식으로 대체된 것

에 때문이다. 따라서 ἵστημι의 완료 능동형은 사실 ἕστηκα와 ἔστηκα 모두 가능하다. 하지만 빈도상 ἕστηκα를 대표형으로 본다.

(4) ἵστημι 동사의 과거완료 능동태 직설법형은 "시상접두모음(ἐ)+어간중복(ε)+과거완료 능동태 어간(=완료능동태어간)+과거완료 능동태 접사와 모음(κει)+제2시상 능동태 원(原)-어미(ν, ς, -, μεν, τε, σαν)"을 조합하여 만든다(어간 중복에 대해서는 13.1.2를 참조). 과거완료 능동태 직설법형에서는 시상접두 모음(ἐ-)이 등장할 수도 그렇지 않을 수도 있다는 점을 주의하고, 또한 활용에 있어 어간모음이 -ει라는 점에 주의하라.

28.4.2. 비-직설법

(1) 비-직설법의 경우에 직설법의 경우처럼 어간 추가 현상(현재형)과 어간 끝 모음의 변화 등이 발생할 수 있으니 주의하라. 또한 과거시제에서 과거시상 접두 모음(ἐ-)이 붙지 않는다.

(2) 비-직설법은 이전 과들에서 다루었듯이 현재형, 부정과거형, 완료형만 존재한다. 이는 시간의 개념이 존재하기 않기 때문이다. 한편, 비-직설법형은 직설법의 어간에 근거를 두기에 위의 도표들에서 어간을 확인하고 학습하면 효과적이다.

28.4.2.1. 현재 명령법, 가정법, 희구법, 부정사 및 분사

구분			ἵστημι					
			명령법	가정법	희구법	부정사	분사	
능동태	단수	1	*	ἱστῶ	ἱσταίην	ἱστάναι	남	ἱστάς
		2	ἵστη	ἱστῇς	ἱσταίης		여	ἱστᾶσα
		3	ἱστάτω	ἱστῇ	ἱσταίη		중	ἱστάν
	복수	1	*	ἱστῶμεν	ἱσταῖμεν		남	ἵσταντες
		2	ἵστατε	ἱστῆτε	ἱσταῖτε		여	ἵστασαι
		3	ἱστάτωσαν	ἱστῶσι(ν)	ἱσταῖεν		중	ἵσταντα
중간태·수동태	단수	1	*	ἱστῶμαι	ἱσταίμην	ἵστασθαι	남	ἱστάμενος
		2	ἵστασο	ἱστῇ	ἱσταῖο		여	ἱσταμένη
		3	ἱστάσθω	ἱστῆται	ἱσταιτο		중	ἱστάμενον
	복수	1	*	ἱστώμεθα	ἱσταίμεθα		남	ἱστάμενοι
		2	ἵστασθε	ἱστῆσθε	ἱσταίθε		여	ἱστάμεναι
		3	ἱστάσθωσαν	ἱστῶνται	ἱσταῖντο		중	ἱστάμενα

28.4.2.2. 부정과거 명령법, 가정법, 희구법, 부정사 및 분사

구분			ἵστημι – ἔστην					
			명령법	가정법	희구법	부정사	분사	
능동태	단수	1	*	στῶ	σταίην	στῆναι	남	στάς
		2	στῆθι	στῇς	σταίης		여	στᾶσα
		3	στήτω	στῇ	σταίη		중	στάν
	복수	1	*	στῶμεν	σταῖμεν		남	στάντες
		2	στῆτε	στῆτε	σταῖτε		여	στᾶσαι
		3	στήτωσαν	στῶσι(ν)	σταῖεν		중	στάντα
중간태형 없음								
수동태	단수	1	*	σταθῶ	σταθείην	σταθῆναι	남	σταθείς
		2	στάθητι	σταθῇς	σταθείης		여	σταθεῖσα
		3	σταθήτω	σταθῇ	σταθείη		중	σταθέν
	복수	1	*	σταθῶμεν	σταθείημεν		남	σταθέντες
		2	στάθητε	σταθῆτε	σταθείητε		단	σταθεῖσαι
		3	σταθήτωσαν	σταθῶσι(ν)	σταθείησαν		중	σταθέντα

28.4.3. 시제 형태에 따른 ἵστημι 동사의 의미 변화

(1) 모든 동사는 목적어 따위를 동반하는 타동사(예. "나는 너를 사랑한다."의 사랑하다)와 목적어 따위가 필요 없는 자동사(예. 가다)로 구분된다.

(2) ἵστημι 동사는 시제 형태에 타동사 및 타동사 특성이 변경되는 특징이 있다:

구분	시제 형태
타동사	① 현재 능동태, ② 미완료과거 능동태, ③ 미래 능동태, ④ 제1부정과거 능동태
자동사	① 미래 중간태 · 수동태, ② 제1부정과거 수동태, ③ 제2부정과거 능동태, ④ 완료 능동태, ⑤ 과거완료 능동태

28.5. νυμι형 동사

28.5.1. 직설법

28.5.1.1. 현재 능동태와 중간태 · 수동태

구분		μι 활용 동사	능동태			중간태 · 수동태	
		δείκνυμι [현재어간: δεικνυ-]	어간 특징	원(原) 어미	해석	δείκνυμαι [현재어간: δεικνυ-]	
단수	1	δείκ νυ μι	-νυ-	μι	나는 보여 준다	δείκνυμαι	나는 보인다
	2	δείκ νυ ς	-νυ-	ς	너는 보여 준다	δείκνυσαι	너는 보인다
	3	δείκ νυ σι	-νυ-	σι(ν)	그/그녀/그것은 보여 준다	δείκνυται	그/그녀/그것은 보인다
복수	1	δείκ νυ μεν	-νυ-	μεν	우리는 보여 준다	δεικνύμεθα	우리는 보인다
	2	δείκ νυ τε	-νυ-	τε	너희는 보여 준다	δείκνυσθε	너희는 보인다
	3	δεικ νύ ασι	-νυ-	ασι	그들/그것들은 보여 준다	δείκνυνται	그들/그것들은 보인다

(1) δείκνυμι 동사의 현재 능동태 및 중간태·수동태 직설법형은 "현재 어간(δεικνυ-)+현재 능동태 원(原)-어미(μι, ς, σι[ν], μεν, τε, ασι[ν]) 및 중간태·수동태 원(原)-어미(μαι, σαι, ται, μεθα, σθε, νται)"를 조합하여 만든다. 단, 간혹 현재형에서 -ω 동사처럼 곡용하기도 한다(예. δεικνύεις[요 2:18]).

(2) -νυμι의 -νυ-는 엄밀히 말하면 어미가 아니다. 어간의 끝 음절이다. 다만, 여타 -μι 동사들과 구분되는 일군(一群)을 이루며, 특별히 원(原)-어미가 변형되지 않고 원형대로 사용되는 특징을 보이기에 -νυμι라고 부른다.

(3) 형태는 차이가 나나 동일한 곡용을 하는 단어로는 ἀπόλλυμι(파괴하다)가 있다. 단, 이 동사 역시 간혹 현재형에서 -ω 동사처럼 곡용하기도 한다(예. ἀπολλύει [요 12:25])

28.5.1.2. 미완료과거 능동태와 중간태 · 수동태

구분		μι 활용 동사	능동태				중간태 · 수동태	
		δείκνυμι [기본어간: δεικνυ-]	접두 모음	어간 특징	원(原) 어미	해석	δείκνυμαι [기본어간: δεικνυ-]	
단수	1	ἐ δείκ νυ ν	ἐ	-νυ-	μι	나는 보여주고 있었다	ἐδεικνύμην	나는 보이고 있었다
	2	ἐ δείκ νυ ς	ἐ	-νυ-	ς	너는 보여주고 있었다	ἐδείκνυσο	너는 보이고 있었다
	3	ἐ δείκ νυ	ἐ	-νυ-	σι(ν)	그/그녀/그것은 보여주고 있었다	ἐδείκνυτο	그/그녀/그것은 보이고 있었다
복수	1	ἐ δείκ νυ μεν	ἐ	-νυ-	μεν	우리는 보여주고 있었다	ἐδεικνύμεθα	우리는 보이고 있었다
	2	ἐ δείκ νυ τε	ἐ	-νυ-	τε	너희는 보여주고 있었다	ἐδείκνυσθε	너희는 보이고 있었다
	3	ἐ δείκ νυ σαν	ἐ	-νυ-	ασι	그들/그것들은 보여주고 있었다	ἐδείκνυντο	그들/그것들은 보이고 있었다

(1) δείκνυμι 동사의 미완료과거 능동태 및 중간태·수동태 직설법형은 "과거시상 접두모음(ἐ-)+기본 어간(δεικνυ-)+미완료과거 능동태 원(原)-어미(ν, ς, -, μεν, τε, σαν) 및 중간태·수동태 원(原)-어미(μην, σο, το, μεθα, σθε, οντο)"를 조합하여 만든다.

(2) 미완료과거형은 현재형과 어간을 공유하기에(기본형 어간) 현재형의 경우와 마찬가지로 원(原)-어미가 변형되지 않고 원형대로 사용되는 특징을 보인다.

28.5.1.3. 미래, 부정과거 및 완료형

(1) δείκνυμι 동사는 미래, 부정과거, 완료형에서는 -νυμι가 제거된 어간 δεικ-에 시상 접사와 일반 어미를 붙여 동사를 구성한다:[42]

현재	미래 능동	부정과거 능동	완료 능동	완료수동	부정과거 수동
δείκνυμι	δείξω	ἔδειξα	(δέδειχα)	δέδειγμαι	ἐδείχθην

(2) 미래 능동형과 부정과거 능동형은 어간 끝자음 -κ와 시상접사 -σ-가 만나 -ξ-로 표기되었다(8.1.3.과 11.1.2.[4] 참조).

(3) 완료 수동형과 부정과거 수동형의 경우 어간 끝자음 -κ가 어미의 -μαι 앞에서 -γ-가 되거나(완료 수동) 혹은 시상접사 -θην 앞에서 -χ-가 되는(부정과거 수동) 자음 동화 현상을 보인다(12.1.1.[4] 참조).

28.5.2. 비-직설법

(1) 비-직설법의 경우에 직설법의 경우처럼 어간 추가 현상(현재형)과 어간 끝 모음의 변화 등이 발생할 수 있으니 주의하라. 또한 과거시제에서 과거시상 접두모음(ἐ-)이 붙지 않는다.

(2) 비-직설법은 이전 과들에서 다루었듯이 현재형, 부정과거형, 완료형만 존재한다. 이는 시간의 개념이 존재하기 않기 때문이다. 한편, 비-직설법형은 직설법의 어간에 근거를 두기에 위의 도표들에서 어간을 확인하고 학습하면 효과적이다. 다만, 부정과거 및 완료형은 거의 사용되지 않기에 제시하지 않는다(위의 28.5.1.3을 참조하라).

28.5.2.1. 현재 명령법, 가정법, 희구법, 부정사 및 분사

구분			δείκνυμι					
			명령법	가정법	희구법	부정사	분사	
능동태	단수	1	*	δεικνύω	δεικνύοιμι	δεικνύναι	남	δεικνύς
		2	δείκνυ	δεικνύῃς	δεικνύοις		여	δεικνῦσα
		3	δεικνύτω	δεικνύῃ	δεικνύοι		중	δεικνύν
	복수	1	*	δεικνύωμεν	δεικνύοιμεν		남	δεικνύντες
		2	δείκνυτε	δεικνύητε	δεικνύοιτε		여	δεικνῦσαι
		3	δεικνύντωσαν	δεικνύωσι	δεικνύοιεν		중	δεικνύντα
중간태·수동태	단수	1	*	δεικνύωμαι	δεικνυοίμην	δείκνυσθαι	남	δεικνύμενος
		2	δείκνυσο	δεικνύῃ	δεικνύοιο		여	δεικνυμένη
		3	δεικνύσθω	δεικνύηται	δεικνύοιτο		중	δεικνύμενον
	복수	1	*	δεικνυώμεθα	δεικνυοίμεθα		남	δεικνύμενοι
		2	δείκνυσθε	δεικνύησθε	δεικνύοισθε		여	δεικνύμεναι
		3	δεικνύσθωσαν	δεικνύωνται	δεικνύοιντο		중	δεικνύμενα

28.6. μαι형 동사

28.6.1. 직설법

28.6.1.1. 현재 디포넌트형

구분	δύναμαι 할 수 있다 [현재어간: δυνα-]					
	단수			복수		
	어형	원(原)어미	해석	어형	원(原)어미	해석
1	δύνα μαι	μαι	나는 할 수 있다	δυνά μεθα	μεθα	우리는 할 수 있다
2	δύνα σαι	σαι	너는 할 수 있다	δύνα σθε	σθε	너희는 할 수 있다
3	δύνα ται	ται	그/그녀/그것은 할 수 있다	δύνα νται	νται	그들/그것들은 할 수 있다

(1) δύναμαι 동사는 디포넌트 동사다(7.3 참조). 그러므로 "현재 어간(δυνα)+현재 중간태·수동태 원(原)-어미(μαι, σαι, ται, μεθα, σθε, νται)"를 조합하여 만든다.

(2) 어간 δυνα-에 다양한 어미가 붙어도 어간 끝모음 -α에는 아무런 변화가 발생하지 않는다.

28.6.1.2. 미완료과거 디포넌트형

구분	δύναμαι 할 수 있다 [기본어간: δυνα-]					
	단수			복수		
	어형	원(原)어미	해석	어형	원(原)어미	해석
1	ἐ δυνά μην	μην	나는 할 수 있었다	ἐ δυνά μεθα	μεθα	우리는 할 수 있었다
2	ἐ δύνα σο	σο	너는 할 수 있었다	ἐ δύνα σθε	σθε	너희는 할 수 있었다
3	ἐ δύνα το	το	그/그녀/그것은 할 수 있었다	ἐ δύνα ντο	ντο	그들/그것들은 할 수 있었다

(1) δύναμαι 동사는 미완료과거형에서도 디포넌트 동사이다. 그러므로 "과거시사 접두모음(ἐ-)+기본 어간(δυνα-)+미완료과거 중간태·수동태 원(原)-어미(μην, σο, το, μεθα, σθε, οντο)"를 조합하여 만든다.

(2) 어간 δυνα-에 다양한 어미가 붙어도 어간 끝모음 -α에는 아무런 변화가 발생하지 않는다.

28.6.1.3. 미래, 부정과거 및 완료형

(1) δύναμαι 동사는 미래, 부정과거, 완료형에서는 -μαι가 제거된 어간 δυνα-에 시상 접사와 일반 어미를 붙여 동사를 구성한다:[43]

현재	미래 능동	부정과거 능동	완료 능동	완료수동	부정과거 수동
δύναμαι	δυνήσομαι	(ἠδυνάμην)	(δεδύνηκα)	(δεδύνημαι)	ἠδυνήθην

(2) 미래 능동형과 부정과거 능동형은 어간 끝자음 -κ와 시상접사 -σ-가 만나 -ξ-로 표기되었다(8.1.3.과 11.1.2.[4] 참조).

(3) 완료 수동형과 부정과거 수동형의 경우 어간 끝자음 -κ가 어미의 -μαι 앞에서 -γ-가 되거나(완료 수동) 혹은 시상접사 -θην 앞에서 -χ-가 되는(부정과거 수동) 자음 동화 현상을 보인다(12.1.1.[4] 참조).

28.6.2. 비-직설법: 현재 명령법, 가정법, 희구법, 부정사 및 분사

(1) 비-직설법의 경우에 직설법의 경우처럼 어간 추가 현상(현재형)과 어간 끝 모음의 변화 등이 발생할 수 있으니 주의하라. 또한 과거시제에서 과거시상 접두모음(ἐ-)이 붙지 않는다.

(2) 비-직설법은 이전 과들에서 다루었듯이 현재형, 부정과거형, 완료형만 존재한다. 이는 시간의 개념이 존재하기 않기 때문이다. 한편, 비-직설법형은 직설법의 어간에 근거를 두기에 위의 도표들에서 어간을 확인하고 학습하면 효과적이다. 다만, 부정과거 및 완료형은 거의 사용되지 않기에 제시하지 않는다(위의 28.6.1.3을 참조하라).

구분			δύναμαι					
태	수	인칭	명령법	가정법	희구법	부정사	분사	
디포넌트	단수	1	*	δύνωμαι	δυναίμην	δύνασθαι	남	δυνάμενος
		2	δύνασο	δύνῃ	δύναιο		여	δυναμένη
		3	δυνάσθω	δύνηται	δύναιτο		중	δυνάμενον
	복수	1	*	δυνώμεθα	δυναίμεθα		남	δυνάμενοι
		2	δύνασθε	δύνησθε	δύναισθε		여	δυνάμεναι
		3	δυνάσθωσαν	δύνωνται	δύναιντο		중	δυνάμενα

[참고] κάθημαι 동사 (앉다)

(1) κάθημαι 동사는 δύναμαι 동사와 유사하지만 여러모로 차이를 보인다. 이 동사는 현재, 미완료과거 및 미래형만 등장한다:

구분			κάθημαι						
			직설법			비-직설법			
			현재	미완료과거	미래	명령법	부정사	분사	
디포넌트	단수	1	κάθημαι	ἐκαθήμην	καθήσομαι	*	καθῆσθαι	남	καθήμενος
		2	κάθησαι	ἐκάθου	καθήσῃ	κάθου		여	καθημένη
		3	κάθηται	ἐκάθητο	καθήσεται	καθήσθω		중	καθήμενον
	복수	1	καθήμεθα	ἐκαθήμεθα	καθησόμεθα	*		남	καθήμενοι
		2	κάθησθε	ἐκάθησθε	καθήσεσθε	κάθησθε		여	καθήμεναι
		3	κάθηνται	ἐκάθηντο	καθήσονται	καθήσθωσαν		중	καθήμενα

(2) 현재, 직설법, dep., 단수, 2인칭형은 신약성경에서 κάθῃ로 등장한다(행 23:3).

28.7. μι, νυμι, μαι 동사의 6어간: 한 지붕 여섯 가족

기본형 (현재형)	미래 능동 [중간]	부정과거 능동 [중간]	완료 능동 [과완능동/중간태]	완료수동	부정과거 수동 [미래수동]	해석
ἀπόλλυμι	ἀπολέσω ἀπολῶ	ἀπώλεσα	ἀπόλωλα	*	(ἀπωλέσθην)	파괴하다
δείκνυμι	δείξω	ἔδειξα	δέδειχα	δέδειγμαι	ἐδείχθην	보여주다
δίδωμι	δώσω	ἔδωκα	δέδωκα	δέδομαι	ἐδόθην	주다
δύναμαι	δυνήσομαι	ἐδυνησάμην ἠδυνάμην	*	δεδύνημαι	ἐδυνάσθην ἠδυνήθην	할 수 있다
ἵστημι	στήσω	ἔστην ἔστησα	ἕστηκα	ἕσταμαι	ἐστάθην	세우다
κάθημαι	καθήσομαι	*	*	*	*	앉다
τίθημι	θήσω	ἔθηκα	τέθεικα	τέθειμαι	ἐτέθην	놓다

28.8. 어휘

동사

(ἀνίστημι 일으키다; 일어나다 [단어장])

ἀπόλλυμι 파괴하다; (중간태) 멸망하다

δείκνυμι 보여주다

δίδωμι 주다

δύναμαι 할 수 있다 (+부정사)

ἵστημι 세우다

(κάθημαι 앉다 [단어장])

τίθημι 놓다

명사

δύναμις, εως, ἡ 능력, 힘

ἔτος, ους, τό 해, 년(年)

σημεῖον, ου, τό 표적, 징조

ὕδωρ, ὕδατος, τό 물

접속사

ἤ 혹은

28.9. 기초 문장 연습

아래 헬라어 문장을 직역하시오.

1. ὁ θεὸς τῆς δυνάμεως ἢ τῆς ἀγάπης τίθησιν αὐτοῦ λόγον ἐν τῷ στόματι τοῦ προφήτου.

2. ἵσταμεν τὴν ἐκκλησίαν τοῦ Ἰησοῦ ἐν τῷ κόσμῳ εἰς κηρύσσειν τὸ εὐαγγέλιον.

3. ὁ Ἰησοῦς ἐδείκνυτο τοῖς μαθηταῖς μετὰ τρεῖς ἡμέρας.

4. σοὶ δίδωμι ἐγὼ τὸν ἄρτον τοῦ οὐρανοῦ τὸ ὕδωρ τῆς ζωῆς. λέγει· λάμβανε αὐτοὺς ἐν τῶν δυσὶν χερσίν σου.

5. δύνασθε ἀποθνῄσκειν ὑπὲρ τῶν λόγων τοῦ κυρίου ἐν τῷ ἔτει τούτῳ.

6. τί σημεῖον δεικνύεις ἡμῖν ὅτι ταῦτα ποιεῖς. (요 2:18)

7. καὶ προσελθόντες ἤγειραν αὐτὸν λέγοντες· κύριε, σῶσον, ἀπολλύμεθα. (마 8:25)

8. ἐσθιόντων αὐτῶν λαβὼν ἄρτον ἔδωκεν αὐτοῖς καὶ εἶπεν· λάβετε, τοῦτό ἐστιν τὸ σῶμά μου. (막 14:22)

9. δὸς δόξαν τῷ θεῷ· ἡμεῖς οἴδαμεν ὅτι οὗτος ὁ ἄνθρωπος ἁμαρτωλός ἐστιν. (요 9:24b)

A. 곡용 및 활용표

1. 곡용류(declension)

	1. 명사	2. 형용사	3. 대명사	4. 관사	5. 수사(일부)	6. 분사	7. 부정사
변화	1, 2, 3 곡용			1, 2, 곡용	1, 2, 3 곡용		없음
성	남성, 여성, 중성						중성
수	단수, 복수						단수
격	주격, 속격, 여격, 대격, (호격)						단, 관사로 표시

1.1. 명사

1.1.1. 1곡용 명사

(1) 1곡용 여성 명사

구분	γραφή, ῆς, ἡ 기록물	ἐκκλησία, ας, ἡ 교회	ὥρα, ας, ἡ 시간	δόξα, ης, ἡ 영광
	기본형 1	기본형 2		혼합형
단				
주	γραφή	ἐκκλησία	ὥρα	δόξα
속	γραφῆς	ἐκκλησίας	ὥρας	δόξης
여	γραφῇ	ἐκκλησίᾳ	ὥρᾳ	δόξῃ
대	γραφήν	ἐκκλησίαν	ὥραν	δόξαν
호	γραφή	ἐκκλησία	ὥρα	δόξα
복				
주	γραφαί	ἐκκλησίαι	ὧραι	δόξαι
속	γραφῶν	ἐκκλησιῶν	ὡρῶν	δόξῶν
여	γραφαῖς	ἐκκλησίαις	ὥραις	δόξαις
대	γραφάς	ἐκκλησίας	ὥρας	δόξας
호	γραφαί	ἐκκλησίαι	ὧραι	δόξαι

(2) 1곡용 남성 명사

구분	μαθητής, οῦ, ὁ 제자	Ἰωάννης, οῦ, ὁ 요한	νεανίας, ου, ὁ 청년	Ἠσαΐας, ου, ὁ 이사야
	기본형 1		기본형 2(ε, ι, ρ 뒤)	
단				
주	μαθητής	Ἰωάννης	νεανίας	Ἠσαΐας
속	μαθητοῦ	Ἰωάννου	νεανίου	Ἠσαΐου
여	μαθητῇ	Ἰωάννῃ	νεανίᾳ	Ἠσαΐᾳ
대	μαθητήν	Ἰωάννην	νεανίαν	Ἠσαΐαν
호	μαθητά	Ἰωάννα	νεανία	Ἠσαΐα
복				
주	μαθηταί		νεανίαι	
속	μαθητῶν		νεανιῶν	
여	μαθηταῖς		νεανίαις	
대	μαθητάς		νεανίας	
호	μαθηταί		νεανίαι	

1.1.2. 2곡용 명사

구분	λόγος, ου, ὁ 말씀	παιδίον, ου, τό 어린이	ὁδός, οῦ, ἡ 길	νοῦς, οῦ, ὁ 이성	
	남	중	2변화 여성	남 · 중 단축형	
단					
주	λόγος	παιδίον	ὁδός	νοῦς	νο-ος
속	λόγου	παιδίου	ὁδοῦ	νοῦ	νό-ου
여	λόγῳ	παιδίῳ	ὁδῷ	νῷ	νό-ῳ
대	λόγον	παιδίον	ὁδόν	νοῦν	νό-ον
호	λόγε	παιδίον	ὁδέ	νοῦ	νό-ε
복					
주	λόγοι	παιδία	ὁδοί	νοῖ	νό-οι
속	λόγων	παιδίων	ὁδῶν	νῶν	νό-ων
여	λόγοις	παιδίοις	ὁδοῖς	νοῖς	νό-οις
대	λόγους	παιδία	ὁδούς	νοῦς	νό-ους
호	λόγοι	παιδία	ὁδοί	νοῖ	νό-οι

1.1.3. 3곡용 명사

(1) σάρξ - σαρκός형 및 λαῖλαψ - λαίλπος형 명사

구분	σάρξ, σαρκός, ἡ 살, 육체	πτέρυξ, πτέρυγος, ἡ 날개	λαῖλαψ, λαίλπος, ἡ 광풍	λίψ, λιβός, ὁ 남서쪽, 남서풍
	연구개음(-κ, -γ, -χ)		양순음(-π, -β, -φ)	
단				
주	σάρξ	πτέρυξ	λαῖλαψ	λίψ
속	σαρκός	πτέρυγος	λαίλπος	λιβός
여	σαρκί	πτέρυγι	λαίλπι	λιβί
대	σάρκα	πτέρυγα	λαίλπα	λιβά
호	σάρξ	πτέρυξ	λαῖλαψ	λίψ
복				
주	σάρκες	πτέρυγες	λαῖλπες	λιβές
속	σαρκῶν	πτερυγῶν	λαιλπῶν	λιβῶν
여	σαρξί(ν)	πτέρυξι(ν)	λαίλψι(ν)	λιψί(ν)
대	σάρκας	πτέρυγας	λαίλπας	λιβάς
호	σάρκες	πτέρυγες	λαῖλπες	λιβές

(2) ἐλπίς - ἐλπίδος형 명사 및 ὄνομα - ὀνόματος형 (중 –μα) 명사

구분	ἐλπίς, ἐλπίδος, ἡ 소망	χάρις, χάριτος, ἡ 은혜	νύξ, νυκτός, ἡ 밤	ὄνομα, ὀνόματος, τό 이름
	기본형	파생형 1	파생형 2	μα형
단				
주	ἐλπίς	χάρις	νύξ	ὄνομα
속	ἐλπίδος	χάριτος	νυκτός	ὀνόματος
여	ἐλπίδι	χάριτι	νυκτί	ὀνόματι
대	ἐλπίδα	χάριν	νύκτα	ὄνομα
호	ἐλπί	χάρι	νύξ	ὄνομα
복				
주	ἐλπίδες	χάριτες	νύκτες	ὀνόματα
속	ἐλπίδων	χαρίτων	νυκτῶν	ὀνομάτων
여	ἐλπίσι(ν)	χάρισι(ν)	νυξί(ν)	ὀνόμασι(ν)
대	ἐλπίδας	χάριτας	νύκτας	ὀνόματα
호	ἐλπίδες	χάριτες	νύκτες	ὀνόματα

(3) ἄρχων - ἄρχοντος형 명사

구분	ἄρχων, ἄρχοντος, ὁ 통치자	λέων, λέοντος, ὁ 사자	αἰών, αἰῶνος, ὁ 세대	Σίμων, Σίμωνος, ὁ 시몬(베드로)
	기본형(οντ)		파생형(ων)	
	단			
주	ἄρχων	λέων	αἰών	Σίμων
속	ἄρχοντος	λέοντος	αἰῶνος	Σίμωνος
여	ἄρχοντι	λέοντι	αἰῶνι	Σίμωνι
대	ἄρχοντα	λέοντα	αἰῶνα	Σίμωνα
호	ἄρχον	λέον	αἰόν	Σίμον
	복			
주	ἄρχοντες	λέοντες	αἰῶνες	
속	ἀρχόντων	λεόντων	αἰώνων	
여	ἄρχουσι(ν)	λέουσι(ν)	αἰῶσι	
대	ἄρχοντας	λέοντας	αἰῶνας	
호	ἄρχοντες	λέοντες	αἰῶνες	

(4) σωτήρ - σωτῆρος형 명사 및 ῥήτωρ - ῥήτορος형 명사

구분	ἀστήρ, ἀστέρος, ὁ 별	σωτήρ, σωτῆρος, ὁ 구원자	πατήρ, πατρός, ὁ 아버지	ῥήτωρ, ῥήτορος, ὁ 변론가
	ηρ 기본형	ηρ 변형 1	ηρ 변형 2	ωρ 기본형
	단			
주	ἀστήρ	σωτήρ	πατήρ	ῥήτωρ
속	ἀστέρος	σωτῆρος	πατρός	ῥήτορος
여	ἀστέρι	σωτῆρι	πατρί	ῥήτορι
대	ἀστέρα	σωτῆρα	πατέρα	ῥήτορα
호	ἄστερ	σῶτερ	πάτερ	ῥῆτορ
	복			
주	ἀστέρες	σωτῆρες	πατέρες	ῥήτορες
속	ἀστέρων	σωτήρων	πατέρων	ῥητόρων
여	ἀστράσι(ν)	σωτῆρσι(ν)	πατράσι(ν)	ῥήτορσι(ν)
대	ἀστέρας	σωτῆρας	πατέρας	ῥήτορας
호	ἀστέρες	σωτηρες	πατέρες	ῥήτορες

(5) 폐모음 어간 명사(πόλις - πόλεως형/ἰχθύς - ἰχθύος형), 이중 모음어간 명사 (βασιλεύς - βασιλέως형) 및 ἔθνος - ἔθνους형 명사(어간이 -εσ- 끝남)

구분	πίστις, πίστεως, ἡ 믿음	ἰχθύς, ἰχθυος, ὁ 물고기	βασιλεύς, έως, ὁ 왕	ἔθνος, ἔθνους, τό 이방인, 민족
	폐모음 -ι 형	폐모음 -υ 형	-ευ- 어간명사	-εσ- 어간 명사
단				
주	πίστις	ἰχθύς	βασιλεύς	ἔθνος
속	πίστεως	ἰχθυός	βασιλέως	ἔθνους
여	πίστει	ἰχθυΐ	βασιλεῖ	ἔθνει
대	πίστιν	ἰχθύν	βασιλέα	ἔθνος
호	πίστι	ἰχθύ	βασιλεῦ	ἔθνος
복				
주	πίστεις	ἰχθύες	βασιλεῖς	ἔθνη
속	πίστεων	ἰχθύων	βασιλέων	ἐθνῶν
여	πίστεσι(ν)	ἰχθύσι(ν)	βασιλεῦσι(ν)	ἔθνεσι(ν)
대	πίστεις	ἰχθύας	βασιλεῖς	ἔθνη
호	πίστεις	ἰχθύες	βασιλεῖς	ἔθνη

1.1.4. 주요 불규칙 곡용 명사들

구분	ἀνήρ, ἀνδρός, ὁ 남자, 남편	γυνή, γυναικός, ἡ 여자, 아내	χείρ, χειρός, ἡ 손	σατανᾶς, σατανα ὁ 사탄
	3변화			1변화(?)
단				
주	ἀνήρ	γυνή	χείρ	σατανᾶς
속	ἀνδρός	γυναικός	χειρός	σατανᾶ
여	ἀνδρί	γυναικί	χειρί	σατανᾷ
대	ἄνδρα	γυναῖκα	χεῖρα	σατανᾶν
호	ἄνερ	γύναι	χείρ	σατανᾶ
복				
주	ἄνδρες	γυναῖκες	χεῖρες	
속	ἀνδρῶν	γυναικῶν	χειρῶν	
여	ἀνδράσι(ν)	γυναιξῖ(ν)	χερσί(ν)	
대	ἄνδρας	γυναῖκας	χεῖρας	
호	ἄνδρες	γυναῖκες	χεῖρες	

1.2. 형용사

1.2.1. 2-1-2 곡용 형용사(일반형)

구분	ἀγαθός, ή, όν 선한			πονηρός, ά, όν 악한		
	기본형 1			기본형 2(ε, ι, ρ 뒤)		
	남	여	중	남	여	중
단						
주	ἀγαθός	ἀγαθή	ἀγαθόν	πονηρός	πονηρά	πονηρόν
속	ἀγαθοῦ	ἀγαθῆς	ἀγαθοῦ	πονηροῦ	πονηρᾶς	πονηροῦ
여	ἀγαθῷ	ἀγαθῇ	ἀγαθῷ	πονηρῷ	πονηρᾷ	πονηρῷ
대	ἀγαθόν	ἀγαθήν	ἀγαθόν	πονηρόν	πονηράν	πονηρόν
호	ἀγαθέ	ἀγαθή	ἀγαθόν	πονηρέ	πονηρά	πονηρόν
복						
주	ἀγαθοί	ἀγαθαί	ἀγαθά	πονηροί	πονηραί	πονηρά
속	ἀγαθῶν	ἀγαθῶν	ἀγαθῶν	πονηρῶν	πονηρῶν	πονηρῶν
여	ἀγαθοῖς	ἀγαθαῖς	ἀγαθοῖς	πονηροῖς	πονηραῖς	πονηροῖς
대	ἀγαθούς	ἀγαθάς	ἀγαθά	πονηρούς	πονηράς	πονηρά
호	ἀγαθοί	ἀγαθαί	ἀγαθά	πονηροί	πονηραί	πονηρά

1.2.2. 2-1-2 곡용 형용사(단축형)

구분	χρυσοῦς, ῆ, οῦν 금으로 된					
	남		여		중	
단						
주	χρυσοῦς	*χρύσε-ος*	χρυσῆ	*χρυσέ-α*	χρυσοῦν	*χρύσε-ον*
속	χρυσοῦ	*χρυσέ-ου*	χρυσῆς	*χρυσέ-ας*	χρυσοῦ	*χρυσέ-ου*
여	χρυσῷ	*χρυσέ-ῳ*	χρυσῇ	*χρυσέ-ᾳ*	χρυσῷ	*χρυσέ-ῳ*
대	χρυσοῦν	*χρύσε-ον*	χρυσῆν	*χρυσέ-αν*	χρυσοῦν	*χρύσε-ον*
호	χρυσοῦς	*χρύσε-ος*	χρυσῆ	*χρυσέ-α*	χρυσοῦν	*χρύσε-ον*
복						
주	χρυσοῖ	*χρύσε-οι*	χρυσαῖ	*χρύσε-αι*	κρυσᾶ	*χρύσε-α*
속	χρυσῶν	*χρυσέ-ων*	χρυσῶν	*χρυσέ-ων*	κρυσῶν	*χρυσέ-ων*
여	χρυσοῖς	*χρυσέ-οις*	χρυσαῖς	*χρυσέ-αις*	κρυσοῖς	*χρυσέ-οις*
대	χρυσοῦς	*χρυσέ-ους*	χρυσᾶς	*χρυσέ-ας*	χρυσᾶ	*χρύσε-α*
호	χρυσοῖ	*χρύσε-οι*	χρυσαῖ	*χρύσε-αι*	χρυσᾶ	*χρύσε-α*

1.2.3. 2–2 곡용 형용사(2 어미형)

구분	αἰώνιος, ον 영원한		ἄπιστος, ον 믿음 없는	
	남 · 여	중	남 · 여	중
단				
주	αἰώνιος	αἰώνιον	ἄπιστος	ἄπιστον
속	αἰωνίου	αἰωνίου	ἀπίστου	ἀπίστου
여	αἰωνίῳ	αἰωνίῳ	ἀπίστῳ	ἀπίστῳ
대	αἰώνιον	αἰώνιον	ἄπιστον	ἄπιστον
호	αἰώνιε	αἰώνιον	ἄπιστε	ἄπιστον
복				
주	αἰώνιοι	αἰώνια	ἄπιστοι	ἄπιστα
속	αἰωνίων	αἰωνίων	ἀπίστων	ἀπίστων
여	αἰωνίοις	αἰωνίοις	ἀπίστοις	ἀπίστοις
대	αἰωνίους	αἰώνια	ἀπίστους	ἄπιστα
호	αἰώνιοι	αἰώνια	ἄπιστοι	ἄπιστα

1.2.4. 3–1–3 곡용(3 어미) 및 3–3 곡용(2 어미) 형용사

구분	βραχύς, εῖα, ύ 작은, 적은			ἀληθής, ές 참된	
	3–1–3 곡용(3어미)			3–3 곡용(2어미)	
	남	여	중	남 · 여	중
단					
주	βραχύς	βραχεῖα	βραχύ	ἀληθής	ἀληθές
속	βραχέος	βραχείας	βραχέος	ἀληθοῦς	ἀληθοῦς
여	βραχεῖ	βραχείᾳ	βραχεῖ	ἀληθεῖ	ἀληθεῖ
대	βραχύν	βραχεῖαν	βραχύ	ἀληθῆ	ἀληθές
호	βραχύ	βραχεῖα	βραχύ	ἀληθές	ἀληθές
복					
주	βραχεῖς	βραχεῖαι	βραχέα	ἀληθεῖς	ἀληθῆ
속	βραχέων	βραχειῶν	βραχέων	ἀληθῶν	ἀληθῶν
여	βραχέσι	βραχείαις	βραχέσι	ἀληθέσι(ν)	ἀληθέσι(ν)
대	βραχεῖς	βραχείας	βραχέα	ἀληθεῖς	ἀληθῆ
호	βραχεῖς	βραχεῖαι	βραχέα	ἀληθεῖς	ἀληθῆ

1.2.5. 2-1-2 불규칙 형용사: πολύς 및 μέγας의 변화

구분	πολύς, πολλή, πολύ 많은			μέγας, μεγάλη, μέγα 큰, 위대한		
	남	여	중	남	여	중
단						
주	πολύς	πολλή	πολύ	μέγας	μεγάλη	μέγα
속	πολλοῦ	πολλῆς	πολλοῦ	μεγάλου	μεγάλης	μεγάλου
여	πολλῷ	πολλῇ	πολλῷ	μεγάλῳ	μεγάλῃ	μεγάλῳ
대	πολύν	πολλήν	πολύ	μέγαν	μεγάλην	μέγα
호				μεγάλε	μεγάλη	μέγα
복						
주	πολλοί	πολλαί	πολλά	μεγάλοι	μεγάλαι	μεγάλα
속	πολλῶν	πολλῶν	πολλῶν	μεγάλων	μεγάλων	μεγάλων
여	πολλοῖς	πολλαῖς	πολλοῖς	μεγάλοις	μεγάλαις	μεγάλοις
대	πολλούς	πολλάς	πολλά	μεγάλους	μεγάλας	μεγάλα
호	πολλοί	πολλαί	πολλά	μεγάλοι	μεγάλαι	μεγάλα

1.2.6. 3-1-3 불규칙 형용사: πᾶς 및 μέλας의 변화

구분	πᾶς, πᾶσα, πᾶν 모든			μέλας, μέλαινα, μέλαν 검은		
	남	여	중	남	여	중
단						
주	πᾶς	πᾶσα	πᾶν	μέλας	μέλαινα	μέλαν
속	παντός	πάσης	παντός	μέλανος	μελαίνης	μέλανος
여	παντί	πάσῃ	παντί	μέλανι	μελαίνῃ	μέλανι
대	πάντα	πᾶσαν	πᾶν	μέλανα	μέλαιναν	μέλαν
호	πᾶς	πᾶσα	πᾶν	μέλας	μέλαινα	μέλαν
복						
주	πάντες	πᾶσαι	πάντα	μέλανες	μέλαιναι	μέλανα
속	πάντων	πασῶν	πάντων	μελάνων	μελαινῶν	μελάνων
여	πᾶσι(ν)	πάσαις	πᾶσι(ν)	μέλασι(ν)	μελαίναις	μέλασι(ν)
대	πάντας	πάσας	πάντα	μέλανας	μελαίνας	μέλανα
호	πάντες	πᾶσαι	πάντα	μέλανες	μέλαιναι	μέλανα

1.2.7. 규칙 형용사(어간 불변형)의 비교급과 최상급

구분	πονηρός, ά, όν 악한					
	πονηρότερος, α, ον 더 악한			πονηρότατος, η, ον 가장 악한		
	남	여	중	남	여	중
단						
주	πονηρότερος	πονηροτέρα	πονηρότερον	πονηρότατος	πονηρότατη	πονηρότατον
속	πονηροτέρου	πονηροτέρας	πονηροτέρου	πονηρότατου	πονηρότατης	πονηρότατου
여	πονηροτέρῷ	πονηροτέρᾳ	πονηροτέρῳ	πονηρότατῳ	πονηρότατῃ	πονηρότατῳ
대	πονηρότερον	πονηρότεραν	πονηρότερον	πονηρότατον	πονηρότατην	πονηρότατον
호	πονηρότερε	πονηροτέρα	πονηρότερον	πονηρότατε	πονηρότατη	πονηρότατον
복						
주	πονηρότεροι	πονηρότεραι	πονηρότερα	πονηρότατοι	πονηρότатαι	πονηρότατα
속	πονηροτέρων	πονηροτερῶν	πονηροτέρων	πονηρότατων	πονηρότατων	πονηρότατων
여	πονηροτέροις	πονηροτέραις	πονηροτέροις	πονηρότατοις	πονηρότаταις	πονηρότατοις
대	πονηροτέρους	πονηροτέρας	πονηρότερα	πονηρότατους	πονηρότατας	πονηρότατα
호	πονηρότεροι	πονηρότεραι	πονηρότερα	πονηρότατοι	πονηρότатαι	πονηρότατα

1.2.7. 불규칙 형용사(어간 변형)의 비교급과 최상급

구분	ἀγαθός, ή, όν 선한				
	κρείττων, κρεῖττον 우월한		κράτιστος, η, ον 가장 우월한		
	남 · 여	중	남	여	중
단					
주	κρείττων	κρεῖττον	κράτιστος	κρατίστη	κράτιστον
속	κρείττονος	κρείττονος	κρατίστου	κρατίστης	κρατίστου
여	κρείττονι	κρείττονι	κρατίστῳ	κρατίστῃ	κρατίστῳ
대	κρείττονα	κρεῖττον	κράτιστον	κρατίστην	κράτιστον
호	κρεῖττον	κρεῖττον	κράτιστε	κρατίστη	κράτιστον
복					
주	κρείττονες	κρείττονα	κράτιστοι	κράτισται	κράτιστα
속	κρειττόνων	κρειττόνων	κρατίστων	κρατιστῶν	κρατίστων
여	κρείττουσι	κρείττουσι	κρατίστοις	κρατίσταις	κρατίστοις
대	κρείττονας	κρείττονα	κρατίστους	κρατίστας	κράτιστα
호	κρείττονες	κρείττονα	κράτιστοι	κράτισται	κράτιστα

1.2.8. 참고: πολύς 및 μέγας의 비교급

구분	πολύς 많은 πλείων, πλεῖον 더 많은		μέγας 큰 μείζων, μεῖζον 더 많은	
	남 · 여	중	남 · 여	중
단				
주	πλείων	πλεῖον	μείζων	μεῖζον
속	πλείονος	πλείονος	μείζονος	μείζονος
여	πλείονι	πλείονι	μείζονι	μείζονι
대	πλείονα	πλεῖον	μείζονα (μείζω)	μεῖζον
호	πλεῖον	πλεῖον	μεῖζον	μεῖζον
복				
주	πλείονες	πλείονα	μείζονες (μείζους)	μείζονα (μείζω)
속	πλειόνων	πλειόνων	μειζόνων	μειζόνων
여	πλείοσι(ν)	πλείοσι(ν)	μείζοσι(ν)	μείζοσι(ν)
대	πλείονας	πλείονα	μείζονας (μείζους)	μείζονα (μείζω)
호	πλείονες	πλείονα	μείζονες	μείζονα

1.3. 대명사

1.3.1. 인칭대명사

구분	1인칭	2인칭	3인칭		
	남 · 여 · 중	남 · 여 · 중	남	여	중
단					
주	ἐγώ	σύ	αὐτός	αὐτή	αὐτό
속	μου (ἐμοῦ)	σου (σοῦ)	αὐτοῦ	αὐτῆς	αὐτοῦ
여	μοι (ἐμοί)	σοι (σοί)	αὐτῷ	αὐτῇ	αὐτῷ
대	με (ἐμέ)	σε (σέ)	αὐτόν	αὐτήν	αὐτό
복					
주	ἡμεῖς	ὑμεῖς	αὐτοί	αὐταί	αὐτά
속	ἡμῶν	ὑμῶν	αὐτῶν	αὐτῶν	αὐτῶν
여	ἡμῖν	ὑμῖν	αὐτοῖς	αὐταῖς	αὐτοῖς
대	ἡμᾶς	ὑμᾶς	αὐτούς	αὐτάς	αὐτά

1.3.2. 재귀대명사

구분	1인칭		2인칭		3인칭		
	남	여	남	여	남	여	중
				단			
주							
속	ἐμαυτοῦ	ἐμαυτῆς	σεαυτοῦ	σεαυτῆς	ἑαυτοῦ	ἑαυτῆς	ἑαυτοῦ
여	ἐμαυτῷ	ἐμαυτῇ	σεαυτῷ	σεαυτῇ	ἑαυτῷ	ἑαυτῇ	ἑαυτῷ
대	ἐμαυτόν	ἐμαυτήν	σεαυτόν	σεαυτήν	ἑαυτόν	ἑαυτήν	ἑαυτό
				복			
주							
속	ἑαυτῶν	ἑαυτῶν	ἑαυτῶν	ἑαυτῶν	ἑαυτῶν	ἑαυτῶν	ἑαυτῶν
여	ἑαυτοῖς	ἑαυταῖς	ἑαυτοῖς	ἑαυταῖς	ἑαυτοῖς	ἑαυταῖς	ἑαυτοῖς
대	ἑαυτούς	ἑαυτάς	ἑαυτούς	ἑαυτάς	ἑαυτούς	ἑαυτάς	ἑαυτά

1.3.3. 지시대명사(지시 형용사)

구분	οὗτος, αὕτη, τοῦτο 이(this)			ἐκεῖνος, η, ο 저			ὅδε, ἥδη, τόδε 이(the following)		
	남	여	중	남	여	중	남	여	중
					단				
주	οὗτος	αὕτη	τοῦτο	ἐκεῖνος	ἐκείνη	ἐκεῖνο	ὅδε	ἥδε	τόδε
속	τούτου	ταύτης	τούτου	ἐκείνου	ἐκείνης	ἐκείνου	τοῦδε	τῆσδε	τοῦδε
여	τούτῳ	ταύτῃ	τούτῳ	ἐκείνῳ	ἐκείνῃ	ἐκείνῳ	τῷδε	τῇδε	τῷδε
대	τοῦτον	ταύτην	τοῦτο	ἐκεῖνον	ἐκείνην	ἐκεῖνο	τόνδε	τήνδε	τόδε
					복				
주	οὗτοι	αὗται	ταῦτα	ἐκεῖνοι	ἐκεῖναι	ἐκεῖνα	οἵδε	αἵδε	τάδε
속	τούτων	τούτων	τούτων	ἐκείνων	ἐκείνων	ἐκείνων	τῶνδε	τῶνδε	τῶνδε
여	τούτοις	ταύταις	τούτοις	ἐκείνοις	ἐκείναις	ἐκείνοις	τοῖσδε	ταῖσδε	τοῖσδε
대	τούτους	ταύτας	ταῦτα	ἐκείνους	ἐκείνας	ἐκεῖνα	τούσδε	τασδε	τάδε

1.3.4. 의문대명사와 불특정(부정)대명사

구분	의문 대명사 τίς, τί 누구? 무엇?		불특정(부정)대명사 τις, τι 어떤 이, 어떤 것	
	남 · 여	중	남 · 여	중
단				
주	τίς	τί	τις	τι
속	τίνος	τίνος	τινός	τινός
여	τίνι	τίνι	τινί	τινί
대	τίνα	τί	τινά	τι
복				
주	τίνες	τίνα	τινές	τινά
속	τίνων	τίνων	τινῶν	τινῶν
여	τίσι(ν)	τίσι(ν)	τισί(ν)	τισί(ν)
대	τίνας	τίνα	τινάς	τινά

1.3.5. 관계대명사 및 불특정(부정) 관계대명사

구분	관계대명사			불특정(부정) 관계대명사		
	남	여	중	남	여	중
단						
주	ὅς	ἥ	ὅ	ὅστις	ἥτις	ὅτι/ὅ τι
속	οὗ	ἧς	οὗ	οὗτινος/ὅτου	ἧστινος	οὗτινος/ὅτου
여	ᾧ	ᾗ	ᾧ	ᾧτινι/ὅτῳ	ᾗτινι	ᾧτινι/ὅτῳ
대	ὅν	ἥν	ὅ	ὅντινα	ἥντινα	ὅτι/ὅ τι
복						
주	οἵ	αἵ	ἅ	οἵτινες	αἵτινες	ἅτινα
속	ὧν	ὧν	ὧν	ὧντινων/ὅτων	ὧντινων	ὧντινων/ὅτων
여	οἷς	αἷς	οἷς	οἷστισι/ὅτοις	αἷστισι	οἷστισι/ὅτοις
대	οὕς	ἅς	ἅ	οὕστινας	ἅστινας	ἅτινα

1.3.6. 상호대명사

구분	ἀλλήλων 서로, 상호		
	남	여	중
	복		
주			
속	ἀλλήλων	ἀλλήλων	ἀλλήλων
여	ἀλλήλοις	ἀλλήλαις	ἀλλήλοις
대	ἀλλήλους	ἀλλήλας	ἄλληλα

1.3.7. 부재(不在)/부정대명사

구분	οὐδείς, οὐδεμία, οὐδέν (+직설법)			μηδείς, μηδεμία, μηδέν (+비-직설법)		
	단(3-1-3 곡용)					
	남	여	중	남	여	중
주	οὐδείς	οὐδεμία	οὐδέν	μηδείς	μηδεμία	μηδέν
속	οὐδενός	οὐδεμιᾶς	οὐδενός	μηδενός	μηδεμιᾶς	μηδενός
여	οὐδενί	οὐδεμιᾷ	οὐδενί	μηδενί	μηδεμιᾷ	μηδενί
대	οὐδένα	οὐδεμίαν	οὐδέν	μηδένα	μηδεμίαν	μηδέν

1.4. 관사

구분	ὁ, ἡ, τό					
	단			복		
	남	여	중	남	여	중
	단					
주	ὁ	ἡ	τό	οἱ	αἱ	τά
속	τοῦ	τῆς	τοῦ	τῶν	τῶν	τῶν
여	τῷ	τῇ	τῷ	τοῖς	ταῖς	τοῖς
대	τόν	τήν	τό	τούς	τάς	τά

1.5. 수사

1.5.1. 각종 숫자 표기법

숫자	기수 (개)	서수 (번째)	횟수 (번)	알파벳
1	εἷς, μία, ἕν	πρῶτος, η, ον	ἅπαξ	α´
2	δύο	δεύτερος	δίς	β´
3	τρεῖς, τρία	τρίτος	τρίς	γ´
4	τέσσαρες, τέσσαρα	τέτρατος	τετράκις	δ´
5	πέντε	πέμπτος	πεντάκις	ε´
6	ἕξ	ἕκτος	ἑξάκις	ς´
7	ἑπτά	ἕβδομος	ἑπτάκις	ζ´
8	ὀκτώ	ὄγδοος	ὀκτάκις	θ´
9	ἐννέα	ἔνατος	ἐνάκις	η´
10	δέκα	δέκατος	δεκάκις	ι´
11	ἕνδεκα	ἑνδέκατος	ἑνδεκάκις	ια´
12	δώδεκα	δωδέκατος	δωδεκάκις	ιβ´
13	τρεῖς (τρία) καὶ δέκα	τρίτος καὶ δέκατος	τρεισκαιδεκάκις	ιγ´
14	τέσσαρες (τέσσαρα) καὶ δέκα	τέταρτος καὶ δέκατος	τετταρεσκαιδεκάκις	ιδ´
15	πεντεκαίδεκα	πέμπτος καὶ δέκατος	πεντεκαιδεκάκις	ιε´
16	ἑκκαίδεκα	ἕκτος καὶ δέκατος	ἑκκαιδεκάκις	ις´
17	ἑπτακαίδεκα	ἕβδομος καὶ δέκατος	ἑπτακαιδεκάκις	ιζ´
18	ὀκτωκαίδεκα	ὄγδοος καὶ δέκατος	ὀκτωκαιδεκάκις	ιθ´
19	ἐννεακαίδεκα	ἔνατος καὶ δέκατος	ἐννεακαιδεκάκις	ιη´
20	εἴκοσι(ν)	εἰκοστός	εἰκοσάκις	κ´
30	τριάκοντα	τριακοστός	τριακοντάκις	λ
40	τεσσαράκοντα	τεσσαρακοστός	τετταρακοντάκις	μ´
50	πεντήκοντα	πεντηκοστός	πεντηκοντάκις	ν´
60	ἑξήκοντα	ἑξηκοστός	ἑξηκοντάκις	ξ´
70	ἑβδομήκοντα	ἑβδομηκοστός	ἑβδομηκοντάκις	ο´
80	ὀγδοήκοντα	ὀγδοηκοστος	ὀγδοηκοντάκις	π´
90	ἐνενήκοντα	ἐνενηκοστός	ἐνενηκοντάκις	ϙ´
100	ἑκατόν	ἑκατοστός	ἑκατοντάκις	ρ´
200	διακόσιοι, αι, α	διακοσιοστός	διακοσιάκις	σ´
300	τριακόσιοι, αι, α	τριακοσιοστός	τριακοσιάκις	τ´
400	τετρακόσιοι, αι, α	τετρακοσιοστός	τετρακοσιάκις	υ´
500	πεντακόσιοι, αι, α	πεντακοσιοστός	πεντακοσιάκις	φ´

600	ἑξακόσιοι, αι, α	ἑξακοσιοστός	ἑξακοσιάκις	χʹ
700	ἑπτακόσιοι, αι, α	ἑπτακοσιοστός	ἑπτακοσιάκις	ψʹ
800	ὀκτακόσιοι, αι, α	ὀκτακοσιοστός	ὀκτακοσιάκις	ωʹ
900	ἐνακόσιοι, αι, α	ἐνακοσιοστός	ἐνακοσιάκις	ϡʹ
1,000	χίλιοι, αι, α	χιλιοστός	χιλιάκις	͵α
2,000	δισχίλιοι, αι, α	δισχιλιοστός	δισχιλιάκις	͵β
3,000	τρισχίλιοι, αι, α	τρισχιλιοστός	τρισχιλιάκις	͵γ
10,000	μύριοι, αι, α	μυριοστός	μυριάκις	͵ι
20,000	δισμύριοι, αι, α	δισμυριοστός	δισμυριάκις	͵κ
100,000	δεκακισμύριοι, αι, α	δεκακισμυριοστός	δεκακισμυριάκις	͵ρ

1.5.2. 1–4까지의 숫자 표기법

(1) 1과 2

구분	εἷς, μία, ἕν 1			δύο 2
	남	여	중	남·여·중
	단			복
주	εἷς	μία	ἕν	δύο
속	ἑνός	μιᾶς	ἑνός	δύο
여	ἑνί	μιᾷ	ἑνί	δυοί(ν)
대	ἕνα	μίαν	ἕν	δύο

(2) 3과 4

구분	τρεῖς, τρία 3		τέσσαρες, τέσσαρα 4	
	남·여	중	남·여	중
	복			
주	τρεῖς	τρία	τέσσαρες	τέσσαρα
속	τριῶν	τριῶν	τεσσάρων	τεσσάρων
여	τρισί(ν)	τρισί(ν)	τέσσαρσί(ν)	τέσσαρσι(ν)
대	τρεῖς	τρία	τέσσαρας	τέσσαρα

1.6. 분사(=동사파생 형용사)

1.6.1. ω 동사의 분사(λύω)

(1) 현재 분사(λύω)

구분	3-1-3 능동태			2-1-2 중·수동태		
	남	여	중	남	여	중
	단					
주	λύων	λύουσα	λῦον	λυόμενος	λυομένη	λυόμενον
속	λύοντος	λυούσης	λύοντος	λυομένου	λυομένης	λυομένου
여	λύοντι	λυούσῃ	λύοντι	λυομένῳ	λυομένῃ	λυομένῳ
대	λύοντα	λύουσαν	λῦον	λυόμενον	λυομένην	λυόμενον
	복					
주	λύοντες	λύουσαι	λύοντα	λυόμενοι	λυόμεναι	λυόμενα
속	λυόντων	λυουσῶν	λυόντων	λυομένων	λυομένων	λυομένων
여	λύουσι(ν)	λυούσαις	λύουσι(ν)	λυομένοις	λυομέναις	λυομένοις
대	λύοντας	λυούσας	λύοντα	λυομένους	λυομένας	λυόμενα

(2) 제1부정과거 분사(λύω)

구분	λύω – ἔλυσα – 풀다, 파괴하다								
	3-1-3 능동태			2-1-2 중간태			3-1-3 수동태		
	남	여	중	남	여	중	남	여	중
	단								
주	λύσας	λύσασα	λῦσαν	λυσάμενος	λυσαμένη	λυσάμενον	λυθείς	λυθεῖσα	λυθέν
속	λύσαντος	λυσάσης	λύσαντος	λυσαμένου	λυσαμένης	λυσαμένου	λυθέντος	λυθείσης	λυθέντος
여	λύσαντι	λυσάσῃ	λύσαντι	λυσαμένῳ	λυσαμένῃ	λυσαμένῳ	λυθέντι	λυθείσῃ	λυθέντι
대	λύσαντα	λύσασαν	λῦσαν	λυσάμενον	λυσαμένην	λυσάμενον	λυθέντα	λυθεῖσαν	λυθέν
	복								
주	λύσαντες	λύσασαι	λύσαντα	λυσάμενοι	λυσάμεναι	λυσάμενα	λυθέντες	λυθεῖσαι	λυθέντα
속	λυσάντων	λυσασῶν	λυσάντων	λυσαμένων	λυσαμένων	λυσαμένων	λυθέντων	λυθεισῶν	λυθέντων
여	λύσασι(ν)	λυσάσαις	λύσασι(ν)	λυσαμένοις	λυσαμέναις	λυσαμένοις	λυθεῖσι(ν)	λυθείσαις	λυθεῖσι(ν)
대	λύσαντας	λυσάσας	λύσαντα	λυσαμένους	λυσαμένας	λυσάμενα	λυθέντας	λυθείσας	λυθέντα

(3) 제2부정과거 분사(ἐσθίω)

구분	ἐσθίω – ἔφαγον 먹다					
	3-1-3 능동태			2-1-2 중 · 수동태		
	남	여	중	남	여	중
	단					
주	φαγών	φαγοῦσα	φαγόν	φαγόμενος	φαγομένη	φαγόμενον
속	φαγοντος	φαγουσης	φαγοντος	φαγομένου	φαγομένης	φαγομένου
여	φαγοντι	φαγουσῃ	φαγοντι	φαγομένῳ	φαγομένῃ	φαγομένῳ
대	φαγοντα	φαγουσαν	φαγον	φαγόμενον	φαγομένην	φαγόμενον
	복					
주	φαγόντες	φαγοῦσαι	φαγόντα	φαγόμενοι	φαγόμεναι	φαγόμενα
속	φαγοντων	φαγουσων	φαγοντων	φαγομένων	φαγομένων	φαγομένων
여	φαγουσι(ν)	φαγουσαις	φαγουσι(ν)	φαγομένοις	φαγομέναις	φαγομένοις
대	φαγοντας	φαγουσας	φαγοντα	φαγομένους	φαγομένας	φαγόμενα

(4) 완료 분사(λύω)

구분	λύω – λέλυκα 풀다, 파괴하다					
	3-1-3 능동태			2-1-2 중 · 수동태		
	남	여	중	남	여	중
	단					
주	λελυκώς	λελυκυῖα	λελυκός	λελυμένος	λελυμένη	λελυμένον
속	λελυκότος	λελυκυίας	λελυκότος	λελυμένου	λελυμένης	λελυμένου
여	λελυκότι	λελυκυίᾳ	λελυκότι	λελυμένῳ	λελυμένῃ	λελυμένῳ
대	λελυκότα	λελυκυῖαν	λελυκός	λελυμένον	λελυμένην	λελυμένον
	복					
주	λελυκότες	λελυκυῖαι	λελυκότα	λελυμένοι	λελυμέναι	λελυμένα
속	λελυκότων	λελυκυιῶν	λελυκότων	λελυμένων	λελυμενῶν	λελυμένων
여	λελυκόσι(ν)	λελυκυίαις	λελυκόσι(ν)	λελυμένοις	λελυμέναις	λελυμένοις
대	λελυκότας	λελυκυίας	λελυκότα	λελυμένους	λελυμένας	λελυμένα

1.6.2. ω 동사 단축동사 분사(ἀγαπάω, φιλέω, πληρόω)

구분	ἀγαπάω 사랑하다			φιλέω 좋아하다 = πληρόω 채우다		
	2-1-2 능동태					
	남	여	중	남	여	중
			단			
주	ἀγαπῶν	ἀγαπῶσα	ἀγαπῶν	φιλῶν	φιλοῦσα	φιλοῦν
속	ἀγαπῶντος	ἀγαπώσης	ἀγαπῶντος	φιλοῦντος	φιλούσης	φιλοῦντος
여	ἀγαπῶντι	ἀγαπώσῃ	ἀγαπῶντι	φιλοῦντι	φιλούσῃ	φιλοῦντι
대	ἀγαπῶντα	ἀγαπῶσαν	ἀγαπῶν	φιλοῦντα	φιλοῦσαν	φιλοῦν
			복			
주	ἀγαπῶντες	ἀγαπῶσαι	ἀγαπῶντα	φιλοῦτες	φιλοῦσαι	φιλοῦντα
속	ἀγαπώντων	ἀγαπωσῶν	ἀγαπώντων	φιλούντων	φιλουσῶν	φιλούντων
여	ἀγαπῶσι(ν)	ἀγαπώσαις	ἀγαπῶσι(ν)	φιλοῦσι(ν)	φιλούσαις	φιλοῦσι(ν)
대	ἀγαπῶντας	ἀγαπώσας	ἀγαπῶντα	φιλοῦντας	φιλούσας	φιλοῦντα

1.6.3. μι동사 분사(δίδωμι, τίθημι, ἵστημι)

(1) μι동사 현재 (능동태) 분사

구분	δίδωμι 주다			τίθημι 놓다			ἵστημι 세우다		
	3-1-3 능동태								
	남	여	중	남	여	중	남	여	중
					단				
주	διδούς	διδοῦσα	διδόν	τιθείς	τιθεῖσα	τιθέν	ἱστάς	ἱστᾶσα	ἱστάν
속	διδόντος	διδούσης	διδόντος	τιθέντος	τιθείσης	τιθέντος	ἱστάντος	ἱστάσης	ἱστάντος
여	διδόντι	διδούσῃ	διδόντι	τιθέντι	τιθείσῃ	τιθέντι	ἱστάντι	ἱστάσῃ	ἱστάντι
대	διδόντα	διδοῦσαν	διδόν	τιθέντα	τιθεῖσαν	τιθέν	ἱστάντα	ἱστᾶσαν	ἱστάαν
					복				
주	διδότνες	διδοῦσαι	διδόντα	τιθέντες	τιθεῖσαι	τιθέντα	ἱστάντες	ἱστᾶσαι	ἱστάντα
속	διδόντων	διδουσῶν	διδόντων	τιθέντων	τιθεισῶν	τιθέντων	ἱστάντων	ἱστασῶν	ἱστάντων
여	διδοῦσι(ν)	διδούσαις	διδοῦσι(ν)	τιθεῖσι(ν)	τιθείσαις	τιθεῖσι(ν)	ἱστᾶσι(ν)	ἱστάσαις	ἱστᾶσι(ν)
대	διδόντας	διδούσας	διδότνα	τιθέντας	τιθείσας	τιθέντα	ἱστάντας	ἱστάσας	ἱστάντα

(2) μι동사 부정과거 (능동태) 분사

구분	δίδωμι ἔδωκα 주다			τίθημι ἔθηκα 놓다			ἵστημι ἔστην 세우다		
	3-1-3 능동태								
	남	여	중	남	여	중	남	여	중
	단								
주	δούς	δοῦσα	δόν	θείς	θεῖσα	θέν	στάς	στᾶσα	στάν
속	δόντος	δούσης	δόντος	θέντος	θείσης	θέντος	στάντος	στάσης	στάντος
여	δόντι	δούσῃ	δόντι	θέντι	θείσῃ	θέντι	στάντι	στάσῃ	στάντι
대	δόντα	δοῦσαν	δόν	θέντα	θεῖσαν	θέν	στάντα	στᾶσαν	στάαν
	복								
주	δότνες	δοῦσαι	δόντα	θέντες	θεῖσαι	θέντα	στάντες	στᾶσαι	στάντα
속	δόντων	δουσῶν	δόντων	θέντων	θεισῶν	θέντων	στάντων	στασῶν	στάντων
여	δοῦσι(ν)	δούσαις	δοῦσι(ν)	θεῖσι(ν)	θείσαις	θεῖσι(ν)	στᾶσι(ν)	στάσαις	στᾶσι(ν)
대	δόντας	δούσας	δόντα	θέντας	θείσας	θέντα	στάντας	στάσας	στάντα

1.6.4. εἰμί동사 분사 및 νυμι동사(δείκνυμι)와 μαι동사(δύναμαι) 분사

구분	εἰμί 이다, 있다			δείκνυμι 보여주다			δύναμαι 할 수 있다		
	3-1-3 능동태			3-1-3 능동태			2-1-2 이태동사(디포넌트)		
	남	여	중	남	여	중	남	여	중
	단								
주	ὤν	οὖσαι	ὄν	δεικνύς	δεικνῦσα	δεικνύν	δυνάμενος	δυναμένη	δυνάμενον
속	ὄντος	οὔσης	ὄντος	δεικνύντος	δεικνύσης	δεικνύντος	δυναμένου	δυναμένης	δυναμένου
여	ὄντι	οὔσῃ	ὄντι	δεικνύντι	δεικνύσῃ	δεικνύντι	δυναμένῳ	δυναμένῃ	δυναμένῳ
대	ὄντα	οὖσαν	ὄν	δεικνύντα	δεικνῦσαν	δεικνύν	δυνάμενον	δυναμένην	δυνάμενον
	복								
주	ὄντες	οὖσαι	ὄντα	δεικνύντες	δεικνῦσαι	δεικνύντα	δυνάμενοι	δυνάμεναι	δυνάμενα
속	ὄντων	οὐσῶν	ὄντων	δεικνύντων	δεικνυσῶν	δεικνύντων	δυναμένων	δυναμένων	δυναμένων
여	οὖσι(ν)	οὔσαις	οὖσι(ν)	δεικνῦσι	δεικνύσαις	δεικνῦσι	δυναμένοις	δυναμέναις	δυναμένοις
대	ὄντας	οὔσας	ὄντα	δεικνύντας	δεικνύσας	δεικνύντα	δυναμένους	δυναμένας	δυνάμενα

1.7. 부정사(=동사파생 명사)

1.7.1. ω 동사의 부정사(λύω, ἐσθίω)

구분	λύω-ἔλυσα-λέλυκα 풀다, 파괴하다			ἐσθίω-ἔφαγον 먹다	
	현재	제1부정과거	완료	현재	제2부정과거
능동태	λύειν	λῦσαι	λελυκέναι	ἐσθίειν	φαγεῖν
중간태	λύεσθαι	λύσασθαι	λελύσθαι	ἐσθίεσθαι	φαγέσθαι
수동태	λύεσθαι	λυθῆναι	λελύσθαι	ἐσθίεσθαι	φαγέσθαι

1.7.2. ω 동사 단축동사 (현재) 부정사(ἀγαπάω, φιλέω, πληρόω)

구분	ἀγαπάω 사랑하다	φιλέω 좋아하다, 사랑하다	πληρόω 채우다
	현재		
능동태	ἀγαπᾶν	φιλεῖν	πληροῦν
중간태	ἀγαπᾶσθαι	φιλεῖσθαι	πληροῦσθαι
수동태	ἀγαπᾶσθαι	φιλεῖσθαι	πληροῦσθαι

1.7.3. μι동사 부정사(δίδωμι, τίθημι, ἵστημι)

구분	ἀγαπάω 사랑하다		φιλέω 좋아하다, 사랑하다		πληρόω 채우다	
	현재	부정과거	현재	부정과거	현재	부정과거
능동태	διδόναι	δοῦναι	τιθέναι	θεῖναι	ἱστάναι	στῆναι
중간태	δίδουσθαι	δόσθαι	τίθεσθαι	θέσθαι	ἵστασθαι	
수동태	δίδουσθαι	(δοθῆναι)	τίθεσθαι	(τεθῆναι)	ἵστασθαι	(σταθῆναι)

1.7.4. εἰμι동사 부정사 및 νυμι동사(δείκνυμι)와 μαι동사(δύναμαι) 부정사

구분	εἰμι 이다, 있다	δείκνυμι 보여주다	δύναμαι 할 수 있다
	현재		
능동태	εἶναι	δεικνύναι	
중간태		δείκνυσθαι	δύνασθαι
수동태		δείκνυσθαι	δύνασθαι

2. 활용류(conjugation)

	8. 동사					
	직설법	가정법	희구법	명령법	참고	
					분사	부정사
시제	현재, 미완료과거, 미래, 부정과거, 완료, 대과거	현재, 부정과거, 완료				
태	능동태, 중간태, 수동태					
수	단수, 복수					단수
인칭	1인칭, 2인칭, 3인칭			2인칭, 3인칭	없음	

2.1. ω동사 규칙동사 활용표(λύω)

기본 어간			λύω				λύσω	
구분			현재		미완료 과거		미래	
			능동태	중·수동태	능동태	중·수동태	능동태	중간태
직설법	단수	1	λύω	λύομαι	ἔλυον	ἐλυόμην	λύσω	λύσομαι
		2	λύεις	λύῃ	ἔλυες	ἐλύου	λύσεις	λύσῃ
		3	λύει	λύεται	ἔλυε(ν)	ἐλύετο	λύσει	λύσεται
	복수	1	λύομεν	λυόμεθα	ἐλύομεν	ἐλυόμεθα	λύσομεν	λύσόμεθα
		2	λύετε	λύεσθε	ἐλύετε	ἐλύεσθε	λύσετε	λύσεσθε
		3	λύουσι(ν)	λύονται	ἔλυον	ἐλύοντο	λύσουσι(ν)	λύσονται
가정법	단수	1	λύω	λύωμαι				
		2	λύῃς	λύῃ				
		3	λύῃ	λύηται				
	복수	1	λύωμεν	λυώμεθα				
		2	λύητε	λύησθε				
		3	λύωσι(ν)	λύωνται				
희구법	단수	1	λύοιμι	λυοίμην			λύσοιμι	λυσοίμην
		2	λύοις	λύοιο			λύσοις	λύσοιο
		3	λύοι	λύοιτο			λύσοι	λύσοιτο
	복수	1	λύοιμεν	λυοίμεθα			λύσοιμεν	λύσοιμεθα
		2	λύοιτε	λύοισθε			λύσοιτε	λύσοισθε
		3	λύοιεν	λύοιντο			λύσοιεν	λύσοιντο

명령법	단수	2	λῦε	λύου			
		3	λυέτω	λυέσθω			
	복수	2	λύετε	λύεσθε			
		3	λυέτωσαν	λυέσθωσαν			
분사	단수	남	λύων	λυόμενος		λύσων	λυσόμενος
		여	λύουσα	λυομένη		λύσουσα	λυσομένη
		중	λῦον	λυόμενον		λῦσον	λυσόμενον
	복수	남	λύοντες	λυόμενοι		λύσοντες	λυσόμενοι
		여	λύουσαι	λυόμεναι		λύσουσαι	λυσόμεναι
		중	λύοντα	λυόμενα		λύσοντα	λυσόμενα
부정사	단	중	λύειν	λύεσθαι		λύσειν	λύσεσθαι

어간			ἔλυσα		λέλυκα		λέλυμαι	ἐλύθην	
구분			부정과거		완료	과거완료	완료	부정과거	미래
			능동태	중간태	능동태	능동태	중·수동태	수동태	수동태
직설법	단수	1	ἔλυσα	ἐλυσάμην	λέλυκα	(ἐ)λελύκειν	λέλυμαι	ἐλύθην	λυθήσομαι
		2	ἔλυσας	ἐλύσω	λέλυκας	(ἐ)λελύκεις	λέλυσαι	ἐλύθης	λυθήσῃ
		3	ἔλυσε(ν)	ἐλύσατο	λέλυκε(ν)	(ἐ)λελύκει	λέλυται	ἐλύθη	λυθήσεται
	복수	1	ἐλύσαμεν	ἐλυσάμεθα	λελύκαμεν	(ἐ)λελύκειμεν	λελύμεθα	ἐλύθημεν	λυθησόμεθα
		2	ἐλύσατε	ἐλύσασθε	λελύκατε	(ἐ)λελύκειτε	λέλυσθε	ἐλύθητε	λυθήσεσθε
		3	ἔλυσαν	ἐλύσαντο	λελύκασιν(-καν)	(ἐ)λελύκεισαν	λέλυνται	ἐλύθησαν	λυθήσονται
가정법	단수	1	λύσω	λύσωμαι	λελύκω			λυθῶ	
		2	λύσῃς	λύσῃ	λελύκῃς			λυθῇς	
		3	λύσῃ	λύσηται	λελύκῃ			λυθῇ	
	복수	1	λύσωμεν	λυσώμεθα	λελύκωμεν			λυθῶμεν	
		2	λύσητε	λύσησθε	λελύκητε			λυθῆτε	
		3	λύσωσι(ν)	λύσωνται	λελύκωσι(ν)			λυθῶσι(ν)	
희구법	단수	1	λύσαιμι	λυσαίμην	λελύκοιμι			λυθείην	
		2	λύσαις	λύσαιο	λελύκοις			λυθείης	
		3	λύσαι	λύσαιτο	λελύκοι			λυθείη	
	복수	1	λύσαιμεν	λυσαίμεθα	λελύκοιμεν			λυθείημεν	
		2	λύσαιτε	λύσαισθε	λελύκοιτε			λυθείητε	
		3	λύσαιεν	λύσαιντο	λελύκοιεν			λυθείησαν	
명령법	단수	2	λῦσον	λῦσαι	λελύκως ἴσθι			λύθητι	
		3	λυσάτω	λυσάσθω				λυθήτω	
	복수	2	λύσατε	λύσασθε				λύθητε	
		3	λυσάτωσαν	λυσάσθωσαν				λυθήτωσαν	

분사	단수	남	λύσας	λυσάμενος	λελυκώς		λελυμένος	λυθείς	
		여	λύσασα	λυσαμένη	λελυκυῖα		λελυμένη	λυθεῖσα	
		중	λῦσαν	λυσάμενον	λελυκός		λελυμένον	λυθέν	
	복수	남	λύσαντες	λυσάμενοι	λελυκότες		λελυμένοι	λυθέντες	
		여	λύσασαι	λύσαμέναι	λελυκυῖαι		λελυμέναι	λυθεῖσαι	
		중	λυμσαντα	λυσάμενα	λελυκότα		λελυμένα	λυθέντα	
부정사	단	중	λῦσαι	λύσασθαι	λελυκέναι		λελύσθαι	λυθῆναι	

2.2. ω동사 제2부정/단순과거 활용표(ἐσθίω)

기본 어간			ἔφαγον		ἐδήδοκα	ἐδήδεσμαι	ἐδέσθην	
구분			2부정과거		완료	완료	부정과거	미래
			능동태	중간태	능동태	중·수동태	수동태	수동태
직설법	단수	1	ἔφαγον	ἐφαγόμην	ἐδήδοκα	ἐδήδεσμαι	ἐδέσθην	δεσθήσομαι
		2	ἔφαγες	ἐφάγου	ἐδήδοκας	ἐδήδεσσαι	ἐδέσθης	δεσθήσῃ
		3	ἔφαγε	ἐφάγετο	ἐδήδοκε(ν)	ἐδήδεσται	ἐδέσθη	δεσθήσεται
	복수	1	ἐφάγομεν	ἐφαγόμεθα	ἐδηδόκαμεν	ἐδηδέσμεθα	ἐδέσθημεν	δεσθησόμεθα
		2	ἐφάγετε	ἐφάγεσθε	ἐδηδόκατε	ἐδήδεσσθε	ἐδέσθητε	δεσθήσεσθε
		3	ἔφαγον	ἐφάγοντο	ἐδήδοκαν	ἐδήδεσνται	ἐδέσθησαν	δεσθήσονται
가정법	단수	1	φάγω	φάγωμαι			δεσθῶ	
		2	φάγῃς	φάγῃ			δεσθῇς	
		3	φάγῃ	φάγηται			δεσθῇ	
	복수	1	φάγωμεν	φαγώμεθα			δεσθῶμεν	
		2	φάγητε	φάγησθε			δεσθῆτε	
		3	φάγωσι(ν)	φάγωνται			δεσθῶσι(ν)	
희구법	단수	1	φάγοιμι	φαγοίμην				
		2	φάγοις	φάγοιο				
		3	φάγοι	φάγοιτο				
	복수	1	φάγοιμεν	φαγοίμεθα				
		2	φάγοιτε	φάγοισθε				
		3	φάγοιεν	φάγοιντο				
명령법	단수	2	φάγε	φαγοῦ				
		3	φαγέτω	φαγέσθω				
	복수	2	φάγετε	φάγεσθε				
		3	φαγέτωσαν	φαγέσθωσαν				

분사	단수	남	φαγών	φαγόμενος		δεσθεῖς	
		여	φαγοῦσα	φαγομένη		δεσθεῖσα	
		중	φαγόν	φαγόμενον		δεσθέν	
	복수	남	φάγοντος	φαγόμενοι		δεσθέντες	
		여	φάγουσαι	φαγόμεναι		δεσθεῖσαι	
		중	φάγοντα	φαγόμενον		δεσθέντα	
부정사	단	중	φαγεῖν	φαγέσθαι		δεσθῆναι	

2.3. ω동사 단축동사 활용표

(1) αω형 동사(ἀγαπάω/τιμάω)

기본 어간			ἀγαπάω 사랑하다			
구분			현재		미완료 과거	
			능동태	중·수동태	능동태	중·수동태
직설법	단수	1	ἀγαπῶ	ἀγαπῶμαι	ἠγάπων	ἠγαπώμην
		2	ἀγαπᾷς	ἀγαπᾷ	ἠγάπας	ἠγαπῶ
		3	ἀγαπᾷ	ἀγαπᾶται	ἠγάπα	ἠγαπᾶτο
	복수	1	ἀγαπῶμεν	ἀγαπώμεθα	ἠγαπῶμεν	ἠγαπώμεθα
		2	ἀγαπᾶτε	ἀγαπᾶσθε	ἠγαπᾶτε	ἠγαπᾶσθε
		3	ἀγαπῶσι(ν)	ἀγαπῶνται	ἠγάπων	ἠγαπῶντο
가정법	단수	1	ἀγαπῶ	ἀγαπῶμαι		
		2	ἀγαπᾷς	ἀγαπᾷ		
		3	ἀγαπα	ἀγαπᾶται		
	복수	1	ἀγαπῶμεν	ἀγαπώμεθα		
		2	ἀγαπᾶτε	ἀγαπᾶσθε		
		3	ἀγαπῶσι(ν)	ἀγαπῶνται		
희구법	단수	1	ἀγαπῷμι	ἀγαπῴμην		
		2	ἀγαπῷς	ἀγαπῷο		
		3	ἀγαπῷ	ἀγαπῷτο		
	복수	1	ἀγαπῷμεν	ἀγαπῴμεθα		
		2	ἀγαπῷτε	ἀγαπῷσθε		
		3	ἀγαπῷεν	ἀγαπῷντο		

명령법	단수	2	ἀγαπα	ἀγαπῶ	
		3	ἀγαπάτω	ἀγαπάσθω	
	복수	2	ἀγαπᾶτε	ἀγαπᾶσθε	
		3	ἀγαπάτωσαν	ἀγαπάσθωσαν	
분사	단수	남	ἄγαπῶν	ἀγαπώμενος	
		여	ἀγαπῶσα	ἀγαπωμένη	
		중	ἀγαπῶν	ἀγαπώμενον	
	복수	남	ἀγάπωντος	ἀγαπώμενοι	
		여	ἀγάπωσαι	ἀγαπώμεναι	
		중	ἀγάπωντα	ἀγαπώμενον	
부정사	단	중	ἀγαπᾶν	ἀγαπᾶσθαι	

(2) εω형 **동사**(φιλέω)

기본 어간			φιλέω 좋아하다, 사랑하다			
구분			현재		미완료 과거	
			능동태	중·수동태	능동태	중·수동태
직설법	단수	1	φιλῶ	φιλοῦμαι	ἐφίλουν	ἐφιλούμην
		2	φιλεῖς	φιλῇ	ἐφίλεις	ἐφιλοῦ
		3	φιλεῖ	φιλεῖται	ἐφίλει	ἐφιλεῖτο
	복수	1	φιλοῦμεν	φιλούμεθα	ἐφιλοῦμεν	ἐφιλούμεθα
		2	φιλεῖτε	φιλεῖσθε	ἐφιλεῖτε	ἐφιλεῖσθε
		3	φιλοῦσι(ν)	φιλοῦνται	ἐφίλουν	ἐφιλοῦντο
가정법	단수	1	φιλῶ	φιλῶμαι		
		2	φιλῇς	φιλῇ		
		3	φιλῇ	φιλῆται		
	복수	1	φιλῶμεν	φιλώμεθα		
		2	φιλῆτε	φιλῆσθε		
		3	φιλῶσι(ν)	φιλῶνται		
희구법	단수	1	φιλοῖμι	φιλοίμην		
		2	φιλοῖς	φιλοῖο		
		3	φιλοῖ	φιλοῖτο		
	복수	1	φιλοῖμεν	φιλοίμεθα		
		2	φιλοῖτε	φιλοῖσθε		
		3	φιλοῖεν	φιλοῖντο		

명령법	단수	2	φίλει	φιλοῦ	
		3	φιλείτω	φιλείσθω	
	복수	2	φιλεῖτε	φιλεῖσθε	
		3	φιλείτωσαν	φιλείσθωσαν	
분사	단수	남	φιλῶν	φιλούμενος	
		여	φιλοῦσα	φιλουμένη	
		중	φιλοῦν	φιλούμενον	
	복수	남	φιλοῦτες	φιλούμενοι	
		여	φιλοῦσαι	φιλούμεναι	
		중	φιλοῦντα	φιλούμενον	
부정사	단	중	φιλεῖν	φιλεῖσθαι	

(3) οω형 동사(πληρόω)

기본 어간			πληρόω 가득 채우다			
구분			현재		미완료 과거	
			능동태	중·수동태	능동태	중·수동태
직설법	단수	1	πληρῶ	πληροῦμαι	ἐπλήρουν	ἐπληρούμην
		2	πληροῖς	πληροῖ	ἐπλήρους	ἐπληροῦ
		3	πληροῖ	πληροῦται	ἐπλήρου	ἐπληροῦτο
	복수	1	πληροῦμεν	πληρούμεθα	ἐπληροῦμεν	ἐπληρούμεθα
		2	πληροῦτε	πληροῦσθε	ἐπληροῦτε	ἐπληροῦσθε
		3	πληροῦσι(ν)	πληροῦνται	ἐπλήρουν	ἐπληροῦντο
가정법	단수	1	πληρῶ	πληρῶμαι		
		2	πληροῖς	πληροῖ		
		3	πληροῖ	πληρῶται		
	복수	1	πληρῶμεν	πληρώμεθα		
		2	πληρῶτε	πληρῶσθε		
		3	πληρῶσι(ν)	πληρῶνται		
희구법	단수	1	πληροῖμι	πληροίμην		
		2	πληροῖς	πληροῖο		
		3	πληροῖ	πληροῖτο		
	복수	1	πληροῖμεν	πληροίμεθα		
		2	πληροῖτε	πληροῖσθε		
		3	πληροῖεν	πληροῖντο		

명령법	단수	2	πλήρου	πληροῦ	
		3	πληρούτω	πληρούσθω	
	복수	2	πληροῦτε	πληροῦσθε	
		3	πληρούτωσαν	πληρούσθωσαν	
분사	단수	남	πληρῶν	πληρούμενος	
		여	πληροῦσα	πληρουμένη	
		중	πληροῦν	πληρούμενον	
	복수	남	πληροῦντος	πληρούμενοι	
		여	πληροῦσαι	πληρούμεναι	
		중	πληροῦντα	πληρούμενα	
부정사	단	중	πληροῦν	πληροῦσθαι	

2.4. ω동사 유음동사 활용표(κρίνω)

기본 어간			κρίνω 심판하다			
구분			현재		미완료 과거	
			능동태	중간태	능동태	중간태
직설법	단수	1	κρινῶ	κρινοῦμαι	ἔκρινα	ἐκρινάμην
		2	κρινεῖς	κρινῇ	ἔκρινας	ἐκρίνω
		3	κρινεῖ	κρινεῖται	ἔκρινε(ν)	ἐκρίνατο
	복수	1	κρινοῦμεν	κρινούμεθα	ἐκρίναμεν	ἐκρινάμεθα
		2	κρινεῖτε	κρινεῖσθε	ἐκρίνατε	ἐκρίνασθε
		3	κρινοῦσι(ν)	κρινοῦντα	ἔκριναν	ἐκρίναντο
가정법	단수	1			κρίνω	κρίνωμαι
		2			κρίνῃς	κρίνῃ
		3			κρίνῃς	κρίνηται
	복수	1			κρίνωμεν	κρινώμεθα
		2			κρίνητε	κρίνησθε
		3			κρίνωσι(ν)	κρίνωνται
희구법	단수	1			κρίναιμι	κριναίμην
		2			κρίναις	κρίναιο
		3			κρίναι	κρίναιτο
	복수	1			κρίναιμεν	κριναίμεθα
		2			κρίναιτε	κρίναισθε
		3			κρίναιεν	κρίαντο

명령법	단수	2		κρῖνον	κρίναι
		3		κρινάτω	κρινάσθω
	복수	2		κρίνατε	κρίνασθε
		3		κρινάτωσαν	κρινάσθωσαν
분사	단수	남		κρίνας	κρινάμενος
		여		κρίνασα	κριναμένη
		중		κρῖναν	κρινάμενον
	복수	남		κρίναντες	κρινάμενοι
		여		κρίνασαι	κρινάμεναι
		중		κρίναντα	κρινάμενα
부정사	단	중		κρῖναι	κρίνασθαι

2.5. μι동사(δίδωμι, τίθημι, ἵστημι) 및 νυμι동사(δείκνυμι)와 μαι동사(δύναμαι) 동사 활용표

(1) δίδωμι 동사("주다")

기본 어간			δίδωμι				ἔδωκα	
구분			현재		미완료 과거		부정과거	
			능동태	중·수동태	능동태	중·수동태	능동태	중간태
직설법	단수	1	δίδωμι	διδομαι	ἐδίδουν	ἐδιδόμην	ἔδωκα	ἐδόμην
		2	δίδως	διδοσαι	ἐδίδους	ἐδίδοσο	ἔδωκας	ἔδου
		3	δίδωσι(ν)	διδοται	ἐδίδου	ἐδίδοτο	ἔδωκε(ν)	ἔδοτο
	복수	1	δίδομεν	διδόμεθα	ἐδίδομεν	ἐδιδόμεθα	ἐδώκαμεν	ἐδόμεθα
		2	δίδοτε	διδοσθε	ἐδίδοτε	ἐδίδοσθε	ἐδώκατε	ἔδοσθε
		3	διδόασι(ν)	διδονται	ἐδίδοσαν	ἐδίδοντο	ἔδωκαν	ἔδοντο
가정법	단수	1	διδῶ	διδῶμαι			δῶ	δῶμαι
		2	διδῷς	διδῷ			δῷς	δῷ
		3	διδῷ	διδῶται			δῷ	δῶται
	복수	1	διδῶμεν	διδώμεθα			δῶμεν	δώμεθα
		2	διδῶτε	διδῶσθε			δῶτε	δῶσθε
		3	διδῶσι(ν)	διδῶνται			δῶσι(ν)	δῶνται
희구법	단수	1	διδοίην	διδοίμην			δοίην	δοίμην
		2	διδοίης	διδοῖο			δοίης	δοῖο
		3	διδοίη	διδοῖτο			δοίη	δοῖτο
	복수	1	διδοῖμεν	διδοίμεθα			δοῖμεν	δοίμεθα
		2	διδοῖτε	διδοῖσθε			δοῖτε	δοῖσθε
		3	διδοῖεν	διδοῖντο			δοῖεν	δοῖντο
명령법	단수	2	δίδου	διδοσο			δός	δοῦ
		3	διδότω	διδόσθω			δότω	δόσθω
	복수	2	δίδοτε	διδοσθε			δότε	δόσθε
		3	διδότωσαν διδόντων	διδόσθωσαν διδόσθων			δότωσαν δόντων	δόσθωσαν δόσθων
분사	단수	남	διδούς	διδόμενος			δούς	δόμενος
		여	διδοῦσα	διδομένη			δοῦσα	δομένη
		중	διδόν	διδόμενον			δόν	δόμενον
	복수	남	διδόντες	διδόμενοι			δόντες	δόμενοι
		여	διδοῦσαι	διδόμεναι			δοῦσαι	δόμεναι
		중	διδόντα	διδόμενα			δόντα	δόμενα
부정사	단	중	διδόναι	δίδοσθαι			δοῦναι	δόσθαι

(2) τίθημι 동사("놓다")

기본 어간			τίθημι				ἔθηκα	
구분			현재		미완료 과거		부정과거	
			능동태	중·수동태	능동태	중·수동태	능동태	중간태
직설법	단수	1	τίθημι	τίθεμαι	ἐτίθην	ἐτιθέμην	ἔθηκα	ἐθέμην
		2	τίθης	τίθεσαι	ἐτίθεις	ἐτίθεσο	ἔθηκας	ἔθου
		3	τίθησι(ν)	τίθεται	ἐτίθει	ἐτίθετο	ἔθηκε(ν)	ἔθετο
	복수	1	τίθεμεν	τιθέμεθα	ἐτίθεμεν	ἐτιθέμεθα	ἔθεμεν	ἐθέμεθα
		2	τίθετε	τίθεσθε	ἐτίθετε	ἐτίθεσθε	ἔθετε	ἔθεσθε
		3	τιθέασι(ν)	τίθενται	ἐτίθεσαν	ἐτίθεντο	ἔθεσαν	ἔθεντο
가정법	단수	1	τιθῶ	τιθῶμαι			θῶ	θῶμαι
		2	τιθῇς	τιθῇ			θῇς	θῇ
		3	τιθῇ	τιθῆται			θῇ	θῆται
	복수	1	τιθῶμεν	τιθώμεθα			θῶμεν	θώμεθα
		2	τιθῆτε	τιθῆσθε			θῆτε	θῆσθε
		3	τιθῶσι(ν)	τιθῶνται			θῶσι(ν)	θῶνται
희구법	단수	1	τιθείην	τιθείμην			θείην	θείμην
		2	τιθείης	τιθεῖο			θείης	θεῖο
		3	τιθείη	τιθεῖτο			θείη	θεῖτο
	복수	1	τιθεῖμεν	τιθείμεθα			θεῖμεν	θείμεθα
		2	τιθεῖτε	τιθεῖσθε			θεῖτε	θεῖσθε
		3	τιθεῖεν	τιθεῖντο			θεῖεν	θεῖντο
명령법	단수	2	τίθει	τίθεσο			θές	θοῦ
		3	τιθέτω	τιθέσθω			θέτω	θέσθω
	복수	2	τίθετε	τίθεσθε			θέτε	θέσθε
		3	τιθένωσαν τιθέντων	τιθέσθωσαν τιθέσθων			θέτωσαν θέντων	θέσθωσαν θέσωθων
분사	단수	남	τιθείς	τιθέμενος			θείς	θέμενος
		여	τιθεῖσα	τιθεμένη			θεῖσα	θεμένη
		중	τιθέν	τιθέμενον			θέν	θέμενον
	복수	남	τιθέντες	τιθέμενοι			θέντες	θέμενοι
		여	τιθεῖσαι	τιθέμεναι			θεῖσαι	θέμεναι
		중	τιθεντα	τιθέμενα			θέντα	θέμενα
부정사	단	중	τιθέναι	τίθεσθαι			θεῖναι	θέσθαι

(3) ἵστημι 동사("세우다")

기본 어간			ἵστημι				ἔστην	ἕστηκα
구분			현재		미완료 과거		부정과거	제2완료
			능동태	중·수동태	능동태	중·수동태	능동태	능동태
직설법	단수	1	ἵστημι	ἵσταμαι	ἵστην	ἱστάμην	ἔστην	(ἕστηκα)
		2	ἵστης	ἵστασαι	ἵστης	ἵστασο	ἔστης	(ἕστηκας)
		3	ἵστησι(ν)	ἵσταται	ἵστη	ἵστατο	ἔστη	(ἕστηκε)
	복수	1	ἵσταμεν	ἱστάμεθα	ἵσταμεν	ἱστάεθα	ἔστημεν	ἕσταμεν
		2	ἵστατε	ἵστασθε	ἵστατε	ἵστασθε	ἔστητε	ἕστατε
		3	ἵστασι(ν)	ἵστανται	ἵστασαν	ἵσταντο	ἔστησαν	ἑστᾶσι
가정법	단수	1	ἱστῶ	ἱστῶμαι			στῶ	ἑστῶ
		2	ἱστῇς	ἱστῇ			στῇς	ἑστῇς
		3	ἱστῇ	ἱστῆαι			στῇ	ἑστῇ
	복수	1	ἱστῶμεν	ἱστώμεθα			στῶμεν	ἑστῶμεν
		2	ἱστῆτε	ἱστῆσθε			στῆτε	ἑστῆτε
		3	ἱστῶσι(ν)	ἱστῶνται			στῶσι(ν)	ἑστῶσι(ν)
희구법	단수	1	ἱσταίην	ἱσταίμην			σταίην	ἑσταίην
		2	ἱσταίης	ἱσταῖο			σταίης	ἑσταίης
		3	ἱσταίη	ἱσταιτο			σταίη	ἑσταίη
	복수	1	ἱσταῖμεν	ἱσταίμεθα			σταῖμεν	ἑσταῖμεν
		2	ἱσταῖτε	ἱσταίθε			σταῖτε	ἑσταῖτε
		3	ἱσταῖεν	ἱσταῖντο			σταῖεν	ἑσταῖεν
명령법	단수	2	ἵστη	ἵστασο			στῆθι	ἕσταθι
		3	ἱστάτω	ἱστάσθω			στήτω	ἑστάτω
	복수	2	ἵστατε	ἵστασθε			στῆτε	ἕστατε
		3	ἱστάτωσαν ἱστάντων	ἱστάσθωσαν ἱστάσθων			στάτωσαν στάντων	ἑστάντωσαν ἑστάντων
분사	단수	남	ἱστάς	ἱστάμενος			στάς	ἑστώς
		여	ἱστᾶσα	ἱσταμένη			στᾶσα	ἑστῶσα
		중	ἱστάν	ἱστάμενον			στάν	ἑστός
	복수	남	ἵσταντες	ἱστάμενοι			στάντες	ἑστότες
		여	ἵστασαι	ἱστάμεναι			στᾶσαι	ἑστῶσαι
		중	ἵσταντα	ἱστάμενα			στάντα	ἑστότα
부정사	단	중	ἱστάναι	ἵστασθαι			στῆναι	ἑστάναι

(4) δείκνυμι 동사("보여주다")와 δύναμαι 동사("할 수 있다")

기본 어간			δείκνυμι				δύναμαι
구분			현재		미완료 과거		현재
			능동태	중·수동태	능동태	중·수동태	디포넌트
직설법	단수	1	δείκνυμι	δείκνυμαι	ἐδείκνυν	ἐδεικνύμην	δύναμαι
		2	δείκνυς	δείκνυσαι	ἐδείκνυς	ἐδείκνυσο	δύνασαι
		3	δείκνυσι	δείκνυται	ἐδείκνυ	ἐδείκνυτο	δύναται
	복수	1	δείκνυμεν	δεικνύμεθα	ἐδείκνυμεν	ἐδεικνύμεθα	δυνάμεθα
		2	δείκνυτε	δείκνυσθε	ἐδείκνυτε	ἐδείκνυσθε	δύνασθε
		3	δεικνύασι	δείκνυνται	ἐδείκνυσαν	ἐδείκνυντο	δύνανται
가정법	단수	1	δεικνύω	δεικνύωμαι			δύνωμαι
		2	δεικνύῃς	δεικνύῃ			δύνῃ
		3	δεικνύῃ	δεικνύηται			δύνηται
	복수	1	δεικνύωμεν	δεικνυώμεθα			δυνώμεθα
		2	δεικνύητε	δεικνύησθε			δύνησθε
		3	δεικνύωσι	δεικνύωνται			δύνωνται
희구법	단수	1	δεικνύοιμι	δεικνυοίμην			δυναίμην
		2	δεικνύοις	δεικνύοιο			δύναιο
		3	δεικνύοι	δεικνύοιτο			δύναιτο
	복수	1	δεικνύοιμεν	δεικνυοίμεθα			δυναίμεθα
		2	δεικνύοιτε	δεικνύοισθε			δύναισθε
		3	δεικνύοιεν	δεικνύοιντο			δύναιντο
명령법	단수	2	δείκνυ	δείκνυσο			δύνασο
		3	δεικνύτω	δεικνύσθω			δυνάσθω
	복수	2	δείκνυτε	δείκνυσθε			δύνασθε
		3	δεικνύντωσαν δεικνύντων	δεικνύσθωσαν δεικνύσαθων			δυνάσθωσαν δυνάσθων
분사	단수	남	δεικνύς	δεικνύμενος			δυνάμενος
		여	δεικνῦσα	δεικνυμένη			δυναμένη
		중	δεικνύν	δεικνύμενον			δυνάμενον
	복수	남	δεικνύντες	δεικνύμενοι			δυνάμενοι
		여	δεικνῦσαι	δεικνύμεναι			δυνάμεναι
		중	δεικνύντα	δεικνύμενα			δυνάμενα
부정사	단	중	δεικνύναι	δείκνυσθαι			δύνασθαι

2.6. 주요한 불규칙 동사 활용표(εἰμι, οἶδα, φημί, ἵημι)

(1) εἰμί 동사("이다")

구분			현재	미완료 과거	현재
			능동태	능동태	디포넌트
직설법	단수	1	εἰμί	ἤμην / ἦν	ἔσομαι
		2	εἶ	ἦς / ἦσθα	ἔσῃ
		3	ἐστί(ν)	ἦν	ἔσται
	복수	1	ἐσμέν	ἦμεν	ἐσόμαθα
		2	ἐστέ	ἦτε	ἔσεσθε
		3	εἰσί(ν)	ἦσαν	ἔσονται
가정법	단수	1	ὦ		
		2	ᾖς		
		3	ᾖ		
	복수	1	ὦμεν		
		2	ἦτε		
		3	ὦσι(ν)		
희구법	단수	1	εἴην		
		2	εἴης		
		3	εἴη		
	복수	1	εἶμεν		
		2	εἶτε		
		3	εἶεν		
명령법	단수	2	ἴσθι		
		3	ἔστω		
	복수	2	ἔστε		
		3	ἔστωσαν ἔστων		
분사	단수	남	ὤν		
		여	οὖσα		
		중	ὄν		
	복수	남	ὄντες		
		여	οὖσαι		
		중	ὄντα		
부정사	단	중	εἶναι		

(2) οἶδα **동사**("알다")

구분			완료	대과거 완료
			능동태	능동태
직설법	단수	1	οἶδα	ᾔδειν / ᾔδη
		2	οἶδας / οἶσθα	ᾔδεις / ᾔδησθα
		3	οἶδε(ν)	ᾔδει(ν)
	복수	1	οἴδαμεν / ἴσμεν	ᾖδε(ι)μεν / ᾖσμεν
		2	οἴδατε / ἴστε	ᾖδε(ι)τε / ᾖστε
		3	οἴδασι(ν) / ἴσασι(ν)	ᾖδε(ι)σαν / ᾖσαν
가정법	단수	1	εἰδῶ	
		2	εἰδῇς	
		3	εἰδῇ	
	복수	1	εἰδῶμεν	
		2	εἰδῆτε	
		3	εἰδῶσι(ν)	
희구법	단수	1	εἰδείην	
		2	εἰδείης	
		3	εἰδείη	
	복수	1	εἰδεῖμεν	
		2	εἰδεῖτε	
		3	εἰδεῖεν	
명령법	단수	2	ἴσθι	
		3	ἴστω	
	복수	2	ἴστε	
		3	ἴστωσαν ἴστων	
분사	단수	남	εἰδώς	
		여	εἰδυῖα	
		중	εἰδός	
	복수	남	εἰδότες	
		여	εἰδυῖαι	
		중	εἰδότα	
부정사	단	중	εἰδέναι	

(3) φημί 동사("말하다")

구분			현재 능동태	미완료 능동태
직설법	단수	1	φημί	ἔφην
		2	φῄς	ἔφης ἔφησθα
		3	φησί(ν)	ἔφη
	복수	1	φαμέν	ἔφαμεν
		2	φατέ	ἔφατε
		3	φασί(ν)	ἔφασαν
가정법	단수	1	φῶ	
		2	φῇς	
		3	φῇ	
	복수	1	φῶμεν	
		2	φῆτε	
		3	φῶσι(ν)	
희구법	단수	1	φαίην	
		2	φαίης	
		3	φαίη	
	복수	1	φαῖμεν	
		2	φαῖτε	
		3	φαῖεν	
명령법	단수	2	φάθι	
		3	φάτω	
	복수	2	φάτε	
		3	φάτωσαν φάντων	
분사	단수	남	φάς	
		여	φᾶσα	
		중	φάν	
	복수	남	φάντες	
		여	φᾶσαι	
		중	φάντα	
부정사	단	중	φάναι	

(4) ἵημι **동사**(“가다”)

구분			현재	미완료
			능동태	능동태
직설법	단수	1	ἵημι	ἵην
		2	ἵης	ἵεις
		3	ἵησι(ν)	ἵει
	복수	1	ἵομεν	ἵεμεν
		2	ἵετε	ἵετε
		3	ἵουσι(ν)	ἵεσαν
가정법	단수	1	ἱῶ	
		2	ἱῇς	
		3	ἱῇ	
	복수	1	ἱῶμεν	
		2	ἱῆτε	
		3	ἱῶσι(ν)	
희구법	단수	1	ἱείην	
		2	ἱείης	
		3	ἱείη	
	복수	1	ἱεῖμεν	
		2	ἱείητε	
		3	ἱείεν	
명령법	단수	2	ἵει	
		3	ἵετω	
	복수	2	ἵετε	
		3	ἵεντων	
분사	단수	남	ἱείς	
		여	ἱεῖσα	
		중	ἱέν	
	복수	남	ἱέντες	
		여	ἱεῖσαι	
		중	ἱέντα	
부정사	단	중	ἱέναι	

B. 주요 동사 6어간 활용표

(주요 동사표는 교재와 상관없이 일반적으로 중요하다고 여겨지는 동사를 모두 포함시켰다)

기본형 (현재형)	미래 능동 [중간]	부정과거 능동 [중간]	완료 능동 [과완능동/중간]	완료 수동	부정과거 수동 [미래수동]	의미
ἄγω	ἄξω	ἤγαγον	*	ἦγμαι	ἤχθην	인도하다
αἴρω	ἀρῶ	ἦρα	ἦρκα	ἦρμαι	ἤρθην	들어올리다
ἀκούω	ἀκούσω	ἤκουσα	ἀκήκοα	*	ἠκούσθην	듣다
ἁμαρτάνω	ἁμαρτάνω	ἥμαρτον	ἡμάρτηκα	*	*	죄짓다
ἀνοίγω	ἀνοίξω	ἤνοιξα ἀνεῳξα ἠνέῳξα	ἀνέῳγα	ἤνοιγμαι ἀνέῳγμαι ἠνέῳγμαι	ἠνοίχθην ἀνεῴχθην ἠνεῴχθην	열다
ἀποθνῄσκω	ἀποθανοῦμι	ἀπέθανον	*	*	*	죽다
ἀποκρίνομαι	ἀποκρινοῦμαι	ἀπεκρινάμην	*	*	ἀπεκρίθην	대답하다
ἀποκτείνω	ἀποκτενῶ	ἀπέκτεινα	*	*	ἀπεκτάνθην	죽이다
ἀποστέλλω	ἀποστελῶ	ἀπέστειλα	ἀπέσταλκα	ἀπέσταλμαι	ἀπεστάλην	보내다
ἀρνέομαι	ἀρνήσομαι	ἠρνησάμην	*	ἤρνημαι	*	부인하다
ἄρχω	ἄρξομαι	ἠρξάμην	*	*	*	통치하다
ἀφίημι	ἀφήσω	ἀφῆκα	ἀφεῖκα	ἀφέωμαι	ἀφέθην	가게하다
βαίνω	βήσομαι	ἔβην	βέβηκα	*	*	가다
βάλλω	βαλῶ	ἔβαλον	βέβληκα	βέβλημαι	ἐβλήθην	던지다
βαπτίζω	βαπτίσω	ἐβάπτισα	*	βεβάπτισμαι	ἐβαπτίσθην	세례하다
βλέπω [ὁράω]	[βλέψομαι] ὄψομαι	[ἔβλεψα] εἶδον	ἑώρακα	*	ὤφθην	보다
γίνομαι	γενήσομαι	ἐγενόμην	γέγονα	γεγένημαι	ἐγενήθην	되다
γινώσκω	γνώσομαι	ἐγνώμην	ἔγνωκα	ἔγνωσμαι	ἐγνώσθην	알다
γράφω	γράψω	ἔγραψα	γέγραφα	γέγραμμαι	ἐγράφην	쓰다
δείκνυμι	δείξω	ἔδειξα	δέδειχα	-δέδειγμαι	ἐδείχθην	보여주다
δέχομαι	δέξομαι	ἐδεξάμην	*	δέδεγμαι	ἐδέχθην	영접하다
διδάσκω	διδάξω	ἐδίδαξα	*	*	ἐδιδάχθην	가르치다
δίδωμι	δώδω	ἔδωκα	δέδωκα	δέδομαι	ἐδόθην	주다
διώκω	διώξω	ἐδίωξα	*	δεδίωγμαι	ἐδιώχθην	뒤쫓다
δύναμαι	δυνήσομαι	ἐδυνησάμην ἠδυνάμην	*	δεδύνημαι	ἐδυνάσθην ἠδυνήθην	할 수 있다
εἰμί	ἔσομαι	ἤμην	*	*	*	이다
ἐλπίζω	ἐλπιῶ	ἤλπισα	ἤλπικα	*	*	소망하다
ἔρχομαι	ἐλεύσομαι	ἦλθον	ἐλήλυθα	*	*	가다, 오다

ἐσθίω	φάγομαι ἔδομαι	ἔφαγον	*	*	*	먹다
εὐαγγελίζω	*	εὐηγγέλισα εὐηγγελισάμην	*	εὐηγγέλισμαι	εὐηγγελίσθην	복음전하다
εὑρίσκω	εὑρήσω	εὗρον	εὕρηκα	*	εὑρέθην	찾다
ἔχω	ἕξω	ἔσχον	ἔσχηκα	*	ἐσχέθην	소유하다
ζάω	ζήσω	ἔζησα	*	*	*	살다
θέλω	θελήσω	ἠθέλησα	*	*	*	원하다
ἵστημι	στήσω	ἔστην ἔστησα	ἕστηκα	*	ἐστάθην	세우다
κάθημαι	καθήσομαι	*	*	*	*	앉다
καλέω	καλέσω	ἐκάλεσα	κέκληκα	κέκλημαι	ἐκλήθην	부르다
κρίνω	κρινῶ	ἔκρινα	κέκρινα	κέκριμαι	ἐκρίθην	심판하다
λαμβάνω	λήμψομαι	ἔλαβον	εἴληφα	εἴλημμαι	ἐλημφθην	취하다
λέγω *[[ἔπω]]	[λέξω] ἐρῶ	[ἔλεξα] εἶπον	εἴρηκα	εἴρημαι	ἐλέχθην ἐρρέθην	말하다
λείπω	λείψω	ἔλιπον	*	λέλειμμαι	ἐλείφθην	남겨놓다
μέλλω	μελλήσω	ἤμελλον	*	*	*	하려고하다
μένω	μενῶ	ἔμεινα	μεμένηκα	*	*	머물다
οἶδα	제27과 27.4를 보라					
ὁράω	βλέπω를 보라					
πάσχω	*	ἔπαθον	πέπονθα	*	*	고난받다
πείθω	πείσω	ἔπεισα	πέποιθα	πέπεισμαι	ἐπείσθην	설득하다
πίνω	πίομαι	ἔπιον	πέπωκα	πέπεισμαι	ἐπόθην	마시다
πίπτω	πεσοῦμαι	ἔπεσον [ἔπεσα]	πέπτωκα	*	*	떨어지다
σπείρω	σπερῶ	ἔσπειρα	*	ἔστπρμαι	ἐσπάρην	씨뿌리다
στρέφω	στρέψω	ἔστρεψα	*	ἔστραμμαι	ἐστράφην	돌아서다
σώζω	σώσω	ἔσωσα	σέσωκα	σέσωμαι	ἐσώθην	구원하다
συνάγω	συνάξω	συνήγαγον	*	συνῆγμαι	συνήχθην	모으다
τίθημι	θήσω	ἔθηκα	τέθεικα	τέθειμαι	ἐτέθην	놓다
φαίνω	φανοῦμαι	ἔφανα	*	*	ἐφάνην	비추다
χαίρω	χαρήσομαι	*	*	*	ἐχάρην	기뻐하다

C. 단어장

A

'Αβραάμ, ὁ	아브라함
** ἀγαθός, ή, όν	선한
** ἀγαπάω	사랑하다
** ἀγάπη, ης, ἡ	사랑
*** ἄγγελος, ου, ὁ	천사; 전달자
*** ἅγιος, α, ον	거룩한
ἄγω	인도하다
ἀδελφή, ῆς, ἡ	자매
*** ἀδελφός, οῦ, ὁ	형제
* αἷμα, ατος, τό	피
* αἴρω	들어 올리다; 제거하다
* αἰτέω	요청하다; 묻다
** αἰών, ῶνος, ὁ	시대; 세대
αἰώνιος, ον	영원한 (2어미 형용사)
* ἀκολουθέω	따르다 (여격형 목적어)
*** ἀκούω	듣다 (종종 속격형 목적어)
ἀλέκτωρ, ορος, ὁ	수닭
** ἀλήθεια, ας, ἡ	진실, 진리
ἀληθής, ές	참된, 진실한
ἀλλά	그러나. [숙어] οὐ~ ἀλλά~ ~가 아니라 ~
ἀλλήλων	(상호대) 서로서로의 (주격형 없음)
** ἄλλος, η, ο	다른, 또 하나의
*** ἁμαρτία, ας, ἡ	죄
ἁμαρτωλός, όν	죄의; (명사화) 죄인
ἀμήν	참으로, 진실로; 아멘
ἀμήτωρ, ορος	어머니가 없는 (1어미 형용사)
ἄν	불확실성을 전달해주는 해석되지 않은 불변화사
ἀνά	(+속) 위에
	(+여) 위에
	(+대) 위로, 전반에(시간), ~씩(배분)

* ἀναβαίνω	올라가다
ἀνάστασις, εως, ἡ	부활
Ἀνδρεάς, οῦ, ὁ	안드레
*** ἀνήρ, ἀνδρός, ὁ	남자; 남편
** ἀνίστημι	일으키다; 일어나다
*** ἄνθρωπος, ου, ὁ	사람
* ἀνοίγω	열다
ἀπάτωρ, ορος	아버지가 없는 (1어미 형용사)
** ἀπέρχομαι	떠나다
ἄπιστος, ον	믿음 없는 (2어미 형용사)
ἀπό	(+속) ~부터
** ἀποθνῄσκω	죽다
*** ἀποκρίνομαι	대답하다
* ἀποκτείνω	죽이다
* ἀπόλλυμι	파괴하다; (중간태) 멸망하다
** ἀποστέλλω	보내다
* ἀπόστολος, ου, ὁ	사도
Ἀπφία, ας, ἡ	아비아
* ἄρτος, ου, ὁ	빵, 떡
** ἀρχιερύς, έως, ὁ	대제사장
* ἄρχω	통치하다;(속격형 목적어) (중) 시작하다 (+부정사)
ἄρχων, οντος, ὁ	통치자
ἀστήρ, έρος, ὁ	별
αὐτός, ή, ό	(인칭대) 그, 그녀, 그것
	(특별용법) 그 동일한; ~ 자신
** ἀφίημι	가게하다; 허락하다; 용서하다

B

βαίνω	가다
** βάλλω	던지다
* βαπτίζω	세례주다, 세례하다
βάπτισμα, ματος, τό	세례

*** βασιλεία, ας, ἡ	왕국
** βασιλεύς, έως, ὁ	왕, 임금
βίβλος, ου, ἡ	책
** βλέπω	보다
βραχύς, εία, ύ	작은, 적은

Γ

γάρ	왜냐하면, ~ 때문에(이유); 그러므로(전환) (후치사)
* γεννάω	낳다
γενήσομαι	γίνομαι(되다)의 미래
*** γῆ, γῆς, ἡ	땅; 지구
*** γίνομαι	되다; 이다
*** γινώσκω	알다; 알게 되다
*** γράφω	쓰다, 기록하다
*** γυνή, γυναικός, ἡ	여자; 아내

Δ

δέ	그러나; 그리고
** δεῖ	(비인칭 동사) 반드시 ~해야 한다 (+부정사)
δείκνυμι	보여주다
δέον	(비인칭 형용사) ~해야 한다 (+부정사)
δεύτερος, α, ον	둘째의
διά	(+속) ~을 통하여, 가로질러
	(+대) ~ 때문에
διαλογίζομαι	논의하다, 대화하다; 숙고하다
διδάσκαλος, ου, ὁ	선생님
* διδάσκω	가르치다
διδαχή, ῆς, ἡ	가르침
*** δίδωμι	주다
* δίκαιος, α, ον	의로운; 옳은
* δικαιοσύνη, ης, ἡ	의(義)
δικαιόω	의롭게 하다

*** δόξα, ης, ἡ	영광
δύο	(수사) 둘, 2
** δοῦλος, ου, ὁ	종, 노예
*** δύναμαι	할 수 있다, 할 능력이 있다 (+부정사).
** δύναμις, εως, ἡ	능력, 힘
δώδεκα 열 둘, 12	(수사) 열 둘, 12

E

ἐάν	(+가) 만약 ~라면
ἑαυτοῦ, ῆς, οῦ	(재귀대) 그/그녀 자신의, 그것 자체의 (주격형 없음)
** ἐγείρω	들어 올리다, 일으키다, 세우다
ἐγώ	(인칭대) 나
εἰ	(+직) 만약 ~라면
*** εἶδον	보았다 (βλέπω 동사의 제2부정과거형)
*** εἰμί	~이다; 있다, 존재하다
*** εἶπον	내가 말했다 (λέγω 동사의 제2부정과거형)
* εἰρήνη, ης, ἡ	평화, 평강
εἷς, μία, ἕν	(수사) 하나, 1
εἰς	(+대) ~안으로(공간); ~을 위해(목적)
*** εἰσέρχομαι	안으로 가다, 들어가다
*** ἔθνος, ους, τό	나라; 이방인
ἐκ	(+속) ~밖으로; ~출신의(기원)
* ἕκαστος, η, ον	각각의
* ἐκβάλλω	내던지다, 내쫓다
ἐκεῖ	거기
ἐκεῖος, η, ο	(지시대) 저 사람, 저것; (지시형) 저
** ἐκκλησια, ας, ἡ	교회; 회중, 민회
ἐλεύσομαι	ἔρχομαι (가다/오다)의 미래형(dep.)
ἐλήλυθα	ἔρχομαι (가다/오다)의 완료형
ἐλπίζω	소망하다
ἐλπίς, ίδος, ἡ	소망
ἐμαυτοῦ, ῆς	(재귀대) 내 자신의

* ἐμός, ή, όν	(소유형) 나의
ἐν	(+여) ~안에(장소); ~에(시간); ~로써(수단)
ἐντολή, ῆς, ἡ	계명
ἐνώπιον	(+속) ~앞에서
*** ἐξέρχομαι	나가다, 나오다
ἔξεστιν	(+여격, +부정사) (여격명사)가 (부정사)하는 것이 합당하다
** ἐξουσία, ας, ἡ	권위
ἕξω	ἔχω(가지다)의 미래형.
ἐπέχω	굳게 지키다(+여격형 목적어)
ἐπί	(+속) ~위에, ~에, ~때
	(+여) ~곁에(장소); ~로 인해(감정의 원인)
	(+대) ~위에, ~에 대항하여
ἑπτά	(수사) 일곱
*** ἔργον, ου, τό	일; 행위
ἔρημος, ου, ἡ	광야
*** ἔρχομαι	가다, 오다
* ἐρῶ	λέγω(말하다)의 미래형 (미래에서 유음동사가 됨)
ἐρωτάω	묻다; 요구하다
*** ἐσθίω	먹다
ἔσομαι	εἰμί(이다/있다)의 미래형(dep.)
ἔσχατος, η, ον	마지막의
* ἕτερος, α, ον	다른 종류의, 상이한
ἔτι	여전히; ~조차
ἔτος, ους, τό	해, 년(年)
* εὐαγγέλιον, ου, τό	복음, 좋은 소식
εὑρήσω	εὑρίσκω(찾다/발견하다)의 미래형.
*** εὑρίσκω	찾다, 발견하다
*** ἔχω	가지다, 소유하다
ἕως	(접) ~까지; ~하는 한; (+속) ~까지

Z

** ζάω	살다
Ζεύς, Διός, Διΐ, Δία, ὁ	제우스
** ζητέω	찾다, 추구하다
** ζωή, ῆς, ἡ	생명; 삶

H

ἤ	혹은, 또는
ἤδη	이미
ᾔδειν	οἶδα(알다)의 과거완료형 (해석은 과거)
ἡμεῖς	(인칭대) 우리
*** ἡμέρα, ας, ἡ	날; 낮
ἤμην	εἰμί(이다/있다)의 미완료과거형
ἡσυχάζω	평온하다; 쉬다

Θ

* θάλασσα, ης, ἡ	바다
** θάνατος, ου, ὁ	죽음; 사망
θαυμάζω	놀라다
*** θέλω	원하다, 바라다 (종종 +부정사)
*** θεός, οῦ, ὁ	하나님, 신
θυγάτηρ, ρός, ἡ	딸

I

Ἰάκωβος, ου, ὁ	야고보, 야곱
** ἴδιος, α, ον	자신의
ἵημι	가다
Ἰησοῦς, οῦ, ὁ	예수
*** ἰδού	(주의환기) 보라!
* ἱερόν, οῦ, τό	성전
ἵνα	(+가) ~하기 위하여(목적); 그 결과(결과); ~하는 바(목적절)
*** ἵστημι	세우다, 일으키다 (현재, 미래, 1부정과거; 능동태); 서다, 일어나다 (제2부과정과거, 완료; 중간 및 수동태)

ἰσχύω	능력 있다
Ἰουδαῖος, α, ον	유대인의; (명사화) 유대인
Ἰούστος, ου, ὁ	유스도
ἰχθύς, υος, ὁ	물고기
Ἰωάννης, ου, ὁ	요한

K

* κάθημαι	앉다
καθώς	~처럼, ~와 같이
καί	(접) 그리고, 그러나 (καί... καί... ~도 ~도, ~과 ~모두)
	(부) 또한, 역시
* καιρός, οῦ, ὁ	때
κακός, ή, όν	악한
** καλέω	부르다; 이름 짓다
* καλός, ή, όν	좋은
*** καρδία, ας, ἡ	마음; 심장
κατά	(+속) 아래로(방향); 반대하여(견해, 진영)
	(+대) ~을 따라서(기준)
* καταβαίνω	내려가다
* κεφαλή, ῆς, ἡ	머리; 우두머리; 장
κηρύγμα, ματος, τό	선포; 설교
κηρύσσω	선포하다
κλαίω	울다
*** κόσμος, ου, ὁ	세상, 세계
κράζω	소리치다, 외치다
** κρίνω	판단하다; 심판하다
κυρία, ας, ἡ	여주인; 큐리아(사람이름?)
*** κύριος, ου, ὁ	주인; 주님

Λ

λαῖλαψ, πος, ἡ	광풍
*** λαλέω	이야기하다
*** λαμβάνω	취하다, 받다
** λαός, οῦ, ὁ	백성
*** λέγω	말하다
λείπω	남겨두다, 떠나다
λήμψομαι	λαμβάνω(취하다)의 미래형
*** λόγος, ου, ὁ	말씀, 말; 로고스
λύω	풀다(사람); 파괴하다(건물)

M

*** μαθητής, οῦ, ὁ	제자
μᾶλλον	더욱, 더 나아가
μανθάνω	배우다
Μαρία, ας, ἡ	마리아
* μαρτυρέω	증거하다, 증언하다
μαρτύριον, ου, τό	증거, 증언
*** μέγας, μεγάλη, μέγα	큰, 거대한; 위대한
μείζω, μεῖζον	더 큰(μέγας의 비교급)
** μέλλω	~하려고 하다(+부정사) (근접미래)
μέν	실로, 정말로
	(종종 μέν~ δέ~ 구문으로 "한편은~, 다른 한편은 ~")
** μένω	머물다, 남다
μετά	(+속) ~와 함께
	(+대) ~후에(시간/순서)
μικρός, ά, όν	작은
μισθός, οῦ, ὁ	삯, 봉급; (간혹) 상(賞)
μή	(+비-직설법) 아니; ~하지 않기 위하여(+가); (부정대답 의문문)
μηδείς, μηδεμία, μηδέν	아무도 아닌 사람, 아무도 아닌 것; 아무도 아닌
* μήτηρ, μητρός, ἡ	어머니
μόνος, η, ον	유일한, 단 하나의

N

ναί	네 (긍정 대답)
νεανίας, ου, ὁ	청년, 젊은이
*** νεκρός, ά, όν	죽은
*** νόμος, ου, ὁ	법; 율법
νῦν	지금
νύξ, νυκτός, ἡ	밤

Ξ

ξηραίνω	마르게 하다, 시들게 하다

O

** ὁδός, οῦ, ἡ	길
ὀδούς, όντος, ὁ	이, 치아
*** οἶδα	"안다" (완료형. 해석은 현재)
* οἰκία, ας, ἡ	집
** οἶκος, ου, ὁ	집
** ὅλος, η, ον	전체의, 전부
ὁμολογέω	고백하다, 시인하다
*** ὄνομα, ατος, τό	이름
ὅπου	(관계부) ~한 곳 그곳에
ὅπως	(+가) ~하기 위하여(목적)
** ὁράω	보다
ὅς, ἥ, ὅ	(관계대) ~하는 자, ~하는 것
ὅστις, ἥτις, ὅτι	(불특정[부정]관계대) 누구든지, 어느 것이든지
** ὅσος, η, ον	(관계형) 가능한 많이; ~한 자 모두; ~할 정도로
ὅταν	(+가) ~라면 언제든지
ὅτε	(+직) ~ 때에
ὅτι	왜냐하면(이유); ~하는 바(목적절)
οὐ, οὐκ, οὐχ	(+직) 아니; 아니오(부정의 대답); (긍정대답 의문문)
οὐ μή	(+가) 결코 ~아니(never)
οὐδέ	그리고 아니, ~도 아니
οὐδείς, οὐδεμία, οὐδεν	(부재[부정]대)아무도 아닌 사람, 아무도 아닌 것; 아무도 아닌

*** οὐρανός, οῦ, ὁ	하늘
οὖν	그러므로; 따라서 (후치사)
οὔτε	~도 아니
οὗτος, αὕτη, τοῦτο	(지시대) 이 사람, 이것; (지시형) 이
οὕτως	이렇게, 이처럼
ὀφείλω	~해야 한다(+부정사); 빚지다
* ὀφθαλμός, οῦ, ὁ	눈(目)
*** ὄχλος, ου, ὁ	무리, 군중

Π

παιδίον, ου, τό	어린이
πάλιν	다시
παρά	(+속) ~로부터(근원/원천/출발점)
	(+여) ~와 함께, ~옆에
	(+대) ~곁에;~에 비해/대조적으로
** παραδίδωμι	넘겨주다, 건네주다; 배신하다
** παρακαλέω	권면하다
*** πᾶς, πᾶσα, πᾶν	모든
*** πατήρ, ρός, ὁ	아버지
Παῦλος, ου, ὁ	바울
πείθω	설득하다
* πέμπω	보내다
περί	(+속) ~에 대하여, ~에 관하여
	(+대) ~주위에
* περιπατέω	걷다; (삶을) 영위하다
Πέτρος, ου, ὁ	베드로
* πίνω	마시다
* πίπτω	떨어지다
*** πιστεύω	믿다, 신앙하다 (+여격형 목적어; +"εἰς+대격" 목적구)
*** πίστις, εως, ἡ	믿음, 신앙; 신뢰
πιστός, ή, όν	신실한; 믿을만한
* πληρόω	가득 채우다; 성취하다

*** πνεῦμα, ματος, τό	영, 성령; 바람
*** ποιέω	행하다; 만들다 (이중 목적어. "~을 ~로 만들다")
*** πόλις, εως, ἡ	도시
πολλάκις	종종, 여러 번
*** πολύς, πολλή, πολύ	많은
* πονηρός, ά, όν	악한
*** πορεύομαι	가다
πότερον... ἤ...	~인지 아니면 ~인지 (선택적 대답을 의끄는 의문문)
* πούς, ποδός, ὁ	발(足)
πράσσω	실천하다, 수행하다
πρό	(+속) ~앞에(시간/공간)
πρός	(+속) ~을 위하여
	(+여) ~옆에
	(+대) ~에게로, 향하여; ~와 함께
* προσέρχομαι	다가가다, 접근하다, 더 가다 (+여격)
* προσεύχομαι	기도하다
* πρόσωπον, ου, τό	얼굴
** προφήτης, ου, ὁ	선지자
πρῶτον	첫 번째로, 우선
* πρῶτος, η, ον	첫 번째의, 첫째의
* πῦρ, πυρός, τό	불
πῶς	(의문부) 어떻게
ῥήτωρ, ορος, ὁ	변론가

Σ

** σάρξ, σαρκός, ἡ	살; 육신
σατανᾶς, σατανᾶ, ὁ	사탄
σεαυτοῦ, ῆς	(재귀대) 너 자신의
Σίμων, νος, ὁ	시몬
* σημεῖον, ου, τό	표적, 징조
σπέρμα, ματος, τό	씨; 후손
στέφανος, ου, ὁ	왕관, 면류관; 스데반(인명)
* στόμα, ματος, τό	입

στρέφω	돌아서다, 변하다
σύ	(인칭대) 너
συμβάλλω	논의하다; 싸우다; 돕다
σύν	(+여) ~와 함께
συνάγω	모으다
συναγωγή, ῆς, ἡ	회당(會堂)
** σῴζω	구원하다
** σῶμα, ματος, τό	몸
Σωσθήνης, ους, ὁ	소스테네
σωτήρ, ῆρος, ὁ	구원자

T

τε	그리고 (καί와 유다. 후치사)
* τέκνον, ου, τό	아이
τέσσαρες, α	4, 넷(의)
* τηρέω	지키다, 보호하다
* τίθημι	놓다, 두다
τίς, τί	(의문대) 누구?, 무엇?
τις, τι	(불특정[부정]대) 어떤 사람, 어떤 것
Τίτος, ου, ὁ	디도
* τόπος, ου, ὁ	장소; 주제
τότε	그때; 그러고 나서
τρεῖς, τρία	3, 셋(의)

Y

ὑβρίζω	모욕하다
* ὕδωρ, ὕδατος, τό	물
*** υἱός, οῦ, ὁ	아들
ὑμεῖς	(인칭대) 너희
* ὑπάγω	출발하다
ὑπακούω	복종하다, 순종하다 (+여격형 목적어)
ὑπέρ	(+속) ~을 위하여
	(+대) ~위에; ~을 넘어서

ὑπό	(+속) ~에 의해(행위자)
	(+대) ~아래(위치)

Φ

φαίνω	비추다, 나타내다
φημί	말하다
φιλέω	사랑하다, 좋아하다
* φοβέομαι	두려워하다
φυλή, ῆς, ἡ	지파
** φωνή, ῆς, ἡ	소리, 음성
* φῶς, φωτός, τό	빛

Χ

* χαίρω	기뻐하다, 즐거워하다
*** χάρις, ιτος, ἡ	은혜, 은총
*** χείρ, χειρός, ἡ	손
Χριστός, οῦ, ὁ	그리스도

Ψ

ψεύδω	거짓말하다, 속이다
** ψυχή, ῆς, ἡ	혼, 영혼

Ω

ὠδίνω	산통을 겪다
** ὥρα, ας, ἡ	시간
ὡς	~로서 (신분 따위)
	(+수사) 약, 대략
	~처럼 (종종 οὕτως와 함께)
ὥστε	(+부정사) 그 결과; (간혹) ~하기 위해(목적)

D. 참고문헌 및 미주

참고문헌

김주한. “신약성경 헬라어 약사.” 구자용 외 편. 『성서의 세계』. 서울: 아람성경원어 연구원, 2012: 338-360.

메이첸, J. G. 『신약성서 헬라어 문법』. 이영근 역. 서울: 비블리카아카데미아, 2006.

Blass F., and A. Debrunner. *A Greek Grammar of the New Testament*. Edited and translated by R. W. Funk. Chicago: University of Chicago Press, 1961.

Burton, E. D. *Syntax of the Moods and Tenses in New Testament Greek*. 『신약성경 헬라어 구문론』. 권성수 역. 서울: 기독지혜사, 1988.

Campbell, C. R. *Advances in the Study of Greek*. Grand Rapids, Michigan: Zondervan, 2015.

Hansen H. and G. M. Quinn. *Greek: An Intensive Course*. The second edition. New York City, NY: Fordham University Press, 1992.

Laansma J. C. and R. X. Gauthier. *The Handy Guide to Difficult and Irregular Greek Verbs: Aids for Readers of the Greek New Testament*. Grand Rapids, MI: Kregel Academic, 2017.

Mounce, W. D. *The Morphology of Biblical Greek*. Grand Rapids, Michigan: Zondervan Academic, 1994.

Mussies, G. “Languages (Greek).” In *The Anchor Bible Dictionary*. Edited by D. N. Freedman. 6 vols., Vol. 4. New York: Doubleday, 1992: 202-203.

Porter S. E. Ed. *The Language of the New Testament: Classical Essays*. Sheffield: JSOT Press, 1991.

Porter S. E. “The Greek Language of the New Testament.” In *Handbook to Exegesis of the New Testament*. Edited by S. E. Porter. Leiden/New York/Köln: E. J. Brill, 1997: 104.

Porter, S. E. “Greek of the New Testament.” In *Dictionary of New Testament Backgrounds: A Compendium of Contemporary Biblical Scholarship*. Edited by C. A. Evans and S. E. Porter. Leicester, England: InterVarsity Press, 2000: 429-430.

Porter S. E. “Language and Translation of the New Testament.” In *The Oxford*

Handbook of Biblical Studies. Edited by J. W. Rogerson and M. L. Judith. Oxford: Oxford University Press, 2008: 191-192.

Robertson, A. T. *A Grammar of the Greek New Testament in the Light of Historical Research*. Nashville, Tennessee: Broadman Press, 1934.

van Dijk-Wittop Koning, A. M. *De Continuïteit van het Grieks: Onderzoek naar de Herkomst van de Woordvoorraad van het Nieuwgrieks*. Zwolle: N. V. Uitgevers-Maatschappij, 1963.

Wallace, D. B. *Greek Grammar beyond the Basic: An Exegetical Syntax of the New Testament with Scripture, Subject, and Greek Word Indexes*. Grand Rapids, Michigan: Zondervan Publishing House, 1996.

미주

[헬라어폰트 저작권] "BWHEBB, BWHEBL, BWTRANSH [Hebrew]; BWGRKL, BWGRKN, and BWGRKI [Greek] PostScript® Type 1 and TrueType fonts Copyright ©1994-2013 BibleWorks, LLC. All rights reserved. These Biblical Greek and Hebrew fonts are used with permission and are from BibleWorks (www.bibleworks.com)."http://www.bibleworks.com/fonts.html

1) 본 자료는 구자용 외 편, 『성서의 세계』 (서울: 아람성경원어 연구원, 2012)에 기고한 김주한, "신약성경 헬라어 약사," 338-360을 요약 및 보충한 것이다.

2) D. B. Wallace, *Greek Grammar beyond the Basic: An Exegetical Syntax of the New Testament with Scripture, Subject, and Greek Word Indexes* (Grand Rapids, Michigan: Zondervan Publishing House, 1996), 14-17. 한편 Van Dijk-Wittop Koning에 의하면 헬라어 역사는 세 시기로 구분 된다: 고전 헬라어 시기(기원전 4세기까지), 꼬이네 헬라어 시기(기원전 4세기부터 서기 4세기까지), 중세 및 현대 헬라어 시기(서기 4세기부터 현재까지). A. M. van Dijk-Wittop Koning, *De Continuïteit van het Gireks: Onderzoek naar de Herkomst van de Woordvoorraad van het Nieuwgrieks* (Zwolle: N. V. Uitgevers-Maatschappij, 1963), 95. 이 구분은 Wallace의 구분과 거의 일치한다.

3) S. E. Porter (ed.), *The Language of the New Testament: Classical Essays* (Sheffield: JSOT Press, 1991)를 주로 참조했다.

4) Wallace, *Greek Grammar beyond the Basics*, 30. 참조. A. T. Robertson, *A Grammar of the Greek New Testament in the Light of Historical Research* (Nashville, Tennessee: Broadman Press, 1934), 116-137; G. Mussies, "Languages (Greek)," in *The Anchor Bible Dictionary*, edited by D. N. Freedman, 6 vols., Vol. 4 (New York: Doubleday, 1992), 202-203.

5) S. E. Porter, "Greek of the New Testament," in *Dictionary of New Testament Backgrounds: A Compendium of Contemporary Biblical Scholarship*, edited by C. A. Evans and S. E. Porter (Leicester, England: InterVarsity Press, 2000), 429-430; 참조. S. E. Porter "The Greek Language of the New Testament," in *Handbook to Exegesis of the New Testament*, edited by S. E. Porter (Leiden/New York/Köln: E. J. Brill, 1997), 104; "Language and Translation of the New Testament," in *The Oxford Handbook of Biblical Studies*, edited by J. W. Rogerson and M. L. Judith (Oxford: Oxford University Press, 2008), 191-192.

6) 이 부분에서 2곡용의 대표 형태라 할 수 있는 남성 형태를 예로 제시했다. 그러나 2곡용은 3가지 어미형을 가지고 있다. 자세한 내용은 제4과를 참조하라.

7) 3곡용은 1 및 2곡용과 다르게 다양한 패턴을 가지고 있다. 따라서 대표 명사만 제시했다. 자세한 내

용은 제21과와 제26과를 참조하라.

8) 한국어의 경우, 단어가 종종 집합적이 개념을 포함하고 있기에 복수 형태가 적극적으로 사용되지 않는다. 예) 시장에서 사과를 판다. 이 경우, 사과를 하나만 판다는 것은 아니다.

9) 비교. 한국어는 단어와 조사로 구성된다. 이때 단어의 형태는 변하지 않고, 다만 격을 표현하는 (격) 조사가 붙어 명사의 기능/쓰임새를 표현해 준다. 이러한 특성을 가진 한국어를 흔히 교착어라고 부른다. 반면, 헬라어와 같은 언어를 굴절어라고 부른다.

10) 계사를 분해할 때는 관습적으로 태(態)는 표기하지 않는다.

11) -μι 동사는 제27과에서 배운다.

12) 인칭 대명사("나")에 대해서는 제6과를 참조하라.

13) 인칭 대명사("너희")에 대해서는 제6과를 참조하라.

14) Mounce에 따르면 부정어 οὐ의 원형(原形)은 οὐκ이다. 자음 사이에서 '까빠'(-κ)가 탈락하는 현상으로 οὐ형이 형성된다고 본다. 그러나 빈도상 οὐκ보다는 οὐ가 많이 등장해 기본형으로 οὐ를 사용한다. W. D. Mounce, *The Morphology of Biblical Greek* (Grand Rapids, Michigan: Zondervan Academic, 1994), 33.

15) 한국어의 경우 형용사라는 표현이 용언(즉, 동사류)과 관련되어 사용된다. 그러나 헬라어의 경우 한국어의 관형적 용법과 형용적 용법 모두를 포함한다는 의미에서 한국어와의 범주를 헷갈려서는 안 된다.

16) Wallace, *Greek Grammar beyond the Basics*, 306-307.

17) Wallace, *Greek Grammar beyond the Basics*, 307-308.

18) 여성, 단수, 대격 형태가 부사로 사용되는 경우도 성경에 등장한다. 예) δωρεά ᾶς ἡ (선물) [부사화] δωρεάν 공짜로, "이유 없이, 목적 없이"(참조. 마 10:8; 요 15:25; 갈 2:21).

19) 참조. Wallace, *Greek Grammar beyond the Basics*, 293.

20) Mounce에 따르면, 전치사 ἐκ의 원형(原形)은 ἐξ(*εκς)다. 다만, 원형의 끝자음 '시그마'(-ς)가 자음들 사이에서 탈락하는 현상으로 자음으로 시작하는 어휘 앞에서 ἐκ로 나타난다. 한편, 모음으로 시작되는 어휘 앞에서는 원형 ἐξ가 유지된다. 그러나 빈도상 ἐκ가 더 많기에 이 형태를 기본형으로 암기할 뿐이다. Mounce, *The Morphology of Biblical Greek*, 32.

21) 원(原) 어간이 σεχ-고 시상 접두 모음이 붙었을 때 모음 사이에서 σ가 탈락했다(즉, ἐ+σεχ). 따라서 접두모음 규칙을 따르지 못하고 일반 단축법칙을 따른다(단축법칙에 대해서는 제14과를 참조하라). Mounce, *The Morphology of Biblical Greek*, 68(§31.5) 참조.

22) ἀνοίγω의 부정과거형은 ἤνοιξα 외에도 ἀνέῳξα와 ἠνέῳξα형이 있다. 이중 표준으로 사용되는 형태는

ἀνέῳξα이다.

23) 유사한 단어로 κηρύσσω("선포하다")가 있는데, 이 단어도 어간이 σσ이지만 미래에서 ἐκηρύξα로 변한다. 이는 κηρυσσ-의 원 어간이 κηρυχ-이기 때문이다.

24) 단, 왜 수동태 어미를 재활용하지 않았는지에 대해서 연구가 필요하다. 다만, 이는 시상접사 자체가 이미 수동형을 드러내 주기에 어미까지 그 형태를 반영할 필요가 없었던 아닌가 추측해 본다.

25) [참조] διδάσκω의 경우 어간이 σκ이지만 자음접변(ξ)이 일어났는데 이는 διδάσκ-의 원 어간이 διδαχ-이기 때문이다(참조. διδαχή, "가르침").

26) 김주한, 『우리를 위한 성경 헬라어 구문론』 (근간).

27) C. R. Campbell, *Advances in the Study of Greek* (Grand Rapids, Michigan: Zondervan, 2015), 105-133.

28) H. Hansen and G. M. Quinn, *Greek: An Intensive Course*, 2nd ed., (New York City, NY: Fordham University Press, 1992), 747-749. 750-751; Wallace, *Greek Grammar beyond the Basics*, 689. 참조. Robertson, *A Grammar of the Greek New Testament in the Light of Historical Research*, 1004이하. 조건문을 다루는 제15-17과는 이 책들을 참고해 정리한 것이다. 먼저 밝히기에 제16, 17과에서는 이점을 따로 표기하지 않는다.

29) Hansen and Quinn, *Greek: An Intensive Course*, 747-749. 750-751; Wallace, *Greek Grammar beyond the Basics*, 689.

30) Robertson, *A Grammar of the Greek New Testament in the Light of Historical Research*, 1004-1005.

31) E. D. Burton, *Syntax of the Moods and Tenses in New Testament Greek*, 『신약성경 헬라어 구문론』, 권성수 역 (서울: 기독지혜사, 1988), 204-205.

32) Burton, 『신약성경 헬라어 구문론』, 202; Wallace, *Greek Grammar beyond the Basics*, 608. Burton의 경우 빌 3:16만을 "확실한 용례"로 본다.

33) 그러나 행 24:27; 유 4에서는 χάριτα가 등장(총 46회중 2회). Mounce, *The Morphology of Biblical Greek*, 194. n. 2.

34) Mounce, *The Morphology of Biblical Greek*, 196. n. 2, 3.

35) F. Blass and A. Debrunner, *A Greek Grammar of the New Testament*, R. W. Funk ed., and trans. (Chicago: University of Chicago Press, 1961).

36) J. G. 메이첸, 『신약성서 헬라어 문법』, 이영근 역 (서울: 비블리카아카데미아, 2006), § 236.

37) Wallace, *Greek Grammar beyond the Basics*, 647.

38) "디감마" 및 "반자음 이오따"에 대해서는 Mounce, *The Morphology of Biblical Greek*, 43-47(§§ 26-27).

39) 이 부류의 동사형은 복잡하다. 따라서 형태를 확인하기 위해 여러 문법서들과 사전을 사용했다. 그러나 가장 유용한 자료로는 Mounce, *The Morphology of Biblical Greek*과 J. C. Laansma and R. X. Gauthier, *The Handy Guide to Difficult and Irregular Greek Verbs: Aids for Readers of the Greek New Testament* (Grand Rapids, MI: Kregel Academic, 2017)를 추천한다.

40) Mounce, *The Morphology of Biblical Greek*, 88, 90, 94, 101, 108, 117, 123. 본문의 태(態, Voice)에 따른 구분이 아닌 시제 형태에 따른 구분으로 제시하면 다음과 같다:

구분		제1시제(비-역사시제)						제2시제(역사시제)				
		현재		미래		완료		미완료과거		1부정과거		
수	인칭	능	중·수	능	중·수	능	중·수	능	중·수	능	중	수
단수	1	μι	μαι	–	μαι	–	μαι	ν	μην	–	μην	ν
	2	ς	σαι	ς	σαι	ς	σαι	ς	σο	ς	σο	ς
	3	σι(ν)	ται	ι	ται	–(ν)	ται	–	το	–(ν)	το	–
복수	1	μεν	μεθα	μεν	μεθα	μεν	μεθα	μεν	μεθα	μεν	μεθα	μεν
	2	τε	σθε	τε	σθε	τε	σθε	τε	σθε	τε	σθε	τε
	3	ασι(ν)	νται	νσι(ν)	νται	ασι(ν)	νται	σαν	ντο	σαν	ντο	σαν

41) Mounce는 강기식의 추가가 어간 στα-가 중복되면 원래 σιστα-가 되는데, 헬라인들이 '시그마'(σ)가 연속되며 단어가 시작되는 것을 회피하기 때문에 파찰음과 유사한 강기식으로 형태가 변경된 것이라 말한다. Mounce, *The Morphology of Biblical Greek*, 88, n. 1. 이 설명은 타당성이 있다. 그러나 '시그마'(σ)로 시작되는 이중자음의 자음 중복 현상에서 이 현상이 일관되게 나타나지 않는다는 점에서 좀 더 연구해볼 필요가 있다.

42) 참조. Laansma and Gauthier, *The Handy Guide to Difficult and Irregular Greek Verbs*, 33.

43) 참조. Laansma and Gauthier, *The Handy Guide to Difficult and Irregular Greek Verbs*, 35.